本书为国家社会科学基金青年项目"现代新儒家孟子学研究"（编号：15CZX028）的结项成果

古典心性的开显

——现代新儒家孟子学研究

周浩翔　著

中国社会科学出版社

图书在版编目（CIP）数据

古典心性的开显：现代新儒家孟子学研究／周浩翔著 . — 北京：中国社
会科学出版社，2024.1
ISBN 978-7-5227-3142-1

Ⅰ.①古…　Ⅱ.①周…　Ⅲ.①新儒学—研究　Ⅳ.①B244

中国国家版本馆 CIP 数据核字（2024）第 041624 号

出 版 人	赵剑英
责任编辑	郝玉明
责任校对	谢　静
责任印制	王　超

出　　版	中国社会科学出版社
社　　址	北京鼓楼西大街甲 158 号
邮　　编	100720
网　　址	http://www.csspw.cn
发 行 部	010-84083685
门 市 部	010-84029450
经　　销	新华书店及其他书店

印　　刷	北京明恒达印务有限公司
装　　订	廊坊市广阳区广增装订厂
版　　次	2024 年 1 月第 1 版
印　　次	2024 年 1 月第 1 次印刷

开　　本	710×1000　1/16
印　　张	21
字　　数	313 千字
定　　价	108.00 元

序

　　周浩翔博士乃河北安平人氏，继承慷慨义士的传统，精研并弘大中国传统哲学，特别是浩然正气的孟子学及其与现代新儒学的内在关联，已经十有余年。他好学深思，心知其意，厚积薄发，创造转化，又脚踏实地，兢兢业业，在教学一线教书育人，成就斐然。在学术研究上，作者功底深厚，创见迭出，本书即可以印证。

　　现代新儒学是 20 世纪兴起的一股学术思潮，它指立足传统儒家思想，同时吸收西方思想学说，主张重新树立儒家道统、回应现实问题的学术流派。他们中的代表人物主要包括梁漱溟、马一浮、熊十力、唐君毅、牟宗三、徐复观等。本书即以上述六位人物的孟子学为主题展开论述。

　　这些代表人物，每一位都著述丰厚，自成一家之言。其共性在重视儒家的心性义理，认为心性义理之学是传统儒家乃至整个传统文化的根基与慧命，也是整个中国学术思想的核心，而心性之学的源头即在孟子一系。

　　孟子心性一系是现代新儒家义理阐发的一个共同的思想来源，孟子思想中的相关议题，如性命论、工夫论，义利之辨、人禽之辨，天人之辨、王霸之辨，等等，也多是他们集中关注的层面。现代新儒家也都致力于孟子心性之学的义理发明，也都在此心性之学上有自己思想义理上的创见与慧识。他们从不同的视域，以多样的诠释方法对孟子心性义理作出了新的理解与诠释，从而呈现出了丰富的诠释路向。

　　本书认为，现代新儒家之"新"，即在于新儒家群体或从经学义理，或从哲学形上学，或从政治文化等不同视域对儒家的心性义理展开理解与诠释，从而激活儒学在道德、哲学、宗教等人文层面的生命力，以此对治时下所面临的意义、价值、信仰等层面的危机。同时，现代新儒家之"新"，也在于如何消化吸收乃至超化西方的现代化，从而实现儒学的创造性转化。从某种意义上说，以梁、马、熊、唐、牟、徐为代表的现代新儒家，带来了儒家心性之学在20世纪的回归与复兴，从而使儒家心性之学在当下以一种更为多样的形态开显。如果说，宋明理学的兴起，是面对佛老所形成的一股儒学的"形上学"运动，那么，现代新儒学的兴起，则是面对西学冲击而自觉发起的另一场"形上学"运动。

本书的主体部分，即分别阐发孟子学与梁漱溟的哲学，孟子学与马一浮的六艺论，以及孟子学与熊十力的本体形上学之间的内在联系，梳理唐君毅、牟宗三、徐复观的孟子诠释，揭示孟子心性学之于现代新儒家的特殊意义。在此基础上，总结现代新儒家的经典诠释方法，开显儒家心性学之于现代社会的独特价值。

梁漱溟是实践型的思想家，他一生关注人生问题、文化问题以及中国的建设问题。他因思索人生问题而由佛入儒，一生为孔子及儒家代言，并率先为中国传统文化大声疾呼。他通过文化三路向来分判西方、中国和印度文化，将中国文化定位为一理性早启、文化早熟的文化类型。作为儒学的重要组成部分，孔孟、宋明心性之学对梁漱溟一生的学问与实践影响至深。其中，孟子及其理性精神给予梁漱溟极大的启发，促进了其文化意识的觉醒。

马一浮是现代新儒家中最为传统型的文人雅士。与熊十力、唐君毅、牟宗三等援引西学以论中学不同，马一浮论学则一任中土学术自身的结构与脉络，而又有所融贯与推进。马一浮学养功深，践形尽性，一生为延绵圣贤血脉为己任。马氏论学以六艺为纲，以心性为本，以工夫为进路，以复性为旨归。在论学过程中，孟子义理一直为马一浮所推重。他对孟子赞叹不已，其六艺论对孟子多加称引、诠解，在心性论与工夫论上，更是多有得于孟子。

熊十力是现代新儒家中最具哲学创造力的人物。他早年投身革命，后专力于学术。熊十力深究儒佛，旁涉诸宗，其学融汇中、西、印，又贯通古今，具大家风范。孟子的心性之学对熊十力影响深远。熊十力在儒家易学与孟子心性学的基础上，创造性地构建了一套儒家式的本体论或本体形上学。熊十力的哲学诠释方式也极大地影响了他的弟子唐君毅与牟宗三。

唐君毅是中西会通的大家。唐君毅的哲学架构乃以"道德自我"推扩为"生命存在"，创立起"生命三向与心灵九境"的庞大哲学体系，且依"即哲学史以言哲学"或"本哲学以言哲学史"的方式疏解中国哲学。其中，孟子的心性学对其影响很大，孟子对人格主体的高扬在唐氏那里即发展为道德的理想主义。唐氏立足"道德自我"或"道德理性"的哲思路向与孟子"先立乎其大者"的义理旨趣息息相通。唐君毅侧重从性情的角度阐发孟子思想，突出孟子性命论中的"义命合一"之旨，并强调孟子的贵民说、性善说以及为政说都旨在阐明一"立人之道"，以期兴起人之心志。

牟宗三学贯中西，尤其精研康德哲学，以康德哲学作为会通中西哲学的津梁。牟宗三一方面以康德的自律概念诠释儒家尤其是孟子的道德哲学，另一方面通过孟子的良知良能或曰自由无限心，依据儒家哲学自身之义理，对康德的道德哲学进行批导，使其哲学上的客观义理得以进一步发展。他通过康德现象与物自身的划分与《大乘起信论》"一心开二门"的义理间架创制了"两层存有论"，并以道德摄存在，建构以良知本体为价值泉源的道德形上学。牟宗三所作的不仅仅是一种中西哲学的比较，更是一种哲学上的会通，一种哲学义理的创造和发挥。

徐复观早年投身军旅，后一心投入中国思想文化的研究中去。徐氏有很强的文化忧患意识。与熊十力、牟宗三不同，徐复观不重哲学的创建，而偏重思想史的梳理。他把孟子的性善说放在思想史的长河中加以体察和观照，并借助儒家的心性之学形成自己独特的心性史观。特殊的人生阅历与为学路径，使得他既是一位客观冷静的思想史学者，同时也是一位有着强烈现实关怀的政论家，从而往返于"学术与政治之间"。

本书在梳理现代新儒家孟子诠释的基础上，还就现代新儒家的经典诠释方法作了一般性的总结、思考，以期得到方法论层面的启示。本书认为，在对先秦儒家经典的理解与诠释中，现代新儒家在方法论上有其一致性。比如，他们都对乾嘉学派解读经典的方法策略进行了批评。他们既重视文献层面的知识，也重视哲学层面的思辨，更重视诠释主体在诠释过程中的主动性、能动性，强调通过生命的感通、体验，以诚、敬的姿态面对经典并予以解读。他们的经典诠释方法也与西方诠释学的观点有不谋而合之处。与此同时，现代新儒家的经典诠释也呈现出了经学、哲学等不同的诠释面向。

本书最后结语部分梳理了儒家心学一系的发展历程，指出了现代新儒家孟子学的局限，这主要体现在三个方面：一是围绕孟子学作中西哲学会通时，比较视野过于狭隘、单一；二是过分局限在孟子心性学一面，对孟子及儒家的外王学阐发不够充分；三是未能充分阐发孟子的经学思想。在此基础上，本书进一步探讨了儒学的创造性转化问题。这包括两个层面：一是传统儒学对于当下社会的批判与调适；二是传统儒学的自我批判、转化与变通，同时具备多元开放的思想胸襟，充分吸收外来思想资源，从而不断充实自身。

浩翔博士曾于 2009 年 9 月至 2012 年 6 月来到珞珈山武汉大学深造，在此期间不仅认真读书，又热心帮助老师同学，积极参与学术活动，给老师同学留下了深刻印象。我很高兴他在博士论文的基础上，更加深入研究，丰富完善，给学术界贡献了这一难得的佳构。

是为序。

郭齐勇

2023 年 3 月于武昌珞珈山

目 录

绪 论

一 孟子学发展历程

在对现代新儒家的孟子学给予探讨与评判之前，我们有必要对历史上的孟子学有一初步的回顾与总结。以历史上孟子学的发展轨迹为背景，我们可以更好地定位现代新儒家的孟子诠释。历史上的孟子学大致可以分为四个阶段，即汉唐、宋明、清代、现当代。唐君毅总结了历史上孟子学发展的三次变迁：汉赵岐之自羽翼五经以推尊孟子；宋儒之自孟子之言性善言本心以推尊孟子；明清之际以至于清末、中华民国时自民贵之义以推尊孟子。[1] 唐先生所说乃就大端而论，若论其详则又有更多的变迁。我们即依上面四阶段的划分来对历史上的孟子学进行简要评述。

孟子学在汉唐的发展可以细分为西汉、东汉、魏晋南北朝、隋唐几个阶段。《孟子》一书未经秦火而得以保存下来。赵岐说："孟子既没之后，大道遂绌，逮至亡秦，焚灭经术，坑戮儒生，孟子徒党尽矣！其书号为诸子，故篇籍得不泯绝。"[2]《孟子》一书在西汉曾一度立于学官，设置博士，称为传记博士。后虽罢传记博士，然孟子之影响并未消弭。至东汉，为《孟子》作注的相传有五家，即程曾《孟子章句》、郑玄《孟子注》、高诱《孟子章句》、刘熙《孟子注》和赵岐《孟子章

---

[1] 参见唐君毅《中国哲学原论·原道篇》（一），《唐君毅全集》第十九卷，九州出版社2016年版，第153—154页。

[2] （清）焦循：《孟子正义》，中华书局1987年版，第16页。

句》，唯赵岐注流传至今，其余皆亡佚。① 可见，当时对孟子的研究多限于对《孟子》的章句、注疏。然东汉诸儒论说经学多引《孟子》以为其说之证，此即以孟子羽翼五经。赵岐说："迄今诸经通义，得引《孟子》以明事，谓之博文。"② 汉代诸儒引《孟子》以明事，实可证孟子之学对当时学术影响之深远。"《孟子》在汉代传习颇广，两汉儒生，如陆贾、贾谊、韩婴、董仲舒、刘向、王充等人皆受其思想影响，其间更有扬雄以尊孟著称。"③ 蒙文通《汉儒之学源于孟子考》即对孟子与汉代今文经学之关系进行了深入探讨，以为齐《诗》、公羊之说渊源于孟子，打破了历来治经学者多将经学渊源上溯至荀子的一贯说法。④ 李华的《孟子与汉代四家诗》则揭示了汉代鲁诗、齐诗、韩诗、毛诗与孟子义理的内在关联，指出汉代四家诗对孟子诗学及其相关思想多有接续与传承。⑤ 徐复观在《两汉思想史》的相关章节也指出了汉儒对孟子思想的承袭。对于《孟子》一书，汉代诸生或以之羽翼五经，或为之章句、注释，或在经学上继承其经学大义，或称引其说以证成自己之论，皆可见孟子之学的影响。总之，汉儒称述孟子多于发明。现代新儒家及其相关学者多以心性论为中国哲学之正宗，他们以为汉儒之学实与孔孟"心性"之学相违逆。如劳思光便认定汉代儒学为"宇宙论中心之哲学"，此即不同于先秦孔孟之"心性论中心之哲学"。劳先生说："汉以后之儒者，虽以宗孔孟为名，但实际上对于杂取阴阳五行等原始观念之汉儒理论，亦常盲目接受，不知其方向实大悖孔孟本义。然汉儒之'宇宙论中心之哲学'，不仅就历史意义言，是违背孔孟者，且在理论意义上亦是一退化堕落。"⑥ 牟宗三也以为汉儒如董仲舒等言人性乃属"气化"一路，是顺"生之谓性"之"气性"一路开出，这不

---

① 参见董洪利《孟子研究》，江苏古籍出版社1997年版，第162—163页。
② （清）焦循：《孟子正义》，第17页。
③ 李峻岫：《汉唐孟子学述论》，齐鲁书社2010年版，第3—4页。
④ 参见蒙文通《汉儒之学源于孟子考》，《蒙文通全集》（第一卷），巴蜀书社2015年版；另参见陈桐生《论孟子对西汉今文经学的特殊贡献》，《孔子研究》2001年第2期。
⑤ 参见李华《孟子与汉代四家诗》，中华书局2021年版。
⑥ 劳思光：《新编中国哲学史》（卷三上），广西师范大学出版社2005年版，第2—3页。

属于儒家正宗。① 凡此皆可看出他们均未正视汉儒对孔孟之学的继承与发展。其实，汉儒对孔孟义理的承袭多通过经学的形式来完成，而其间孟子又起了相当大的作用。孟子与经学的关系是学术史上的一大公案，值得我们深入发掘，以之为孟子学研究的新路径。

孟子学及儒学在魏晋南北朝时期的发展则稍嫌式微，这与当时玄学、佛学兴起而盛行的时代风气相关。孟子学及儒学虽然没有如玄学、佛学那般风行，但也并未中绝。这一时期的孟子学多表现为与玄学、佛学等的相互吸收与会通。及至唐代，韩愈始有"道统说"。韩愈以孟子为榜样，欲恢复儒家思想的正统地位。"韩愈的'道统说'以孟子直承孔圣，极力表彰孟子在儒家文化传承中的重要作用，为宋代《孟子》经书地位的最终确立奠定了基础。"② 李翱继其后，继续发挥孟子思想，并将其与佛老相会通。以上为孟子学在汉唐时期的概况。

宋明的孟子学较之汉唐有了空前的发展。为了突出此一时期孟子诠释的特色，我们选取朱熹、陆象山、王阳明为代表，分析他们对孟子的诠释。历史上有著名的"朱陆之争"，此说即表示朱陆为学方式的不同，一方倾向于"道问学"这一类似现代知识论的进路，另一方倾向于"尊德性"这一类似现代德性论的进路，这种差异也影响到了他们对孟子的诠释。阳明之学又直似象山，同为心学一系，是故朱子与陆王对孟子的诠释呈现出两种不同的路径，此尤以对孟子心性说的不同诠释最为显著。关于朱子对孟子心性说的诠释，我们首先来看看牟宗三的判准。牟先生说："孟子是从本心说性，心即性也。朱子解孟子，是心、性、情三分，亦即理、气二分。在形上学说理、气二分，落在道德上则说心、性、情三分，心、情属于气，性属于理。故心不即是性，不即是理。此说显然不合孟子原义。孟子是说吾人之本心即吾人之真性。此本心即是理，即能自定一方向：当恻隐即恻隐，当羞恶即羞恶。由心不即

---

① 参见牟宗三《中国哲学的特质》，《牟宗三先生全集》28，台北：联经出版事业公司2003年版，第72页。

② 李峻岫：《汉唐孟子学述论》，第4页。

是性，引出心不即是理，这显然与孟子不相应。"① 在《孟子》一书中，"情"一般作"情实"解，朱子则于心性之外拈出一"情"字，以四端为情。孟子曰："恻隐之心，仁之端也；羞恶之心，义之端也；辞让之心，礼之端也；是非之心，智之端也。"（《孟子·公孙丑上》，下引《孟子》只注篇名）朱子解此句说："恻隐、羞恶、辞让、是非，情也。仁、义、礼、智，性也。心，统性情者也。端，绪也。因其情之发，而性之本然可得而见，犹有物在中而绪见于外也。"② 李明辉认为，在朱子理气二分的义理间架下，心与情属气，性属理，心与情的关系是一种心理学的关系，心与性（理）的关系是一种知识论的关系。因"心"在朱子只属于气，只是一认知主体，而非道德主体，故不能制定道德法则，而这都是与孟子不相符的，因为这势必把孟子的伦理学讲成他律伦理学。③ 牟宗三、李明辉一向以康德哲学诠释孟子，认为孟子的伦理学是一种自律伦理学。孟子本心说性，义理皆从此心而发，此即所谓"仁义内在"。孟子的"仁义内在"说即是道德的自我立法，自我制定道德法则，此即所谓"自律伦理学"。"自律"既有其主宰义，亦有其践履义。而朱子的解释显然与此不相应。在他们看来，陆、王的孟子诠释则正合孟子本义。陆象山说："四端者，即此心也；天之所以与我者，即此心也。人皆有是心，心皆具是理，心即理也，故曰'理义之悦我心，犹刍豢之悦我口'。所贵乎学者，为其欲穷此理，尽此心也。"④ 孟子曰："恻隐之心，仁也；羞恶之心，义也；恭敬之心，礼也；是非之心，智也。仁义礼智，非由外铄我也，我固有之也，弗思耳矣。"（《告子上》）"恭敬之心"即上引孟子"辞让之心"，用词不同。此所以象山谓四端即此心也。而"心即理"即孟子"仁义内在"之说，礼义非外铄我也，我固有也。阳明亦主"心即理"之说。他说："心即理也；学者，学此心也；求者，求此心也。孟子云：'学问之道无他，求其放心

---

① 牟宗三：《宋明儒学的三系》，《牟宗三先生全集》27，第 257 页。
② （宋）朱熹：《四书章句集注》，中华书局 1983 年版，第 238 页。
③ 参见李明辉《儒家与康德》，广西师范大学出版社 2021 年版，第 71—72 页。
④ （宋）陆九渊：《陆九渊集》，中华书局 1980 年版，第 149 页。

而已矣。'"① 象山、阳明"心即理"的义理间架是孟子"仁义内在"说的进一步展开，都体现为一种自律道德。根据孟子与康德之自律道德，以"自律"概念为标准，牟宗三更判定伊川、朱子一系为他律道德，乃儒家正宗之歧出，所谓"别子为宗"。在此基础上，牟宗三划分宋明儒学为三系，打破了历来学者以理学与心学区分宋明儒学的传统。

　　不过，对于牟宗三判定朱子为他律道德，也有学者提出了质疑。郭齐勇说："如果我们紧紧扣住康德'自律'道德学说……用以诠释朱子的道德学说，我们同样可以发现朱子道德论中的'自律'的意涵。"② 如朱子在《观心说》中言："夫谓人心之危者，人欲之萌也；道心之微者，天理之奥也。心则一也，以正不正而异其名耳。'惟精惟一'，则居其正而审其差者也，绌其异而反其同者也。能如是，则信执其中，而无过不及之偏矣，非以道为一心，人为一心，而又有一心以精一之也。夫谓'操而存'者，非以彼操此而存之也；'舍而亡'者，非以彼舍此而亡之也。心而自操，则亡者存；舍而不操，则存者亡耳。然其操之也，亦曰不使旦昼之所为得以梏亡其仁义之良心云尔，非块然兀坐以守其炯然不用之知觉而谓之操存也。若尽心云者，则格物穷理，廓然贯通，而有以极夫心之所具之理也。存心云者，则敬以直内，义以方外，若前所谓精一、操存之道也。故尽其心而可以知性、知天，以其体之不蔽而有以究夫理之自然也。存心而可以养性、事天，以其体之不失而有以顺夫理之自然也。"③ 以上可见朱子对孔子"操存舍亡"、孟子"仁义内在""尽心知性""存心养性"诸说的持守与宏大。从其人心、道心之辨，亦可体验到朱子之意志自我立法、无待于外的意涵。并且朱子所说的心亦是道德仁体，而非仅仅在"气"的层面。在朱子，其心性之

----

① （明）王守仁：《王阳明全集》，吴光、钱明、董平、姚延福编校，上海古籍出版社1992年版，第51页。

② 郭齐勇：《牟宗三先生以"自律道德"的理论诠释儒学之蠡测》，载郭齐勇主编《〈儒家伦理新批判〉之批判》，武汉大学出版社2011年版，第630页。

③ （宋）朱熹：《观心说》，《朱子全书》第23册，上海古籍出版社、安徽教育出版社2002年版，第3278—3279页。

间也不仅是认知关系，此心体中自有道德情感，此心性即道德实践的主体。① 总之，朱子的孟子诠释虽不免受其理气二分式的义理间架的影响，但不能就此认定他的孟子诠释就都是不相应的，更不能轻易地认定其学为他律道德。朱子之学体系庞大、广博精深，不能随便以某种理论为准绳对其进行裁断，否则势必以偏概全，难得其学问之真。

清代的孟子学较之宋明儒则呈现出另一种风貌。兹以戴震、焦循、康有为三人之孟子诠释为例析论之。戴震的孟子诠释与其自身的哲学主张密切相关，而他哲学主张的建立实与当时反宋明理学的学风相关。明末清初，思想界产生了一股新的思潮，胡适称之为"反玄学"运动。而这一运动的兴起也逐渐导向思想界一种新的典范的形成。刘述先说："从心性义理的角度看，明末清初诸儒对宋明儒道德形上学的反对与批判，确是明显地逐渐形成一新的典范。这新典范深信其对先秦孔孟之诠释较诸宋明儒更确当，即更能兼顾内圣（道德修养）与外王（经世事功）两面。换另一种说法，即更重视形下世界的实践而不尚形上境界的虚谈。……与此同时，新典范既重视经世实践，遂强调经史读书的重要性。"② 这一新典范的形成与"反玄学"运动的兴起可谓同步进行，戴震的哲学遂在这一背景下孕育而生。胡适说："反玄学的运动，在破坏的方面，居然能转移风气，使人渐渐地瞧不起宋明的理学。在建设的方面，这个大运动也有两种趋势。一面是注重实用，一面是注重经学：用实用来补救空疏，用经学来代替理学。前者可用颜李学派作代表，后者可用顾炎武等作代表。从颜李学派里产出一种新哲学的基础。从顾炎武以下的经学里产出一种新的做学问的方法。戴东原的哲学便是这两方面的结婚的产儿。"③ 戴震的哲学可以说是时代的产儿，自然会受到时代思潮的影响，这也从而影响到了他对孟子的诠释。戴震虽以考据名世，然其志并不在此。正如胡适所言，"戴震在清儒中最特异的地方，就在

---

① 参见郭齐勇《牟宗三先生以"自律道德"的理论诠释儒学之蠡测》，载郭齐勇主编《〈儒家伦理新批判〉之批判》，第621—635页。

② 刘述先：《从道德形上学到达情遂欲》，《儒家思想意涵之现代阐释论集》，台北："中研院"中国文哲研究所筹备处2000年版，第79页。

③ 胡适：《戴东原的哲学》，《胡适文集》7，北京大学出版社1998年版，第240—241页。

他认清了考据名物训诂不是最后的目的，只是一种'明道'的方法"①。
他不甘心仅做个考据家，他志在做哲学家。戴震说："君子务在闻道也。
今之博雅能文章善考核者，皆未志乎闻道，徒株守先儒而信之笃，如南
北朝人所讥，'宁言周、孔误，莫道郑、服非'，亦未志乎闻道者也。"②
从考据训诂到志乎闻道，戴氏欲造就自己的哲学义理，阐发自己对先贤
之道的理解，而《孟子字义疏证》一书的写作就是其志最好的体现。
梁启超说："《孟子字义疏证》，盖轶出考证学范围以外，欲建设一'戴
氏哲学'矣。"③ 又谓："《疏证》一书，字字精粹……综其内容，不外
欲以'情感哲学'代'理性哲学'。就此点论之，乃与欧洲文艺复兴时
代之思潮之本质绝相类。盖当时人心，为基督教绝对禁欲主义所束缚，
痛苦无艺，既反乎人理而又不敢违，乃相与作伪，而道德反扫地以尽。
文艺复兴之运动，乃采久阕室之'希腊的情感主义'以药之。一旦解
放，文化转一新方向以进行，则蓬勃而莫能御。戴震盖确有见于此，其
志愿确欲为中国文化转一新方向。"④ 梁启超称戴氏以"情感哲学"代
"理性哲学"，确与当时"反玄学"的思潮相呼应，而其欲为中国文化
转一新方向也与其时新典范的形成息息相关。因此，戴氏《疏证》一
书处处显出对宋儒理学的批判，也在在显出了对孟子的独特诠释。我们
此处不想纠缠于戴氏对宋明儒的具体批判，只想指出戴氏孟子诠释的独
特之处，以考察其诠释方略的利弊。已有学者指出，戴氏的批判多不相
应，且这种批判不过是在展示另一套与宋明儒道德形上学迥异其趣的诠
释。⑤ 这一说法无疑透露出戴氏诠释背后有着自己的哲学架构。首先，
戴氏的孟子诠释明显受时代风潮的影响，其达情遂欲的主张明显打上了
时代的烙印，我们从中可以想见时代背景对于经典诠释的影响。其次，
戴氏孟子诠释的背后有一套自己的哲学主张，而他自己的哲学思想势必

---

① 胡适：《戴东原的哲学》，《胡适文集》7，第 252 页。
② （清）戴震：《戴震集》，上海古籍出版社 2009 年版，第 186 页。
③ 梁启超：《清代学术概论》，东方出版社 1996 年版，第 35 页。
④ 梁启超：《清代学术概论》，第 38—39 页。
⑤ 参见郑宗义《情欲与理义——重读戴东原的〈孟子字义疏证〉》，《明清儒学转型探
析——从刘蕺山到戴东原》（增订版）（附录二），香港：香港中文大学出版社 2009 年版。

会影响到他的孟子诠释，甚而他还会以孟子的相关说法作为自己哲学主张的论据，以孟子之说来达成自己之说。比如，他以"血气心知"论人之性，并以"心知"解读孟子的性善。他说："人之心知，于人伦日用，随在而知恻隐，知羞恶，知恭敬辞让，知是非，端绪可举，此之谓性善。"① 可见，戴氏诠释孟子性善全放在此"心知"上，四端之心也全收摄在了"心知"上。由此可知，戴氏走的是主智、主认知的路子，所以胡适谓"戴学全是一种理智主义的态度，真可说是一种致知穷理的哲学"②。然孟子所谓恻隐、羞恶、辞让之心未必都能以心知来代替。戴氏以主智、重智的心知来解释孟子的四端之心，便有违孟子本义，这即是借孟子性善之说以达成自己的哲学主张。③ 又，宋明儒严辨天理人欲，这是由孟子大体小体之分而来。然而戴氏则从根本上反对天理与人欲的分别，在他看来，天理正要在人欲中寻绎出来。他说："理也者，情之不爽失也；未有情不得而理得者也。"④ 又说："情得其平，是为好恶之节，是为依乎天理。古人所谓天理，未有如后儒之所谓天理者矣。"⑤ 宋明儒所谓天理相当于孟子所谓理义，而在戴氏眼中，天理乃指天然之分理。⑥ 在戴氏，天然即自然，天理乃必然，天理乃指天然之分理，而必然即自然之极则，其说云：

> 欲者，血气之自然，其好是懿德也，心知之自然，此孟子所以言性善。心知之自然，未有不悦理义者，未能尽得理合义耳。由血气之自然，而审察之以知其必然，是之谓理义；自然之与必然，非二事也。就其自然，明之尽而无几微之失焉，是其必然也。如是而后无憾，如是而后安，是乃自然之极则。若任其自然而流于失，转

---

① （清）戴震：《孟子字义疏证》，中华书局 1982 年版，第 29 页。
② 胡适：《戴东原的哲学》，《胡适文集》7，第 338 页。
③ 参见郑宗义《情欲与理义——重读戴东原的〈孟子字义疏证〉》，《明清儒学转型探析——从刘蕺山到戴东原》（增订版）（附录二），第 344 页。
④ （清）戴震：《孟子字义疏证》，第 1 页。
⑤ （清）戴震：《孟子字义疏证》，第 2 页。
⑥ 参见（清）戴震《孟子字义疏证》，第 2 页，"是为依乎天理"下自注。

丧其自然，而非自然也；故归于必然，适完其自然。①

在戴氏看来，作为必然的理义与作为自然的情欲非二事，理义正在于情欲之正或情欲之无失。吴根友说："在戴震哲学中，'必然'即是不得不如此、应当如此的意思，是趋时而更新的，是伴随着人的具体历史生存条件的变化而变化的，不是一种僵化的外在规范。这种'必然'之则本身并不具有优先存在的可能性，而只是从具体生活中抽象出来的'至正'，它不能脱离具体的感性生活，也不具有永恒性，就其存在的理由来说，这一代表'至正'的当然之则就是要遂人之欲、之情以至于无纤毫之憾。反过来说，束缚人性自由发展的任何规范都不能作为人类生活的'当然之则'。"② 不过，孟子虽不否认食色之性，不反对自然欲望的满足，但却严辨大体小体。梁启超就此说："孟子并非责人以勿养小体，而谓必以不养小失大为范围，故曰'以直养而无害'（《公孙丑上》）。无害云者，即无以小害大无以贱害贵也，遇神明与躯干利害相冲突时，必毋或徇躯干之欲而堕其神明，君子与庶民之异在此也，人与禽兽之异即亦在此。"③ 孟子尝言："生亦我所欲也，义亦我所欲也；二者不可得兼，舍生而取义者也。"（《告子上》）生命与理义虽不一定冲突，然亦有冲突之时。此时，生命与理义为二事，并非如戴氏所能调和者。梁启超说："所谓二者不得兼，即神明与躯干利害相冲突之时也，其冲突之甚，乃至神明与躯干不能并存，此等境遇，本非人世间所常有，吾侪或终身不一遇焉，万一遇之，则势必须舍其一乃能取其一，孰取孰舍，即人禽所攸分也。禽兽所欲无更甚于生，所恶无更甚于死。人决不然，然舍彼而取此则为人，舍此而取彼，遂禽兽矣。孰舍孰取，视平日所养何如耳，此养大体养小体之义也。"④ 可见，在这一点上，戴氏未能遵循孟子原意。通过以上的分疏，我们可知戴氏的孟子诠

　　① （清）戴震：《孟子字义疏证》，第18—19页。
　　② 吴根友：《分理与自由——戴震伦理学片论》，《明清哲学与中国现代哲学诸问题》，中华书局2008年版，第109页。
　　③ 梁启超：《梁启超论孟子遗稿》，《学术研究》1983年第5期。
　　④ 梁启超：《梁启超论孟子遗稿》，《学术研究》1983年第5期。

释沾染上了自己的哲学色彩。为了反对宋儒所谓的"以理杀人"，戴氏构建起自己的哲学架构，在此基础上诠释孟子，以自己所诠释的孟子义理来反对宋儒的说法，为自己的立说寻求更坚实的经典依据。虽然如此，戴氏的孟子诠释还是能发前人所未发，使孟子的相关义理在当时得以保持相当的生命力，并赋予其新的时代精神。

焦循的孟子诠释集中在其《孟子正义》一书中。焦氏《孟子正义》一书乃根据当时善本赵岐《孟子章句》，广纳诸家之说，汇聚清嘉庆以前学者研究《孟子》的资料，且集考证与义理于一体，兼杂自己的见解，凡此以成就该书在孟子学史上的地位。① 焦氏孟子诠释的特色在于以《易》解《孟子》，其《易》解《孟子》诸说分散在《孟子正义》及其《易》学三书（《易通释》《易图略》《易章句》）中，这些都值得我们重视。孟子虽不明言《易》，实乃通《易》，焦氏在清代诸儒中独具只眼，以《易》通《孟子》，大有功于孟子学之发展。

康有为的孟子诠释则体现在其所著《孟子微》一书中。康氏所处的时代乃西学东渐勃兴之际，中西思想于此时交汇冲突。康氏通过诠释《孟子》来调和中西思想，使儒家思想能在新的历史境遇下发扬光大，而这也与其今文学派的经世思想相一致。黄俊杰说："康有为的思想世界广大悉备，中西兼采，新旧会通，诚为'去种界、同人类'之理想在思想史上的具体实践。以《孟子微》为中心，我们可以看到中西思想如何在清末的中国思想界融合成新的观念与思潮。康有为发现西方近代的民主、自由、平等、社会达尔文主义、重商思想等观念，均可与孟学传统互相融合折中，创造成新的思想质素。"② 康氏可谓开近现代儒家思想现代化之先河的代表人物，其中西互融的经典诠释理路也对后世影响深远。

总之，清代的孟子学研究具有多面性。以上所论只是取其代表，难免挂一漏万。要之，清代的孟子学研究既有传统意义上的经典注疏，亦

---

① 参见林庆彰《焦循〈孟子正义〉及其在孟子学之地位》，载黄俊杰主编《孟子思想的历史发展》，台北："中研院"中国文哲研究所筹备处 1995 年版，第 239 页。

② 黄俊杰：《中国孟学诠释史论》，社会科学文献出版社 2004 年版，第 47 页。

有会通中西思想的经典诠释。在对孟子的诠释中，诠释者所处时代背景以及诠释者自身的思想倾向都对诠释本身产生了相当的影响。这在一定程度上或许可能导致对孟子义理的偏离，但从某种意义上说也是对孟子思想的进一步发展与推进。此外，随着中西新旧思想在这一时期的交汇，包括孟子在内的儒家思想的现代转化成了儒家经典诠释中的一个新课题。

二 研究主题

现代新儒家的孟子学是历史上孟子学发展的第四个阶段，也是方兴未艾的一个阶段。为了厘清这一阶段的孟子学研究，我们有必要首先对"现代新儒家"这一称号作一简要的说明与界定。对于何为"现代新儒学"或"现代新儒家"，学界说法不一，难成定论。李泽厚总结了现代新儒家的基本特征："在辛亥、五四以来的二十世纪的中国现实和学术土壤上，强调继承、发扬孔孟程、朱、陆、王，以之为中国哲学或中国思想的根本精神，并以它为主体来吸收、接受和改造西方近代思想（如'民主''科学'）和西方哲学（如柏格森、罗素、康德、怀特海等人）以寻求当代中国社会、政治、文化等方面的现实出路。"① 有学者将其视为一个思想流派，如郭齐勇说："现当代新儒学思潮是从中国文化自身的大传统中生长出来的、面对强势的西方文化的挑战应运而生的、20世纪中国最具有根源性的思想文化的流派，是在现代中国反思与批判片面的现代性（包括全盘西化或俄化）的思想流派，也是在现代中国积极吸纳西学、与西学对话，又重建传统并与传统对话的最有建设性与前瞻性的思想流派"② 。也有学者认为，现代新儒家或当代新儒家本身是一个通名，是为了现代学术研究的方便而创造的一个名词。③

学界对此虽众说纷纭，但刘述先提出的"三代四群"的说法渐为

---

① 李泽厚：《中国现代思想史论》，生活·读书·新知三联书店 2008 年版，第 280 页。
② 郭齐勇：《现当代新儒学思潮研究》，人民出版社 2017 年版，第 1 页。
③ 参见黄俊杰《东亚儒学视域中的徐复观及其思想》，台北：台湾大学出版中心 2009 年版，第 45 页。

大家所认同。刘先生认为，凡肯定儒家的一些基本观念与价值通过创造性的阐释有其现代意义者，都可归入广义的"现代新儒学"（Contemporary New Confucianism）之列。关于现代新儒学的代表人物之确定，刘先生提出了一个"三代四群"（Groups）的架构：

> 第一代第一群：梁漱溟、熊十力、马一浮、张君劢。
> 第一代第二群：冯友兰、贺麟、钱穆、方东美。
> 第二代第三群：唐君毅、牟宗三、徐复观。
> 第三代第四群：余英时、刘述先、成中英、杜维明。①

在广义的"现代新儒学"的基础上，刘先生还划出了一条狭义的"当代新儒家"（Contemporary Neo-Confucianism）的线索。"此以一九五八年元旦发表的《中国文化与世界宣言》为基准，由张君劢、唐君毅、牟宗三、徐复观四位学者签署，强调'心性之学'为了解中国文化传统的基础，上溯到唐、牟、徐三位之师熊十力，而下开港、台、海外新儒家的线索。"② 这是指由熊十力开其端，熊氏的三大弟子唐君毅、牟宗三、徐复观发扬光大，而后为第三代的刘述先、杜维明所继承和发展的一系。

此外，吴汝钧在刘先生的基础上，也对现代新儒家有所界定。他同意刘先生对现代新儒学作出的广义和狭义的界分，但却对狭义的当代新儒家的界说有所调整。他从现代新儒学的第一、二代中选取梁漱溟、马一浮、熊十力、唐君毅、牟宗三、徐复观六人作为狭义的当代新儒家，并将他们视为现代新儒学中的"核心组"成员，从而确定自己对于现代新儒学的界定：

> 核心组：梁漱溟、熊十力、马一浮、唐君毅、徐复观、牟宗

---

① 刘述先：《现代新儒学研究之省察》，《现代新儒学之省察论集》，台北："中研院"中国文哲研究所 2004 年版，第 135 页。
② 刘述先：《现代新儒学研究之省察》，《现代新儒学之省察论集》，第 129—130 页。

三、刘述先、杜维明。

关系组：张君劢、钱穆、贺麟、冯友兰、方东美、余英时、成中英。[1]

吴氏之所以选取"核心组"成员中的梁、马、熊、唐、牟、徐等六人作为狭义的当代新儒家，是因为他们不但在理论立场和人生态度上以传统儒学为宗，而且都有哲学的慧识，且能对传统儒学作出创造性的诠释。[2] 笔者极赞同吴氏的上述分析和界定。本书正是以"现代新儒学"一系中的熊十力、梁漱溟、马一浮、唐君毅、牟宗三、徐复观六人的孟子学为研究对象，展开其相应的研究。

具体而言，之所以选取上述六位人物来展开我们的研究，乃基于如下三点理由。首先，梁漱溟、马一浮、熊十力、唐君毅、牟宗三、徐复观是现代新儒学思潮中的代表性人物，他们都著述丰厚，自成一家。他们都有强烈的文化与文明自觉，也都以弘扬传统儒学为己任。在为学上，他们都重视儒家的心性义理，认为心性义理之学是传统儒家乃至整个传统文化的根基与慧命，也是整个中国学术思想的核心。这种学术上的共识，集中反映在牟宗三、徐复观、张君劢、唐君毅联署于 1958 年发表的《为中国文化敬告世界人士宣言》（以下简称《宣言》）中。《宣言》论定中国的心性之学不同于西方心理学、灵魂说或认识论形上学之理论，而是人生道德实践的基础，是集道德、哲学、宗教于一体，从而内在于人之精神生活的"一本"之学。《宣言》称："此心性之学中，自包含一形上学。然此形上学，乃近乎康德所谓的形上学，是为道德实践之基础，亦由道德实践而证实的形上学。而非一般先假定一究竟实在存于客观宇宙，而据一般的经验理性去推证之形上学。……此心性之学，

---

① 吴汝钧：《当代新儒学的深层反思与对话诠释》，台北：台湾学生书局 2009 年版，第 412 页，转引自刘乐恒《马一浮六艺论新诠》，上海古籍出版社 2015 年版，第 330 页。

② 参见吴汝钧《当代新儒学的深层反思与对话诠释》，第 3—4 页，另参见刘乐恒《马一浮六艺论新诠》，第 330 页。刘乐恒博士把上述六人分为三系。政治—思想系：梁漱溟、徐复观；心性—思辨系：熊十力、牟宗三；心性—人文系：马一浮、唐君毅。参见刘乐恒《马一浮六艺论新诠》，第 330—334 页。

乃通于人之生活之内与外及人与天之枢纽所在，亦即通贯社会之伦理礼法，内心修养，宗教精神，及形上学等而一之者。"[1] 而心性之学的源头即在孟子一系。因此，从他们的孟子学出发，更能把握他们各自思想义理的核心与取向。

其次，孟子心性一系是他们义理阐发的一个共同的思想来源，孟子思想中的相关议题，如性命论、工夫论，义利之辨、人禽之辨，天人之辨、王霸之辨，等等，也多是他们集中关注的层面。他们对孟子心性义理或称引评述，或引证疏解，或引之以与西学对勘，或借之以为学术判教，或甚而引申之以为哲学体系构建的义理依据。如马一浮称引孟子以明经术之要，徐复观阐扬性善以为政治之基。唐君毅疏解孟子言政之精神在"兴起人之心志"，熊十力解孟子诸大义为《公羊春秋》。至于牟宗三，则以孟子心性义理为判准，把宋明儒学分为三系，胡五峰、刘蕺山为一系，陆象山、王阳明为一系，程伊川、朱熹为一系。并称前两系为宋明儒之大宗，合先秦儒家古义，而伊川、朱子一系则属于旁枝，从而另开一个传统，所谓"别子为宗"。这便是把孟子作为一种判教的义理依据。牟宗三还以孟子为会通儒学与康德哲学的桥梁，从而论证孟子的"仁义内在"说与康德道德哲学皆为一种自律伦理学，并进一步以孟子的心性论调适推进康德的道德哲学。此外，熊十力所构建的《新唯识论》，牟宗三所创建的道德形上学，也多所资取于孟子的义理资源，以为其立论之据。因此，本书所谓"孟子学"，指的即是对孟子思想的引证疏解与义理诠释，以及在此基础上的哲学架构等。而这些层面也恰是现代新儒家孟子学的核心所在。

最后，他们皆致力于孟子心性之学的义理发明，也都在此心性之学上有自己思想义理上的创见与慧识。他们从不同的视域，以多样的诠释方法对孟子心性义理作出了新的理解与诠释，从而呈现出了丰富的诠释面向。现代新儒家之"新"，即在于新儒家群体或从经学义理，或从哲学形上学，或从政治文化等不同视域对儒家的心性义理展开理解与诠

---

[1] 牟宗三、徐复观、张君劢、唐君毅：《为中国文化敬告世界人士宣言》，载封祖盛编《当代新儒家》，生活·读书·新知三联书店1989年版，第19—21页。

释，从而激活儒学在道德、哲学、宗教等人文层面的生命力，以此对治时下所面临的意义、价值、信仰等层面的危机。与此同时，现代新儒家之"新"，也在于如何消化吸收乃至超化西方的现代化，从而实现儒学的创造性转化。从某种意义上说，以梁、马、熊、唐、牟、徐等为代表的现代新儒家，带来了儒家心性之学在 20 世纪的回归与复兴，从而使儒家心性之学在当下以一种更为多样的形态开显。

三　研究综述

自古孔孟并称，圣贤相继，孟子在中国哲学史或思想史中具有重要的地位。孟子学大兴于宋代，于 20 世纪借助现代新儒学思潮的尊崇，由是又得一兴。现代新儒学是 20 世纪兴起的一股学术思潮，它指立足传统儒家思想，同时吸收西方思想学说，主张重新树立儒家道统、回应现实问题的学术流派。他们中的代表人物主要包括唐君毅、牟宗三、徐复观，同时上溯至他们的师辈熊十力、马一浮、梁漱溟等。这一系学人皆注重心性学，深受孟子思想影响，因此有必要系统考察他们的孟子学研究，从而更深层次地理解他们的学术与人生。具体而言，相关学术史梳理集中在如下几个方面。

一是孟学史方面涉及现代新儒家孟子学的相关研究。关于孟学通史的研究有王其俊主编的《中国孟学史》（山东教育出版社 2012 年版），董洪利的《孟子研究》（江苏古籍出版社 1997 年版）等。王其俊主编的《中国孟学史》第六篇"近代的孟学研究"涉及了现代新儒家代表人物的孟子学研究。董洪利的《孟子研究》一书前半部分研究孟子的思想，后半部分探讨从汉至清历代孟子学的研究状况，作者用力甚深，有开山之功，惜其未能关注现当代的孟子学研究。台湾学者黄俊杰从思想史、诠释史角度梳理了孟子学的发展演变，已先后出版《孟学思想史论》（台北：东大图书公司 1991 年版）、《孟学思想史论》（卷二）（台北："中研院"中国文哲研究所筹备处 1997 年版、2006 年版增订本）。卷二后由社会科学文献出版社 2004 年出版了简体字版，题为《中国孟学诠释史论》。该书全面总结了中国思想史上孟子学诠释史的发展，并探讨了中国哲学诠释学方面的一些方法论问题。在该书第十章作者分述了现代新儒家的三个代表人物唐君毅、牟宗三、徐复观的孟子学研究，指出了他们各自的诠释特点，并对他们的诠释方法作了分类与比较。因为是通史性质的著作，作者在此处的研究未能充分展开，只涉及新儒家中的唐君毅、牟宗三、徐复观三人的孟子学，未论及熊十力等其他代表性人物的相关研究。由于该书明确以现代新儒家代表性人物的孟子学作为一个独立的研究对象，因此对本书选题与写作具有很大的启示与指导意义。黄氏还有《21世纪孟子学研究的新展望》（《文史哲》2006年第5期）一文，该文探讨了20世纪孟子学研究的进路及其方法论，并对21世纪的孟子学研究作了展望。梁涛、杨海文的《20世纪以来的孟学史研究》（《文史哲》2012年第6期）一文对20世纪以来的孟学及孟学史的研究状况作了详尽的综述，指出了当前孟学史研究的不足，并对今后孟学史的研究方法提出了自己的思考。他们于2011年申请立项了国家社科基金重大项目《中国孟学史》，其中分为战国、汉唐、两宋、辽金元、明代、清代六个子课题，试图全面梳理孟子思想的历史发展。作者的构想很具学术意义，美中不足的是作者未能把20世纪现代新儒家的孟子学纳入其计划之中。

二是孟子学专论方面涉及现代新儒家孟子学的相关研究。杨泽波的《孟子性善论研究》（中国社会科学出版社1995年版，中国人民大学出版社2010年修订版，上海人民出版社2016年再修订版）涉及牟宗三的孟子学诠释。该书第四部分第四章"牟宗三性善论研究的贡献与缺失"论述了牟宗三以康德诠释孟子的贡献与缺失，并在论证方法上探讨了康德道德哲学与孟子性善论之间的差异。台湾牟门弟子李明辉的《儒家与康德》（台北：联经出版公司1990年版、2018增订版，广西师范大学出版社2021年版）、《康德伦理学与孟子道德思考之重建》（"中研院"中国文哲研究所1994年版）、《孟子重探》（台北：联经出版公司2001年版）等著作中的相关篇章，分析了牟宗三对孟子心性论的诠释，探讨了牟氏会通孟子与康德的哲学思考，对牟氏的儒学诠释方法作了相应的归纳与总结，并回应了学界对牟氏儒学诠释方法的批评。李明辉在《牟宗三思想中的儒家与康德》（李明辉：《当代儒学之自我转化》，台北："中研院"中国文哲研究所 1994 年版）一文中指出，牟宗三对儒家思想与康德哲学的会通，并非简单地套用康德哲学的概念和思想间架来诠释儒家思想，而是从哲学思考的高度比较其异同，分判其形态。故而牟氏的诠释工作本身即是一种哲学思考，并且包含一种新的判教。另，李明辉主编的《孟子思想的哲学探讨》（台北："中研院"中国文哲研究所筹备处 1995 年版）收录了杜维明、安乐哲、刘述先等学者探讨孟子思想的论文，具有较高的学术价值。其中，蒋年丰的论文《孟学思想"兴的精神现象学"之下的解释学侧面——从马浮论诗教谈起》，从哲学诠释学、现象学的视域出发，分析总结了马一浮对孟子诗教精神的推尊与阐释，认为对孟子思想的诠释，不必限制在道德形上学一面，而还可以开出一种立于性情心的"兴的精神现象学"。台湾学者袁保新的《从海德格、老子、孟子到当代新儒学》（台北：台湾学生书局 2008 年版，武汉大学出版社 2011 年版）一书从海德格尔"基础存有论"的视角对孟子思想（尤其是心性论）进行了一番富有新意的重新解读，并对现代新儒家中的唐君毅、牟宗三等的孟子学诠释作了批判性的考察。

三是现代新儒家研究方面涉及孟子学诠释的相关研究。现代新儒家的研究可谓方兴未艾，研究专著及学位论文层出不穷，专题研究也有不少。关于此，郭齐勇的《近 20 年中国内地学人有关当代新儒学研究之述评》（载冯天瑜主编《人文论丛》2001 年卷，武汉大学出版社 2002 年版）与胡治洪的《近 20 年我国大陆现代新儒家研究的回顾与展望》（载徐洪兴主编《鉴往瞻来——儒学文化研究的回顾与展望》，复旦大学出版社 2006 年）两篇文章有着详细的梳理。郭齐勇的《现当代新儒学研究思潮》（人民出版社 2017 年版）一书更是有详尽的介绍与评述。其中，针对牟宗三、唐君毅的研究专著多少涉及了一些孟子学诠释方面的内容。这尤其以唐文明的《隐秘的颠覆——牟宗三、康德与原始儒家》（生活·读书·新知三联书店 2012 年版）一书为著。唐著系统梳理了牟宗三以康德哲学诠释儒家（主要即孟子）的理论成果，全面审视了牟宗三融会儒家思想与康德哲学所建构而成的道德形上学，认为牟宗三对原始儒学的诠释与构建存在严重问题，是以西方现代道德理论对儒家思想的颠覆与重构。作者对牟宗三著作、康德文本以及原始儒家文献相当熟悉，论证层次分明、条分缕析、层层递进，提出了一些颇有见地的结论。但作者的结论也有一些值得商榷之处。如认为牟宗三是在现代道德风尚的意义上理解"道德""善"等观念的涵义，进而认为牟宗三对儒家伦理作了一种现代道德主义的解释。这种解说是否符合牟宗三思想初衷，则是颇值得再讨论的，这里不再详述。台湾学者苏子敬的《唐君毅孟学诠释之系统研究》（台北：花木兰文化出版社 2009 年版）主要梳理了唐君毅对孟子性命论、养心工夫以及言辩方式等的理解与诠释，在现代新儒家孟子学研究方面，实有开创之功。另有一些论文涉及了现代新儒家的孟子学诠释，如郭齐勇的《牟宗三先生以"自律道德"的理论诠释儒学之蠡测》（《哲学研究》2005 年第 12 期，另载郭齐勇主编《〈儒家伦理新批判〉之批判》，武汉大学出版社 2011 年版）、《牟宗三先生会通中西重建哲学系统的意义》（载冯天瑜主编《人文论丛》2006 年卷，武汉大学出版社 2007 年版），欧崇敬的《新儒学的开启与收场——从"孟子学"的儒家型态创造转化到熊十力、牟宗三哲学体系的反省》（载吴光主编《当代新儒学探索》，上海古籍出版社 2003 年版），石永之的《第一代新儒家与孟子》（《中共济南市委党校学报》2010 年第 2 期）、《牟宗三与孟子》（中共济南市委党校学报 2012 年第 6 期），张少恩的《人性、直觉与理性——以梁漱溟孟子学诠释为中心》（《中华文化论坛》2017 年第 12 期）、《20 世纪孟子学研究现代转型的四种进路》（《孔子研究》2020 年第 3 期），廖晓炜的《心之性情与感通：唐君毅对孟子心性论的诠释》（台湾《哲学与文化》2020 年第 5 期）等。上述论文都或多或少，或直接或间接地接触到了现代新儒家的孟子学，对本书研究皆具启发作用。

国外研究方面，法国毕游塞（Sébastien Billioud）的《通过儒家现代性而思——牟宗三道德形上学研究》（*Thinking Through Confucian Modernity. A Study of Mou Zongsan's Moral Metaphysics*，Leiden and Boston：

Brill，2012，中文版白欲晓译，江苏人民出版社 2022 年版）从自律道德、智的直觉、基本存有论、道德情感、工夫等层面系统阐释了牟宗三基于儒家哲学建构其道德形上学的思路与历程。其中，该书关于道德主体、智的直觉以及道德情感方面的论述，涉及了牟宗三对孟子与康德哲学的诠释与会通，并就此进行精深的分析与评述。

综上，我们大致从孟学史、孟子学专论以及现代新儒家研究等层面涉及现代新儒家孟子学的研究状况作了一番简略的梳理。这些研究或从孟子义理出发，或从现代新儒家整体及个别代表性人物出发，以不同的视角正面或侧面触及到了现代新儒家的孟子学。但学界尚缺乏从整体上对现代新儒家的孟子学作系统、融贯的研究。本书即在学习、借鉴现有研究成果的基础上，从整体上推进这一层面的研究。因为学界关于现代新儒家的研究成果极为丰富，也因笔者学识所限，上述文献综述难免挂一漏万，疏漏错谬之处尚祈方家指正。

四 研究方法

一般对经典的诠释，要么采用内在式的诠释进路（循着所谓"内在的理路"而直透文本的意义），要么采用脉络化的诠释进路（结合时代背景给出一种社会化或历史化的理解），这便牵扯到普遍（主义）与特殊（主义）之争。为了突破这种两难困境，在特殊中把握普遍，本书通过历史与哲学互为表里的进路来分疏现代新儒家对《孟子》文本的疏释及其义理的阐释。本书在系统梳理现代新儒家孟子诠释的基础上，对他们的诠释方法与诠释理路进行了横向比较，概括其各自的特征，分析其内在的一致性，并援引西方诠释学理论与他们的诠释方法相比较、会通。此外，不论是对《孟子》文本的理解还是对诠释者对《孟子》文本所作诠释的理解，我们都拟站在文本或诠释者自身的立场去理解对方，打破价值相对主义或历史主义的狭隘性，真正深入古典世界，探寻具有恒久价值的义理。

具体而言，本书在研究方法上展现为知识、思辨与感触三个层面，这也是现代新儒家经典诠释过程中所运用的方法，同时也是他们的经典诠释观。[①] 知识即对文本本身的理解，而思辨则是建立在对文本理解的基础之上。文本首先是指最基本的文献，因此对文献的把握是文本解读过程中的第一步，属于知识的层面。其次，则是通过对文献的把握来抽绎出文本所体现的义理，并作出相应的诠释与判准，这是文本解读的第二步，属于思辨的层面。对文献的理解类似于中国传统学术中的训诂，而对文献的诠释类似于中国传统学术中的义理。因此，理解和诠释的过程也就是训诂和义理交互发明的过程。训诂固然重要，但要突破乾嘉学派"训诂明则义理明"的局限，突出义理本身的重要性，强调两者之间的双向互动，因此，文本解读过程中的思辨一层必不可少。对文本的理解主要体现的是知识层面的问题，通过调动相应的知识储备和文献依据，对相应的文本进行基础的解读。在此基础上，则是义理层面的诠释。诠释不仅仅是知识层面的问题，更涉及思辨。通过相应的哲学思辨才能进一步抽绎出文本所体现的义理。最后，因为中国的儒家经典更是一种"载道"之书，因此只有站到或接近文本作者的高度才能真正了解文本的义理及作者的心志，才能真正做到"同情的了解"。陈寅恪说："所谓真了解者，必神游冥想，与立说之古人，处于同一境界，而对于其持论所以不得不如是之苦心孤诣，表一种之同情，始能批评其学说之是非得失，而无隔阂肤廓之论。……但此种同情之态度，最易流于穿凿傅会之恶习。"[②] 可见，这种"同情的了解"非常重要，而又容易出现偏差。这即孟子所谓的"以意逆志"。而要做到"以意逆志"，则需要一种生命的实感或感触，如此才能更真切地接近古人。因此，感触也是文本解读过程中的一个重要面向。

此时，文本的诠释不仅仅显现为一种认知意义上的诠释策略，更生

[①] 参见郑宗义《知识、思辨与感触——试从中国哲学研究论牟宗三先生的方法论观点》，《儒学、哲学与现代世界》，河北人民出版社 2010 年版，第 65—88 页。

[②] 陈寅恪：《冯友兰中国哲学史上册审查报告》，《金明馆丛稿二编》，上海古籍出版社 2020 年版，第 281 页。

成为一种存在意义上的生命的"体证"①。此即以自己之心体贴古人之心，本自己之心以论古人之学。唐君毅说："吾今之所谓即哲学史以为哲学之态度，要在兼本吾人之仁义礼智之心，以论述昔贤之学。古人往矣，以吾人之心思，遥通古人之心思，而会得其义理，更为之说，以示后人，仁也。必考其遗言，求其诂训，循其本义而评论之，不可无据而妄臆，智也。古人之言，非仅一端，而各有所当，今果能就其所当之义，为之分疏条列，以使之各得其位，义也。义理自在天壤，唯贤者能识其大。尊贤崇圣，不敢以慢易之心，低视其言，礼也。吾人今果能兼本此仁义礼智之心，以观古人之言，而论述之，则情志与理智俱到，而悟解自别。今若更观此所悟解者之聚合于吾人之一心，而各当其位，则不同历史时代之贤哲，所陈之不同义理，果皆真实不虚，即未尝不宛然有知，而如相与揖让于吾人之此心之中，得见其有并行不悖，以融和于一义理之世界者焉。斯可即哲学义理之流行于历史之世代中，以见其超越于任何特定之历史世代之永恒普遍之哲学意义矣。"② 这种"体证"式的诠释方法，徐复观则称之为"追体验"。在徐先生看来，中国先哲的思想是内在生命的体现，只有用分析、比较甚至体验的方法才能发现其内在的关联，从而将它们构造为一个完整的生命体。我们不仅是读古人的书，亦是与古人对话，感受其人格魅力。这就要能体验古人之所体验，用心揣摩古人之所想。牟宗三也强调，要充分理解古典文献，除了必要的知识和思辨外，还要有与古人生命上相通的感触或感应：

> 孔、孟的心中总有个想法，有个生命上的体验。你要懂得孔、孟说这些话的意思，固然要仔细通文字，但同时亦要懂得孔、孟说这话时生命的内蕴，及其文化的背境。若果你对他们的生命没有感应，又把他们的文化背境抽离掉，而孤立地看这些话，那你便完全不能懂。现代人了解古典的困难便在于此。现代的人对古典全没有

---

① "体证"相应于杜维明所说的"体知"。参见杜维明《杜维明文集》（第五卷）第三部分《论体知》，郭齐勇、郑文龙编，武汉出版社 2002 年版，第 329—376。

② 唐君毅：《中国哲学原论·原性篇》，《唐君毅全集》第十八卷，自序第 6—7 页。

生命上的感应，不知道孔、孟的这些话是什么问题，是那方面的话，不知道他们所说这些话的社会背境、文化背境是什么，而只会用些不相干的浮薄观念去瞎比附，这便是现代人了解古典的一个很大的障碍。①

唐君毅的"感通"（以仁义礼智之心解读儒家经典），徐复观的"追体验"，以及牟宗三的"感触"，皆是治儒家经典不可或缺的内在条件，都是意在体会古人之用心，力图能与其相冥契。狄尔泰"诠释学的循环"中就有作品与作者的精神联系一项，通过对作品与作者之精神的交互理解，往复印证，始得作品之真意与作者精神之风尚。② 笔者在诠释的过程中也努力采用上述诠释方式，在文本诠释的过程中，我们虽然不能站在与文本作者同一的生命高度上，但至少能抱持一种寻求感通的生命意识，并以诚、敬的姿态面对文本、解读文本，虚心涵泳，"以意逆志"，于文本之义理及作者之心志，虽不中，亦不远矣。

通过探讨现代新儒家对儒家经典的理解与诠释，我们得到的不仅是方法论层面的启示，更是一种生命存在意义上的感悟。我们对儒家经典的诠释也并非为诠释而诠释，我们在诠释的过程中就已经在与所诠释的思想对象本身互动了。我们当下的儒学研究不能仅仅走现代学术下的所谓"纯客观"的研究路子，当然这很必要。除了客观而同情的了解之外，我们还要能从儒家思想本身中汲取能量，感于先哲的伟大人格，奋起己之心志。中国学问主张为人与为学的统一，对于儒家思想的研究更是如此。儒学不同于一般的自然科学或社会科学，我们当然可以把它当作一门现代学科作所谓客观的研究。但儒学更是一门生命的学问，没有

---

① 牟宗三：《牟宗三先生晚期文集》，《牟宗三先生全集》27，第341页。
② 在狄尔泰所谓的"诠释学的循环"中，狄尔泰对整体与部分的关系的理解已经超越了文本（文献）本身，认为整体与部分的关系有三层涵义：一是指作品自身作为整体，包括意义、风格、结构等，作品的各个部分，诸如章节、词句等，必须放在这个整体中才获得理解与意义；二是指作品相对于产生它的整个历史文化背景而言，是这一文化背景之部分，作品必须放在这一历史文化背景的整体关系中，才能得到理解；三是作品与作者的精神联系和作品语言与产生它的时代文化语言风格的联系。参见殷鼎《理解的命运》，生活·读书·新知三联书店1988年版，第145页。

生命的感触不足以深入儒家思想之堂奥。因此，对于儒家思想我们不能只站在门外作客观的研究，还要能深入其中，切身体会，方能得其真意。也只有这种入乎其内、出乎其外的研究方式才能更好地理解与诠释儒家思想。

第一章　理性与生命——孟子学与
梁漱溟的哲学

　　梁漱溟是第一代现代新儒家中的代表性人物。民国初年，西学东渐之风愈演愈烈。中国文化也经受着严峻的考验。梁漱溟生逢其时，面对中学式微，他大声疾呼，是 20 世纪初期面对西化之风率先站出来肯定中国文化价值的学人。

　　梁漱溟是实践型的儒者，其著书立说并非为了学问而学问，而是为了解决人生问题和中国问题。梁氏亦佛亦儒，以一颗大乘菩萨的救世精神深入社会，其著作也浸润了他自己独特的生命存在与生活体验。梁漱溟平生之志即是为中国的未来寻出路，其探讨中西文化也是为了解决中国的现实问题，这都源自他对时代的切己体认与对国族的深挚感情。梁漱溟无意做一个学问家，他更愿意成为一个思想家和社会活动家。他汲汲于中国的现实问题，"认识老中国，建设新中国"成为他一生为之奋斗的目标。

　　梁漱溟是一个文化复兴者，也是早期尝试从文化比较的视域阐释中国传统文化尤其是儒家文化的儒者。作为儒学的重要组成部分，孔孟、宋明心性之学对梁漱溟一生的学问与实践影响至深。其中，孟子及其理性精神给予梁漱溟极大的启发，促进了其文化意识的觉醒。通过与西方、印度文化的比较，梁漱溟定位中国儒家文化为一理性早启、文化早熟的文化类型，并系统阐释了儒家这种理性至上的文化生命。此外，借助孟子的心性论及其实践工夫论，梁漱溟构建了其通乎万有的生命哲学。

第一节 孟子义理的现代阐扬

梁漱溟之所以被视为现代新儒家的代表，就在于其对儒家孔孟、宋明心性之学的接续与开拓。其一生为孔子代言，以承续孔学为己任，此不待言。在阐发孔学精神的基础上，梁漱溟也很重视对孟子思想的解读。梁漱溟取材中西之学，以其特有的生命哲学理解和诠释孟子的性善论。早期梁漱溟以直觉释儒家伦理中的仁与良知，后期则转而以理性替代直觉来进行诠释，并以理性定位中国文化的精神与特质。

一 性善说之新诠

梁漱溟早年志在解决人生问题与中国的现实问题，其对人性、生命的关切贯彻其人生问题和中国问题的始终。梁漱溟对生命和人性的理解主要以儒学尤其是孟子的性善论为基础，同时深受柏格森哲学的影响，他取材广博、融通中西，形成了自己特有的生命哲学。梁漱溟对孟子人性论的诠释，也与其生命哲学息息相关。他肯定人性，并深入探讨人性的本质、恶的来源，进而探讨人心与人生以及生命本源等。

梁漱溟肯定人性，认为人性即是人类所共同具有的特征。人类具有不同于其他动物的生理机能和心理倾向。人与其他动物的生理机能固然不同，但人类所特有的心理倾向才是人之为人的根本所在，也即人性所在。梁漱溟从如下三个层面论证人性。第一，人有基本相同的心理功能或心理倾向，如思维上有彼此同喻的逻辑，感情上于色有同美、味有同嗜、心有同然者等。这种感情上的类同，可谓直接袭自孟子。第二，人性先于任何社会性的存有而存在，炳然长存，未尝丧失。第三，人性具有极大的活变性（modifiability）和可塑性（plasticity），能自觉地转变，而其可塑与转化的方向即是善。此所以梁漱溟主张人性善或人之性清明。[①]

---

① 参见中国文化书院学术委员会编《梁漱溟全集》第三卷，山东人民出版社 2005 年版，第 542—547 页。

由上可知，梁漱溟是从动态的、可塑性的角度理解人性，并从这样的角度诠释孟子的性善说。在他看来，历来对孟子性善说的误解，就在于把人性看成一个死板的、已然的东西，这样的话，则无论主张性善或性恶，或非善非恶，或可善可恶，或善恶相混，或性有三品，都是站不住脚的。因为既然是已然的、决定了的，则无论人性是善是恶等哪种情形，都是不能改变的，因此这样论性是说不通的。"若指定一个呆板的东西，无论怎样主张，都不能贯彻到底，对于旁的方面，都不能解释。其实生命本来是一个活的倾向，始终是一个将然性善，即是始终是一个将要善。"① 在梁漱溟看来，孟子所言性善，既不是已然的善，也不是未然的善，而是一个将然的善。无论是已然还是未然，都是从结果来说，而将然则是从倾向来说。人性并非一个实然的、已然的状态，而是一种活的倾向。孟子的性善就是从将然来说，从这种当下的活的倾向来说。孟子性善指的就是这种倾向性之善，不但圣人有之，桀纣也有，人人都有：

> 故性即是指现在人性的倾向。这个倾向即是善；不但圣人是性善，即暴虐如桀纣亦是性善。就是说人人现在的倾向是善；现在就是，故不是未然性善；是彻始彻终的没有人不是性善，因人人的倾向是如此。②

梁漱溟举孟子"牛山之木"章，指出人之有善的倾向犹如山木之有萌蘖之生。牛山之木尝美，若斧斤伐之，则失其美。人皆有仁义之心，而其放失良心者，犹如斧斤之于山木。尽管遭遇斧斤之伐，然而在日夜之所息、雨露之所润的生长环境下，山木仍有萌蘖生焉。而放失良心者，"其日夜之所息，平旦之气，其好恶与人相近也者几希"（《告子上》）。放失良心者，在未与物接，其气清明的时候，好恶与人相近，得人心之所同然，此即良心之显露。朱子谓："言人之良心虽已放失，

---

① 中国文化书院学术委员会编：《梁漱溟全集》第七卷，第951页。
② 中国文化书院学术委员会编：《梁漱溟全集》第七卷，第951页。

然其日夜之间，亦必有所生长。故平旦未与物接，其气清明之际，良心犹必有发见者。"① 这即表明人性表现为一善的倾向，而不是一个呆板的东西。关键在于如何存养、扩充这一善的倾向。梁漱溟还举了孟子与告子围绕杞柳与湍水的论辩为例。就杞柳之辩，告子认为人性本无仁义，以人性为仁义犹如以杞柳为桮棬，必待矫揉而成，类于荀子性恶之说。孟子则反驳，人性之为仁义乃顺性而为，并非如桮棬乃戕贼杞柳而后成。若如告子所言，则是戕贼人性以为仁义，这实在是祸害仁义。就湍水之辩，告子之意，人性无分于善与不善，犹如水之无分于东、西一样。孟子则反驳，水虽然无分于东、西，却有上下之分，人性之善犹水之就下。梁漱溟就此指出，人性之倾向善，亦犹水之倾向下。告子"生之谓性"之说，以性为生来就如此的意思，这本没有错，其病在于把性看成一个死板的东西，而不知其为一个活的倾向。至于告子所言性无善无不善，以及可以为善，可以为不善之说，都是错把性看成一个呆板的、死的东西。而孟子所言性善恰是从性作为一活的倾向来说。孟子曰："乃若其情，则可以为善矣，乃所谓善也。若夫为不善，非才之罪也。"（《告子上》）梁漱溟指出，"可以为善"即是指倾向说。"非才之罪"的"才"也是指倾向。"能尽其才，就是顺那个倾向；不能尽其才，就是不顺那倾向。"② 至于"口之于味也，目之于色也，耳之于声也，鼻之于臭也，四肢之于安佚也"都是指倾向而言，亦如人心之于仁义，因此这种倾向就是性。梁氏在此强调，孟子"乃若其情，则可以为善"与告子所谓"可以为善，可以为不善"之说不同，因为告子是从实然的、死板的层面来说的，而孟子性善之说是从活的倾向的层面来说的。这是孟子与告子论"性"的根本不同之处。

梁漱溟以活的倾向论性善，与其独特的生命哲学息息相关。他说："生命本性是在无止境地向上奋进；是在争取生命力之扩大，再扩大（图存、传种，盖所以不断扩大）；争取灵活，再灵活；争取自由，再

---

① （宋）朱熹：《四书章句集注》，第331页。

② 中国文化书院学术委员会编：《梁漱溟全集》第七卷，第953页。

自由。"① 这一生命观显然受到了柏格森生命哲学的影响。柏格森在《创造进化论》中勾勒了一幅宇宙生命发展进化的路线图，说明生命由无机物、有机物直到完整的生命，动物的发展主要表现在本能，而人类的发展则主要表现在理智与自由。梁氏进一步结合儒家性善说指出，只有人类生命能够通达宇宙生命本性或宇宙本体，人之性善恰恰表现了这样一种生生不息、通而为一的宇宙生命本性。其言："人性之云，意谓人情趋向。趋向如何非必然如何，而是较多或较大地可能如何。事实上，人之有恶也，莫非起于自为局限，有所隔阂不通。通者言其情同一体，局者谓其情分内外。肯定了恶起于局，善本乎通，而人类所代表的宇宙生命本性恰是一直向着灵通而发展前进，昭昭其可睹，则人性善之说复何疑乎？"② 梁氏以活的倾向论性善，意在表明人类生命永不止息的一种生命力，这一生命力内在于宇宙生命变化流行之体，这种代表宇宙生命本性的生命力一直向着灵通的方向发展，这一趋势、倾向本身即是善。

梁漱溟把"性"诠释为一种倾向，因倾向是善，故说性善。而现实生活中确实也有很多不好的人或事，是否可以说恶也是一种倾向呢？梁氏指出，恶也可以算作一种倾向，但不是本性。因为生命本性是活动，是一种向上奋进的生命力。这种生命力体现了生命的活力与通达。与之相反，生命的另一种倾向是自我局限，恶便由此生。"恶起于局，善本乎通。人之有恶为后天之事，人之有善，却本乎先天。"③ 人之有恶，则是缘于人之自为局限，有所隔阂不通。如果说恶也是一种倾向，那么这就是一种与生命本性相违的死板的、呆滞的倾向。性善则体现了生命本性。如孟子言"可欲之谓善"，善即是生命强奋的时候发出来的。而恶则是生命力缺乏或偷懒的时候发出来的。因此，恶只是一种倾向，而不是本性。"因生命以强奋为本性，而非以偷懒为本性故也。"④

① 中国文化书院学术委员会编：《梁漱溟全集》第三卷，第580页。
② 中国文化书院学术委员会编：《梁漱溟全集》第三卷，第672页。
③ 中国文化书院学术委员会编：《梁漱溟全集》第七卷，第773页。
④ 中国文化书院学术委员会编：《梁漱溟全集》第七卷，第954页。

生命力之缺乏以及偷懒都是后天的，与本性无关。因此可以说生命本性或生命强奋即是仁，而生命力之缺乏或偷懒即是不仁。在梁漱溟，严格说来，恶也不能算作一个倾向，因为倾向都是积极的，而恶却是消极的。可以说，恶本身没有自性，只是善的缺乏，因此善恶并非对待之物。①

此外，孟子把人之流于恶，归于外部因素，如把牛山之濯归于斧斤之伐、牛羊之牧。又说："富岁，子弟多赖；凶岁，子弟多暴，非天之降才尔殊也，其所以陷溺其心者然也。"（《告子上》）而在梁漱溟看来，人之流于恶，既有内因，也有外因。就内因而言，是由于心之懈怠或忍。小错和大恶虽然表面看起来有很大差异，但都同归于一个忍。忍本身并无大小之分。小错与大恶的差异，或恶之大小，则是由外部因素造成的，即气质、习惯、环境三者。在梁氏看来，气质、习惯、环境都是后天之物，因此都隶属于外部因素。人性或人心本来是充满活力、奋发向上的，由于心之懈怠或忍，便堕入气质、习惯、环境当中不能自拔，从而流于恶。人之流于恶，有心之懈怠或忍这种内因，而大部分则应归于气质、习惯、环境等外部因素，这便与孟子的意思基本相合。梁氏指出，心之懈怠或忍，并非心之本性，因此不能说性恶。"我们说善是活，是自由，恶是死，不是自由。因为凡恶都是衰颓，都是偏于死。于此，就可见生命之本性是向善。生命之本性是活而非死，故恶非生命之本性。"②

二　直觉与良知

直觉是梁漱溟文化哲学和生命哲学中的一个重要范畴。20世纪初期，西学东渐，国内新文化运动兴起，中国传统文化面临着严峻的挑战。这一时期，主张借鉴西学的革新派与主张旧学的保守派爆发了一场围绕科学与人生观的科玄论战，也由此形成了当时并存的两股文化思潮。其中一方受西学影响，主张科学实证；另一方则反对用科学方法研

---

① 参见中国文化书院学术委员会编《梁漱溟全集》第七卷，第954页。
② 中国文化书院学术委员会编：《梁漱溟全集》第七卷，第956页。

究人生问题，而主张用直觉。其中，梁漱溟、熊十力、张君劢、贺麟等都非常重视直觉，而从不同层面系统阐释直觉这一范畴的，当属梁漱溟无疑。贺麟说："中国思想界近一二十年来，第一个倡导直觉说最有力量的人，当然要推梁漱溟先生。"[1]

梁漱溟的直觉说从形式上直接取源于柏格森的哲学，间接吸收泰州学派的思想，而在其内涵上则更多地立足于传统儒学，如孔子的仁说，孟子的良知说等。为了反映直觉不同于科学方法论的现代意义，梁漱溟尝试从多方面阐释直觉。

首先，直觉是一种认识方法，是获取知识的方法之一。梁漱溟借助佛家唯识学的说法，认为知识的构成，取决于现量、比量、非量三种方法。其中，梁氏以直觉替代非量，对唯识说有所改造。现量即指"感觉"，由人的感官受外界刺激而产生。比量即指"理智"，是构成知识的一种作用。通过比量，把由现量即感觉所得的加以分析综合，从而形成明晰的概念。非量即直觉，是介于现量与比量之间的一种作用。从现量的感觉到比量的抽象概念，中间需要"直觉"这一阶段。直觉认识的是一种意味、趋势或倾向，是一种活的形势。"又直觉可分为两种：一是附于感觉的，一是附于理智的。如听见声音而得到妙味等等，为附于感觉上的直觉。若如读诗文所得妙味，其妙味初不附于墨字之上，而附于理解命意之上，于是必籍附于理智之直觉而后能得之。"[2] 可见，直觉是一种统摄感觉与理智的认识功能，由此形成完整的知识。

其次，直觉是一种形而上学的方法，这也是柏格森运用直觉一说的立足点。柏格森意在通过直觉重新建构一种不用于西方传统形而上学的形上学。传统形而上学经康德的批判，使得形而上学理念如宇宙整体，既不能通过感觉感知，也不能施用概念于其上。因为感觉不能感知整个宇宙，而概念只能施用于现象之上，而不能施用于宇宙这一理念之上。柏格森则试图通过直觉避免以上难题。"宇宙的本体不是固定的静体，

---

① 贺麟：《近代唯心论简释》，商务印书馆 2011 年版，第 78 页。
② 中国文化书院学术委员会编：《梁漱溟全集》第一卷，第 401 页。

是'生命'、是'绵延'，宇宙现象则在生活中之所现，为感觉与理智所认取而有似静体的，要认识本体非感觉理智所能办，必方生活的直觉才行，直觉时即生活时，浑融为一个，没有主客观的，可以称绝对。"① 梁漱溟即借取柏格森这一作为形上学方法的直觉说，来进一步阐释中国哲学或形而上学。在梁漱溟处，中国的形而上学在问题和方法上都不同于西洋、印度。他认为，中国形而上学的大意大约都存于《周易》中。《周易》研究变化的问题，其中所用的名词只具有抽象的、虚的意味，并不表示具体的实物。而要认识这些名词就需要直觉的方法。"我们要认识这种抽象的意味或倾向，完全要用直觉去体会玩味，才能得到所谓'阴''阳''乾''坤'。"② 这种抽象的意味或倾向，感觉得不到，也不是理智作用而成的抽象概念，此是只有直觉才能体会感悟的。

最后，也是梁漱溟最为看重的一点，直觉是道德实践的本体与工夫，是一种求善、好善的本能。梁氏以直觉释孔子之仁、孟子及阳明之良知。在伦理生活或道德实践中，梁氏强调直觉是一种随感而应、不失规矩、自然调和的工夫。生活是活的流行之体，人在生活中，只要诉诸直觉，自然就能走对的、妥帖的、适当的路，遇事自然随感而应，所应无不恰好。梁氏即以此直觉释孔子之仁。"此敏锐的直觉，就是孔子所谓仁。"③ 依靠直觉的生活才是合乎仁的、道德的生活。梁氏举《论语》宰我问三年丧为例。孔子批评宰我居丧期间安于食稻、衣锦是不仁。此处"安"是指情感薄而直觉钝，"不安"指情感厚而直觉敏锐。"不安"透出的是不忍人之心、恻隐之心，因此，梁氏指出恻隐之心、羞恶之心也就是直觉。"儒家完全要听凭直觉，所以唯一重要的就在直觉敏锐明利；而唯一怕的就在直觉迟钝麻痹。所有的恶，都由于直觉麻痹，更无别的原故，所以孔子教人就是'求仁'。"④ 因此，在生活中只要一任直觉，自能活动自如，不失规矩，合乎"天理"，所谓"百姓日用而不知"。在此，梁氏将直觉与理智对立起来，认为理智就是一种计较、算

① 中国文化书院学术委员会编：《梁漱溟全集》第一卷，第406页。
② 中国文化书院学术委员会编：《梁漱溟全集》第一卷，第443页。
③ 中国文化书院学术委员会编：《梁漱溟全集》第一卷，第453页。
④ 中国文化书院学术委员会编：《梁漱溟全集》第一卷，第454页。

计、功利，是一种工具理性，理智分别物我而打量、计较，则会遏制情感、直觉，从而流于不仁。梁氏还进一步指出，仁有寂、感两层义涵。以仁为体，则敏锐之感为其用。若以仁兼赅体用而言，则寂为其体而感为其用。寂并非寂灭义，而是心静的意思，因为敏锐的直觉生于心静的时候，这就是孟子所谓"夜气"的意思。因此，仁是一种内心平静、平衡的状态，在这种状态下，才可生出敏锐的直觉，而顺此直觉，自能生机盎然，流行不息，发而皆中节，此谓"天理流行"。

梁氏不仅以直觉释仁，进而以直觉释孟子及阳明的良知。梁氏指出，率性而为就是顺着直觉去做。"所以儒家说：'天命之谓性，率性之谓道'。只要你率性就好了，所以就又说这是夫妇之愚可以与知与能的。这个知和能，也就是孟子所说的不虑而知的良知，不学而能的良能，在今日我们谓之直觉。"① 在此，梁氏把孟子的良知、良能等同于直觉，这种求对、求善的本能、直觉，人人都有。这就是孟子说的"心之所同然"。因人人都有这种好善恶恶的直觉，所以儒家一直强调性善说。而且这种直觉、本能是内在的，自发的，而非一种外在的规范或道德习惯。外在的规范或道德习惯是"行仁义"，而非"由仁义行"。"由仁义行"才是真正的道德。"美德要真自内发的直觉而来才算。非完全自由活动则直觉不能敏锐而强有力，故一入习惯就呆定麻疲。而根本把道德摧残了。"② 因此，直觉就是道德实践中的良知本体，它非来自后天的道德习惯，即非由外铄，而是本自固有。道德习惯只能应付一时，阻滞生机，而敏锐的直觉则随感而应，自然中节，活泼自如，日新不已。直觉不但等同于孟子的良知，也相当于王阳明所说的良知。阳明说："良知只是个是非之心，是非只是个好恶，只好恶就尽了是非，只是非就尽了万事万变。"③ 阳明显然是以好恶言良知。对此，梁漱溟指出："所以阳明直以好恶为说，所谓'是非只是个好恶，只好恶就尽了是非'者极得孟子的意思。就以孟子的一段话所谓口之于味有同嗜，目

---

① 中国文化书院学术委员会编：《梁漱溟全集》第一卷，第452页。
② 中国文化书院学术委员会编：《梁漱溟全集》第一卷，第458页。
③ （明）王守仁：《王阳明全集》，第111页。

之于色有同美，而人心有所同然，便可以互相证明了。这种有情味的知，或有意味的知，在今日则所谓直觉。"① 梁氏指出，阳明所谓良知既不是指后天得来的客观知识，也不是指理智作用，而是指能知痛痒好恶的知，此即是良知，也就是直觉。梁氏进而指出，孟子四端之心中的恻隐、羞恶、辞让也是有情意的知，即便是是非之心也不是指概念的判别，而是指对于是非的迎拒或好恶。所谓有情味或有情意指的就是这种迎拒或好恶之情。

在梁氏，阳明知行合一之知即是指这种有情味的良知或直觉之知，也即阳明所谓的"知行本体"。良知或直觉之知可说是即知即行，如见好花而好，闻恶臭而恶，见、闻是知，好、恶则是行。因此，阳明知行之知即指这种主观性的有情味的知，而非静的客观知识；行则是就一念之感发趣向（如好、恶）上而言。这即阳明所言："我今说个知行合一，正要人晓得一念发动处，便即是行了。"② 常人之所以有知行合一、不合一的疑问，盖由于以静的客观知识为知，以表露于外的举动行事为行，而不知知行之本意。"知即在行上，行即在知上，知行都在一念上。只此一念自这一面看为知，自那一面看为行，知行一体非二物也。阳明说知行便是这般意思。故曰'知之真切笃实处即是行。行之明觉精察处即是知'。又曰'若会得时只说一个知已自有行在，只说一个行已自有知在'。"③ 梁漱溟就此强调，阳明言知行合一的本意即在让学人在良知或直觉之知上下功夫，若无知之真切，而只一味去外在行事，则无非"行仁义""义袭而取"，而非"由仁义行"，则是行非其行了，所以阳明一直强调要"致良知"，即教人从良知上着眼。梁漱溟直以直觉释阳明之良知，突显了阳明良知说的内在意涵，有助于学人对阳明知行合一说以及致良知说有更为明晰的认识。

三 从直觉到理性

梁漱溟在《中国文化要义》中始以"理性"一词替代"直觉"这

---

① 中国文化书院学术委员会编：《梁漱溟全集》第四卷，第713页。
② （明）王守仁：《王阳明全集》，第96页。
③ 中国文化书院学术委员会编：《梁漱溟全集》第四卷，第717页。

一概念，剔除其中不合理的成分（如本能等），以此来重新定位中国文化，阐发其中的文化特质与生命智慧。在梁漱溟看来，儒家文化是中国文化的主体与主流，儒家文化首先是一种理性的文化。

在早期著作《东西文化及其哲学》中，梁氏以直觉释儒家的仁与良知，以一种与意识相对的自然本能说诠释儒家的道德。其后，梁氏认识到，自己杂取、滥引当时西方心理学的说法来讲儒学实属错误。其中一点就是滥用本能一说，而不知本能实有三种："一、动物式的本能（有如麦独孤、弗洛伊德等思想中的）；二、著见于某些动物和人类的社会本能（有如克鲁泡特金及其他学者思想中的）；三、人类的本能（有如孟子所云'不学而能，不虑而知'的）。"① 笼统以本能来谈道德，势必混淆上述三种本能。因此，梁漱溟改变起初所认同的克鲁泡特金对人类心理的本能、理智两分法，而采用罗素在《社会改造原理》中主张的本能、理智、灵性三分法，并以理性替代灵性，并把原属本能的无私感情属之理性，以理智代表人心之知的一面，以理性代表人心之情意的一面。

在早期，梁漱溟重视直觉、本能，以直觉与理智相对立，贬斥理智，没有看到理智之于人类的重要意义。其后，梁漱溟纠正早期滥用直觉、本能的做法，以理性替代直觉，并系统阐发理智与理性的意义。梁氏指出，人类的特征在理智或理性。一切生物只是依靠本能生活，盘旋于生活问题（个体生存及种族繁衍）之中而不能前进一步。而唯独人类能从本能生活中解放出来，开辟更为广阔的生活领域，并形成知识、凭借知识以应付各种问题，所依靠的就是这种反乎本能的一种倾向——理智。理智进一步发展，达到"无所为"的境地，即开出了无私的感情——理性。理性与理智可谓人心的两个面向。理性所认识者为情理，理智所认识者为物理。情理是一些伦理性的知识，如父慈、子孝之类，能指示人们行为的方向；物理是一些静态的客观性知识，如自然科学和社会科学之理，以及纯抽象的数理等，它们没有指示人们行为的方向。"必须摒除感情而后其认识乃锐入者，是之谓理智；其不欺好恶而判别

---

① 中国文化书院学术委员会编：《梁漱溟全集》第三卷，第610页。

自然明切者，是之谓理性。"① "知的一面曰理智，情的一面曰理性，二者本来密切相联不离。譬如计算数目，计算之心是理智，而求正确之心便是理性。……理性之取舍不一，而要以无私的感情为中心，此即人类所以异于一般生物只在觅生活者，乃更有向上一念，要求生活之合理也。"② 理智负责分析、计算、假设、推理等，但不作主张；理性则作主张，且以无私的感情为中心。"理智者人心之妙用；理性者人心之美德。后者为体，前者为用。"③ 因此，理性较之理智更为重要，是以梁氏更倾向以理性作为人类的特征。

梁氏前期通过"直觉"诠释孔子的"仁"、孟子的"良知"等儒家观念，后期则转而以"理性"来诠释。梁漱溟总结理性是一种平静通达的心理，一种好善之心，一种无私的感情。"人有无私的感情存于天生的自觉中。此自觉在中国古人语言中，即所谓良知（见《孟子》），亦或云独知（见《大学》《中庸》），亦或云本心（宋儒陆象山、杨慈湖）者是已。"④ 此无私的感情就是理性。理性即是一种自觉、自省，儒家的学问就是强调通过修身的工夫以达到这种理性的自觉。梁氏进一步指出，理性即是中国民族精神之所在，儒家尤其能体现这种理性的精神。在梁氏看来，孔子教人通过反求诸己诉诸理性，而孟子则直接通过本心来抉出理性以示人。所谓"心之官则思"，以及大体小体之辨，都是从心思作用超出官能处来指示理性。"其'理义悦心，刍豢悦口'之喻，及'怵惕''恻隐'等说，更从心思作用之情的一面，直指理性之所在。"⑤ "孔子以后的大儒家，如荀子显然理智较强，而孟子则着重发挥了理性。"⑥

孔子及孔门学风即具备这种理性的精神。孔子教人并非借助外在的戒律教条，而是教人自己反省。例如《论语》记载宰我嫌三年之丧太

---

① 中国文化书院学术委员会编：《梁漱溟全集》第三卷，第128页。
② 中国文化书院学术委员会编：《梁漱溟全集》第三卷，第125—126页。
③ 中国文化书院学术委员会编：《梁漱溟全集》第三卷，第614页。
④ 中国文化书院学术委员会编：《梁漱溟全集》第七卷，第334页。
⑤ 中国文化书院学术委员会编：《梁漱溟全集》第三卷，第132页。
⑥ 中国文化书院学术委员会编：《梁漱溟全集》第七卷，第754页。

长，以为一周年就可以了。孔子不直斥其非，反问他"食夫稻，衣夫锦，于女安乎?"宰我回答说："安。"孔子便说："女安，则为之。夫君子之居丧，食旨不甘，闻乐不乐，居处不安，故不为也。今女安，则为之!"《论语·阳货》）这便是让宰我反求诸己，自己作判断。总之，孔子相信人都有理性，他总是从启发人的理性上做工夫，指点人反求自心、自我反省。这在《论语》中有很多例证，如孔子所言：

> 吾与回言终日，不违如愚。退而省其私，亦足以发，回也不愚。（《论语·为政》）
>
> 君子病无能焉，不病人之不己知也。（《论语·卫灵公》）
>
> 君子求诸己，小人求诸人。（《论语·卫灵公》）

孔子之后，孟子最能继承孔子这种精神，从而切实指点理性给人看。如下孟子所言：

> 仁者如射，射者正己而后发。发而不中，不怨胜己者，反求诸己而已矣。（《公孙丑上》）
>
> 爱人不亲反其仁，治人不治反其智，礼人不答反其敬。行有不得者，皆反求诸己，其身正而天下归之。《诗》云："永言配命，自求多福。"（《离娄上》）
>
> 居下位而不获于上，民不可得而治也。获于上有道，不信于友，弗获于上矣。信于友有道，事亲弗悦，弗信于友矣。悦亲有道，反身不诚，不悦于亲矣。诚身有道，不明乎善，不诚其身矣。是故诚者，天之道也；思诚者，人之道也。至诚而不动者，未之有也；不诚，未有能动者也。（《离娄上》）

孟子之后，最能继承这种理性精神的是王阳明。如《传习录》中载阳明所言：

夫学、问、思、辨、笃行之功，虽其困勉至于人一己百，而扩充之极，至于尽性知天，亦不过致吾心之良知而已。良知之外，岂复有加于毫末乎？今必曰穷天下之理，而不知反求诸其心，则凡所谓善恶之机，真妄之辨者，舍吾心之良知，亦将何所致其体察乎？①

阳明把行为准则以及是非善恶等判断的标准都引向良知，教人反求诸其心。孔孟以及后来的阳明都直接把道德行为以及道德判断的准则交付给人的理性、良知、自心。孔子说："我欲仁，斯仁至矣。"（《论语·述而》）孟子强调仁义内在，严辨义内、义外。在孟子看来，一切外在的准则都是义袭而已，都只是"行仁义"，而不是"由仁义行"。总之，"梁漱溟早期融摄传统心学与泰州学派的人性观，着重吾人自觉心的启迪，并加添柏格森、克鲁泡特金等的观点，以直觉为主要观念来理解儒家思想，视道德为一种自然本能；后期则将本能与道德分离，强调道德反乎本能，道德并非本能的充扩，而是本能的减损，而理性即是解放、减损本能的关键，另前期一任直觉、寂而且感的修持方式，至后期乃改而强调修身慎独，然不论前期或后期，他始终坚持良知本心的主宰与超越地位"②。

第二节 理性至上的文化生命

梁漱溟在《中国文化要义》中不但以理性诠释儒家的道德心性之学，且以理性来定位中国文化，以此阐发中国的文化特质与民族精神。在梁漱溟看来，中国文化属于一种理性早启、文化早熟的文化类型。中国文化因其理性早启，开出了周孔教化，由此走出了一条以道德代宗教的文化之路。这主要体现在礼乐揖让与伦理名分两个层面。这是中国文化的殊胜之处，也是未来世界文化发展的方向。包括孟子在内的儒家道

---

① （明）·王守仁：《王阳明全集》，第46页。
② 王汝华：《现代儒家三圣（下）——梁漱溟、熊十力、马一浮论宋明儒学》，台北：新锐文创2012年版，第80—81页。

德、礼乐、伦常之道，在此给了梁氏极大的启发。

一 理性早启与文化早熟

梁漱溟对中国文化的认识有一个渐进的过程。在其早期著作《东西文化及其哲学》一书中，梁漱溟就提出了中国文化为人类文化早熟之论。不过，彼时梁氏是从直觉的观念出发来认识文化问题，尚未上升到理性的层面。与直觉相关的一个概念是"意欲"。梁漱溟把文化的根源诉诸"意欲"，通过"意欲"来区分中、西、印三种不同的文化。"你且看文化是什么东西呢？不过是那一民族生活的样法罢了。生活又是什么呢？生活就是没尽的意欲（Will）——此所谓'意欲'与叔本华所谓'意欲'略相近——和那不断的满足与不满足罢了。……然则你要去求一家文化的根本或源泉，你只要去看文化的根原的意欲，这家的方向如何与他家的不同。"[①] 梁氏指出，西方文化是以意欲向前要求为其根本精神，中国文化是以意欲自为、调和、持中为其根本精神，印度文化是以意欲反身向后要求为其根本精神。[②] 这三种精神代表了三种人生态度，三种人生态度又对应人生中性质不同的三大问题，由此形成了三种不同的文化类型。[③] 三大问题有深浅之别，其出现于人类文化上则有先后之序，中、西、印正好代表了人类文化发展的三个时期。西方文化为了解决第一问题，而有相应的态度，属于第一期文化。中国文化和印度文化分别为了解决第二问题与第三问题，而有相应的态度，属于第二期文化和第三期文化。在梁漱溟看来，人类第一期文化至今尚未完成，而中国文化和印度文化已经开始专注第二问题和第三问题并以相应的态度去创造，因此属于文化早熟。这里且以中西文化为例来展开论述。

梁漱溟指出，西方文化与中国文化专注不同的问题，从而有不同的解决问题的态度或方法，这种不同的态度或方法决定了其不同的文化发展路向。西方文化专注第一问题，中国文化专注第二问题。"第一问题

---

① 中国文化书院学术委员会编：《梁漱溟全集》第一卷，第 352 页。
② 参见中国文化书院学术委员会编《梁漱溟全集》第一卷，第 353、383 页。
③ 三大问题分别为：（1）人对物的问题；（2）人对人的问题；（3）人对自身生命的问题。参见中国文化书院学术委员会编《梁漱溟全集》第三卷，第 664、728—729 页。

即人对物的问题；第一态度即向外用力的态度。现在总说作：从身体出发。第二问题即人对人的问题；第二态度即转而向内用力的态度。现在总说作：从心（理性）出发。"① 第一问题即人对物的问题，是人类文化发展过程中首先需要面对的问题。人类要求生存发展，首先要保全自我，这就需要向外界争生存。而为了争生存，则不得不采用向外用力的态度，由是自身以外的一切皆为外物，人与万物（包括其他人以及一切生物无生物在内）之间不免间隔、对立。这正是第一期文化发展的情形。

人类的生存发展固然有其争生存而相互对抗的一面，但人类社会生活之所以成功，不可能仅仅依靠这种相互对抗。因此，梁漱溟早期因袭兑鲁泡特金在《互助论》中的说法，以"社会本能"来解释人类的社会生活。梁氏后期始觉本能说之非，而认识到人类之所以不同于物类，能使其社会生命日见开拓变化而无所限，正因人类能从本能中解放出来，使生命不复局限于身体，而能与其他生命尤其是人相感通，此表现在意识上，即是理性。人从对抗走向与其他生命，尤其是与其他人相感通，则面对的不再是一"物"，而是一个与我痛痒相关的活生生的人，由是便有人对人的问题，也就是文化发展中的第二问题。因此，如果说第一问题是从身体出发，那么，第二问题则是从理性出发。西方文化首先专注第一问题，从身体出发，属于第一期文化。中国文化则径直专注第二问题，从理性出发，属于第二期文化。

在梁漱溟看来，西方文化因其首先从身体出发，因此是"有对"的文化。中国文化因其从理性出发，因此是"无对"的文化。"辗转不出乎利用与反抗，是曰'有对'；'无对'则超于利用与反抗，而恍若其为一体也。"② 人类为了个体生存与种族繁衍，其活动不出乎有所利用与反抗，都是从身体出发，此即"有对"；"只有超越这些，或发乎向上之心，或发乎同体之情，内有自觉而外无所为，斯乃所谓'无对'"③。

---

① 中国文化书院学术委员会编：《梁漱溟全集》第三卷，第 260 页。
② 中国文化书院学术委员会编：《梁漱溟全集》第三卷，第 259 页。
③ 中国文化书院学术委员会编：《梁漱溟全集》第三卷，第 259 页。

当面对一个人时，吾人能走出利用与对抗，承认对方的价值，感受对方的感情意志，与对方生命相感通，这就是"无对"。《孟子》书中"乍见孺子将入于井"的故事即体现了这种"无对"。

梁漱溟指出："西洋文化是从身体出发，慢慢发展到心的，中国却有些径直从心发出来，而影响了全局。前者是循序而进，后者便是早熟。'文化早熟'之意义在此。"① 心思作用有理智与理性两面，这里则单指理性为心。因为理智不过是工具，当其顺乎理性而显其用时，则属于"无对"；但当其为身体所用时，则落于"有对"。在此以"有对"之身而言"无对"之心，是以单指理性为心。所谓从心出发，即从理性出发。因此"理性早启"与"文化早熟"系同义语。在梁漱溟，无论是就个体生命而言，还是就社会生命而言，都是先偏于人的身体一面发展，而后偏于人的心思一面发展。就人的个体生命而言，身心之成长，是心随身来，身先而心后。就社会生命而言，社会的发育成长，首先有赖于那些从身体出发的种种活动，包括工具的日渐发达，社会关系的日益繁密，以及社会单位的日益拓展。这都是偏乎人的身体的一面。此外，还有人的心思一面的发展。如宗教、礼俗、法律、道德等，是所以成社会之道，亦是社会成立维持以至于发展壮大之所系。人类文化发展即包括以上身的一面和心的一面。两面逐次开展，社会得以发展成长。第一期文化从身体出发，当身的一面发展成熟时，即生存问题得到解决的时候，心的一面开始成长，从而人的理性（心）得以通达开显，从而由第一问题转到第二问题，由此开出第二期文化。第一期文化与第二期文化并非截然二分，而是各有其所重而次第展开。"故第一期假如可称为身的文化，第二期正可称为心的文化。第一期文化不过给人打下生活基础，第二期才真是人的生活。"② 因此，梁漱溟有所谓"世界文化三期重现说"。在他看来，"世界未来文化就是中国文化的复兴"③。他还指出，就未来文化的社会生活一面而言，法律在未来的文化中将不

①　中国文化书院学术委员会编：《梁漱溟全集》第三卷，第258页。
②　中国文化书院学术委员会编：《梁漱溟全集》第三卷，第265页。
③　中国文化书院学术委员会编：《梁漱溟全集》第一卷，第525页。

复存在，而代之以孔家的礼乐。"以后世界是要以礼乐换过法律的，全符合了孔家宗旨而后已。"①

中国文化中的理性早启与文化早熟，预示了世界文化的发展方向，也显示了中国文化顽强的生命力和理性至上的精神。由于理性早启与文化早熟，中国文化发展出了一种理性至上的文化生命，与西方文化相较，它主要体现在以道德替代宗教，以伦理组织社会：

> 西洋中古社会靠宗教，近代社会靠法律。而中国社会如吾人所见，却是以道德代宗教，以礼俗代法律。此即是说：在文化比较上，西洋走宗教法律之路，中国走道德礼俗之路。宗教自来为集团形成之本，而集团内部组织秩序之厘定，即是法律。所以宗教与法律是相连的。道德之异乎宗教者，在其以自觉自律为本，而非秉受教诫于神。礼俗之异乎法律者，亦在其慢慢由社会自然演成，而非强加制定于国家。其间精神正是一贯的。中国古人之迥出寻常者，即在其有见于人心之清明正直，而信赖人自己。所谓一贯精神非他，即是倚乎自力，而非如西洋之必倚乎他力。我所云理性早启者，正指此点。②

西方文化首先从身体出发，因此其人生采用向外用力的态度，由此形成了个人本位、阶级对立的社会，长于集团生活与国家意识，而宗教则更进一步巩固了其集体生活；中国文化因径直从理性出发，因此其人生采用向里用力的态度，由此形成了伦理本位、职业分途的社会，缺乏集团生活与国家意识，而长于家庭生活与天下观念。中国文化因其理性早启，开出了周孔教化，具体表现为以道德代宗教。

二　以道德替代宗教

前文已言，西方文化是首先从身体出发，慢慢发展到心的，而中国

---

① 中国文化书院学术委员会编：《梁漱溟全集》第一卷，第 522 页。
② 中国文化书院学术委员会编：《梁漱溟全集》第三卷，第 290—291 页。

文化却是有些径直从心发出来。而造成中西文化差异进一步扩大的，则是在人的心思一面。梁漱溟指出，宗教是社会文化在人心一面之端萌，由此更发展出礼俗、法律、道德等文化层面。在社会文化层面，西方文化重视宗教与法律，中国文化突出道德与礼俗，由此形成了两种不同的文化风貌。

在梁漱溟看来，宗教问题实为中西文化的分水岭。对宗教的不同态度，造就了后来两方不同的社会架构与文明型态。"周孔教化'极高明而道中庸'，于宗法社会的生活无所骤变（所改不骤），而润泽以礼文，提高其精神。中国逐渐以转进于伦理本位，而家族家庭生活乃延续于后。西洋则由基督教转向大团体生活，而家庭以轻，家族以裂，此其大较也。"① 西方宗教如基督教使其社会长于集团生活，中国非宗教的周孔教化则使其社会缺乏集团生活，而长于家庭生活，并由家庭生活推广至社会，从而形成了一个伦理本位的社会。中国之所以走出了一条由周孔教化所开出的、立足于伦理本位的文化之路，正因其理性的早启，或曰文化的早熟。

梁氏认为，人类文化都以宗教为开端，人群秩序、政治施设以及思想学术等亦无不导源于宗教，并以之为中心。道德、礼俗、法律等都属于后起。"在人类文化历史上，道德比之宗教，远为后出。盖人类虽为理性的动物，而理性之在人，却必渐次以开发。在个体生命上，要随着年龄及身体发育成长而后显。在社会生命上，则须待社会经济文化之进步为其基础，乃得透达而开展。不料古代中国竟要提早一步，而实现此至难之事。我说中国文化是人类文化的早熟，正指此。"② 中国文化因其周孔教化，提早迈入了一个理性的时代，从而走出了一条不同于西方宗教文化的理性之路。在梁氏，一切宗教都从超绝于人类知识处确立其根据，并以人类情感之安慰、意志之勖勉为事。在人类文化发展初期，宗教起到了安顿人心生命、组织社会秩序的作用。宗教的真根据在于出世。梁氏认同费尔巴哈在《宗教之本质》一书中所持的观点，即依赖

---

① 中国文化书院学术委员会编：《梁漱溟全集》第三卷，第53页。
② 中国文化书院学术委员会编：《梁漱溟全集》第三卷，第108页。

感是宗教的根源。宗教依靠的是一种对于外力的假借。以此衡之周孔教化，可知周孔教化并非这种意义上的宗教，而恰是一种道德。"道德为理性之事，存于个人之自觉自律。宗教为信仰之事，寄于教徒之恪守教诫。中国自有孔子以来，便受其影响，走上以道德代宗教之路。这恰恰与宗教之教人舍其自信而信他，弃其自力而靠他力者相反。"①

在梁氏看来，中国数千年风教文化之所以形成，周孔之力最大。举周公以代前之古人，举孔子以代后之来者，此所谓"周孔教化"。周公及其所代表者，主要在于礼乐制度的具体制作，而孔子则能激活礼乐背后的活的精神，通过阐发义理以教人。义理一经阐发，则可以先觉觉后觉，启迪后人于无穷。因此从两千多年的文化影响上说，孔子远大于周公。自孔子始，中国开启了以道德（道德理性）代宗教的文化生命，又因孔子对理性的阐发与弘扬，中国的古宗教蜕化为礼乐，古宗法蜕化为伦理。礼乐、伦理以及礼俗等都是人类理性的产物，理性既是人类的特征，同时也是中国文化的特征。

由以上可知，周孔教化透出的是一种理性的精神。这种理性首先表现为一种道德理性，一种道德自律。这显然与宗教求诸信仰、依赖他力的方式不同。"古代宗教往往临乎政治之上，而涵容礼俗法制在内，可以说整个社会靠它而组成，整个文化靠它作中心，岂是轻轻以人们各自之道德所可替代！纵然倚重在道德上，道德之养成似亦要有个依傍，这个依傍，便是'礼'。事实上，宗教在中国卒于被替代下来之故，大约由于二者：一、安排伦理名分以组织社会；二、设为礼乐揖让以涵养理性。二者合起来，遂无事乎宗教。"② 因此，在中国替代宗教者，实是周孔之"礼"或周孔教化。以道德代宗教，即以周孔教化代宗教，这主要体现在礼乐揖让与伦理名分两个层面。

三　以礼乐涵养理性

就礼乐揖让而言，中国早期的礼乐脱胎于祀天祭祖这样一种古老的

---

① 中国文化书院学术委员会编：《梁漱溟全集》第三卷，第 108 页。
② 中国文化书院学术委员会编：《梁漱溟全集》第三卷，第 110 页。

宗教形式。《荀子·礼论》云："礼有三本：天地者，生之本也；先祖者，类之本也；君师者，治之本也。无天地恶生？无先祖恶出？无君师恶治？三者偏亡焉，无安人。故礼上事天，下事地，尊先祖而隆君师。是礼之三本也。"礼之所由兴即生发于祀天祭祖这样的宗教仪式。在梁氏，祀天祭祖在周孔教化未兴之前，亦当为一种宗教。待周孔教化兴起之后，文化的中心便由宗教转向人文化成的礼乐。一方面，周孔教化通过理性的力量把古宗教转化为礼乐；另一方面，礼乐制度又反过来启发人的理性、涵养人的理性。孔子志在启发众人的理性，从而实现一个"生活完全理性化的社会"，其道便在礼乐。具体的礼乐直接作用于人的身心，涵养人的理性，使其达致一种清明安和的状态。

理性之于礼乐，即体现为一种清明安和之心。与此理性相违者，一是愚蔽偏执之情，一是强暴冲动之气。而这两点也导致人类争端祸患不断。同时这两点在古代宗教亦在所难免。儒家有鉴于此，便努力通过一种礼乐教化来消弭此患。对此，梁漱溟说："古时儒家彻见及此，乃苦心孤诣努力一伟大的礼乐运动，以求消弭人祸于无形。它要把人生一切安排妥当而优美化之，深醇化之，亦即彻头彻尾理性化之。古时人的公私生活，从政治、法律、军事、外交，到养生送死之一切，即多半离不开宗教，所以它首在把古宗教转化为礼，更把宗教所未及者，亦无不礼乐化之。所谓'礼乐不可斯须去身'，盖要人常不失于清明安和，日远于愚蔽与强暴而不自知。"① 把生活礼乐化，使礼乐斯须不离其身，正在于涵养理性，养成一种清明安和之心：

> 礼乐不可斯须去身。致乐以治心，则易直子谅之心油然生矣。易直子谅之心生则乐，乐则安，安则久，久则天，天则神。天则不言而信，神则不怒而威，致乐以治心者也。致礼以治躬则庄敬，庄敬则严威。心中斯须不和不乐，而鄙诈之心入之矣。外貌斯须不庄不敬，而易慢之心入之矣。……故曰：致礼乐之道，举而错之，天下无难矣。（《礼记·乐记》）

---

① 中国文化书院学术委员会编：《梁漱溟全集》第三卷，第112—113页。

心中无斯须不和不乐就是一种清明安和的状态，而这只有通过礼乐的涵养才可养成。到了心中无斯须不和不乐的地步，即清明安和的状态，便是一种生命的和谐。而中国古人正有见于人类生命的和谐："人自身是和谐的（所谓'无礼之礼，无声之乐'指此）；人与人是和谐的（所谓'能以天下为一家，中国为一人'者在此）；以人为中心的整个宇宙是和谐的（所以说'致中和天地位焉，万物育焉'，'赞天地之化育，与天地参'等等）。"①

所谓生活礼乐化，即生活合理化、理性化、诗意化、艺术化。古代的祭祀丧葬等礼文仪式，经过周孔教化的洗礼，已不复是宗教，而是诗，是艺术。在此，礼乐不复是一种单纯的礼文仪节，而是一种成德之教。"这些礼文，或则引发崇高之情，或则绵永笃旧之情，使人自尽其心而涵厚其德，务郑重其事而妥安其志。人生如此，乃安稳牢韧而有味，却并非要向外求得什么。——此为其根本不同于宗教之处。"② 曾子曰："慎终追远，民德归厚矣。"（《论语·学而》）慎终是丧礼，追远是祭礼。孟子曰："养生者不足以当大事，惟送死可以当大事。"（《离娄下》）《荀子·礼论》云："祭者，志意思慕之情也，忠信爱敬之至矣，礼节文貌之盛矣，苟非圣人，莫之能知也。圣人明知之，士君子安行之，官人以为守，百姓以成俗。"《礼记·祭统》云："祭者，教之本也已。"祭礼即表其绵永笃旧之情。儒家"把别的宗教之拜神变成祭祖，这样郑重地做去，使轻浮虚飘的人生，凭空添了千钧的重量，意味绵绵，维系得十分牢韧！凡宗教效用，他无不具有，而一般宗教荒谬不通种种毛病，他都没有，此其高明过人远矣"③。

孔子通过礼乐所教人的，正在于如何安顿生命、深造自得，无须像宗教那样向外祈求。"他给人以整个的人生。他使你无所得而畅快，不是使你有所得而满足。他使你忘物忘我忘一切，不使你分别物我而逐

<hr />

① 中国文化书院学术委员会编：《梁漱溟全集》第三卷，第131页。
② 中国文化书院学术委员会编：《梁漱溟全集》第三卷，第114页。
③ 中国文化书院学术委员会编：《梁漱溟全集》第一卷，第469页。

求。怎能有这大本领？这就在他的礼乐。"① 子曰："兴于诗，立于礼，成于乐。"（《论语·泰伯》）朱熹注云："乐有五声十二律，更唱迭和，以为歌舞八音之节，可以养人之性情，而荡涤其邪秽，消融其渣滓。故学者之终，所以至于义精仁熟，而自和顺于道德者，必于此而得之，是学之成也。"② 儒家礼乐教化的最终蕲向是养人之性情，去其气质之偏，以至于达到义精仁熟，和顺道德，从而成就己之德性，成为君子。《礼记·乐记》云："乐者，乐也。君子乐得其道，小人乐得其欲。以道制欲，则乐而不乱；以欲忘道，则惑而不乐。"儒家认为，君子乐道，小人乐欲。君子以其所得之道钳制自己的欲望，则会和乐而不忧乱。小人恣欲忘道，最终则惑乱而不能和乐。君子乐其道，始有自得之乐。孟子曰："君子深造之以道，欲其自得之也。自得之，则居之安；居之安，则资之深；资之深，则取之左右逢其原，故君子欲其自得之也。"（《离娄下》）儒者居仁由义，以礼乐安排生活，以礼乐安顿生命，乐天知命而不忧，反求诸身，从容自在，不似宗教之依靠外力、向外祈求。此所以孟子曰："万物皆备于我矣。反身而诚，乐莫大焉。"（《尽心上》）

总之，礼乐一面能起到宗教所具的安慰人之情感、勖勉人之意志的功能；另一面能避免宗教所易导致的偏颇之气，其有宗教之用，而无宗教之弊，这不得不归功于一种理性的精神。

四　以伦理组织社会

以道德替代宗教，不但表现在设为礼乐揖让以涵养理性，同时也表现在安排伦理名分以组织社会。周孔之"礼"不单单体现在冠、昏（婚）、丧、祭、射、御、乡（乡饮酒）等礼文仪节上，同时也体现在人们日常生活的方方面面，从而形成中国文化中特有的儒家伦理与礼俗。这具体表现为"纳人群于伦理""合法律于道德""化阶级为职业""融国家于社会"等，由此形成了一个立足于伦理本位、职业分途而长于家庭生活、天下观念的社会。礼乐揖让固是启发理性、实现道德，伦

---

① 中国文化书院学术委员会编：《梁漱溟全集》第三卷，第114—115页。
② （宋）朱熹：《四书章句集注》，第105页。

理名分同样也是启发理性、实现道德。

梁漱溟指出，西方社会重视集团生活，团体与个人相待而立，属于个人本位或社会本位的社会。中国社会则更重视家庭，从家庭关系向外推扩，以伦理组织社会，纳人群于伦理，消融了团体与个人之间的对立，形成了伦理本位的社会。中国的伦理名分源出于古宗法，后经孔子的"正名"，赋予了其新的内涵，这新的内涵便是理性的精神。这种理性的精神便体现为一种情理或情义。梁漱溟认为，伦理乃就人与人之间的关系而言，有关系斯有情分，并因情而生义。"父义当慈，子义当孝，兄之义友，弟之义恭。夫妇、朋友乃至一切相与之人，莫不自然互有应尽之义。伦理关系，即是情谊关系，亦即是其相互间的一种义务关系。伦理之'理'，盖即于此情与义上见之。"① 由伦理组成的社会，既不同于西方存在个人与团体相对抗的社会，也不同于排他性很强的宗法社会，而是没有边界、没有对抗，且由近及远、泯忘彼此的大社会，此所以有"天下一家""四海兄弟"的观念。在伦理关系中，人人各自以义务自课，而权力则隐没于义务中。其义务乃本于情义而起，非外来强力之所加。伦理之义务是道德上的义务，非法律上的义务：

> 其要点，在根据人类廓然与物同体之情，不离对方而有我的生命，故处处以义务自课。尽一分义务，表现一分生命，而一分生命之表现，即是一分道德。道德而通俗化，形见于风尚，即成了礼俗。礼俗、道德，道德、礼俗，辗转循环；它却不发展到法律。它怎能发展到法律呢？法律或以义务课于人，或对人而负义务，总之，义务是从外来的。但从道德看，一切皆自己对自己的事，一切皆内而非外。礼俗以道德期勉于人，而法律则不责人以道德。以道德责人，乃属法律以外之事。其不同脉路有如此。法律盖继宗教而有，以组织笼罩个人，从外而到内，它们却是同一脉路的。②

---

① 中国文化书院学术委员会编：《梁漱溟全集》第三卷，第82页。
② 中国文化书院学术委员会编：《梁漱溟全集》第三卷，第205—206页。

儒家伦理初不重视社会组织的构成，而更看重个人如何完成自己，即如何尽己。尽己即尽人伦，而人伦之大者为孝悌，尽其孝悌即尽其仁厚肫挚之情，因此儒家又格外重视家庭生活。从家庭之孝悌向外推，自然在社会上形成相应的礼俗。因此，中国古代社会组织与秩序大部分存于"礼"中，以习惯法行之，古代所谓法律，不过是刑律。这即是因儒家伦理以道德期勉于人，而这只能以风教礼俗出之，而不能成为一种法律。及至后来有了所谓法律，也有法律儒家化的倾向，可见儒家伦理对于中国文化之深远影响。

由于儒家伦理对于中国文化的影响，中国自古只有职业分途，而无阶级对立。此即孟子所云："或劳心，或劳力。劳心者治人，劳力者治于人。治于人者食人，治人者食于人，天下之通义也。"（《滕文公上》）又，一般国家都是阶级统治，因中国自古缺乏阶级对立，因此，中国自古只有天下观念，而鲜有现代国家观念。即便是古代天子，也不是绝对的统治者。孟子即认为"天子"亦仅为爵之一位。其答北宫錡问"周室班爵禄"云："天子一位，公一位，侯一位，伯一位，子、男同一位，凡五等也。"（《万章下》）《白虎通》："天子者，爵称也。"① 在中国古代，天子不是绝对的统治者，所谓"国"也仅指朝廷皇室，而非现代意义上的国家。顾炎武《日知录·论正始》条云："有亡国，有亡天下。亡国与亡天下奚辨？曰：易姓改号，谓之亡国；仁义充塞，而至于率兽食人，人将相食，谓之亡天下。……是故知保天下然后知保其国。保国者，其君其臣，肉食者谋之；保天下者，匹夫之贱，与有责焉耳矣。"② 是故，中国传统不是国家至上，不是种族至上，而是文化至上。不但社会伦理化，整个政治亦伦理化。"不但整个政治构造，纳于伦理关系中；抑且其政治上之理想与途术，亦无不出于伦理归于伦理者。……中国的理想是'天下太平'。天下太平之内容，就是人人在伦理关系上都各自做到好处（所谓父父子子），人家相安相保，养生送死

---

① （清）陈立：《白虎通疏证》，中华书局1994年版，第1页。
② （清）顾炎武：《日知录校注》，陈垣校注，安徽大学出版社2007年版，第722—723页。

而无憾。"① 而这也就是孟子所期勉的"人人亲其亲、长其长,而天下平"(《离娄上》)的理想社会。

此外,与古宗法社会过分强调等级意识不同,儒家伦理强调了理性的平等性、伦理的对等性以及理义的至上性。儒家承认人性的平等与尊严,认同"人皆可以为尧舜"。儒家伦理关系准乎情理而定,强调伦理关系之间的对等原则。如孟子说:"君之视臣如手足,则臣视君如腹心;君之视臣如犬马,则臣视君如国人;君之视臣如土芥,则臣视君如寇雠。"(《离娄下》)儒家虽然强调尊卑、贵贱、长幼等"礼"序,但更重视理义、道义的重要性,所以荀子引古《传》云:"从道不从君,从义不从父。"(《荀子·子道》)此外,在梁氏看来,伦理同样能起到宗教的作用,给人以生命实感与人生趣味。如孟子曰:"仁之实,事亲是也;义之实,从兄是也;智之实,知斯二者弗去是也;礼之实,节文斯二者是也;乐之实,乐斯二者,乐则生矣;生则恶可已也,恶可已,则不知足之蹈之手之舞之。"(《离娄上》)此所以儒家在伦理关系中尤重视家庭伦理,重视孝悌之道。中国人就是在事亲、从兄的仁义之实中获得了生命存在的真实意义和深醇乐趣。凡此种种,也都体现了一种理性的精神。有礼乐揖让以涵养理性,有安排伦理名分以组织社会,则中国文化之以道德代宗教可无疑矣:

> 儒家之伦理名分,自是意在一些习俗观念之养成。在这些观念上,明示其人格理想;而同时一种组织秩序,亦即安排出来。因为不同的名分,正不外乎不同的职位,配合拢来,便构成一社会。春秋以道名分,实无异乎外国一部法典之厘订。为文化中心的是非取舍,价值判断,于此昭示;给文化作骨干的社会结构,于此备具;真是重要极了。难怪孔子说:"知我者,其唯春秋乎;罪我者,其唯春秋乎!"然而却不是法典,而是礼。它只从彼此相对关系上说话,只从应有之情与义上说话,而期望各人之自觉自勉(自己顾名

---

① 中国文化书院学术委员会编:《梁漱溟全集》第三卷,第85—86页。

思义）。这好像铺出路轨，引向道德；同时，便前所说之礼乐揖让乃得有所施。于是道德在人，可能成了很自然的事情。除了舆论制裁（社会上循名责实）而外，不像法典有待一高高在上的强大权力为之督行。所谓以道德代宗教者，至此乃完成；否则，是代不了的。①

总之，在梁漱溟看来，周孔教化代表了中国文化理性的觉醒。他不但以理性诠释儒家的道德心性之学，且以理性定位中国的文化特质和民族精神。是以日本学者五来欣造说："在儒家，我们可以看见理性的胜利。儒家所尊崇的不是天，不是神，不是君主，不是国家权力，并且亦不是多数人民。只有将这一些（天、神、君、国、多数），当作理性之一个代名词用时，儒家才尊崇它。这话是不错的。儒家假如亦有其主义的话，推想应当就是'理性至上主义'。"② 由于中国文化中的理性意识，中国早期的古宗教蜕化成礼乐，古宗法蜕化成伦理，中国遂没有形成西方宗教式的集团生活，而另开出了一个以家庭伦理为基石、以礼乐涵养为精神的生活世界。

第三节　通乎万有的生命哲学

倘若《中国文化要义》主要通过周孔教化来说明理性之为中国文化的特征，那么《人心与人生》则紧扣人心以及宇宙大生命来阐释理性与生命本性，由此接续与弘扬儒家自孔、孟至宋明儒而来的道德形上学传统，从而突显理性、人心在人生问题上的重要性。在《中国文化要义》中，梁漱溟强调，儒家所弘扬的理性精神主导了中国过去两千多年的社会与文化，由此形成了中国独特的社会风尚与民族精神。中国人之生存发展以及民族生命之开拓进取端赖这种理性精神。可以说，这种理性精神是理解中国文化与中国问题的锁钥。理性不但贯穿于中国文化中

---

① 中国文化书院学术委员会编：《梁漱溟全集》第三卷，第122页。
② 中国文化书院学术委员会编：《梁漱溟全集》第三卷，第132页。

的礼乐、伦理、礼俗、制度等层面，更内蕴在中国的人生哲学以及道德形上学层面。在《人心与人生》一书中，梁漱溟以人心之自觉指代理性，从人心、生命的角度探究人生问题以及相应的形上学问题。在此，理性、人心既是道德实践的根据，又是构建人生意义的泉源，同时还因其"一体之情"从而具有形上学的意义。

一　通达本体的人心自觉

前文已述，梁漱溟一生孜孜于人生问题与中国问题，其《人心与人生》显然属于人生问题一面。在《人心与人生》一书中，梁漱溟尝试从哲学或形上学的角度探讨人心及其相关的人生问题。

梁漱溟对人类心理的认识经历了一个曲折的过程，有两次大的转变。在写作《东西文化及其哲学》之前，梁氏最初受近代西方功利派思想的影响，从意识、欲望的角度理解人类心理。在《东西文化及其哲学》中，则受麦独孤《社会心理学绪论》之盛谈本能，罗素《社会改造原理》之盛谈冲动，以及克鲁泡特金在《互助论》之盛谈社会本能的影响，从本能（直觉）、理智两个层面来理解人类心理。这是第一次转变。在《中国文化要义》中，梁氏则从本能、理智、理性三分的角度理解人类心理，认为人类的特征在理智，更在理性。在《人心与人生》中，梁氏更明确了自己的看法，认为人类（社会）心理的基础在于为本能、理智之主体的人类生命本身，即人心，这里即指无私的感情或理性。这是第二次转变，也是梁氏最后对于人类心理的认识。在此，梁氏把人心与人类生命本性、宇宙本体相关联，试图从哲学形上学的角度阐释理性、人心。"吾书言人心，将从知识引入超知识、反知识，亦即从科学归到形而上学，从现实生活上起作用的人心归到宇宙本体。"[1]这无异于对现实生活中的人心展开一次类似康德批判哲学式的哲学探究。即对人心的所有面向层层剖析，从中抽离出真正通达宇宙本体的先天层面。"先天即宇宙生命本原或宇宙本体。"[2]梁氏从现实生活中的人

---

① 中国文化书院学术委员会编：《梁漱溟全集》第三卷，第549—550页。
② 中国文化书院学术委员会编：《梁漱溟全集》第三卷，第671页。

心谈起，层层剖析、步步深入，最后从宇宙生命本原或宇宙本体层面定位人心。

可以说，梁漱溟是就人类现实生活来谈人心，又从人心的角度来谈人生。"说人心，应当是总括着人类生命之全部活动能力而说。"① 因此，谈人心即离不开人本身，而言人又必于心见之。"说人，必于心见之；说心，必于人见之。人与心，心与人，总若离开不得。"② 而无论是就人本身言人心，还是就整个人类生命活动言人心，要之，在能从人心之发展变化中把握其一贯之处，如此始能真正认识人心。"何谓心？心非一物也；其义则主宰之义也。主谓主动；宰谓宰制。对物而言，则曰宰制；从自体言之，则曰主动；其实一义也。"③ 是故梁氏指出，在现实生活中，可以"自觉的能动性"或"主动性"指示人心，这具体包括人心之主动性、灵活性、计划性。其中，人心之计划性背后的理智颇能作为人区别于其他物种的显著标志。理智必待人类出现而后达于高致，其计划性是有意识的。理智相对于本能而言，是一种反乎本能的倾向。本能与理智都是指生命活动而言，其所以不同在于，本能在生活上有其特定用途，而理智则倾向于普遍之用。前者无需借助于经验，后者则必资于经验。理智向前发展而无极限，渐成为人类生命本性。本能以及理智之初都是为了解决生活问题，即解决个人生存、种族繁衍两大问题。但随着人类理智的发展，由量变到质变，人类生命由此根本发生变化，从而突破两大问题之局限，显出人类生命之特殊：

> 动物生命是锢蔽于其机体本能而沦为两大问题之机械工具的。当人类从动物式本能解放出来，便得豁然开朗，通向宇宙大生命的浑全无对去；其生命活动主于不断地向上争取灵活、争取自由，非必出于更有所为而活动；因它不再是两大问题的机械工具，虽则仍必有所资借于图存与传种。（不图存，不传种，其将何从而活

---

① 中国文化书院学术委员会编：《梁漱溟全集》第三卷，第547页。
② 中国文化书院学术委员会编：《梁漱溟全集》第三卷，第538页。
③ 中国文化书院学术委员会编：《梁漱溟全集》第三卷，第550页。

动?）原初伴随本能恒必因依乎利害得失的感情，恰以发展理智必造乎无所为的冷静而后得尽其用，乃廓然转化而现为此无私的感情。指出其现前事例，即见于人心是则是，非则非，有不容自昧自欺者在。①

人类生命借理智之发展，表现为无止境地向上奋进，待理智发展造乎无所为的地步时，则进而升华为一种无私的感情，此无私的感情即理性。而此无私的感情又寄于人心之自觉。因此，人心的特征在于自觉。是以梁漱溟强调，"人之所以为人在其心""心之所以为心在其自觉"②。因无私的感情或人心之自觉，人能不顾利害得失，直心而行，从动物式的本能中解放出来，通向与宇宙大生命的浑全无对，从而透出宇宙的生命本原。"吾人意识对外活动皆应乎生活需用而起，无时不在计较利害得失之中；但其同时内蕴之自觉，只在炯炯觉照，初无所为（古人云：寂而照，照而寂）。吾人有时率从自觉直心而行，不顾利害得失者，心主宰乎身；此时虽对外却从不作计较也。此不落局限性的心，无所限隔于宇宙大生命的心，俗不有'天良'之称乎，那恰是不错的。它是宇宙大生命廓然向上奋进之一表现，我说人心是生命本原的最大透露者正谓此。"③ 何为宇宙的生命本原？梁漱溟说："在生物界千态万变，数之不尽，而实一源所出。看上去若此一生命彼一生命者，其间可分而不可分。说'宇宙大生命者'，是说生命通乎宇宙万有而为一体也。"④ 在梁漱溟，宇宙间森罗万象，而实则万殊同出一本，宇宙的生命本原即通乎宇宙万有而为一的宇宙大生命。人类因其无私的感情（理性）或人心之自觉，始能开显此宇宙大生命或宇宙本体，从而直与宇宙同体，通乎宇宙万有而为一。

---

① 中国文化书院学术委员会编：《梁漱溟全集》第三卷，第 592—593 页。
② 中国文化书院学术委员会编：《梁漱溟全集》第三卷，第 593 页。
③ 中国文化书院学术委员会编：《梁漱溟全集》第三卷，第 651 页。
④ 中国文化书院学术委员会编：《梁漱溟全集》第三卷，第 582 页。

二 万物一体的宇宙生命

前期，梁漱溟以直觉、理性释儒家的仁、良知等。在《人心与人生》中梁漱溟则更以人心之自觉释儒家的良知、独知等，并承继儒家"万物一体""宇宙内事乃己分内事"等义理，以论证人类特有的生命本性。

在梁漱溟，宇宙生命本一源所出，彼此之间本无限隔，只因人类之外的一切物类陷入本能生活，从而止于其所进之度，与宇宙大生命不免有隔。而唯独人类，不但能通过人心之相通（如不忍人之心）突破人身之间的限隔，更能以其无私的感情或人心之自觉，直与宇宙同体：

> 唯人类生命根本不同，只见其进，未见其止，其通灵之高度谁得限定之耶？是以唯独人类斯有可能亲切体认到宇宙一体性。宇宙无其极限之可言，则通乎宇宙为一体的人类生命其亦无所限也，明矣。唯其然也，一切皆吾人生命内事，更无所谓外者。①

梁氏认为生物界层层创新、进化不已，生命本性在其无止境地向上奋进、争取生命力之扩大，从而使生命通达于万有，而非局限于一隅。其中，只有人类能够体现这一生命本性，突破生存与繁衍两大问题，继续奋进不已，通乎天地万物而无隔，从而体认到宇宙一体性，与整个宇宙生命痛痒相关。"生命本性要通不要隔，事实上本来亦一切浑然为一体而非二。吾人生命直与宇宙同体，空间时间俱都无限。古人'天地万物一体'之观念，盖本于其亲切体认及此而来。"②"万物一体"的思想最早可以追溯到战国时期儒家的思孟学派。如孟子曰："尽其心者，知其性也。知其性，则知天矣。""万物皆备于我矣。反身而诚，乐莫大焉。强恕而行，求仁莫近焉。""夫君子所过者化，所存者神，上下与天地同流。"（《尽心上》）《中庸》提出了"参赞天地"以及"成己成

---

① 中国文化书院学术委员会编：《梁漱溟全集》第三卷，第 620 页。
② 中国文化书院学术委员会编：《梁漱溟全集》第三卷，第 583 页。

物"的思想。其云："唯天下至诚为能尽其性；能尽其性，则能尽人之性；能尽人之性，则能尽物之性；能尽物之性，则可以赞天地之化育；可以赞天地之化育，则可以与天地参矣。""诚者，非自成己而已也，所以成物也。成己，仁也；成物，知也。性之德也，合外内之道也，故时措之宜也。"通过心、性、仁与天地、万物的感通，人的生命与天地万物的大化流行浑然一体，与天地万物痛痒相关，且可以参赞天地之化育。思孟学派的上述思想对宋明儒影响深远。程颢说："仁者，以天地万物为一体，莫非己也。"① 张载在《西铭》中提出了"民吾同胞，物吾与也"的著名思想。陆象山则云，"宇宙内事乃己分内事，己分内事乃宇宙内事"，"宇宙便是吾心，吾心即是宇宙"。② 阳明言良知，也将其从道德实践的根据，上升到了宇宙本体的地位。阳明言："良知是造化的精灵，这些精灵，生天生地，成鬼成帝，皆从此出，真是与物无对。人若复得他完完全全，无少亏欠，自不觉手舞足蹈，不知天地间更有何乐可代。"③ 又言："人的良知，就是草木瓦石的良知。若草木瓦石无人的良知，不可以为草木瓦石矣。岂惟草木瓦石为然，天地无人的良知，亦不可为天地矣。盖天地万物与人原是一体，其发窍之最精处，是人心一点灵明。风、雨、露、雷、日、月、星、辰、禽、兽、草、木、山、川、土、石，与人原只一体。故五谷禽兽之类，皆可以养人；药石之类，皆可以疗疾：只为同此一气，故能相通耳。"④ 阳明更是在综合《孟子》与《大学》的基础上，提出了"天地万物一体之仁"的思想。⑤ 而达致"一体之仁"这一目标，就要从良知着眼，良知即"人心一点灵明"，致良知即致此心之灵明于天地万物，从而参赞天地之化育，实

---

① （宋）程颢、程颐：《二程集》，中华书局1981年版，第15页。
② （宋）陆九渊：《陆九渊集》，第483页。
③ （明）王守仁：《王阳明全集》，第104页。
④ （明）王守仁：《王阳明全集》，第107页。
⑤ 阳明言："夫圣人之心，以天地万物为一体，其视天下之人，无外内远近，凡有血气，皆其昆弟赤子之亲，莫不欲安全而教养之，以遂其万物一体之念。天下之人心，其始亦非有异于圣人也，特其间于有我之私，隔于物欲之蔽，大者以小，通者以塞，人各有心，至有视其父子兄弟如仇雠者。圣人有忧之，是以推其天地万物一体之仁以教天下，使之皆有以克其私，去其蔽，以复其心体之同然。"（（明）王守仁：《王阳明全集》，第54页。）

现"一体之仁"。梁氏之说实本于此。

梁漱溟在《人心与人生》中，则以无私的感情（理性）或人心之自觉定位人类通达宇宙万有的宇宙大生命。其言："人类生命廓然与物同体，其情无所不到。"① 梁氏更径直以人心之自觉释儒家良知、独知等观念：

> 我这里所说人心内蕴之自觉，其在中国古人即所谓"良知"又或云"独知"者是已。良知一词先见于《孟子》书中，孟子尝以"不学而能，不虑而知"指示给人。后来明儒王阳明（守仁）大力阐扬"致良知"之说，世所习闻。独知一词则涵于《大学》《中庸》两书所谆谆切切的慎独学说中。其曰独知者，内心默然炯然，不与物对，他人不及知而自家瞒昧不得也。阳明咏良知诗云"无声无臭独知时，此是乾坤万有基"。乾坤万有基者，意谓宇宙本体。宇宙本体浑一无对。人身是有对性的，妙在其剔透玲珑的头脑通向乎无对，而寂默无为的自觉便像是其透出的光线。一即一切，一切即一，宇宙本体即此便是。人心之用寻常可见，而体不可见；其体盖即宇宙本体耳。人身虽有限，人心实无限际。昔人有悟及此者多矣。邵康节诗云"身在天地后，心在天地先"。湛甘泉有云"心也者包乎天地之外，而贯乎天地万物之中者也"，岂不是一语道出了宇宙大生命！"身在心中"明儒多有言之者，不必一一举数。②

梁漱溟以人心之自觉指代良知，以良知为宇宙本体，透过人心之良知本体即可亲切体认到宇宙万物的一体性。人心之良知本体也表现出了一体相通无所隔碍的生命本性。儒家慎独之学即指向宇宙生命之无对，表现宇宙生命生生不已、日进无疆的境界。慎独即时时保持生命的自觉、人心的自觉。此所以孟子云："学问之道无他，求其放心而已矣。"

---

① 中国文化书院学术委员会编：《梁漱溟全集》第三卷，第615页。
② 中国文化书院学术委员会编：《梁漱溟全集》第三卷，第666—667页。

（《告子上》）儒家之学即在求其放心，反求诸身，使身从乎心，回归自家生命，从而体现一体之仁。通过发挥生命本性，直达万物一体的宇宙大生命，从而实现一体之仁，即下学上达之学。"下学云者，其殆谓此身在自然界和社会息息生活中，常不失于自觉，能勉于无支离、无违异耶？果如是也，日就月将，形气之为碍浸浸消融，而于宇宙生命本原之通透则升进不已，其是之谓上达耶？"① 孟子"尽心知性知天""存心养性事天"之说，以及《中庸》"参赞天地"之说，即此下学上达之学。"人生是与天地万物浑元一气流通变化而不隔的。人要时时体现此通而不隔的一体性而莫自私自小，方为人生大道。"② 下学上达就是要通过一种道德实践来体现此通而不隔的一体性，这种道德实践就是儒家践形尽性的工夫。

三 践形尽性的道德实践

梁漱溟言道德实践始终关联着其万物一体的宇宙生命来谈，体现了其特有的生命哲学。何谓道德？梁漱溟说："人在生活中能实践乎此生命本性便是道德。'德'者，得也；有得乎道，是谓道德；而'道'则正指宇宙生命本性而说。"③ 梁氏指出，从生物进化史的大势上来看，生命本性就是一种莫知其所以然的无止境的向上奋进，唯有人类从动物式的本能中解放出来，为宇宙间唯一能代表此生命本性者，此即"天命之谓性"。而道德即是实践此生命本性，所谓"率性之谓道"，道德即率性之谓。人类发挥此生命本性而有无私的感情（理性）或人心之自觉，这种无私的感情（理性）或人心之自觉即是一种理性精神，是理性精神在人类生命中的体现。透过这种理性精神，斯可通达宇宙万有，体现万物一体之仁。在传统儒家文化的熏陶下，中国人的社会风尚及其民族生命尤其能体现这一理性精神，从而展现出一种真正通达宇宙生命本性的道德实践，这也是梁漱溟前文所言中国文化理性早启、文化早熟

---

① 中国文化书院学术委员会编：《梁漱溟全集》第三卷，第667页。
② 中国文化书院学术委员会编：《梁漱溟全集》第三卷，第756页。
③ 中国文化书院学术委员会编：《梁漱溟全集》第三卷，第731页。

之所在。

梁漱溟指出，人类生命既有个体一面，也有群体一面，因此，应从个体与群体（社会）两个层面来论说道德实践。中土儒家文化中的理性精神，恰能体现这种从乎个体与社会的道德实践。"就在儒家领导之下，两千多年间，中国人养成一种社会风尚，或民族精神，除最近数十年浸浸渐灭，今已不易得见外，过去中国人的生存，及其民族生命之开拓，胥赖于此。这种精神，分析言之，约有两点：一为向上之心强，一为相与之情厚。"① 可以说，向上之心强与相与之情厚是理性精神在个体道德与社会伦理中的具体体现。就个人层面而言，则言道德，就社会层面而言，则言伦理。个体层面的道德实践，处理的是自我身心之间的关系，社会层面的道德实践，处理的是人与人之间的关系。

就个体层面而言，"道德者人生向上之谓也"②。道德之真在自觉向上，实践其向上之心，使身从乎心。身从乎心，即孟子所谓"践形"。孟子曰："形色，天性也；惟圣人然后可以践形。"（《尽心上》）形色即指身体。身心之辨即孟子大体小体之辨。孟子曰："从其大体为大人，从其小体为小人。""耳目之官不思，而蔽于物。物交物，则引之而已矣。心之官则思，思则得之，不思则不得也。此天之所与我者。先立乎其大者，则其小者不能夺也。此为大人而已矣。"（《告子上》）小体指的是耳目之官或身体，也可代指人的气质、习惯。人之语默动静或从乎身，或从乎心。从乎身，则心为身所钳制，所谓"气壹则动志"，如此则会遮蔽人心之灵明，继而失却其向上奋进的生命本性，落于失道而不德，流于小人矣。从乎心，即身为心所主宰，"心之官则思"即言心之自觉，所谓"志壹则动气"，身从心而活动，即身体力行实践其向上之心，此即孟子所谓践形尽性，这才是真道德，由之则为大人矣。梁漱溟说："向上心，即不甘于错误的心，即是非之心，好善服善的心，要求公平合理的心，拥护正义的心，知耻要强的心，嫌恶懒散而喜振作的心……总之，于人生利害得失之外，更有向上一念者是；我们总称之

① 中国文化书院学术委员会编：《梁漱溟全集》第三卷，第 132—133 页。
② 中国文化书院学术委员会编：《梁漱溟全集》第三卷，第 731 页。

曰：'人生向上'。从之则坦然泰然，怡然自得而殊不见其所得；违之则歉恨不安，仿佛若有所失而不见其所失。在中国古人，则谓之'义'，谓之'理'。"① 此所以儒家严辨义利、理欲，使身从乎心，合乎理、义。"人之坦然泰然，怡然自得而殊不见其所得者"，即孟子"理义之悦我心"之谓。儒家强调践形，关联着形色、身体以言道德，说明道德实践一定在形色上有所体现，使身从乎心、合乎一种理性自觉。如孔子曰："君子有九思：视思明，听思聪，色思温，貌思恭，言思忠，事思敬，疑思问，忿思难，见得思义。"（《论语·季氏》）孟子曰："君子所性，仁义礼智根于心，其生色也睟然，见于面，盎于背，施于四体，四体不言而喻。"（《尽心上》）上述孔子所言为践形之具体工夫，而孟子所言"见于面，盎于背，施于四体，四体不言而喻"，则是效验。所以儒家道德实践重在变化气质。

就社会层面而言，理性精神在社会伦理层面体现为一种深厚的相与之情。这种相与之情即是一种伦理情义。人在社会生活中的道德实践就是尽此伦理情义，儒家谓之"尽伦"。伦者，伦偶，即人伦、伦常之谓。《易·序卦》曰："有天地然后有万物，有万物然后有男女，有男女然后有夫妇，有夫妇然后有父子，有父子然后有君臣，有君臣然后有上下，有上下然后礼义有所错。"夫妇、父子、君臣、上下等都是最基本的人伦。孟子曰："人之有道也，饱食、暖衣、逸居而无教，则近于禽兽。圣人有忧之，使契为司徒，教以人伦——父子有亲，君臣有义，夫妇有别，长幼有序，朋友有信。"（《滕文公上》）孟子认为，人与禽兽最大的区别在于人有人伦之道。尽伦也就是依不同的伦理关系尽其所应尽的情义或义务。伦理道德上的义务是一种自律，所谓"反求诸己""尽其在我"，是"由仁义行"，非"行仁义"，所以不同于国家法律所规定的那种义务。

法律上的义务对应于相应的权利，而伦理道德上的义务则是独立自足的，即只为义务而义务。为什么儒家伦理只讲义务而不提权利呢？在梁漱溟看来，这需要从两个层面来说明。其一，伦理道德中的义务是在

---

① 中国文化书院学术委员会编：《梁漱溟全集》第三卷，第133页。

伦理关系中彼此相互间生发出来的，如《礼记·礼运》云："何谓人义？父慈，子孝，兄良，弟弟，夫义，妇听，长惠，幼顺，君仁，臣忠，十者，谓之人义。"父子、兄弟、夫妇、长幼、君臣之间的义务都是相互的。彼此的权利已经包含在对方的义务之中，由对方的义务所赋予。每个人只要都能做到尽性尽伦，则彼此间的权利自然会得到保障。以父母与子女之间的关系为例。"父母之情义在慈，子女之情义在孝，子女的生活权利不是早在父母慈爱抚育的义务之中了吗？父母年老，子女负责奉养，父母的权利也就在子女的义务中，不是吗？"① 另，"义者，宜也"，儒家伦理中的义务、情理并非铁板一块，而是随着情境不同而有所变化。这体现了儒家伦理兼具原则性与灵活性的生活智慧。其二，由于中国理性早启、文化早熟，中国提早越过西方的个人本位主义，而形成了特有的伦理本位社会。在伦理本位社会，个人重在发挥自己的生命本性，尽自己的伦常义务。"情也，义也，都是人类生命中带来的。生命至大无外；代表此至大无外之生命本性者今唯人类耳。古人有言'宇宙内事乃己分内事'（宋儒陆象山语）。若远若近对一切负责者是在人（人类生命），在我自己。"② 在这样一个"尽其在我"的伦理本位社会，"从乎人类生命的伟大，不提个人权利是很自然的事情"③。基于上述两个层面的原因，儒家伦理中的权利意识长期暗而不彰，但权利本身并没有被取消，而是纳入相互间的义务之中了。另，究实而言，个体道德与社会伦理并不能截然二分。在儒家伦理中，个体生命恰恰是在伦理关系中体现出来的。"一个人的生命，不自一个人而止，是有伦理关系。伦理关系，即是情谊关系，亦即是其相互间的一种义务关系。所贵乎人者，在不失此情与义。'人要不断自觉地向上实践他所看到的理'，大致不外是看到此情义，实践此情义。其间'向上之心'，'相与之情'，有不可分析言之者已。不断有所看到，不断地实践，则卒成所谓圣贤。"④ 因此，儒家个体道德层面中的践形尽性，更多地体现为在

① 中国文化书院学术委员会编：《梁漱溟全集》第三卷，第 739 页。
② 中国文化书院学术委员会编：《梁漱溟全集》第三卷，第 740 页。
③ 中国文化书院学术委员会编：《梁漱溟全集》第三卷，第 740 页。
④ 中国文化书院学术委员会编：《梁漱溟全集》第三卷，第 137 页。

社会伦理层面中的尽伦、尽分。

此外，因其理性精神，儒家文化中的道德实践表现为一种自觉自律的道德，从而与宗教相区分。前文已言，梁漱溟认为，理智和理性是心思作用的两个方面。梁氏所谓理智相应于宋儒所谓的见闻之知，而理性则相应于宋儒所谓的德性之知。见闻之知主外，德性之知主内。见闻之知所成就的是知识思辨，而德性之知所成就的是道德。在梁氏看来，中国之所以很早就走上了一条以道德代替宗教的周孔教化之路，关键即在理性的一面。理性是道德在人类生命中真正的根据：

> 云何为自觉自律？好好恶恶而心中了了，是曰自觉；基于自觉而行吾所好，别无所为，是曰自律。如我好公平而恶不公平，我本此而行，非屈于力或诱于利而然，亦不因屈于力或诱于利而改，即是其例。说理性，即指自觉自律之条理天成而言；说无对，即指自觉自律之浑然不二而言。道德根于理性无对而来，为人类生命之最高表现。①

梁漱溟认为，道德之异于宗教，就在于其以自觉自律为本，而非秉受外在的教戒于神。这正是有见于人心之清明正直这样一种理性的精神。理性是一种自觉自律的条理天成，这即相当于孟子的良知良能以及阳明的"心即理"。"非屈于力或诱于利而然，亦不因屈于力或诱于利而改"，即如孟子所言，"今人乍见孺子将入于井，皆有怵惕恻隐之心。非所以内交于孺子之父母也，非所以要誉于乡党朋友也，非恶其声而然也。"（《公孙丑上》）。其自觉自律之行即孟子所谓良知良能。理性"自觉自律之条理天成"，即相当于阳明"心即理"或良知之天理。阳明说："心即理也。此心无私欲之蔽，即是天理，不须外面添一分。"② 理性即以无私的感情为中心，所以能成其天理之流行。由此可见，梁氏所述理性的内涵多有取于孟子、阳明等。人类真正的道德即建基在这一自

---

① 中国文化书院学术委员会编：《梁漱溟全集》第三卷，第291页。
② （明）王守仁：《王阳明全集》，第2页。

觉自律之天理流行的理性精神之上。

在梁氏，中国古人所认取的这一理性精神，在个体生命中表现为个人心性的自觉向上，在社会生命中体现为人人尽伦、尽性。理性不但是道德实践的根据，还是确立人生意义的泉源。中国人的人生态度以及人生意义无不以之为中心。梁漱溟指出，在人生态度上，西方以及印度表现出两种倾向。要么一方否定现世人生，要出世而禁欲，这是宗教的态度；要么一方肯定现世人生，却以为人生不外乎种种欲望的满足，这是消极处世、陷于本能的态度。两种倾向之外，中国人则走出了一条中道之路。"中国人肯定人生而一心于现世；这就与宗教出世而禁欲者，绝不相涉。然而他不看重现世幸福，尤其贬斥了欲望。"① 如孔子不语"怪力乱神"，对鬼神持敬而远之的态度。又说："未能事人，焉能事鬼？""未知生，焉知死？"（《论语·先进》）孔子不重出世间，而是始终关注当下的现实世界。他更在意的是一个人如何在生活中完成自己、完善自己。如孔子说："德之不修，学之不讲，闻义不能徙，不善不能改，是吾忧也。""志于道，据于德，依于仁，游于艺。"（《论语·述而》）《论语》《孟子》中此类说法，不一而足。兼之儒学中的义利之辨、理欲之争等，无非教人成就道德人格。因此，儒学也称为成德之教。儒家所认为的人生价值，即在此成德的过程中得以确立。唐君毅说："此儒家之思想，要在对于人当下之生命存在，与其当前所在之世界之原始的正面之价值意义，有一真实肯定，即顺此真实肯定，以立教成德，而化除人之生命存在中之限制与封闭，而销除一切执障与罪恶所自起之根，亦销化人之种种烦恼苦痛之原。"② 儒家并非如宗教逃避现实世界，而是肯认当下生命以及所在世界的正面价值，在立教成德的过程中化除现实生活中的种种欲望与罪恶，并不断实践其"理""义"，从而使生活与生命皆理性化。正是基于这样一种理性的精神，就社会而言，中国开辟了一个礼乐揖让的文化世界，就个体生命而言，中国人在"尽性立命"、实践人伦道德的过程中，获得生命存在的意义。

---

① 中国文化书院学术委员会编：《梁漱溟全集》第三卷，第134页。
② 唐君毅：《生命存在与心灵境界》（下），《唐君毅全集》第二十六卷，第119页。

第二章 经术与义理——孟子学与
马一浮六艺论的建构

马一浮是现代新儒家中最为传统型的文人雅士。与熊十力、唐君毅、牟宗三等援引西学以论中学不同，马一浮论学则一任中土学术自身的结构与脉络，而又有所融贯与推进。贺麟曾概述马先生的学术："兼有中国正统儒者所应具备之诗教、礼教、理学三种学养，可谓为代表传统中国文化的仅存的硕果。其格物穷理，解释经典，讲学立教，一本程朱，而其返本心性、袪习复性则接近陆王之守约。他尤其能卓有识度，灼见大义，圆融会通，了无滞碍，随意拈取老、庄、释典以阐扬儒家宗旨，不惟不陷于牵强附会，且能严格判别实理玄言，不致流荡而无归宿。"① 马一浮学养功深，践形尽性，一生为延绵圣贤血脉为己任。马氏论学以六艺为纲，以心性为本，以工夫为进路，以复性为旨归。

在论学过程中，孟子义理一直为马一浮所推重。他对孟子赞叹不已，其六艺论对孟子多加称引、诠解，在心性论与工夫论上，更是多有得于孟子。

第一节 六艺与心性

现代新儒家始终立足于心性论的言说方式与立场，并在此基础上诠释儒家思想及其经典文献，马一浮也不例外。但马一浮的心性论并非就心性言心性，而是始终关联着六艺之道展开论说。马一浮认为六艺该摄一切学术，且统摄于一心。

---

① 张学智编：《贺麟选集》，吉林人民出版社 2005 年版，第 338 页。

一 六艺统于一心

马一浮一生以弘扬国学为志业。在他看来，国学即是六艺之学，六艺指六经，即《诗》《书》《礼》《乐》《易》《春秋》。《礼记·王制》云："乐正崇四术，立四教，顺先王《诗》《书》《礼》《乐》以造士。春秋教以《礼》《乐》，冬夏教以《诗》《书》。"可知，四教本周之旧制。"孔子之时，周室微而礼乐废，诗书缺"[1]，孔子始删《诗》《书》、订《礼》《乐》，晚年赞《易》、修《春秋》，于是合为六经，亦谓之六艺。《汉书·艺文志》有六艺略，六艺即指六经而言。《史记·孔子世家》云："孔子以诗书礼乐教，弟子盖三千焉，身通六艺者七十有二人。"[2] 又云："自天子王侯，中国言六艺者折中于夫子，可谓至圣矣！"[3] 太史公所言六艺即指六经。在马氏看来，六艺之学出自孔子之教，吾国固有一切学术之原皆出于此，其余皆六艺之支流。因此，六艺之学可以该摄一切学术，可谓广大悉备，无所不包。

马一浮以"六艺统摄一切学术"作为一种学术判教，分判中学内部的学术流派，并以此为标准阐发中西文化之间的差异以及未来走向。他通过六艺之学与中学其他学派、六艺之学与西学的比较，认为六艺之学可以统摄一切人类文化形态，其自身具有恒久、普遍的价值。他说："全部人类之心灵，其所表现者不能离乎六艺也；全部人类之生活，其所演变者不能外乎六艺也。"[4] 就中学内部而言，六艺统摄诸子学与四部学。诸子于六艺有得有失，其学皆出于六艺；四部本是一种古代图书分类法，自身并无统序，其内容亦统摄于六艺。就中西学术而言，六艺亦统摄西来学术：

> 六艺不唯统摄中土一切学术，亦可统摄现在西来一切学术。举

[1] （汉）司马迁：《史记》，中华书局1982年版，第1935页。
[2] （汉）司马迁：《史记》，第1938页。
[3] （汉）司马迁：《史记》，第1938、1947页。
[4] 马一浮：《泰和宜山会语》，《马一浮全集》第1册，浙江古籍出版社2013年版，第18页。

其大概言之，如自然科学可统于《易》，社会科学（或人文科学）可统于《春秋》。因《易》明天道，凡研究自然界一切现象者皆属之；《春秋》明人事，凡研究人类社会一切组织形态者皆属之。……文学、艺术统于《诗》《乐》，政治、法律、经济统于《书》《礼》，此最易知。宗教虽信仰不同，亦统于《礼》，所谓"亡于礼者之礼也"。哲学思想派别虽殊，浅深小大亦皆各有所见，大抵本体论近于《易》，认识论近于《乐》，经验论近于《礼》；唯心者《乐》之遗，唯物者《礼》之失。①

在马一浮看来，六艺是中国至高且特殊的文化，可以推而广之，放之四海而皆准，并坚信人类一切文化之归宿必归于六艺。他指出："故今日欲弘六艺之道，并不是狭义的保存国粹，单独的发挥自己民族精神而止，是要使此种文化普遍的及于全人类，革新全人类习气上之流失，而复其本然之善，全其性德之真，方是成己成物，尽己之性，尽人之性，方是圣人之盛德大业。"② 因此，六艺之道归本于一心之性德，从而"复其本然之善，全其性德之真"，成己成物，参赞天地之化育。职是之故，马一浮有"六艺统摄于一心"之说。

六艺之道可与一心之诸德相配。马一浮认为，六艺本是吾人性分内所具之事，吾人性德本自具足，而性外无道，六艺之道即此性德中自然流出之理。那么，何为性德或性道呢？马一浮说："德是人人本有之良知，道即人人共由之大路，人自不知不行耳。知德即是知性，由道即是率性，成德即是成性，行道即是由仁为仁。德即是性，故曰性德，亦曰德性。道即是性，故曰性道，亦曰天性，亦曰天道，亦曰天命。"③ 由此可知，德即是性，也即是道，德、性、道，其名异，其所指则同。就人人本具之良知或自性所具之实理而言，则曰德；就人伦日用之所当行则曰道，就其本于天而赋予人则曰性。马一浮在此继承了孟子"尽心知

① 马一浮：《泰和宜山会语》，《马一浮全集》第 1 册，第 17—18 页。
② 马一浮：《泰和宜山会语》，《马一浮全集》第 1 册，第 19 页。
③ 马一浮：《复性书院讲录》，《马一浮全集》第 1 册，第 185—186 页。

性知天"，以及宋儒"天道性命相贯通"的理路，并在此基础上与六艺相融通，阐发"六艺统摄于一心"之说。马一浮的这一说法并非凭空而发，而是有着扎实的文本依据以及自身对六艺思想的深刻体悟。其实，早在明代，王阳明就在其著名的《尊经阁记》中表达了以人心统摄六经的说法：

> 经，常道也。其在于天谓之命，其赋于人谓之性，其主于身谓之心。心也，性也，命也，一也。通人物，达四海，塞天地，亘古今，无有乎弗具，无有乎弗同，无有乎或变者也，是常道也。……六经者非他，吾心之常道也。故《易》也者，志吾心之阴阳消息者也；《书》也者，志吾心之纪纲政事者也；《诗》也者，志吾心之歌咏性情者也；《礼》也者，志吾心之条理节文者也；《乐》也者，志吾心之欣喜和平者也；《春秋》也者，志吾心之诚伪邪正者也。君子之于六经也，求之吾心之阴阳消息而时行焉，所以尊《易》也；求之吾心之纪纲政事而时施焉，所以尊《书》也；求之吾心之歌咏性情而时发焉，所以尊《诗》也；求之吾心之条理节文而时著焉，所以尊《礼》也；求之吾心之欣喜和平而时生焉，所以尊《乐》也；求之吾心之诚伪邪正而时辩焉，所以尊《春秋》也。[1]

在阳明看来，六经即吾心之常道，《易》之阴阳消息，即吾心之阴阳消息，《书》之纪纲政事，即吾心之纪纲政事，继而《诗》《礼》《乐》《春秋》之事理、常道亦即吾心之事理、常道。而这正是阳明所谓"心外无事""心外无理"之说在六经中的一种具体体现。与之相应，马一浮同样也提到，"惟须知《易》之阴阳动静即吾心之阴阳动静"[2]。总之，他认为"天下万事万物，不能外于六艺，六艺之道，不能外于自

---

① （明）王守仁：《王阳明全集》，第 254—255 页。
② 马一浮：《问学私记》，《马一浮全集》第 1 册，第 738 页。

心"①。而六艺之道即吾心之常道、吾心之性德。而吾心之性德并非今人一般意义上的道德。在马一浮看来，性德出自自心本性，而今人所谓道德者，只不过是一种外在的伦理规范。他说："今人目道德为社会习惯上共同遵守之信条，是即石斋（即黄道周——引者注）所谓'束民性而法之'也。是其所谓道德者，亦是法之一种，换言之，乃是有刑而无德也。其根本错误，由于不知道德是出于性而刑政亦出于道。"② 相较一般意义上的道德而言，性德则具有更为内在、丰富、充盈的意蕴，它是一种本体、性体、仁体。

性德为吾人自心本具，总说则举一仁可该摄诸德，分说则开显而为诸德。凡此诸德皆吾人自心本具，而由六艺之道分别开出：

> 以一德言之，皆归于仁；以二德言之，《诗》《乐》为阳是仁，《书》《礼》为阴是知，亦是义；以三德言之，则《易》是圣人之大仁，《诗》《书》《礼》《乐》并是圣人之大智，而《春秋》则是圣人之大勇；以四德言之，《诗》《书》《礼》《乐》即是仁、义、礼、智；此以《书》配义，以《乐》配智也。以五德言之，《易》明天道，《春秋》明人事，皆信也，皆实理也。以六德言之，《诗》主仁，《书》主知，《乐》主圣，《礼》主义，《易》明大本是中，《春秋》明达道是和。③

六艺之道开显自心本具的性德。诸德目有总相，有别相，有因地之相，有果地之相。仁是总相，义、礼、智、信以及圣、中、和等皆是别相。就总相而言，六艺之道开显性德，性即仁性，德即仁德，六艺无不表现此仁。就别相而言，如以《诗》配仁，《书》配义，《礼》配礼，《乐》配智，《易》配中，《春秋》配和等。在马一浮看来，六艺各自可以表现不同的德目，而六艺之间又可以相互涵摄。"故言《诗》则摄

---

① 马一浮：《泰和宜山会语》，《马一浮全集》第 1 册，第 45 页。
② 马一浮：《复性书院讲录》，《马一浮全集》第 1 册，第 221 页。
③ 马一浮：《泰和宜山会语》，《马一浮全集》第 1 册，第 17 页。

《礼》，言《礼》则摄《乐》，《乐》亦《诗》摄，《书》亦《礼》摄，《易》与《春秋》亦互相摄，如此总别不二，方名为通。"① 又，言《诗》必及于《书》，因《诗》通于政，以《诗》统《书》也。程颐言："知尽性至命，必本于孝弟；穷神知化，由通于礼乐。"② 而《易》言神化，可知《易》与《礼》《乐》相通，为《礼》《乐》之源。孟子言，"《诗》亡然后《春秋》作"，可知《春秋》与《诗》相通，为《诗》《书》之用。《礼记·经解》引孔子云："入其国，其教可知也。其为人也：温柔敦厚，《诗》教也；疏通知远，《书》教也；广博易良，《乐》教也；洁静精微，《易》教也；恭俭庄敬，《礼》教也；属辞比事，《春秋》教也。"其所言"温柔敦厚""疏通知远"等并为因地之德相。与因地之德相相应，则有果地之德相。如马一浮引《中庸》云："惟天下至圣，为能聪明睿智，足以有临也；（此为德之总相。）宽裕温柔，足以有容也；（仁德之相。）发强刚毅，足以有执也；（义德之相。）齐庄中正，足以有敬也；（礼德之相。）文理密察，足以有别也。（智德之相。）溥博渊泉，而时出之。"③ 这是圣人果上的德相，也就是圣人因地工夫产生的果地的效验。此因地果地之德相中又可分为总相与别相，如仁、圣之为因果相望之总相，其余则为别相。这些德目都是六艺所开显者，皆为不离吾人自心之性德。马一浮就此说："总不离别，别不离总，六相摄归一德，故六艺摄归一心。圣人以何圣？圣于六艺而已。学者于何学？学于六艺而已。大哉，六艺之为道！大哉，一心之为德！学者于此可不尽心乎哉？"④

由以上可知，六艺确为德教之作，为显性之书。在马一浮看来，性德自然流出诸德，则为天德，见诸行事，则为王道。"六艺者，即此天德王道之所表显。故一切道术皆统摄于六艺，而六艺实统摄于一心，即是一心之全体大用也。"⑤ 前文引阳明言："《易》也者，志吾心之阴阳

① 马一浮：《复性书院讲录》，《马一浮全集》第 1 册，第 248 页。
② （宋）程颢、程颐：《二程集》，第 638 页。
③ 马一浮：《泰和宜山会语》，《马一浮全集》第 1 册，第 17 页。
④ 马一浮：《泰和宜山会语》，《马一浮全集》第 1 册，第 17 页。
⑤ 马一浮：《泰和宜山会语》，《马一浮全集》第 1 册，第 16 页。

消息者也；《书》也者，志吾心之纪纲政事者也；《诗》也者，志吾心之歌咏性情者也；《礼》也者，志吾心之条理节文者也；《乐》也者，志吾心之欣喜和平者也；《春秋》也者，志吾心之诚伪邪正者也。"正是六艺为一心之全体大用的最好注脚。

二　心性的结构

现代新儒家以心性学为传统学术思想的核心，也以心性学为沟通古今中西学术思想的枢纽，他们都对心性学有所承继与开拓，试图在现代学术背景下使之焕发新的生机。如熊十力以心性建构本体宇宙论，牟宗三以心性建构道德的形上学，以及唐君毅通过心性建构"生命三向与心灵九境"的哲学体系等。马一浮的心性学则始终与传统六艺思想紧密相连，并将其视为六艺之本。他说："有六经之迹，有六经之本。六经之本是心性，六经之迹是文字，然六经文字亦全是心性的流露，不是臆造出来。"[①] 因此，六艺之道的关键即在"心性"。其一，马一浮的心性论远绍孟子心学，近承宋明儒学，力图和会程朱、陆王之说，而使之圆融无碍；其二，马一浮以其"六艺一心"之说，以心性统摄六艺之学，以心性该摄各家学派，此于上文已经言及；其三，马一浮也以心性贞定文化主体，以心性平章中西、融通华梵。这一部分我们分别从两个层面来探析马一浮的心性论，揭示其内在结构，彰显其丰富意蕴。

（一）心兼理气

上文提到，现代新儒家都重视传统儒学心性一系。然而，他们对心性的理解与诠释却又不尽相同。在对"心"的理解上，熊十力倾向于从本体宇宙论的角度，将其诠释为一种生起宇宙大化的"乾元性海"。牟宗三则承袭孟子—陆王一系，从道德形上学的角度将"心"诠释为一种兼道德与存有的形上"实体"。马一浮则在"六艺一心"的基础上，通过兼取程朱与陆王之说，更多地从本体工夫论的进路诠释"心"体，从而提出"心兼理气""心统性情"诸说。

---

① 马一浮：《问学私记》，《马一浮全集》第 1 册，第 744 页。

马一浮指出"六艺统摄于一心",为一心之全体大用,那么,到底如何理解心呢?他说:"心诚不易说。视之不见,听之不闻,而为天地之本,此言其体也。天地间交互往来,动静辟阖,兽胎鸟孳,万物生长,莫非心之流行,此言其用也。所谓寂然不动,随感而应,兼体、用而言也。"① 马一浮在此以体用言心,心之体是就性、理上说,所以为天地之本;心之用,是就情、气上说,所以能大化流行、随感而应。由此可知,心之体用与理气、性情不可分。在此基础上,马一浮提出了"心兼理气、统性情"的主张。

理气论是宋明儒学的核心问题,围绕理气这对范畴,宋明儒者探讨了天道性命、道心人心、天理人欲、已发未发、格物穷理、涵养察识等一系列涉及宇宙论、工夫论的论题。理气之说虽大行于宋明时代,但其作为义理名辞确是渊源有自。《易·系辞上》云:"易简而天下之理得矣。天下之理得,而成位乎其中矣。"《易·说卦》云:"昔者圣人之作《易》也,将以顺性命之理。"《易·系辞上》又云:"精气为物,游魂为变。"马一浮就此认为理气之说源于孔子。

理气首先体现为一对形上的宇宙论范畴。理气在宇宙生化中表现为一种道器之分,动静之别,以及体用之殊。《易·系辞上》云:"形而上者谓之道,形而下者谓之器。"道即言乎理者,而器即言乎气之凝者。理本寂然,及动而始有气。有是理必有是气,理气未分时则纯然是理,气则隐而不彰,并非没有气,此即所谓"冲漠无朕";有是气必有是理,及气显现以至于生成形质后,则理行乎其中,此即"万象森然"。在马一浮看来,理气之间并非截然二分,而是一种不一不异、一体圆融的关系。就其流行之用而言谓之气,就其所以为流行之体而言谓之理。离气无以见理,离理则气亦不存。其言:"理为气之体,理即在气中;气为理之用,气不能离体。故曰理、气只是一事。"② 这是说理气二者的辩证关系。

理气不但可以用来表现宇宙万物的生成演化,还可以具体落实在人

① 马一浮:《问学私记》,《马一浮全集》第 1 册,第 732 页。
② 马一浮:《问学私记》,《马一浮全集》第 1 册,第 732 页。

身上，用以表现人的生命活动。借助理气范畴，马一浮指出："如耳目口体是器也；其能视听言动者，气也；所以为视听言动之则者，理也；视听言动皆应于理则道也。"① 这是说人的身体及其生理感官为气所凝成之"器"，身体所表现出的视听言动等感性活动则为"气"，感性活动所要遵循的法度、原则称为"理"，感性活动合乎理则为"道"。就本体论或宇宙论而言，天地之气本乎自然而运乎万物，理行乎气中无有间断，理气一贯，生生不息。然而就心性论而言，人的生命活动或受到本能欲望的制约，或受到不良习气的影响，从而障蔽自家性德，由此其生命活动皆是气之活动，理则隐而不彰：

> 须知知觉、运动、见闻皆气也。其所以为知觉、运动、见闻者，理也。理行乎气中，岂离知觉、见闻而别有理？但常人之知觉、见闻全是气之作用，理隐而不行耳。……须知圣贤之学乃全气是理，全理即气，不能离理而言气，亦不能离气而言理。所以顺是理而率是气者，工夫唯在一"敬"字上，甚为简要，不似诸余外道之多所造作也。②

马一浮在此指出，常人的知觉、见闻等生命活动多随顺习气，其自身固有的性理因不得存养，遂隐而不行。圣贤之为圣贤，就是因为他们的一切生命活动都是以理率气，由此理气合一，从而全气是理，全理是气。马一浮在此强调的"顺是理而率是气"实际即孟子所谓的"持志养气"。孟子曰："夫志，气之帅也；气，体之充也。夫志至焉，气次焉。故曰：'持其志，无暴其气。'"（《公孙丑上》）持志率气即以理率气，而心之所之之谓志。因此，马一浮又以心整合理气，从而提出"心兼理气"之说：

> 心兼理气而言，性则纯是理。发者曰心，已发者曰气，所以发

---

① 马一浮：《复性书院讲录》，《马一浮全集》第1册，第391页。
② 马一浮：《尔雅台答问》，《马一浮全集》第1册，第423页。

者曰性。性在气中，指已发言；气在性中，指未发言。心，兼已发未发而言也。《起信论》一心开二门，一真如门，二生灭门，与此义相通。①

在心、理、气的关系上，马一浮更倾向于朱子，即从理气合一的角度理解"心"，而不赞成象山、阳明只从"心即理"的角度言"心"。朱子言："所觉者，心之理也；能觉者，气之灵也。""心者，气之精爽。""心与理一，不是理在前面为一物。理便在心之中，心包蓄不住，随事而发。"② 朱子即兼理气而言心。马一浮承继朱子之说，也兼理气言心，并指出心有迷悟之别、道心人心之分。就心之迷悟而言，马一浮指出："迷悟总是一心，提撕即从迷向悟，不提撕即安于长迷。真悟不须提撕，唯在迷，故须提撕。操之则存，舍之则亡，正是学人吃紧用力处。"③ 顺理而率气即为悟，悖理而随气便成迷，从迷转悟只须提撕。前文引马一浮言"敬"即相当于孟子所谓"必有事焉"，便是一种提撕工夫。就道心人心而言，其不同仍与理气相关。"出于性、理，谓之道心；发于情、气，谓之人心。宋人性即理之说最为谛当，若阳明心即理，未免说得太易了。"④ 道心即孟子所谓本心，乃纯然之性、理，人心则情、气相杂，易受染污。马一浮以《大乘起信论》"一心二门"来诠释道心人心，道心即相应于心真如门，此心本自具足，不落生灭、恒常不易；人心即相应于心生灭门，此心因缘而生，起灭不停、变动不居。如能转识成智、顺理率气，则人心自然能转为道心。

常人在日常生活中往往不识自性、不明本心，陷溺于习气而不自知，因此这就需要一套制度节文来引导其生活、理性化其生命，这便是礼乐的作用。马一浮说："视听言动，气也，形色也，用之发也。礼者，理也，天性也，体之充也。发用而不当则为非礼，违性亏体而其用不全；发用而当则为礼，顺性合体而其用始备。故谓视听言动皆礼，为践

---

① 马一浮：《问学私记》，《马一浮全集》第1册，第733页。
② （宋）黎靖德编《朱子语类》第1册，中华书局1986年版，第85页。
③ 马一浮：《尔雅台答问续编》，《马一浮全集》第1册，第472页。
④ 马一浮：《问学私记》，《马一浮全集》第1册，第751页。

形之事也。以理率气，则此四者皆天理之流行，莫非仁也；徇物忘理，则此四者皆私欲之冲动，而为不仁矣。"① 马一浮之所以不赞成阳明"心即理"之说，乃因其说得太快、太易，对上智可以如此说，对一般大众则不适用。一般大众自然要有一番道德修养、变化气质的工夫。而只有在"以理率气""践形尽性"的前提下，才可以言"全气是理，全理是气"，才是天理之流行、性德之开显。

（二）心统性情

心性之辨、性情之辨以及心、性、情之间的辩证关系是心性论视域内的核心论题。马一浮在心之体用以及"心兼理气、统性情"的义理间架下，并借助《大乘起信论》"一心二门"之诠法，进一步继承和发挥了张载"心统性情"的思想。

就心性之辨而言，孟子尝言："尽其心者，知其性也；知其性，则知天矣。""君子所性，仁义礼智根于心。"（《尽心上》）孟子以心善言性善，恻隐、羞恶、辞让、是非为心之善端，由此四端之心可致仁义礼智之性，此性亦为天赋之性，是天之所赋予吾人者，可谓个个具足，无所亏欠。马一浮发挥孟子"尽心知性知天"的义涵，指出："性即心之体，知性方见心之本体，然后能尽其用。天命即此本体，故曰性外无天，知性即知天矣。"② 在此，心、性、天、命，可谓异名而同实。

由此马一浮认为："天也，命也，心也，性也，皆一理也。就其普遍言之，谓之天；就其禀赋言之，谓之命；就其体用之全言之，谓之心；就其纯乎理者言之，谓之性。"③ 心者，体用之全，因此可以兼理气、统性情，人之性、理固然是天之所赋、心之所涵，情、气亦复如是。只有性、理没有情、气，则生命活动无所发用，即性、理本身亦不能彰显。因此，马一浮承袭宋儒重视情、气的传统，以"心统性情"论心之全体大用。

有性斯有情，性情之辨其来有自，也是早期儒家关注的对象。郭店

① 马一浮：《泰和宜山会语》，《马一浮全集》第1册，第59页。
② 马一浮：《尔雅台答问续编》，《马一浮全集》第1册，第535页。
③ 马一浮：《复性书院讲录》，《马一浮全集》第1册，第92页。

楚简《性自命出》云："性自命出，命自天降。道始于情，情生于性。"①
《礼记·乐记》云："先王本之情性，稽之度数，制之礼义。"《礼记·
礼运》云："何谓人情？喜怒哀惧爱恶欲，七者，弗学而能。""情"很
早就是一个独立于"性"的范畴。及至宋代，理学家们更加重视情、
气在本体论、人性论中的作用。比如，朱子诠释孟子性善，即以仁义礼
智论性，以四端论情。"恻隐、羞恶、是非、辞逊是情之发，仁义礼智
是性之体。性中只有仁义礼智，发之为恻隐、辞逊、是非，乃性之情
也。"② 在朱子，孟子性善之性只是理，理无不善，故性善；恻隐、辞
逊等四端乃心之所发，是性之情，情之迁于物则或流为不善。马一浮承
袭了朱子这样一种性情关系。他说："性即心之体，情乃心之用。离体
无用，故离性无情。情之有不善者，乃是用上差忒也，若用处不差，当
体即是性，何处更觅一性？"③ 在他看来，性情乃体用关系，情有不善
则是在发用上有差忒造成的。马一浮尝以水波比拟性情。其言："前人
有'全水是波，全波是水'之说，亦可仿说全性是情，全情是性。发
而中节，则全情是性；颠倒错乱，则全性是情。"④ 他进一步发挥程颐
"性其情"之义"情皆顺性，则摄用归体，全体起用，全情是性，全气
是理矣"⑤。见得自性明白，在以性理为指归的前提下，喜怒哀乐、知
觉运动则无不合乎礼义，即所谓"全情是性，全气是理"。

宋儒辨析性情，同时也分辨天命之性与气质之性。张载首先使用气
质之性一词。其言："形而后有气质之性，善反之则天地之性存焉。故
气质之性，君子有弗性者焉。"⑥ 天地之性是人的先天本性，是人性善
的先天根据，人人具足，并无差别；而气质之性则各各不同，有所谓刚
柔缓急、有才不才之别。气质之性并非本原之性，因此需要反求诸己、
操存保任，斯能恢复天地之性。马一浮也认同这种区分："义理之性无

---

① 李零：《郭店楚简校读记》，中国人民大学出版社 2007 年版，第 136 页。
② （宋）黎靖德编《朱子语类》第 1 册，第 92 页。
③ 马一浮：《尔雅台答问续编》，《马一浮全集》第 1 册，第 460 页。
④ 马一浮：《语录类编》，《马一浮全集》第 1 册，第 597 页。
⑤ 马一浮：《泰和宜山会语》，《马一浮全集》第 1 册，第 53 页。
⑥ （宋）张载：《张载集》，中华书局 1978 年版，第 23 页。

有不善，气质之性有善有恶，善者为义理之显现，不善者为义理之障蔽。然义理之性虽有隐现，并无增减。"① 马一浮所谓义理之性即天地之性。他认为义理之性纯然至善，只有隐显之分，并无增减之别，因此他不赞成熊十力"创性成能"之说。他认为，可以言创能，不可言创性。"性本现成，未尝亏欠，增减不得，又岂能创耶？"② 在此基础上，马一浮梳理了早期儒家的人性学说。他认为，孔子论性乃兼天命与气质而言。孟子则拈出天命之性而言性善，其言气质也无不善。"孟子认气质亦无不善，人之有不善者，皆由于习。故曰'若夫为不善，非才之罪也，其所以陷溺其心者然也'。然气质实有善有不善，否则安有上智下愚之别？故自二程、横渠以后，此论始定，更不容致疑。"③ 至于荀子，则不知天命之性，而只从气质言性，遂主张性恶。气质有偏正，故须学习以变化气质，此所以礼义生、法度起。马一浮也非常重视变化气质的作用。在他看来，不善的要变化使其为善，善的要扩充之，不致其流于不善。他进一步指出，圣人之教即是变化气质，复其本然之善，本然之善即天命之性。马一浮以清水、浊水来比喻气质之性，认为气质之性有善有不善，犹如水之有清有浊，清水浊水，原是一水。变化气质，即是去其渣滓，使浊者变清，及至清时，仍是原初之水。而这一过程中，起关键作用的便是"心"，此所以马一浮强调"心统性情"之说。

张载首先明确提出了"心统性情"的命题："心统性情者也。有形则有体，有性则有情。发于性则见于情，发于情则见于色，以类而应也。"④ "心统性情"之"统"包含三层意蕴。其一是包含，即朱子所言"性是未动，情是已动，心包得已动未动。盖心之未动则为性，已动则为情，所谓'心统性情'也"⑤。其二是知觉，即张载所言"合性与知觉，有心之名"⑥，人心有知觉的功能，从而分辨善恶；其三是主宰，

①　马一浮：《问学私记》，《马一浮全集》第1册，第726页。
②　马一浮：《问学私记》，《马一浮全集》第1册，第728页。
③　马一浮：《尔雅台答问续编》，《马一浮全集》第1册，第540页。
④　（宋）张载：《张载集》，第374页。
⑤　（宋）黎靖德编《朱子语类》第1册，第93页。
⑥　（宋）张载：《张载集》，第9页。

即朱子所言"性者，心之理；情者，性之动；心者，性情之主"①。
"主"即主宰的意思。在张载、朱子等宋儒阐释"心统性情"的基础
上，马一浮有所继承和发挥。他说："心统性情，兼理气。性为纯理，
无有不善；情杂气质，有善有不善。气顺性为善，气悖性则为恶。"②
这是结合理气以论"心统性情"说。

　　此外，马一浮还借助《大乘起信论》"一心二门"的观念来诠释张
载的"心统性情"一说。他说："要知《起信论》一心二门方是横渠本
旨。性是心真如门，情是心生灭门。"③《起信论》一心二门之说具体
如下：

> 　　依一心法有二种门。云何为二？一者心真如门，二者心生灭
> 门。是二种门皆各总摄一切法。此义云何？以是二门不相离故。心
> 真如者，即是一法界大总相法门体。所谓心性不生不灭，一切诸法
> 唯依妄念而有差别。若离心念，则无一切境界之相。是故一切法从
> 本已来，离言说相，离名字相，离心缘相，毕竟平等，无有变异，
> 不可破坏，唯是一心，故名真如。④

　　佛家认为万法唯心，一心依体用可分为心真如门与心生灭门。心真如
门者，能生起一切诸法，然自身不生不灭，不垢不净，不增不减，离
言绝相；心生灭门者，是真如本体的显现，乃因缘而起，生灭灭已，无
有自性。马一浮肯定"性"无有终始、不落生灭的真如本性，而"情"
则如心生灭门，则应缘而生，随感而起。性情不一不异，有如心真如门
与心生灭门之相即不离。马一浮以佛家"一心二门"的义理间架总摄
理气与性情，将性、理归入心真如门，情、气归入心生灭门，进一步丰
富了"心兼理气""心统性情"的义理内涵。

---

① （宋）黎靖德编《朱子语类》第1册，第89页。
② 马一浮：《问学私记》，《马一浮全集》第1册，第738页。
③ 马一浮：《尔雅台答问续编》，《马一浮全集》第1册，第451页。
④ （梁）真谛译，高振农校释：《大乘起信论校释》，中华书局1992年版，第16—17页。

马一浮的心性论可称为六艺心性论。首先，马一浮的心性论拓宽了以心性、性德阐释六经义理的新视野，深入推进和实践了孟子"以意逆志"的解经原则。其次，马一浮的心性论与六艺论紧密相关，其六艺心性论作为一个判教原则，阐释了中西文化的根本差异以及未来走向。他说："东方文化是率性，西方文化是循习。西方不知有个天命之性，不知有个根本，所以它底文化只是顺随习气。"① 因此，他不赞成梁漱溟以向前、向后、调和三种态度来分别东西文化，认为其非根本之谈。再次，马一浮通过"心兼理气""心统性情"的义理诠释，进一步丰富和发展了传统心性论的内涵。最后，马一浮的心性论归本于工夫论，其丰富圆融的义理内涵最终落实于一种工夫实践。

第二节　经术与义理

马一浮曾想系统论述六艺之道，名为"六艺论"，惜其最终未能如愿。然马一浮在《泰和宜山会语》《复性书院讲录》《尔雅台答问》等论著中实已对六艺之道有多方阐述。他曾对《论语》的六艺之道有专门论述，即存于《复性书院讲录》中的《论语大义》。马一浮并未专门论述过《孟子》的六艺之道，但他对孟子有极高的评价。其言："孟子尤长于《诗》《书》，观孟子之道'性善'，言'王政'，则知《诗》《书》之要也。"② 他称道孟子足以当经术。"明其道足以易天下如孟子者，方足以当经术。"③ 而经术即义理。"经术即是义理，离义理岂别有经术？若离经术而言义理，则为无根之谈；离义理而言经术，则为记问之学。"④ 马一浮通过贯通经术与义理，打破今古、汉宋的壁垒，直趋经学旨归。他也在自己的著作中屡屡称述孟子，阐释孟子的部分经学思想，从中，我们可以窥见孟子六艺思想中的微言大义。

马一浮还据佛家判教区分孔孟与老庄，认为孔孟是显性教，老庄为

---

① 马一浮：《问学私记》，《马一浮全集》第 1 册，第 738 页。
② 马一浮：《复性书院讲录》，《马一浮全集》第 1 册，第 111 页。
③ 马一浮：《尔雅台答问续编》，《马一浮全集》第 1 册，第 485 页。
④ 马一浮：《尔雅台答问》，《马一浮全集》第 1 册，第 413 页。

破相教。如《孟子》开篇严辨义利，即是开显性德、直指人心，令人当下有所悟入。而《庄子》虽文辞优美、汪洋恣肆，然好为无端崖之辞，令人流连而不易领会其旨。因此，孔孟之言是实理，不是玄言，正与六艺之道相应。六艺之道也即六艺之教。马一浮说："证之于心为德，行出来便是道，天下自然化之则谓之教。"① 下面我们一一分析孟子的六艺之道或六艺之教。

一　孟子与《诗》

马一浮言《论语》有三大问目。"一问仁，一问政，一问孝。凡答问仁者，皆《诗》教义也；答问政者，皆《书》教义也；答问孝者，皆《礼》《乐》义也。"② 他指出，《诗》教主仁，六艺之教，莫先于《诗》。他说："孟子尤长于《诗》《书》，故其发明心要，语最亲切，令人易于省发。深于《诗》者方见孟子之言《诗》教之言也。"③ 诗教重在感发兴起。孟子曰："待文王而后兴者，凡民也。若夫豪杰之士，虽无文王犹兴。"（《尽心上》）此即孟子足以廉顽立懦之处。马一浮在《诗教绪论》中系统疏解了《礼记·孔子闲居》一篇。认为此篇该摄诗教大义，其论礼乐之原通于《礼》《乐》，论三王之德通于《书》，论天地之德则通于《易》《春秋》，因此此篇又可总摄六艺。马一浮认为，《孟子·公孙丑上》"不动心"一章与此篇"五至"等义旨相应，从中可以见出孟子的诗教大义。

诗教主仁。马一浮说："《诗》以感为体，令人感发兴起，必假言说，故一切言语之足以感人者皆诗也。此心之所以能感者便是仁，故《诗》教主仁。"④ 能有所感，斯能触类旁通、举一反三，进而闻一知十、优入圣域。此所以马一浮指出，孔门说诗，贵告往知来，即孟子所言"以意逆志"。子曰："兴于诗，立于礼，成于乐。"（《论语·泰伯》）又曰："诗，可以兴。"（《论语·阳货》）兴便有仁的意思。于此感发兴

---

① 马一浮：《复性书院讲录》，《马一浮全集》第 1 册，第 186 页。
② 马一浮：《复性书院讲录》，《马一浮全集》第 1 册，第 134 页。
③ 马一浮：《复性书院讲录》，《马一浮全集》第 1 册，第 238 页。
④ 马一浮：《复性书院讲录》，《马一浮全集》第 1 册，第 136 页。

起，可以识仁。

仁者，心之全德，有仁德，斯可言君子。孟子曰："《诗》云：'既醉以酒，既饱以德。'言饱乎仁义也。"（《告子上》）仁义为君子之德。君子有德、位两层意思。德为内圣，位为外王，德为真谛，位为俗谛。由此可知，诗教通于政教，即《诗》《书》相通之证。《诗·大雅·泂酌》云："岂弟君子，民之父母。"岂弟为仁者气象，"岂弟君子"表人君之德，"民之父母"表人君之位。有德斯有其位。所以《大学》云："为人君，止于仁"。孟子曰："天子不仁，不保四海。"（《离娄上》）"先王有不忍人之心，斯有不忍人之政矣。"（《公孙丑上》）这都是强调仁德为人君之本。马一浮认为，君德之仁，即诗教之本。孟子曰："今王与百姓同乐，则王矣。""王如好色，与百姓同之，于王何有？"（《梁惠王下》）孟子所言皆诗教感通之旨，人君能与民同好恶，即其仁心之感通。又，仁为礼乐之原，故诗教与礼乐相通。孟子曰："《诗》曰：'天之方蹶。无然泄泄。'泄泄犹沓沓也。事君无义，进退无礼，言则非先王之道者，犹沓沓也。"（《离娄上》）又曰："仁言不如仁声之入人深也，善政不如善教之得民也。"（《尽心上》）孟子所言皆诗教通于礼乐之证。

志气之辨。《书·舜典》云："诗言志，歌永言，声依永，律和声。"《庄子·天下》云："《诗》以道志。"志者，心之所之。在《礼记·孔子闲居》篇中，子夏问孔子怎样做才能称为"民之父母"。子曰："夫民之父母乎，必达于礼乐之原，以致五至，而行三无，以横于天下，四方有败，必先知之。此之谓民之父母矣。"其中"五至"如下：

> 志之所至，诗亦至焉。诗之所至，礼亦至焉。礼之所至，乐亦至焉。乐之所至，哀亦至焉。哀乐相生。是故，正明目而视之，不可得而见也；倾耳而听之，不可得而闻也。志气塞乎天地。此之谓五至。

马一浮说："五至始于志，故六艺莫先于《诗》。"① 子曰："志于道，据于德，依于仁，游于艺。"（《论语·述而》）四者其实皆是志于仁。仁为心之体，志为心之用。由"五至"可知，仁德的开显有五步，即由志至而诗至，由诗志而礼至，由礼至而乐至，由乐至而哀至，最后至哀乐相生，从而"志气塞乎天地"，此之谓五至。马一浮指出，"五至"乃"气志合一"之义，"五至"之本在"志"。孟子曰："夫志，气之帅也；气，体之充也。夫志至焉，气次焉。故曰：'持其志，无暴其气。'"（《公孙丑上》）此即内外交养、持志养气，即心统性情，如是才能进一步开显仁德。张载曰："德不胜气，性命于气；德胜其气，性命于德。"② "德胜其气"即持志，持志养气则可养成"浩然之气"。"其为气也，至大至刚，以直养而无害，则塞于天地之间。其为气也，配义与道；无是，馁也。是集义所生者，非义袭而取之也。"（《公孙丑上》）马一浮认为，孟子上述诸说皆与"五至"之义相应，皆明"气志合一"之义。"言气志合一者，乃谓此专直之心既全是天理，则吾身之气即浩然之气，全气是理，全人即天，故曰合一也。"③ 马一浮言"五至"气志合一之义，正与其"心统性情，兼理气"的心性论相应。

如果说持志养气、气志合一是工夫，则孟子所谓"睟面盎背"则是其效验："君子所性，仁义礼智根于心，其生色也睟然，见于面，盎于背，施于四体，四体不言而喻。"（《尽心上》）马一浮说："气摄于志，言摄于诗。知言者诗之事也，养气者志之事也。"④ 由此可知，孟子知言养气与持志养气诸说皆是诗教之大义。

二　孟子与《书》

"《书》以道事"，事即政事。《论语》中问政之处皆书教之义。马一浮指出，书教之旨在于为政以德。"政是其迹，心是其本，二帝三王，

---

① 马一浮：《复性书院讲录》，《马一浮全集》第 1 册，第 231 页。
② （宋）张载：《张载集》，第 23 页。
③ 马一浮：《复性书院讲录》，《马一浮全集》第 1 册，第 239 页。
④ 马一浮：《复性书院讲录》，《马一浮全集》第 1 册，第 230 页。

应迹不同，其心是一。"① 此即所谓本迹之说。马一浮指出，本迹之说，孟子亦详。"禹、稷、颜子易地则皆然。"（《离娄下》）"地即谓迹也。大行不加，穷居不损，其本不异也。"②

马一浮指出，《论语·尧曰》一篇，约尧、舜、禹、汤、武之言，皆修德责己之事。如汤之言："朕躬有罪，无以万方。万方有罪，罪在朕躬。"武王之言曰："虽有周亲，不如仁人。百姓有过，在予一人。"孟子论政，也是强调以德为本，这包括强调为政者之德和以德教民、施行仁政等义，此即为书教义。孟子道性善，言必称尧舜，此重尧舜之德也。孟子曰："尧舜，性之也；汤武，身之也。"（《尽心上》）"性之"即"由仁义行"。孟子曰："三代之得天下也以仁，其失天下也以不仁。国之所以废兴存亡者亦然。"（《离娄上》）这都是强调为政者仁义之德的重要性。孟子曰："上有好者，下必有甚焉者矣。君子之德，风也；小人之德，草也。草上之风，必偃。"（《滕文公上》）这是说为政者之德对化民、教民的重要性。

子曰："道之以政，齐之以刑，民免而无耻；道之以德，齐之以礼，有耻且格。"（《论语·为政》）这是强调以德教民。《孟子》开篇即言义利之辨，孟子以之晓谕梁惠王曰："王！何必曰利？亦有仁义而已矣。"（《梁惠王上》）秦楚两国构兵，宋牼打算以"不利"为由劝解两国罢兵，孟子建议他以"不利"说秦楚之王不若以仁义说之。"为人臣者怀仁义以事其君，为人子者怀仁义以事其父，为人弟者怀仁义以事其兄，是君臣、父子，兄弟去利，怀仁义以相接也，然而不王者，未之有也。何必曰利？"（《告子下》）这仍是以义利之辨论国之政事，强调仁义之德为政事之本。

仁心、善教固然重要，然仁政、善法同样不可或缺。孟子曰："尧舜之道，不以仁政，不能平治天下。今有仁心仁闻而民不被其泽、不可法于后世者，不行先王之道也。故曰：徒善不足以为政，徒法不能以自行。《诗》云，'不愆不忘，率由旧章。'遵先王之法而过者，未之有也。"

① 马一浮：《复性书院讲录》，《马一浮全集》第1册，第138页。
② 马一浮：《复性书院讲录》，《马一浮全集》第1册，第142页。

（《离娄上》）孟子主张法先王，在他看来，先王之道、先王之法即仁政、仁道。"规矩，方圆之至也；圣人，人伦之至也。欲为君，尽君道；欲为臣，尽臣道。二者皆法尧舜而已矣。不以舜之所以事尧事君，不敬其君者也；不以尧之所以治民治民，贼其民者也。孔子曰：'道二，仁与不仁而已矣。'"（《离娄上》）在孟子看来，尧舜之道即仁政、善法，舍尧舜之道而不行，即是不仁。孟子长于《诗》《书》，《孟子》一书中论仁政的地方所在多是，举不胜举，正是其长于《书》之证。如孟子曰，"不违农时，谷不可胜食也；数罟不入洿池，鱼鳖不可胜食也；斧斤以时入山林，材木不可胜用也。谷与鱼鳖不可胜食，林木不可胜用，是使民养生丧死无憾也。养生丧死无憾，王道之始也""王如施仁政于民，省刑罚，薄税敛，深耕易耨；壮者以暇日修其孝悌忠信，入以事其父兄，出以事其长上，可使制梃以挞秦楚之坚甲利兵矣"（《梁惠王上》）。"尊贤使能，俊杰在位，则天下之士皆悦，而愿立于其朝矣；市，廛而不征，法而不廛，则天下之商皆悦，而愿藏于其市矣；关，讥而不征，则天下之旅皆悦，而愿出于其路矣；耕者，助而不税，则天下之农皆悦，而愿耕于其野矣；廛，无夫里之布，则天下之民皆悦，而愿为之氓矣。信能行此五者，则邻国之民仰之若父母矣。率其子弟，攻其父母，自生民以来未有能济者也。如此，则无敌于天下。天敌于天下者，天吏也。然而不王者，未之有也。"（《公孙丑上》）孟子长于《诗》《书》，其论政尤其能展示原始儒家的正义论，这些正义思想涉及百姓生活以及社会国家治理等多个层面，包括尊重百姓的生存权、财产权，落实相应的社会保障制度，肯定平民参政的制度安排，加强权力制约以及确立政治合法性的原则，等等。① 这些经术义理就是原始儒家的正义论。

总之，孟子强调以仁心行仁政，推其仁心于天下则天下治矣。"人皆有不忍人之心。先王有不忍人之心，斯有不忍人之政矣。以不忍人之心，行不忍人之政，治天下可运之掌上。"（《公孙丑上》）"老吾老，以及人之老；幼吾幼，以及人之幼，天下可运于掌。《诗》云：'刑于寡

---

① 参见郭齐勇《中国哲学智慧的探索》，中华书局 2008 年版，第 174—183 页。

妻，至于兄弟，以御于家邦。'言举斯心加诸彼而已。故推恩足以保四海，不推恩无以保妻子。古之人所以大过人者，无他焉，善推其所为而已矣。"（《梁惠王上》）

三　孟子与《礼》《乐》

马一浮指出，在《论语》中，凡答问孝者皆礼乐义。《孟子》一书中，谈孝悌者所在多是，此即孟子言礼乐义。《礼记·乐记》云："乐者，天地之和也；礼者，天地之序也。和，故百物皆化；序，故群物皆别。"在马一浮，礼乐义以亲亲、尊尊为最。《尚书·舜典》舜命契曰："百姓不亲，五品不逊。汝作司徒，敬敷五教，在宽。"《左传·文公十八年》："举八元，使布五教于四方，父义、母慈、兄友、弟恭、子孝。"《礼记·礼运》云："何谓人义？父慈、子孝、兄良、弟弟、夫义、妇听、长惠、幼顺、君仁、臣忠，十者，谓之人义。讲信修睦，谓之人利；争夺相杀，谓之人患。"十义即五教而广之。马一浮指出，所谓人利、人患者，即亲与不亲、逊与不逊之别，也即亲与不亲、尊与不尊之别。孟子曰："人人亲其亲，长其长，而天下平。"（《离娄上》）亲其亲、长其长即亲亲、尊尊之目。此所以亲亲、尊尊为礼乐义之最者。

在马一浮，礼乐义以亲亲、尊尊为最，而亲亲、尊尊又自孝悌始。程颐《明道先生行状》云："知尽性至命，必本于孝弟，穷神知化，由通于礼乐。"此孝悌与礼乐合言，而又通于性命、神化之道。马一浮就此说："行孝弟，则礼乐由此生，性命由此至，神化由此出；离孝弟，则礼乐无所施，性命无所丽，神化无所行。故知孝弟则通礼乐矣，尽孝弟则尽性命矣，尽性命则穷神化矣。"[①] 何以言孝悌通于礼乐？有子曰："君子务本，本立而道生。孝弟也者，其为仁之本与？"（《论语·学而》）孝悌为行仁之本，仁又为礼乐之原，可知孝悌通于礼乐。孟子曰："仁之实，事亲是也；义之实，从兄是也；智之实，知斯二者弗去是也；礼之实，节文斯二者是也；乐之实，乐斯二者，乐则生矣。"（《离娄上》）孟子以仁义礼智四德言孝悌，而终之以乐，此又孟子言孝悌通于礼乐之

---

① 马一浮：《复性书院讲录》，《马一浮全集》第1册，第143—144页。

证。孝悌何以又与性命、神化相通？孟子曰："人之所不学而能者，其良能也；所不虑而知者，其良知也。孩提之童无不知爱其亲者，及其长也，无不知敬其兄也。亲亲，仁也；敬长，义也；无他，达之天下也。"（《尽心上》）良知、良能即人人各具之性命，其发端即为亲亲、敬长，能本此亲亲、敬长之义而推扩之，也即尽性立命，此所以孝悌通于性命而言。孟子曰："尧舜之道，孝弟而已矣。"（《告子下》）又曰："夫君子所过者化，所存者神，上下与天地同流，岂曰小补之哉？"（《尽心上》）《大学》云："故君子不出家而成教于国。孝者，所以事君也；弟者，所以事长也；慈者，所以使众也。"尧舜以孝悌存身，以孝悌化民，达之天下，即穷神知化之谓。

马一浮进一步指出："是故礼乐之兴，皆孝弟之达也；继天立极，为事亲之终也；尽性至命，即孝子之成身也；穷神知化，即天道之不已也：礼乐之义孰大于是？"①。孟子曰："养生者不足以当大事，惟送死可以当大事。"（《离娄下》）孝悌不但体现在事亲敬长上，更体现在丧祭之礼上。曾子曰："慎终追远，民德归厚矣。"（《论语·学而》）丧礼是慎终，祭礼是追远。而丧祭之礼又以丧礼为重。孟子曰："曾子曰：'生，事之以礼；死，葬之以礼，祭之以礼，可谓孝矣。'诸侯之礼，吾未之学也；虽然，吾尝闻之矣。三年之丧，齐疏之服，飦粥之食，自天子达于庶人，三代共之。"（《滕文公上》）孔子曰："子生三年，然后免于父母之怀。夫三年之丧，天下之通丧也。"（《论语·阳货》）三年之丧，由来已久。当孟子之时，诸侯已不能行三年之丧，然孟子仍能明其大义。

"尽性至命，即孝子之成身也。"这是说孝还表现为尽性至命而成其身。《礼记·哀公问》引孔子云："古之为政，爱人为大。不能爱人，不能有其身。不能有其身，不能安土。不能安土，不能乐天。不能乐天，不能成其身。"哀公问何谓"成身"，孔子则对曰："不过乎物。""仁人不过乎物，孝子不过乎物。是故仁人之事亲也如事天，事天如事亲，是故孝子成身。"孟子曰："事，孰为大？事亲为大；守，孰为大？

---

① 马一浮：《复性书院讲录》，《马一浮全集》第1册，第149页。

守身为大。不失其身而能事其亲者，吾闻之矣；失其身而能事其亲者，吾未之闻也。孰不为事？事亲，事之本也；孰不为守？守身，守之本也。"（《离娄上》）孟子所谓"守身"即"全其身"。《礼记·祭义》云："父母全而生之，子全而归之，可谓孝矣。不亏其体，不辱其身，可谓全矣。"而"全其身"也即"成其身"。孔子以"不过乎物"释"成身"。"不过乎物"即不遗于物。此不但全其身，亦且全其物，因"事亲也如事天"。"身外无物，成物之事，即成身之事。"①《易·系辞上》云："范围天地之化而不过，曲成万物而不遗。"《中庸》云："唯天下至诚，为能尽其性。能尽其性，则能尽人之性；能尽人之性，则能尽物之性；能尽物之性，则可以赞天地之化育；可以赞天地之化育，则可以与天地参矣。"此即穷神知化、天道不已之义，也即万物一体之义。孟子曰："亲亲而仁民，仁民而爱物。""万物皆备于我矣。"（《尽心上》）孟子所言即明此孝子成身、万物一体之义，亦是礼乐之大义也。由以上可知，孟子言孝悌实则深于礼乐之教。

四 孟子与《易》

马一浮说："孟子长于《诗》，而其说性善、言仁义，实本于《易》。其所为书，语不及《易》，善《易》者不言《易》耳。"② 《易·系辞上》云："一阴一阳之谓道，继之者善也，成之者性也。仁者见之谓之仁，知者见之谓之知，百姓日用而不知，故君子之道鲜矣！"孟子说性善、言仁义实有本于《系辞》而来。

关于孟子与五经，前人多注意其与《诗》《书》《礼》《春秋》之间的关系，而鲜有论及其与《易》的关系，然孟子非不措意于此。太史公在《孟子荀卿列传》中说孟子与万章之徒"序《诗》《书》，述仲尼之意"③。赵岐在《孟子题辞》中说孟子"长师孔子之孙子思，治儒术之道，通五经，尤长于《诗》《书》"④。《孟子》一书虽未明言《易》，

---

① 马一浮：《复性书院讲录》，《马一浮全集》第1册，第148—149页。
② 马一浮：《语录类编》，《马一浮全集》第1册，第573页。
③ （汉）司马迁：《史记》，第2343页。
④ （清）焦循：《孟子正义》，第7页。

然孟子实深于《易》，正所谓"善易者不言易"。盖孟子已"得象忘言""得意忘象"。然"忘象"并非"扫象"，而是寓《易》象于孟子当时所处之时空，寓《易》义于当时所临之世事中，更深切著明焉。我们从孟子授受及其学术传承关系着眼，可窥见孟子与《易》之间存在着隐微的义理关联。

孟子虽私淑孔子，然其学自有统序。太史公谓其"受业子思之门人"，刘向、赵岐等却说他师事子思，然无论哪种说法，孟子与曾子、子思关系之密切则无可疑。孟子称述曾子者最多，可谓传曾子之学。[①] 曾子传子思，孟子之学又多转自子思。[②] 可见，从曾子、子思到孟子，隐然有其学脉。[③] 韩愈说："孔子之道大而能博，门弟子不能遍观而尽识也，故学焉而皆得其性之所近。其后离散，分处诸侯之国，又各以其所能授弟子，源远而末益分。惟孟轲师子思，而子思之学出于曾子。自孔子没，独孟轲氏之传得其宗。故求观圣人之道者，必自孟子始。"[④] 盖有所见也。而随着郭店楚简等出土文献的发现，学界对思孟学派有了更为深入的认识。[⑤] 李学勤就此说："从现在发现的新材料出发，再去看传世各种文献，宋人所说曾参、子思、孟子的统系确是存在的。"[⑥]

孟子之学统确立，再看其与《易》之关系。曾子亲受业于孔子，于孔子之易道应有所闻，而子思与《易》之关系亦深且广。[⑦] 孟子传曾子、子思之学，于易道亦有所习焉。徐威雄博士说："凡成大家者，其学术必有宗统，其思想必能会元，否则如泉之无源，不能汇深流远。

---

① 参见（清）陈澧《东塾读书记》，上海古籍出版社 2012 年版，第 45 页。

② 参见杨树达《孟子学说多本子思考》，《积微居小学金石论丛》，商务印书馆 2011 年版，第 317—320 页。

③ 参见徐威雄《先秦儒学与易关系之研究》，博士学位论文，新加坡国立大学中文系 2005 年，第 240 页。

④ 转引自朱熹《孟子序说》。参见朱熹《四书章句集注》，第 198 页。

⑤ 关于郭店楚简与思孟学派之间的关系参见《郭店楚简研究》（《中国哲学》第二十辑）中的相关文章，辽宁教育出版社 1999 年版。另参见梁涛《郭店竹简与思孟学派》，中国人民大学出版社 2008 年版。

⑥ 李学勤：《走出疑古时代》，辽宁大学出版社 1994 年版，第 17 页。

⑦ 关于子思与《易》，参见徐威雄《先秦儒学与易关系之研究》，博士学位论文，新加坡国立大学中文系 2005 年，第 235—240 页。

《易》为道术所由出，孔子五十学《易》，韦编三绝，彬彬于《易》，孟轲学源曾思，私淑孔子，其念兹所愿，追宗溯流，似应亦有易道在焉。然而历来学者言孟子，多重其心性议论，此为孟学精粹，殆无疑问，但于《孟子》之学术大体，尚有未全之处。"①《易》为五经之源，诸子为六经之支流，可以说先秦诸子几乎无不通《易》者。

　　徐复观在《孟子与经学》中说："《孟子》一书，更没有谈到《易》，这说明他不曾学《易》。"② 但实际情形并非如此。《孟子》一书虽未明言《易》，但其相关义理实乃承《易》而来。汉赵岐在《孟子题辞》中说孟子"通五经，尤长于《诗》《书》"。孟子既通五经，则于易道不能不有所发明。宋儒邵康节尝言："孟子得《易》之用。"③ 程子亦说："知《易》者莫如孟子矣。"④ 然皆未展开系统论述。直至清时，焦循则直谓："孟子不明言《易》，而实深于《易》。"⑤ 焦氏以《易》论《孟》，其互通之义散见于《孟子正义》及其《易》学三书（《易通释》《易图略》《易章句》）中，值得专门探讨。⑥ 近人杭辛斋言："《孟子》之文，虽波澜壮阔，而准诸《易》象，亦各有其节文度数之可言。"⑦ 唐文治说："余尝谓《孟子》不言易，而七篇中多寓有易理。昔人谓善易者不言易，岂不信欤？"⑧ 熊十力亦说："孟轲、孙卿二氏，皆得孔子《易》学之正传。"⑨ 综上所述，可知孟子深于易道。

五　孟子与《春秋》

　　马一浮说："今谓《春秋》大义当求之《论语》。《论语》无一章

　　① 徐威雄：《先秦儒学与易关系之研究》，博士学位论文，新加坡国立大学中文系 2005 年，第 240 页。

　　② 徐复观：《中国经学史的基础》，《徐复观全集》第 11 册，九州出版社 2014 年版，第 36 页。

　　③ （宋）黎靖德编《朱子语类》第 8 册，第 2986 页。

　　④ （宋）程颢、程颐：《二程集》，第 1237 页。

　　⑤ （清）焦循：《易通释》，凤凰出版社 2012 年版，第 230 页。

　　⑥ 相关研究参见陈居渊《焦循儒学思想与易学研究》，齐鲁书社 2000 年版。

　　⑦ 杭辛斋：《学易笔谈·读易杂识》，辽宁教育出版社 1997 年版，第 173 页。

　　⑧ 陆远编：《大家国学·唐文治卷》，天津人民出版社 2008 年版，第 116 页。

　　⑨ 《熊十力全集》第三卷，湖北教育出版社 2001 年版，第 871 页。

显说《春秋》，而圣人作《春秋》之旨全在其中。至显说者莫如孟子，孟子之后则董生、司马迁能言其大。""学者须先明孟子之言，然后可以求《春秋》之义。"① 孟子不但深得孔子内圣之道，于其外王学亦有所承续。孟子曰："世衰道微，邪说暴行有作。臣弑其君者有之，子弑其父者有之。孔子惧，作《春秋》。《春秋》，天子之事也。是故孔子曰：'知我者其惟《春秋》乎！罪我者其惟《春秋》乎！'"（《滕文公下》）又曰："王者之迹熄而《诗》亡，《诗》亡然后《春秋》作。晋之《乘》、楚之《梼杌》、鲁之《春秋》，一也：其事则齐桓、晋文，其文则史。孔子曰：'其义则丘窃取之矣。'"（《离娄下》）此孟子首言孔子作《春秋》及其所在之旨。徐复观说："所谓'《春秋》，天子之事'，是说孔子通过《春秋》的褒善贬恶，以代替天子的赏罚。"② 而"《诗》亡然后《春秋》作"，旨在说明无论《诗》与《春秋》皆有褒善贬恶的政教意义。

孟子通孔子《春秋》大义。孟子曰："孔子成《春秋》而乱臣贼子惧。"（《滕文公下》）焦循说："孟子于《春秋》独标'乱臣贼子惧'，为深知孔子作《春秋》之旨。"③ 程子曰："知《春秋》者莫如孟子矣。"④ 梁启超尝言："孟子于六经之中，其所得力在《春秋》。"⑤ 在《孟子微》中，康有为说孟子："深得孔子《春秋》之学而神明之。故论人性，则主善而本仁，始于孝弟，终于推民物；论修学，则养气而知言，始于资深逢源，终于塞天地；论治法，则本于不忍之仁，推心于亲亲、仁民、爱物，法乎尧舜之平世。"⑥ 于《春秋》三传中，孟子犹深于《公羊》之义。康有为尝作《孟子为公羊学考》。刘师培的《群经大义相通论》，其中即有《〈公羊〉〈孟子〉相通考》。阐《孟子》与《公羊》相通之义凡七条。刘氏谓："公羊得子夏之传，孟子得子思之传。

---

① 马一浮：《复性书院讲录》，《马一浮全集》第 1 册，第 160、161 页。

② 徐复观：《两汉思想史》（三），《徐复观全集》第 9 册，第 235 页。

③ （清）焦循：《孟子正义》，第 9 页。

④ （宋）程颢、程颐：《二程集》，第 1237 页。

⑤ 葛懋春、蒋俊编选：《梁启超哲学思想论文选》，北京大学出版社 1984 年版，第 29 页。

⑥ 康有为：《孟子微》，中华书局 1987 年版，第 1—2 页。

近儒包孟开谓《中庸》多公羊义，则子思亦通公羊学矣。子思之学
传于孟子，故公羊之微言多散见于《孟子》之中。"① 与刘氏之作体例
相同，蒋庆在《公羊学引论》中也从七个方面论述了《孟子》与《公
羊》的相通之处，并即此说明"孟子传孔子之公羊学，为公羊先师之
一"②。他说："孟子传孔子外王之学，主要得力于《春秋》一经。孟子
对《春秋》一经用力极深，推崇备至，将孔子作《春秋》比作禹抑洪
水、周公兼夷狄驱猛兽，并以为其事可继文武之业。孟子传孔子之《春
秋》，'捃摭《春秋》之文以著书'，非是传《春秋》之经文，而是传
《春秋》之大义微言，即传孔子对《春秋》经的解释，亦即后世所说的
公羊传文与公羊口说。"③ 熊十力亦屡言孟子与《春秋》（公羊学）的
关系。他说："孟子善《春秋》，与《公羊》家传授不异。""孟子传
《春秋》者也。综七篇言政之旨，不外仁治。"④可见，孟子深得《春
秋》微旨，乃公羊先师之一。

　　马一浮说："约而言之，《春秋》之大用在于夷夏、进退、文质、
损益、刑德、贵贱、经权、予夺，而其要则正名而已矣。"⑤"正名"即
孔子所谓："君君，臣臣，父父，子子。"（《论语·颜渊》）马一浮说：
"正名也者，正其心也，心正则致太平矣。是义于五始见之。五始者，
元年一、春二、王三、正月四、公即位五也。"⑥他指出，董仲舒据此
提出人元之说，其说本于《易》与《孟子》：

　　　　谓一元者，大始也。……是以《春秋》变一谓之元。元，犹
　　原也。其义以随天地终始也。故人唯有终始也，而生不必应四时之
　　变。故元者为万物之本。而人之元在焉。安在乎？乃在乎天地之
　　前。故人虽生天气及奉天气者，不得与天元本、天元命而共违其所

---

　　① 刘师培：《清儒得失论——刘师培论学杂稿》，中国人民大学出版社 2004 年版，第
69 页。
　　② 蒋庆：《公羊学引论》，辽宁教育出版社 1995 年版，第 78 页。
　　③ 蒋庆：《公羊学引论》，第 75 页。
　　④ 《熊十力全集》第三卷，第 1030、1034 页。
　　⑤ 马一浮：《复性书院讲录》，《马一浮全集》第 1 册，第 165 页。
　　⑥ 马一浮：《复性书院讲录》，《马一浮全集》第 1 册，第 165 页。

为也。……是故《春秋》之道，以元之深正天之端，以天之端，正王之政，以王之政正诸侯之即位，以诸侯之即位正竟内之治。五者俱正，而化大行。①

《易·乾·彖》云："大哉乾元，万物资始，乃统天。"《易·坤·彖》云："至哉坤元，万物资生，乃顺承天。"董仲舒人元之说有本于此，有奉天法古之义。孟子曰："人不足以适也，政不足与间也，唯大人为能格君心之非。君仁，莫不仁；君义，莫不义；君正，莫不正。一正君而国定矣。"（《离娄上》）董仲舒说："谓一为元者，视大始而欲正本也。《春秋》深探其本，而反自贵者始。故为人君者，正心以正朝廷，正朝廷以正百官，正百官以正万民，正万民以正四方。四方正，远近莫敢不一于正。"② 元即仁，其说正本于《孟子》。其余诸如"夷夏进退""文质损益""刑德贵贱""经权予夺"等春秋大义，在《孟子》中同样也有相应的体现，兹不赘。

第三节　易简与工夫

工夫论是传统儒学的重要组成部分。马一浮在对传统儒学承继和阐释的过程中，格外重视对儒学工夫论的梳理与诠释。马一浮的儒学工夫论融通儒佛、兼容并蓄。他通过儒家知能、知行、理气等范畴与佛家性修不二的思想相融通。在具体工夫进路上，马一浮上承孔孟，又主张和会朱陆，兼顾涵养与察识。在此基础上，马一浮的儒学工夫论进而强调变化气质、刊落习气，从而复其本有之性。

一　知能合一，性修不二

在儒学工夫论上，马一浮通过儒家知能、知行、理气等范畴与佛家性修不二的思想相融通。孟子曰："人之所不学而能者，其良能也；所

① 苏舆：《春秋繁露义证》，中华书局1992年版，第67—70页。
② （汉）班固：《汉书》，中华书局1962年版，第2502—2503页。

不虑而知者，其良知也。"（《尽心上》）在马一浮看来，孟子的良知、良能本于孔子《易传》。《易·系辞上》云："乾知大始，坤作成物。乾以易知，坤以简能。易则易知，简则易从。易知则有亲，易从则有功。有亲则可久，有功则可大。可久则贤人之德，可大则贤人之业。易简而天下之理得矣。天下之理得，而成位乎其中矣。"可知，孟子良知、良能本于《系辞》中的"乾以易知，坤以简能"。"在《易传》谓之易简，在《孟子》谓之良。就其理之本然则谓之良，就其理气合一则谓之易简，故孟子之言是直指，而孔子之言是全提。何谓全提？即体用、本末、隐显、内外，举一全该，圆满周遍，更无渗漏是也。"① 马一浮指出，孟子之言是单提直指，不由思学（即不学而能、不虑而知），不善会者便有执性废修之弊。"乾元说性，坤元说气，乾坤并举是性气不二。"②《系辞》中的易简之道是就理气不二或性气不二而言，而孟子的良知、良能则是单就"理"或"性"而言，所以说是单提直指。不过，马一浮也指出，孟子言四端之心乃是即理之气，因此也是易简之道。他不同意今人以直觉言良知，以本能言良能。"然直觉是盲目的，唯动于气，良知则自然有分别。本能乃是气之粗者，如'饮食''男女'之类，亦唯是属气，良能则有理行乎其间，如'未有学养子而后嫁''徐行后长'之类，乃是即气之理。"③ 直觉、本能都出于气，而良知、良能则出于理、性，两方截然不同，不可混淆。孟子所言四端之心则是即理之气，是性其情，比之良知、良能只从属于理而言，更为圆满赅备，而仍不失为一种易简之道。

在马一浮看来，孟子言良知、良能是单提直指，孔子在《系辞》中言易简之道则是全提。所谓全提，即明性修不二，全性起修，全修在性。"性修不二"是佛家教义。马一浮以"性""修"指代道德本性和道德修养。前者为体，后者为用（工夫）。所谓性修不二，即一方面道德本性须由道德修养开显，另一方面道德修养则以道德本性为依归。前

① 马一浮：《泰和宜山会语》，《马一浮全集》第 1 册，第 34 页。
② 马一浮：《问学私记》，《马一浮全集》第 1 册，第 744 页。
③ 马一浮：《泰和宜山会语》，《马一浮全集》第 1 册，第 36 页。

者为全性起修，即称性起修，由仁义行，非行仁义也。后者为全修在性，即变化气质、复其本性。如果只强调道德本性而忽略道德修养，便会陷于执性废修的窠臼。不善学者如只固执此道德本性而不事修证，就可能有执性废修之患。马一浮即此批评庄子"实有执性废修之弊"，而荀子虽重视道德修养，然不知性，则是"蔽于修而不知性"。①"学者当知，有性德，有修德，性德虽是本具，不因修证则不能显。故因修显性，即是笃行为进德之要。全性起修，即本体即功夫；全修在性，即功夫即本体。"② 因此，性德、修德都不可少，"执性废修"或"执修废性"都不可取，性修不二方是正途。比之单提性德，马一浮更强调因修显性的道德修养。与马一浮同时期的熊十力，则将性修不二与《系辞》"继善成性"相会通，从而强调道德修养的重要性。其言："天人合德，性修不二故，学之所以成也。《易》曰：'继之者善，成之者性。'全性起修名继，全修在性名成。本来性净为天，后起净习为人。故曰：'人不天不因，天不人不成'。故吾人必以精进力创起净习，以随顺乎固有之性，而引令显发。"③ 又，性以理言，修以气言，性唯是理，修即行事。"从性起修，举理成事，全修在性，即事是理。"④ 此即明性修不二、理事圆融之旨。《易·系辞下》云："天下之动，贞夫一者也。夫乾确然，示人易矣；夫坤隤然，示人简矣。"马氏认为，"贞夫一者"即全理即气、全气即理、理气不二，也即前面提到的性修不二，也即易简之道。因此说孔子之言是全提。在此，马一浮将佛家性修不二等思想与儒家知行合一、理气不二、体用不二等思想融会贯通，并以之诠释良知良能，以此论证作为儒家修养工夫的易简之道。

马一浮指出，知能即是知行。"知是本于理性所现起之观照，自觉自证境界，亦名为见地。能是随其才质发见于事为之著者，属行履边事，亦名为行。故知能即是知行之异名，行是就其施于事者而言，能是

---

① 参见马一浮《复性书院讲录》，《马一浮集》第1册，第382页；《问学私记》，《马一浮全集》第1册，第771页。

② 马一浮：《复性书院讲录》，《马一浮集》第1册，第99页。

③ 《熊十力全集》第三卷，第464—465页。

④ 马一浮：《泰和宜山会语》，《马一浮全集》第1册，第35页。

据其根于才质而言。"① 他进一步强调，《系辞》中的"易知则有亲"者，此"知"若是从闻见得来，便不亲切，只有从证悟得来方亲切，方是真知。"易从则有功"者，此"能"若是矫揉造作，便无功用，须是卓然自立、与理相应，方有功用。真知须通过亲身践履和真实证悟始得，这便需要见诸行事、有所能为，而"能"或"行"又恰恰须是尽其所知之理、卓然自立，方有功用。因此，知能也即是知行。在知行关系上，阳明说的最为透彻。阳明强调"知之真切笃实处，即是行；行之明觉精察处，即是知。知行工夫本不可离"②。阳明反对知行二分以及知先行后的说法，强调知行合一、即知即行。对此，马一浮非常认同。其言："见性者合下便行，行得圆满，方为尽性。……要之，唯见性而后能行道，行道即尽性之事也。阳明'即知''即行'，亦以见性为亟，何不可融通之有？"③ 见性方为真知，真知必见诸行事，沛然莫之能御，即本体即工夫；行道也即尽性之事，即工夫即本体。此所以知行合一即知能合一之旨。

　　在马一浮看来，圣人之道亦尽其知能而已。孟子曰："始条理者，智之事也。终条理者，圣之事也。"（《万章下》）"始条理者，智之事也"，此指明伦察物，为尽知之事。"终条理者，圣之事也"，此指践形尽性，为尽能之事。圣人明于庶物、察于人伦。《易·系辞上》云："仰以观于天文，俯以察于地理，是故知幽明之故。原始反终，故知死生之说。精气为物，游魂为变，是故知鬼神之情状。"《易·系辞下》云："仰则观象于天，俯则观法于地，观鸟兽之文与地之宜，近取诸身，远取诸物，于是始作八卦，以通神明之德，以类万物之情。"以上《系辞》所言即圣人尽知之事。《中庸》云："唯天下至诚，为能尽其性。能尽其性，则能尽人之性；能尽人之性，则能尽物之性；能尽物之性，则可以赞天地之化育；可以赞天地之化育，则可以与天地参矣。"以上《中庸》所言即圣人尽能之事。马一浮指出，学者当思圣人何以能如此尽

---

① 马一浮：《泰和宜山会语》，《马一浮全集》第 1 册，第 34—35 页。
② 王守仁：《王阳明全集》，第 42 页。
③ 马一浮：《尔雅台答问续编》，《马一浮全集》第 1 册，第 448—449 页。

知、尽能，而我则不能？因此，必如圣人之知、圣人之能，而后可谓尽知、尽能。圣人之道如此，学问之道亦尽其知能而已。《中庸》云："博学之，审问之，慎思之，明辨之，笃行之。有弗学，学之弗能弗措也；有弗问，问之弗知弗措也；有弗思，思之弗得弗措也；有弗辨，辨之弗明弗措也；有弗行，行之弗笃弗措也。人一能之，己百之；人十能之，己千之。果能此道矣，虽愚必明，虽柔必强。"此即尽知尽能之术。又，马一浮还指出，知至是德，成能是业。尽其知能，即可期于盛德大业。《易·系辞上》云："富有之谓大业，日新之谓盛德。"尽其知能，即进德修业，其至则可进于此盛德大业矣。此即孟子所云，"万物皆备于我矣。反身而诚，乐莫大焉"（《尽心上》），这便是易简之道。马一浮就此批评诋心性为空谈、器小而居功者不足以进于知能。"世有诋心性为空谈，视义理为无用，守闻见之知，得少为足而沾沾自喜者，不足以进于知也。其或小有器能，便以功业自居，动色相矜，如此者，不足以进于能也。"①

二　合会朱陆，涵养察识

如果说，知能合一、性修不二是马一浮工夫论的本体论依据，那么，在具体工夫论进路上，马一浮则主张和会朱陆，兼顾涵养与察识。朱陆之辨历来是学术史上为人所津津乐道的公案，以致影响到在学术史上有所谓程（伊川）朱理学与陆王心学的分野。对于程朱与陆王的差异，马一浮有如下梳理：

> 象山学本自悟，不假师承，直指人心，重在察识，其资禀近于上蔡。……孟子之说四端，明道之讲识仁，阳明之说良知，皆是重在察识。朱子初宗延平，延平教以观喜怒哀乐未发以前气象。延平出于罗豫章，豫章出于杨龟山，龟山之学近于伊川，重在涵养。所谓"涵养须用敬，进学在致知"，未有致知而不在敬者也。朱子当时未甚得力，及见南轩，其学一变。南轩出于胡五峰，五峰出于文

---

① 马一浮：《泰和宜山会语》，《马一浮全集》第1册，第36页。

定，而文定出于上蔡。南轩于上蔡为三传，所重亦在察识。朱子因之，继而又返于侧重涵养一路。①

象山之学直承孟子，其学以"先立乎其大者"为宗旨，因言，"天之所以与我者，即此心也。人皆有是心，心皆具是理，心即理也"②，可谓直指人心。其工夫重在察识，与上蔡之意相近。明道在《识仁篇》中言："学者须先识仁。仁者，浑然与物同体。义、礼、智、信皆仁也。识得此理，以诚敬存之而已，不须防检，不须穷索。"③ 阳明言："良知只是个是非之心，是非只是个好恶。只好恶就尽了是非，只是非就尽了万事万变。"④ 可知，明道之识仁、阳明之致良知，其工夫进路都是重在察识。至于朱子，早年从学于李延平，延平教人先涵养而后察识，教以观喜怒哀乐未发以前气象。而后，朱子访张南轩，又闻南轩先察识而后涵养之说，并尝与之往复论辩。朱子先服南轩之说，其后又返归延平，用伊川"涵养须用敬，进学在致知"二语教人。马一浮说："朱子之意是涵养与察识并重，但须从涵养中察识，重涵养。至于象山，则仍承上蔡之意，先察识而后涵养，重察识。故朱陆同异，此是纲领。然朱子重涵养非轻察识，陆子重察识亦非轻涵养。"⑤ 马一浮显然是从工夫论的角度看待朱陆异同。朱陆工夫论的差异源于双方对心性的不同认识。程朱取于理，主张性即理，而不认为心即理。陆王则立足于本心，主张即心即性，认为心即理。因此在学问路向上，前者重道问学，后者重尊德性。在工夫进路上，前者重涵养，后者重察识。在工夫论上，马一浮更倾向于朱子的方法，即涵养与察识并重，然须在涵养中察识，更重视涵养：

但察识不能一悟便了，悟后亦必有涵养工夫以保任之，然后察

---

① 马一浮：《语录类编》，《马一浮全集》第 1 册，第 592 页。
② （宋）陆九渊：《陆九渊集》，第 149 页。
③ （宋）程颢、程颐：《二程集》，第 16—17 页。
④ （明）王守仁：《王阳明全集》，第 111 页。
⑤ 马一浮：《问学私记》，《马一浮全集》第 1 册，第 729 页。

识方能精纯。若只察识而不涵养，则本源未清，物欲夹杂，其弊至以人欲为天理，故王学末流，多成狂禅。不如先事涵养，察识自在其中，工夫稳当，盖未有有涵养而无察识者。故朱子教人从涵养入手，真是千了百当，学者不可不知。①

在马一浮看来，象山"先立乎其大者"与阳明"致良知"之说，都是察识边事，象山、阳明虽重察识，然其本人涵养工夫均甚深。只不过门人相传，后学便不免有偏重察识而遗涵养之病。如陆王末流便有废书不观、狂妄恣肆之病。因此，重察识不能忽视涵养，须以涵养保任之，察识方能精纯。如以涵养为主，在读书穷理上多下功夫，再辅以察识，便更稳妥。不过，如只知向外穷理，而不知返躬体察，也会有偏重涵养而遗察识之病，如朱学末流即有此流弊。"然朱子亦尝谓象山门人能立得起，而自己门下则多执言语、泥文字。"② 执言语、泥文字，却不能在德性上立足，则只能成就一种外在的知识，而不能达成一种修养工夫。

马一浮认为，察识工夫更适于利根之人，而对于钝根之人，还是应教以涵养为主，在涵养中体会察识。其言："人之气禀不同，利根者不事读书穷理，专就事上察识，自有悟处。至于根钝之人，不教他从读书穷理上用功，将从何处入手？能读书穷理，而又能返躬体会，两者兼顾，最为妥当。如此用力既久，则习气自然渐渐消除，性体自然渐渐显露。如此涵养，则察识自在其中，始无流弊。"③

由此可知，如要兼顾涵养与察识，则须读书穷理与返躬体会并进而行。这正与朱子所宗伊川"涵养须用敬，进学在致知"的为学之道相应。读书穷理以致其知，返躬体会以用其敬，由此，则涵养与察识备矣。

读书穷理以致其知，此即"进学在致知"。就读书穷理而言，穷理

---

① 马一浮：《问学私记》，《马一浮全集》第 1 册，第 729—730 页。
② 马一浮：《问学私记》，《马一浮全集》第 1 册，第 750 页。
③ 马一浮：《问学私记》，《马一浮全集》第 1 册，第 736 页。

即是格物。穷理出自《易·说卦》"穷理尽性以至于命",格物出自《大学》"致知在格物"。马一浮指出,朱子释《大学》"格物"为穷至事物之理,"致知"为推极吾心之知。知即知此理,知具于心,可知理不在心外。阳明解《大学》"致知"为致良知,释知善知恶是良知,为善去恶是格物。教有顿渐,阳明是以顿教解《大学》,而《大学》明是渐教,朱子以渐教解之符合《大学》原意,其说较密。至于为何言穷理而不言格物,则是因为学者易错认物为外,进而错认理为外。因此,言格物不如言穷理,心外无事,事外无理。理事双融,一心所摄。所谓理一分殊,散之则为万殊,约之唯是一理。穷理即究极此理。至于致知,马一浮说:"致者,竭尽之称。如'事父母能竭其力,事君能致其身'、《孝经》言'养则致其欢,丧则致其哀'之致。知是知此理唯是自觉自证境界,拈似人不得,如人饮水,冷暖自知。一切名言诠表,只是勉强描摹一个体段,到得此理显现之时,始名为知。一现一切现,鸢飞鱼跃,上下与天地同流,左右逢源,触处无碍,所谓头头是道,法法全彰,如是方名致知,所谓知之至也。"① 由穷理到知至,自然需要一番察识的工夫。所以穷理之工夫入处,即是由读书所得于圣人者,一一反求自身,仔细体究,随事察识,久久自能融会贯通,更无所疑。马一浮进而指出,《易·说卦》"穷理尽性以至于命","穷理"即当孟子所谓"知性","尽性"即当孟子所谓"尽心","至命"即当孟子所谓"知天"。穷理、尽性、至命,尽心、知性、知天,只是一事,非有三也。穷理即穷吾性分内所具之理,非外在之理。象山曰:"宇宙内事乃己分内事;己分内事乃宇宙内事。"② 是知至之言,亦即察识之极者。理穷得一分,即知致得一分。孟子曰:"心之官则思,思则得之,不思则不得也。"(《告子上》)心兼理气、具众理,穷理自然须用思的工夫。不管有事无事,皆体认自心是否常在,此即所谓"必有事焉",而尤其在有事时,察识自心是否能于事上应理,此即所谓"集义"。如此方为穷理,方为心之思。"体认亲切时,如观掌纹,如识痛痒;察识精到处,

① 马一浮:《复性书院讲录》,《马一浮全集》第 1 册,第 91 页。
② (宋)陆九渊:《陆九渊集》,第 483 页。

如权衡在手，铢两无差，明镜当台，毫发不爽：如此方有知至之分。此在散乱心中必不可得，故必先之以主敬涵养，而后乃可以与于此也。"① 因此，涵养工夫必不可少。

返躬体会以用其敬，此即"涵养须用敬"。就涵养而言，主敬为第一要义。马一浮说："尊德性而道问学，必先以涵养为始基。及其成德，亦只是一敬，别无他道。"② 尊德性而道问学，即所谓进德修业，必先之以涵养。孟子曰："故苟得其养，无物不长；苟失其养，无物不消"（《告子上》）万物生长无不靠涵濡润泽、雨露滋养，而人之成德同样离不开优游涵养。马一浮指出，含有含容深广和虚名照澈之意。前者养其气，后者明其理，前者养其情，后者复其性。养气之至即孟子所谓浩然之气，至大至刚，而明理、复性之要则在孟子所谓持志。贯穿于其中的工夫则是"敬"，所谓"涵养须用敬"。"敬是彻始彻终的工夫。敬则身心收敛，心收敛则有主宰，有主宰则气始有统摄而不致散漫，气不涣散则神志清明，始可以穷理。"③ 心收敛而有主宰即孟子"求放心"之意，也即孟子持志养气之意。持志之要即在主敬，能持志率气，则气顺于理，无非天理之流行。敬是入德之门，主敬始可持志养气，涵养性情，成就德性。主敬则可收摄身心，此心长存，即理即气。能主敬，则心主于义理而不走作，进而始可言明理、复性。

涵养与致知或涵养与察识的工夫，相辅相成，不可偏执。"主敬集义，涵养致知，直内方外，亦如车两轮，如鸟两翼，用则有二，体唯是一。"④ 马一浮进而以佛家天台止观义与上述义理相会通，认为"主敬是止，致知是观"⑤。所以涵养与察识的关系犹如止与观，由止而观，由涵养而察识，涵养愈深，则察识愈精。

---

① 马一浮：《复性书院讲录》，《马一浮全集》第1册，第94页。
② 马一浮：《复性书院讲录》，《马一浮全集》第1册，第90页。
③ 马一浮：《问学私记》，《马一浮全集》第1册，第743页。
④ 马一浮：《泰和宜山会语》，《马一浮全集》第1册，第67页。
⑤ 马一浮：《泰和宜山会语》，《马一浮全集》第1册，第67页。

三　变化气质，刊落习气

在涵养与察识的基础上，马一浮工夫论的旨归在变化气质、刊落习气，从而复其本有之性。前文言性修不二，修即变化气质。就修德而言，因修显性，即全修在性，而后乃可言变化气质；就性德而言，全性起修，其要在性德之进进不已。性修不二，由是可言笃行进德。

马一浮指出，变化气质即修德之事，学问之道即在变化气质。气质有善有不善者，气质之不善者，固当变化，即其善者，亦须变化，方可入德。如《尚书·皋陶谟》言行有九德："宽而栗，柔而立，愿而恭，乱而敬，扰而毅，直而温，简而廉，刚而塞，强而义。"宽、柔等是才，为气质之善者，只有做到"宽而栗，柔而立"等，方是入德，这便需要一番变化气质的工夫。《尚书·洪范》云："三德：一曰正直，二曰刚克，三曰柔克。平康正直，强弗友刚克，燮友柔克。沈潜刚克，高明柔克。"刚克、柔克之说，即是变化气质之谓。气质之善者为才，由才而进于兼德，由兼德而进于全德，即是进德之谓。如孔子云："若臧武仲之知，公绰之不欲，卞庄子之勇，冉求之艺，文之以礼乐，亦可以为成人矣。"（《论语·宪问》）臧武仲等四人皆是偏至之才，能文之以礼乐，则可以成人，成人即成德之谓。

在马一浮看来，性修不二，修德须进，性德亦须有进。性德虽本无亏欠，然须进之不已，笃行之不已。《中庸》云："天地之道，可一言而尽也：其为物不贰，则其生物不测。"天地之道只是一个至诚无息。《中庸》又云："唯天下至诚，为能尽其性。能尽其性，则能尽人之性；能尽人之性，则能尽物之性；能尽物之性，则可以赞天地之化育；可以赞天地之化育，则可以与天地参矣。"如是，则是进德之极致。行之不笃，即是不诚，不诚则无物。因此，笃行之不已，即是进德之不已，此即践形尽性之谓。

"孟子云：'形色，天性也。'《洪范》说视、听、言、貌、思，《论语》说视、听、言、动，佛氏言六根，惟圣人乃能践形，能得其理。"[1]

---

① 马一浮：《语录类编》，《马一浮全集》第 1 册，第 582 页。

践形即笃行之事，尽性即进德之事。形色主要表现为视听言动，天性即视听言动所遵循之理。《尚书·洪范》云："貌曰恭，言曰从，视曰明，听曰聪，思曰睿。"孔子教颜渊"非礼勿视，非礼勿听，非礼勿言，非礼勿动"（《论语·颜渊》）。孔子言君子之九思"视思明，听思聪，色思温，貌思恭，言思忠，事思敬，疑思问，忿思难，见得思义"（《论语·季氏》）。如是始为尽视听言动之理，是为尽耳目口体之用，是谓践形尽性。在马一浮，人生日用常行之中，最切近而最易体会者，莫过于视听言动四事。因此，从视听言动入手笃行，则易于践形尽性，易于变化气质。是故颜渊问仁，孔子教以"克己复礼为仁"，及请问其目，只告以非礼勿视听言动而已。视听言动者，即气或形色；礼者，即理、天性。视听言动皆合乎礼，即是能尽其理，能践形尽性。就《尚书·洪范》"五事"而言，貌、言、视、听、思，皆气也。恭、从、明、聪、睿，皆理也。理行乎气中，以理率气，即践形尽性。能践形尽性，斯能进一步变化气质。

无论是因修显性，还是全性起修，皆为变化气质而进于德。其中，笃行为进德之要，礼乐为成德之方，由礼乐而笃行不已即是践形尽性。而笃行必自孝悌始，孝悌之道又通于礼乐、达于性命。马一浮指出，六艺之教约归于行，而人之行，又莫大于孝。"德性是内证，属知；行道是践履，属行。知为行之质，行是知之验。德性至博，而行之则至约。当其行时，全知是行，亦无行相可得。故可以行摄知，以道摄德，以约摄博。"① 在马一浮，行之至约者即为孝。"一言而可该性德之全者曰仁，一言而可该行仁之道者曰孝。"② 是故，《孝经》以孝为至德要道，由孝可摄一切德、一切行。孝悌之道实通于礼乐、达于性命，亦即践形尽性之始基。

在马一浮，除践形尽性以变化气质外，还须刊落习气。前文已言及，马一浮认为天命之性纯善，而气质之性则有善有不善，气质之不善即由于外在的熏习，因此，在变化气质之余，还须有一层刊落习气的

---

① 马一浮：《复性书院讲录》，《马一浮全集》第 1 册，第 178—179 页。
② 马一浮：《复性书院讲录》，《马一浮全集》第 1 册，第 179 页。

工夫：

> 为学工夫，于变化气质之外，应加刊落习气一层。孟子云"若夫为不善，非才之罪也"，"其所以陷溺其心者然也"，"乃若其情，则可以为善矣"，是则才也、情也，皆未至于不善也（刚善刚恶、柔善柔恶之说，孟子未尝言及之）。……《乐记》"人生而静，天之性也；感于物而动，性之欲也"，此欲不即是恶；"物至知知，然后好恶形焉"，亦尚未到恶；"好恶无节于内，知诱于外，不能反躬，天理灭矣"，夫而后乃成其为恶。故朱子云："圣人说得恶字煞迟。"是故性无有不是处，习气则无有是处，刊落习气之功所以不可缺也。①

马一浮在此把孟子所言才、情理解为气质。孟子言才、情之质也无不善。而人之所以有不善，则是由于"陷溺其心"的缘故。马氏指出，人之性体即天命之性，本来湛然虚明，人有时陷于不善，并非由于性体不善，而是由于气质、习染等造成的私欲障蔽此性体，致使此性体不得发用流行，所以才有不善。这些私欲之蔽即是习气。这些习气导致好恶无节，发而不能中节，过或不及，由此导致不善。程子说："论性，不论气，不备；论气，不论性，不明。"② 张载也区分天命之性与气质之性。宋儒在人性论的阐释上比孟子更为完备。马一浮承继宋儒关于天命之性与气质之性的区分，在工夫论上主张刊落习气，对治气质之性，复其本有的天命之性，并进一步光大开显此性，从而成己成物。

---

① 马一浮：《语录类编》，《马一浮全集》第 1 册，第 661 页。
② （宋）程颢、程颐：《二程集》，第 81 页。

第三章　诠释与创造——孟子学与
熊十力的本体形上学

　　如果说马一浮是现代新儒家中趋于保守的代表人物的话，那么，熊十力则属于其中极具开创式的代表人物。他早年投身革命，后挣脱尘网，专力于国学（哲学）。他尝穷究佛法，而终归本于儒家《大易》。他又援佛入儒，以"体用不二"立宗，创造《新唯识论》，成一家之言。熊十力深究儒佛，旁涉诸宗，其学融汇中、西、印，又贯通古今，具大家风范。熊氏立足传统学术，以传统批导现代，又以现代激活传统。"熊十力的全部工作，简要地说，就是面对西学的冲击，在传统价值系统崩坏的时代，重建本体论，重建人的道德自我，重建中国文化的主体性。"① 对于孟子，熊十力亦尝于所著诸书论及之。他大致从经学与哲学两面究其大义，并不时援引西方现代观念与之相比观，以此阐发孟子古义，显示其超越于时代的价值。这也是熊氏沟通古今、融汇中西之志的体现。此外，熊氏亦常引孟子诸说以明己之论说。

　　从经学一面论说孟子，即是从孔子六经之统序言孟子在此方面之传承。熊氏以为六经乃孔子晚年思想。因此我们可以说，孟子学孔子则是传其六经之思想。关于孟子传《易》，焦循说："七十子殁，道在孟子。孟子道性善，称仁义，恶杨、墨之执一，斥仪、衍之妾妇，皆所以阐明孔子之学，而吻合乎伏羲、文王、周公之旨。故孟子不明言《易》，而实深于《易》"②。对此熊氏说："焦循既作《易通释》等，又作《孟子正义》，以相发挥。焦氏之所造如何，姑不论。然以孟子为直承孔子

---

① 郭齐勇：《熊十力哲学研究》，人民出版社 2011 年版，第 23 页。
② （清）焦循：《易通释》，第 230 页。

102

《易》学之传，则所见甚卓，而其说可为定论。""孟轲、孙卿二氏，皆得孔子《易》学之正传。"① 熊氏举《说卦传》之言："立天之道，曰阴与阳。立地之道，曰柔与刚。立人之道，曰仁与义。"以为孟子言仁义，乃是通《易》之明证。又，《易》道主随时处中，而孟子恶执一。《易》称大人与天合德，孟子故鄙张仪、公孙衍以妾妇。熊氏以为非深于《易》而履道深者，不得有此识趣。关于孟子与《春秋》，熊氏尝言："孟子善《春秋》，与《公羊》家传授不异。"② "孟子，《公羊春秋》学也，故能知孔子笔削之意。"③ 具体而言，熊氏说："孟子言民贵、言井田、言贱丈夫垄断、言诛独夫纣矣未闻弑君、言善战者服上刑，皆《春秋》义也。"④ 不过，对于孟子之传《春秋》，熊氏亦有所批评，以为"孟子盖尝闻《春秋》，然终守小康礼教，不欲消灭阶级，孟子迂陋，非圣人之徒也"⑤。

至于在哲学方面，熊氏亦尝引孟子诸说以论其本体、体用等诸论。孟子的心性之学对熊十力影响至深。熊氏在孟子心性学的基础上，创造性地构建了一套儒家式的本体论或本体形上学。熊十力的哲学诠释方式也极大地影响了他的弟子牟宗三与唐君毅。此外，熊十力以孟子的心性学作为其本体形上学的基础与核心，复以其形上学理论对六经以及孟子思想给予了新的诠释。

第一节　经学即哲学——熊十力中西哲学判教下的哲学观

在正式探讨熊十力的孟子诠释之前，我们有必要梳理一下熊十力的哲学观，以及在这种哲学观下，他对传统经学与传统哲学观念的更新与创造。熊十力的经典诠释（自然包括孟子在内的儒学诠释）与其独特的哲学观，以及自身建构的形上学体系息息相关，只有在熊十力的形上

① 《熊十力全集》第三卷，第871页。
② 《熊十力全集》第三卷，第1030页。
③ 《熊十力全集》第五卷，第668页。
④ 《熊十力全集》第五卷，第716页。
⑤ 《熊十力全集》第六卷，第479页。

学视域下，我们才能对他的整个孟子诠释获得更为相应的理解，也才能进一步明确孟子的心性学在熊十力形上学体系中的地位与作用。在这样的理解背景下，我们才能深入把握熊十力对孟子心性思想的继承与推进。熊十力以哲学为会通中西之学的中介，又以哲学为评判中西之学以及中学内部各家学派的准绳，在古今中西学术交汇的时代洪流下，熊十力立足于自己的哲学观确立了对于中西之学的判教谱系，在这样的判教谱系下确立中国文化与中国哲学的主体地位，并在此基础上重新赋予传统学术尤其是儒学强大的生命力与解释力，开拓儒家经典新的义理诠释空间，以哲学安立国人的生活世界与精神世界。在对中国古代经典的诠释中，熊十力走了一条经学哲学化与哲学经学化的双向路径，这一路径既开辟了中国经典诠释的现代化视域，又拓展和更新了传统哲学（西方哲学）的固有观念，并在此基础上构建了会通中西之学的哲学形上学体系。

一　经学哲学化

熊十力的经典诠释首先离不开他对整个中土学术体系的理解与定位。在熊十力看来，中土学术体系的基础和核心就是经学，中国固有学术可以经学统领之，而经学主要指六经之学。熊十力对中学的诠释尤其是对六经的诠释，走的是一条哲学化的路径，或者说，熊十力是以他所理解的哲学来重新诠释六经。[①] 我们这一部分即主要考察熊十力对中国传统学术的理解与定位，以及他对传统经学义理的重新诠释与建构。

中国旧有学术因治学态度与研究对象的差异，可分为义理、考据、经济、词章等科目。在熊十力看来，中土四科之学，无一不原本于六经。他说："如义理一科，自两汉经师之言礼，迄宋、明诸师言心性，皆宗六经不待言。……经济一科，汉以来儒者，多依《尚书》，而为经制之研究。……考据，本儒生之业。名物度数之甄详，贵乎实事求是。若其旁及经史小学以外者，皆为博闻之事。此本经生之续余，后来衍而

---

① 熊十力曾坦言："议者或谓余实以《新论》说经，是固然矣。"《新论》即《新唯识论》，此即熊十力的哲学体系。参见《熊十力全集》第三卷，第556页。

益广耳。词章家者，其原出于三百篇。不离于经，又何待言。是故言中学，则四科摄尽。四科之繁，可以六经摄尽。"① 熊十力指出，除义理、考据、经济、词章外，中土学术中的诸子学可以合入四科之学中的义理一科。如此一来，六经统摄义理，义理统摄诸子学，六经即可以统摄中土诸子百家之学。如熊氏认为，老庄言道，乃为《易》之别派。《墨子·天志》即从《诗》《书》中敬天与昭事上帝的观念而来。其兼爱、兼利的观念，则自《春秋》太平大同与《论语》泛爱众之义而出。至于法家，其谈法治虽不涉及义理，然其崇法之观念实本自《春秋》。② 总之，在熊十力，六经可以统摄义理、考据、经济、词章以及诸子学在内的几乎中土一切传统学术。

　　此外，在熊十力看来，六经不仅可以统摄一切中土之学，而且还可以统摄印度佛学、西洋学术。他说："印度传来之佛学，虽不本于吾之六经，而实吾经学之所可含摄。其短长得失，亦当本经义以为折衷。"③ 熊氏认为，佛法虽然富于高深的哲学思想，但仍须断以经义。他指出，佛教自后汉传入中土，虽来自印度，但经两千余年，已久为中国固有之学。中土四科之学中的义理一科自两宋以来，即已吸收印度佛学。至于西学，在熊十力看来，西洋各种学术之端绪，中土学术未必不具备，只是未充分发展。"原夫《大易》言天道者，即哲学上之本体论；言人事者，即赅人生论与政治社会诸学；而于物理尤解析入微，其以六爻布列，妙演万物之变动不居，近日数理哲学家谈关系论者，尚无此精诣，此意难与浅夫言。至于坤元即是乾元，则今科学上解析物质宇宙，毕竟归源能力，殊无实质，而《大易》乃发明于数千年前，岂不奇哉！"④ 在他看来，中土学人"乐冥悟而忽思维，尚默契而轻实测"，因此未能充分发展出西方式的科学。但吾国经义宏通，绝非无西学之端绪，只要我们肯奋起直追，便可起到事半功倍的效果。熊十力就此批评张之洞"中学为体，西学为用"的说法有欠允当，指出中学可谓有体有用，而

　　① 《熊十力全集》第三卷，第560—561页。
　　② 参见《熊十力全集》第三卷，第560页。
　　③ 参见《熊十力全集》第三卷，第560页。
　　④ 《熊十力全集》第五卷，第677页。

"用"有所未尽者，正可参究西学以自广。总之，在熊十力看来，佛学以及西洋哲学都可以归属于中土义理之学，与中土诸子学同列，从而为六经所统摄，并以六经为旨归。

由以上可知，六经之学不但可以统摄中土一切传统学术，而且还可以统摄外来之印度佛学和西洋学术。这与同时期的马一浮有着相近的主张。在马一浮看来，六艺之学即六经之学。六艺之学是中土一切传统学术的发端与源头，六艺不但统摄诸子之学、四部之学，而且还统摄西方学术。那么，熊十力是怎么理解和定位六经之学的呢？

简言之，熊十力对经学的定位是："是学术，不可说为宗教。是哲学，而迥超西学。非宗教，而可代替宗教。"[1] 熊十力认为，经学即是哲学，是一门不同于西洋哲学且超越西洋哲学的学术，而且可以代替宗教，予人一真实归宿处。西洋哲学有所谓本体论、宇宙论、人生论、知识论等分科，熊氏即从以上分科对经学义理进行了不同层面的阐释。然而他最看重的还是本体论，他所造《新唯识论》最后也是以本体论来整合宇宙论、人生论、知识论等分科，以此构建自己庞大的本体形上学体系，从而超越西洋哲学。[2] 熊十力认为，哲学应以发明本体为要，揆之中国学术，则六经以至于《老》《庄》皆以万物之本体名"道"，阐明斯义。他以《论语》《易》《大戴礼记》《中庸》等经典言"道"者交参互证，指出其中言"性""天道""天""道"者多即本体之谓。至于《老》《庄》，则为《易》家之别派，儒氏之旁支，也是以万物之本体言"道"。熊十力汲汲于大力阐释六经之言"道"者，无非发明其中的本体论内涵，以与西方哲学言本体者相抗衡，以此突显经学中的哲学意蕴。

为了应对西学东渐所带来的文明冲击，重新树立中国固有学术的大本大源，重拾国人的文化自信，焕发中国文化的内在生机，熊十力通过建构中国哲学来发挥传统文化尤其是儒学的生命力。熊十力对于中国固

---

① 《熊十力全集》第三卷，第731页。
② 熊十力所论述的本体论与西方哲学语境下的本体论（Ontology）有本质区别，后文会详论之。

有之学术，如六经、诸子等，皆注重从哲学层面阐发其幽深意蕴。熊十力于中学径直称中国哲学，于儒学则径直称儒家哲学。而六经、诸子中之义理，熊氏则直接以哲学目之。在他看来，中国旧有学问中的义理、考据、经济、词章等科目中的义理之学即当下所谓哲学思想。而对于质疑经学为哲学者，熊十力回应云："经学是德慧的学问，何谓非哲学乎？须知，哲学固不以理智或知识为止境，必至德慧具足，而后为哲学极诣耳。"①

经学哲学化是熊十力诠释经学的新路径，只不过，这里的哲学已经不是一般意义上的西洋哲学，而是熊十力所赋予新内涵的心性学或本体形上学。因此，熊十力借着对六经的哲学化阐释，赋予了哲学新的内涵，使一般意义上的哲学或曰传统意义上的哲学有了一种中土经学化的趋势。

二 哲学经学化

"哲学"作为一门学科，本为西学东渐的舶来品，本来即指西洋哲学而言，熊十力则径直借用以指称中国传统固有的义理之学，这既拓展了"哲学"一词的内涵，又赋予了中国传统学术新的言说方式。他尝言："盖以为哲学者，所以穷万化而究其原，通众理而会其极，然必实体之身心践履之间，密验之幽独隐微之地。……须知哲学所究者为真理，而真理必须躬行实践而始显，非可以真理为心外之物，而恃吾人之知解以知之也。质言之，吾人必须有内心的修养，直至明觉澄然，即是真理呈显，如此方见得明觉与真理非二。中国哲学之所昭示者唯此。"②在熊十力看来，哲学就是探究宇宙真理的学问，此真理乃是万化之原、众理之极，是一切事物的根本原理。这一真理既是人所以生之理，也是宇宙所以成之理，且两者本不二，而要证得此理，就不能将之视为外在的物事看待，必须躬行实践，借助内在的心性修养而体认之、证悟之，而中国哲学恰恰具备这样的意识与精神。熊十力反复强调，哲学不是知

---

① 《熊十力全集》第三卷，第 733 页。
② 《熊十力全集》第四卷，第 201—202 页。

识的学问，不是空想的学问，不是徒逞理论的学问，而是一门自明自觉的学问，是生活的学问。① 熊十力认为，经学义理即相当于一种哲学思想：

> 义理者，穷万化之源，究天人之故。其方法虽用思维，而是以体认为主，于日用践履之间随处体认，默识本源，所谓精义入神，至于穷神知化。德之盛者，是此派学者之极诣也。此其所治之学在今即所谓哲学思想是已。治斯学者，其精神必迥出流俗，即决不能苟安于尘凡生活中也，否则以偷陋之心而苟袭之以自文，则无与于此学。②

只不过，中国哲学颇不同于西洋哲学。熊氏极力阐发经学中的哲学思想，意在以经学义理超化西洋哲学，指出"西洋哲学，纷无定论，当折衷于吾儒"③。他进一步宣说，"儒者六经之道，方是哲学究极境地"④。经学要归于穷理尽性至命，方是哲学之极诣，由此把一般意义上的哲学归本于中土的六经之道尤其是其中的性命之学。熊十力说："中国哲学思想，归于《易》所云穷理尽性至命。理者，至极本原之理。即此理之在人而言，则曰性；即此理之为万化之大原，是为流行不息，则曰命。穷者，反躬而自识之谓；尽者，实现之而无所亏欠之谓；至者，与之为一之谓。"⑤ "穷理、尽性、至命，见《易·系传》。理、性、命只是一事。皆斥指本体而目之也。本体者，万化之大源，是名真理。但以其在人而言，则曰性。以其赋予于人而言，则曰命。穷理者，谓穷究吾人与宇宙万有所共同之真实本源也。尽性者，谓已证知此真实本源，即是在己之真性。则不可以小己之私蔽之，当率由吾性，以显其至善，而无所亏损，故曰尽也。至命者，谓此真实本源之赋予于吾人，

---

① 参见《熊十力全集》第四卷，第202、242页。
② 《熊十力全集》第四卷，第282页。
③ 《熊十力全集》第三卷，第753页。
④ 《熊十力全集》第三卷，第710页。
⑤ 《熊十力全集》第四卷，第353页。

即是吾之真性固已。……至命，即复其本体。而吾之生命，与宇宙大生命为一。所谓游于无待，振乎无穷者也。"①

可以说，熊十力是直接以经学中的心性之学或性命之学来定义哲学之为哲学的究极之义，并以此为判准指明中西哲学的差异，在立足中国哲学主体性的前提下进一步会通中西哲学，并以中学融摄西学。如果说经学哲学化是熊十力面对西学、复兴中国固有学术的权宜之计，那么，哲学经学化才是熊十力最终所要达成的终极目标。

三　中国哲学的确立

与佛家内部判教相类似，熊十力在中西哲学之间采用了一种哲学式的判教，以此确立中国哲学的主体性与本源性地位，并在与西方哲学的比较中突显中国哲学的殊胜之处。通过这种哲学判教的路径，可以说熊十力很早就解决了中国哲学的合法性问题。关于中西哲学之差异，熊十力说：

中国哲学有一特别精神，即其为学也，根本注重体认的方法。体认者，能觉入所觉，浑然一体而不可分，所谓内外、物我、一异，种种差别相都不可得。故在中国哲学中，无有像西洋形而上学以宇宙实体当作外界存在的物事而推穷之者。西洋哲学之方法犹是析物的方法，如所谓一元、二元、多元等论，则是数量的分析；唯心唯物与非心非物等论，则是性质的分析。此外析求其关系则有若机械论等等。要之都把真理当作外界存在的物事，凭着自己的知识去推穷他，所以把真理看作有数量、性质、关系等等可析。实则真理本不是有方所有形体的物事，如何可以数量等等去猜度？……哲学家如欲实证真理，只有返诸自家固有的明觉，即此明觉之自明自了，浑然内外一如而无能所可分时，方是真理实现在前，方名实证，前所谓体认者即是此意。②

---

① 《熊十力全集》第三卷，第732—733页。
② 《熊十力全集》第四卷，第198—199页。

　　熊十力认为，西方哲学总是把宇宙实体或真理当作外在的物事去猜度，用数量、性质、关系等析物的方法去分析，其所得或一元、二元与多元，或唯心、唯物与非心非物，或机械论、目的论等，最终难免如盲人摸象，而不能得真理之实。在熊十力看来，西方哲学那种外在、思辨、析物的分析方法就是科学的方法，西方哲学在总体上与科学是同一个路数。与此相反，中国哲学则呈现了另外一种截然不同的精神风格。

　　依熊十力，中国哲学与西方哲学存在如下差异：中国哲学重体认，证于体而疏于用，西方哲学尚思辨，务于用而不见体；中国哲学重整全，西方哲学偏支离。在此，中国哲学所表现出来的特质也即中国哲学的殊胜之处，这尤其表现在儒学或儒家哲学上，因为儒学最能体现中国哲学的特质与精神。

　　首先，熊十力认为儒学或儒家哲学最能体现中国哲学的体认工夫。他说：“以哲学论中国儒学与西学确有不同。西学向外求体，故偏任理智与思辨。儒学在反己而实得本体，故有特殊修养工夫，卒以超越理智，而得证量。”[①] 在熊十力看来，中国儒学中的修养工夫即是一种体认工夫。如孔子所谓“默识”，孟子所谓“思诚”“反身而诚”以及“深造自得”，皆是体认之谓。体认工夫达致其极，便可以证得本体，谓之证量。证量也名真现量，本是佛学用语，指超越理智思辨、感觉经验而证见真如本体。证量又名“证会”，与西学之思辨迥然不同。熊十力说：“夫证会者，一切放下，不杂记忆，不起分别，此时无能所、无内外，唯是真体现前，默然自喻，而万里齐彰者也。思辨则于不自觉中设定有外在世界，而向外寻求，测于一曲，遗其大全，滞于化迹，昧其真相，此证会与思辨不同也。”[②] 中国哲学重体认，以证见真如本体为旨归，故可许其为见体之学或见性之学。而西哲以思辨为能事，毕竟不离知解窠臼，故不可许其为见体之学或见性之学。见体与否或见性与否，成了中西哲学之间最根本的差异。体即本体，性即万物一体之性，

---

　　① 《熊十力全集》第三卷，第752页。
　　② 《熊十力全集》第四卷，第437页。

两者异名同实，熊十力即本之以阐发中国哲学中的心性义理，并以此构建自己的本体形上学。

其次，中国哲学本末兼该，体用一如，仁智双彰，性情不二，不似西学割裂现象与本体，徒分理智与情感。因此，中国哲学体现了一种整全圆融的品格，而西方哲学暴露了其支离偏颇的本质。在熊氏眼里，这背后的根源仍然在于两方之见性与否。他说："西洋学人将理智与情感划分，只是不见自性，即不识本性。吾先哲透明心地，即从情之方面而名此心曰仁。然言仁便已赅智，姑息与贪爱并非仁，以其失智故。故知言仁而智在其中矣。或从智之方面而名此心曰知，如《易》曰'乾以易知'，曰'乾知大始'，孟子曰德慧，程子曰德性之知，阳明曰良知，皆是也。然言智便已赅仁义礼信等等万德。《易·系传》言穷理便已尽性至命，可知言智而万善无不赅也。识得本心元是仁智不二之体，名之以智也得，以其非染污之智也；名之以仁也得，以其非惑乱之情也。"① 在熊十力看来，西学划分理智与情感，即是不明本心、不识本性所致。就本心、本性而言，则是即仁即智。情之出乎本性谓之仁，可称为性情，此不用于一般的情感。一般世俗意义上的情只是私情、私欲，而不是真情。真情必是真性，若孟子以四端之心显性，即是于情上指性。智之出乎本性谓之性智，此不同于一般的理智。西学所谓理智，也只是一种向外攀缘的"缘事智"，是一种有所得心，因此不是性智、本心。理智只可以说是性智的发用，而不即是性智本身。所以，谈性智，其实已把理智义囊括在内。总之，西学因不明本体、本性，致使其学多偏于一曲之智，而不得圆融之慧，有支离之相，而不获整全之容。由此可见，熊十力是在与西方哲学对勘的过程中总结中国哲学的特质与殊胜之处，进而在会通中西哲学的基础上，以中国哲学折中西方哲学，由此确立中国哲学的主体性与本源性地位。

熊十力强调经学即哲学，一方面是为了回应西方哲学的挑战，突显经学的恒久价值和现代意义，另一方面也是为了以经学义理丰富哲学的内涵与外延，并以经学义理融摄西方哲学、科学与宗教。在这一过程

---

① 《熊十力全集》第四卷，第386页。

中，熊十力会通中西哲学，以中学为立学之大本，以西学补中学之不足，在立足儒家六经尤其是《周易》的基础上，以本体论为基础，创设了融合宇宙论、人生论、知识论、治化论等在内的本体形上学，并以此反过来诠释儒家经典，使包括六经在内的诸多儒家经典重新焕发生机。

第二节　心性与本体——熊十力对西方哲学的批判与本体形上学的建构

孔子罕言心性，至孟子则畅谈心性，宋明诸子尤其陆王承其衣钵，号称心学一系，至现代新儒家则又掀起了一股心学之风。如果说宋明的儒学复兴是应对佛学思潮挑战的话，那么现代新儒家的兴起则是为了应对西方思潮尤其是西方哲学的冲击与泛化。其中，熊十力身先示范，以大无畏的勇气与天才式的智慧重构中国传统意义上的形而上学，大张儒家心性，重建心性本体，回应西方哲学的危机与挑战，推动儒家心性学的现代开显。熊十力对儒家心性学说的阐扬与发挥，绝非老调重弹，而总是关联着时代背景与问题来分析与疏解，同时也是在与西方哲学、宗教、科学的相刃相靡中，凸显中国哲学的特质。熊十力试图用中国哲学的智慧与信念挽救其所处时代背景下的哲学危机与信仰危机。

一　西方形而上学的演进

如果我们把熊十力的哲学放在整个中西文化或中西哲学的历史长河中去审视的话，我们会发现，熊氏的哲学应对的不仅仅是西方文明的挑战，而且也是为了应对近代西方文明，尤其是西方哲学自身的危机以及随之而来的信仰危机。这两种危机不仅在西方肆虐，而且已经蔓延到了中国。熊十力身处其时，其独造《新唯识论》的初衷也与这一时代背景息息相关。他曾在答张东荪的书信中自述作书缘起："唯自海通以来，中国受西洋势力的震撼，中学精意随其末流之弊，以俱被摧残，如蒜精之美，不幸随其臭气而为人所唾弃。因是惶惧，而殚精竭力以从事于东方哲学之发挥。《新唯识论》所由作也。"① 熊十力已经隐约感受到了西方文明尤其是西方哲学处于一种衰颓之势，其末流之弊已然波及了中土文明。那么，这一末流之弊指的到底是什么呢？这一末流之弊就是所谓本体论危机或形而上学危机。

西方哲学有着悠久的发展历史，在不同的历史时期有着不同的理论形态，产生了不同类型的哲学流派与哲学样式。但在西方哲学发展的历史长河中，本体论或形而上学一直是最基础的哲学形态，号称第一哲学。② 本体论一词英文为 Ontology，其所讨论的问题最早可以追溯至柏拉图的《巴门尼德篇》。Ontology 一词作为一个哲学概念直到 17 世纪才出现，西方出版的哲学辞典对其有着大同小异的解释。③ 中国学界对本体论也有不同的理解与认识。尽管理解有差异，但本体论之谓本体论还是体现了一些最基本的理论特质。俞宣孟在其《本体论研究》中归纳出了本体论的三个特征：（1）从实质上讲，本体论是与经验世界相分离或先于经验而独立存在的原理系统；（2）从方法论上讲，本体论采用的是逻辑的方法；（3）从形式上讲，本体论是关于"是"的学说，"是"是经过哲学家改造以后而成为的一个具有最高、最普遍的逻辑规定性的概念。④ 可以说，本体论呈现出了西方哲学所特有的理性思辨与逻辑推演的理论特征。在西方哲学中，本体论与形而上学有时可以互用，但一般来说，后者的研究范围要比前者更广一些。如黑格尔就多次指出，就"形而上学"的"最后形态"（指在沃尔夫哲学里所获得的形式）而言，讨论一般存在的本性的本体论只是它的第一部分，形而上学的其余部分为关于上帝、心灵和宇宙等的哲学学说。⑤ 康德在批判旧形而上学的时候，也是依次批判了其所包含的理性神学、理性心理学和理性宇宙论。形而上学声称不但要寻找存在之为存在的根据（即本体

---

① 《熊十力全集》第四卷，第 110 页。

② 在西方哲学中，本体论与形而上学虽然有区分，但在作为第一哲学的意义上仍然可以通用。

③ 参见张汝伦《中西哲学十五章》，上海书店出版社 2008 年版，第 50—51 页。

④ 参见俞宣孟《本体论研究》，上海人民出版社 2005 年版，第 27 页。

⑤ 参见杨祖陶《康德黑格尔哲学研究》，人民出版社 2015 年版，第 256 页。

论），而且还要为人类的知识乃至生活、信仰奠基。但随着现代科学和现代生活的兴起，形而上学在整个西方文化中逐渐衰败，同时也陷入了被哲学家批判的境地。形而上学作为第一哲学的地位已摇摇欲坠。

随着现代科学和现代生活的兴起，尤其是"科学主义"和"实证主义"的兴起，形而上学在整个西方文化中逐渐衰落。① 狄尔泰在其《精神科学导论》中讨论过形而上学在西方的没落。在他看来，"现代生活使生活的总体性发生了分化，宗教、艺术、科学逐渐摆脱了中世纪基督教对它们的总体性控制，具有了相对的自主性。与此同时，个体生活也逐渐摆脱了群体生活。这一变化形成了植根于现代人心理结果的精神文化框架，正是这种现代人的精神文化框架，使得形而上学不再可能发挥它在历史上所发挥过的作用——为科学，也为人类精神文化生活提供理由或奠定基础"②。所以，连康德也慨叹，曾经作为科学的女王的形而上学，到如今成了一位受到驱赶和遗弃的老妇。③ 但哲学家对形而上学的批判以及形而上学在西方的没落，并不意味着形而上学本身的终结或没有存在的价值。比如，康德对旧形而上学的批判，就并非为了终结形而上学，而恰恰是为了重新建构新的形而上学，从而恢复它固有的尊严。康德通过对一般理性能力的考察，对一般形而上学的可能性或不可能进行裁决，并对它的来源，范围和界限加以规定，从而为建构真正科学的形而上学扫清障碍。在"纯粹理性的建筑术"中，康德就将整个形而上学划分为本体论、合理的自然之学、合理的宇宙论、合理的神学。④ 通过对一般理性能力的批判以及对旧形而上学的批判，康德试图奠定未来形而上学体系的先验基础。

除了康德之外，西方哲学家如黑格尔、尼采、海德格尔、胡塞尔等也力图拯救形而上学，致力于建立科学的哲学或科学的形而上学。黑格

---

① 参见程志华《熊十力哲学研究——"新唯识论"之理论体系》，人民出版社 2013 年版，第 98—101 页。

② 转引自张汝伦《中西哲学十五章》，第 76 页。

③ 参见 [德] 康德《纯粹理性批判》，邓晓芒译，杨祖陶校，人民出版社 2004 年版，第一版序第 1—2 页。

④ 参见 [德] 康德《纯粹理性批判》，第 638 页。

尔的逻辑学就是他的本体论或形而上学。黑格尔的逻辑学是逻辑学、本体论、认识论和辩证法的统一。杨祖陶指出："黑格尔本人在论及他的逻辑学时，并没有直接说过他的逻辑学是上面所说的那四种学科的统一，他只明白地强调它是与本体论一致的，而且就在说到这点时，他也不是用的本体论这个词，而是说他的逻辑学与'形而上学''合流'。在更详尽地论到这点时，他说，他的'客观逻辑'（由逻辑学的存在论和本质论两部分构成）'代替了昔日形而上学的地位'"。① 可见，黑格尔是以自己的逻辑学体系代替旧形而上学。在黑格尔那里，形而上学的性质就是"只有由思想才会建造起来的""关于世界的科学大厦"，即关于世界的哲学体系或思辨哲学体系。而他的逻辑学也就是关于世界的哲学体系，即形而上学或思辨哲学的"纯粹形态"。②

此外，尼采也是旧形而上学的有力批判者，他不但批判旧的柏拉图主义的形而上学，而且也批判康德、黑格尔式的"理性形而上学"。尼采视形而上学为西方文化危机的根源，其本人意在破除一切形而上学，但在后期哲学家看来，他仍然形成了一种新的强力意志的形而上学。海德格尔说："尼采的形而上学，以及与之相随的'古典虚无主义'的本质基础，现在就可以更清晰地被界定为强力意志的无条件主体性的形而上学。……而对尼采来说，主体性之为无条件的，乃是作为身体的主体性，即本能和情绪的主体性，也就是强力意志的主体性。"③ 康德、黑格尔的"理性形而上学"在尼采这里翻转成了与理性相对的"意志形而上学"。只不过，这一"意志"并非康德式的自由意志，而是充满情绪和本能的"强力意志"。

黑格尔通过逻辑学的建构来代替旧形而上学，把西方哲学中的理性思辨与逻辑推演的理论特性推演到了极致。与黑格尔不同，胡塞尔则试图超越理性思辨与逻辑推演的方法，通过一种现象学的直观来把握哲学以及形而上学，从而获得对世界本身的认识。他认为，"哲学本质上是

① 杨祖陶：《康德黑格尔哲学研究》，第 255—256 页。
② 参见杨祖陶《康德黑格尔哲学研究》，第 256 页。
③ ［德］海德格尔：《尼采》，孙周兴译，商务印书馆 2002 年版，第 831 页。

一门关于真正开端、关于起源、关于万物之本的科学"①。在胡塞尔看来，哲学作为一门科学，"它的科学工作是在直接直观的领域中进行；而我们这个时代所迈出的最大的一个步伐便是，它认识到，借助于正当意义上的哲学直观，借助于现象学的本质把握，一个无限的工作领域便显露出来，一门科学便显露出来，它不带有任何间接的符号化和数学化的方法，不带有推理和证明的辅助，但却获得大量最严格的并且对所有进一步的哲学来说决定性的认识"②。胡塞尔通过一种现象学的哲学方式来重建哲学与形而上学，把目光由单调的思辨哲学转向了丰富的生活世界，开启了哲学发展的新纪元。

继此之后，海德格尔沿用了胡塞尔的现象学方法。海德格尔认为，以往的形而上学把存在对象化和物化，从而遮蔽了存在的丰富意涵，忽视了"此在"（Dasein）的实际生存境遇对存在的意义。在此基础上，海德格尔提出了作为"在—世界—之中—存在"的"此在"（Dasein）的"基础存在论"以代替以往的旧形而上学。当然，到了海德格尔思想后期，他的形而上学思想还有所变化。③

由以上的分析可知，西方形而上学的发展是在一破一立中不断发展演进的，其发展的轨迹大致呈现出了一种正反合的逻辑样态，而现实情形则要更复杂得多。④ 我们上面介绍本体论或形而上学在西方的发展与演变，并非为了深入研究西方的本体论或形而上学，而是为了说明，本体论或形而上学并没有终结，它们仍然是西方哲学中的重要课题，仍具有强大的生命力。当然，即便是康德、黑格尔、胡塞尔以及海德格尔等

---

① ［德］胡塞尔：《哲学作为严格的科学》，倪梁康译，商务印书馆 2010 年版，第 68 页。

② ［德］胡塞尔：《哲学作为严格的科学》，第 69 页。

③ 参见俞吾金《形而上学发展史上的三次翻转——海德格尔形而上学之思的启迪》，《中国社会科学》2009 年第 6 期。

④ 俞吾金认为，西方形而上学发展史由以下三次翻转构成："首先是以笛卡尔、康德、黑格尔为代表的'主体性形而上学'对柏拉图主义的'在场形而上学'的翻转；其次是在主体性形而上学的内部，以叔本华、尼采为代表的'意志形而上学'对以笛卡尔、康德、黑格尔为代表的'理性形而上学'的翻转；再次是后期海德格尔的'世界之四重整体的形而上学'对其前期的'此在形而上学'的翻转"。参见俞吾金《形而上学发展史上的三次翻转——海德格尔形而上学之思的启迪》，《中国社会科学》2009 年第 6 期。

卓越的哲学家致力于拯救或重建形而上学，但他们的哲学中仍然有不可避免的矛盾与困境。不过，以近代西方形而上学的发展演变，反过来观照熊十力的本体论建构，我们会发现熊十力的哲学在中西哲学史上的重要意义。熊十力的本体论建构自觉不自觉地融入了西方重建本体论或形而上学的哲学思潮中，而且他的本体论重建，正是以对治西方哲学尤其是西方形而上学自身的困境而发的。

二　熊十力对西方哲学的批判

熊十力认为，哲学就是本体论或形而上学。哲学不同于科学，哲学真理亦不同于科学真理。前者探究绝对的真实，即所谓实体或宇宙本体，其范围通于本体与现象，指向整个宇宙人生；而后者则探讨事物间的法则，其范围仅限于现象界或经验界。科学与哲学各有其独立的价值。在熊十力看来，本体论才是哲学不同于科学的所在，而所谓本体论即以穷究宇宙本体或实体为第一要务。

如上文所言，本体论是西方传统意义上的哲学形态。但在熊十力看来，西方哲学却与科学具有同一种精神。同时，西方哲学向外探求本体，虚悬一个不可实得的理想世界，产生一种超越感，由此又与宗教类似。在熊十力看来，这样一种依靠理智或量智向外推度的方法，便与所推度者分离为二，由此陷入一种主体与客体、本体与现象、唯心与唯物以及能与所的二元对立状态，由此不能证得实相。实相即本体，本体则通于主客、心物、能所、知行而为一。

熊十力重点批判了西方流行的唯心论和唯物论。他既不赞成唯物论，也不赞成唯心论。西方哲学有两个来源，一为希腊思想，一为希伯来宗教思想。熊十力认为，西方哲学一元唯心论思想深受希伯来宗教思想影响，如黑格尔所谓绝对精神即上帝之变形。而一元唯物论则是希腊科学精神之遗续，仍是一种科学思维。在熊十力看来，心物都是本体流行的两种状态，都不是本体自身。他以《新唯识论》中的翕辟思想来谈心物，并以此摄受心物这两种本体流行的状态。其言："然自用上言，翕则为物，辟乃为心。翕辟本一体流行，而现为相反相成之二势。在此等意义上说，随俗则心物俱成，不可以心消归于物而说唯物，不可以物消归于心而说唯心。于二势用随执其一为第一因，皆属谬误。"① 心物非二元，只是本体的两种势用。熊十力《新唯识论》阐扬体用不二之旨。体用不二而究有分；虽然有分，而仍不二。熊氏常以大海水与众沤来比喻体用不二而有分的思想。大海水喻体，众沤喻用。如大海水现为众沤，一一众沤非有自体，而以大海水为自体，是以大海水与众沤本不二；虽然不二，却有一一众沤之相，与大海水毕竟有分。本体决然无待，而其大用流行则现为翕辟或心物两种势用。心物并不外于本体，而恰恰是本体自身的显现。是以熊十力说："凡向外穷索本体者，无论唯心、唯物诸论，总是抛却自家无尽藏，而向外去找万化根源。便是不自承当。此西学根本失处。"② 熊氏认为，只有这个自家无尽藏才是万化根源，才是本体。而这个本体就是本心。

熊氏所谓本心与唯心之心不同，唯心之心乃是有所得之心或习心。这里有本心与习心之别。在熊十力看来，西方哲学割裂宇宙与人生，分裂理智与情感，其立论皆出于推度，而非反己证会，是以不见自性，不悟本心。而中土儒释道三家之学，其要旨皆在复其本心，只是所见有浅、深、偏、全之不同而已。他说："西洋唯心之论，毕竟不识本心。……从上诸先哲发明心学，确不同西洋哲学家徒以一番知见与一套理论为其对于宇宙人生之一种说明而已，却是从日用践履中，默识本原。"③ 熊十力认为，只有反识自证，通过道德实践，才能证悟本体。西方哲学家康德庶几近之。熊十力说："德哲康德以为本体，非理智所可及。唯由道德实践，乃可契应。"④ 康德认识到本体不能通过理智去探究，而要诉诸道德实践，其道德实践的根据在于自由意志。"惜乎康德不知于自由意志，认识自家与宇宙万有同体之真实本源。而犹别觅上帝与灵魂，此大惑也。总缘西洋人一向以本体为外在的物事，而凭理智去追求之，不

---

① 《熊十力全集》第四卷，第443页。
② 《熊十力全集》第三卷，第751页。
③ 《熊十力全集》第六卷，第215页。
④ 《熊十力全集》第三卷，第628页。

悟反己自得也。"① 在熊十力看来，西方哲学种种探讨本体之说，都是习气用事，难免陷于戏论，不能确立人生的大本大源。熊十力对西方哲学的批判，并非要拒斥整个西方哲学，而是认识到西方哲学的局限，并安立其应有的价值。在此基础上，熊十力尝试重新建构一种通达现象与本体、心与物、知与行等的新本体论，从而克服西方传统形上学的种种困境，而这就需要诉诸中国哲学的智慧。在熊十力，只有建基在中国哲学智慧之上的本体论，才能克服西方传统形而上学面临的种种困境。

　　熊十力的本体论建构体现在其所造《新唯识论》中。《新唯识论》起初以文言本面世，后来又出了语体文本。在形式上，熊氏该书的一大特色就是系统谨严，逻辑严密，迥异于中土传统意义上的著述。为何要以一种全新的、迥异于传统学术的论说方式来阐扬本土思想，熊十力有着自己的思考。针对中土著述向来不尚论辩、不重系统的实际情况，他在答唐君毅的书信中强调，"《新论》劈空建立，却以系统谨严之体制而曲显其不可方物之至理。……又其针对西洋哲学思想以立言，而完成东方哲学的骨髓与形貌"②。在《新唯识论》中，熊十力以东方哲学尤其是中土的儒家哲学重建哲学形上学，以奠定宇宙万有与人伦生活的根基。

　　熊十力正是本着中国哲学的智慧重建本体论或形而上学，解决西方形而上学中的矛盾与困境。在熊十力以本心自性为基础的本体论中，西方形而上学中关于存在、上帝、心灵和宇宙的学说得以被消解或超化。在熊十力的本体论中，西方形而上学中的存在、心灵、宇宙被超化为中国哲学中的本心，而本心所具有的智慧称为性智，性智由体证而证会，非理性思辨所能思维认识，因此可以避免产生康德所谓的"理性的幻象"。至于上帝，则在熊十力的本体论中被消解了，从而被一种诗化的人文精神代替。总之，熊十力通过建构以本心自性为基础的本体论或形而上学，通过性智、量智的划分，借鉴中国哲学中的体用不二、天人不二的理念，化解西方形而上学本体与现象、思维与存在、哲学与科学、

---

① 《熊十力全集》第三卷，第737页。
② 《熊十力全集》第四卷，第178页。

知识与信仰之分裂所造成的哲学危机与信仰危机，从而更好地安置本体与现象，贯通思维与存在，分别哲学与科学，并寻求能代替宗教的信仰支撑。

三 本体形上学的建构

在西方的形而上学体系中，有着本体论、宇宙论、人生论以及知识论等的划分。熊十力则认为，西洋哲学虽如此区分，而中国哲学则不必"斠画太死"。他说："哲学通宇宙、生命、真理、知能而为一，本无内外，故道在反躬，非实践无由证见，故是修养的学问。"① 一语道出了中国哲学的整全性与实践性的特质。熊十力的哲学就志在以本体论统摄上述西方形而上学诸论。

熊十力建构本体论的基础就是中国哲学中的心性一系。他的本体论俱见于其所造《新唯识论》中。《新唯识论》之义理精神即多所资于孟子。在孟子，本心是一切道德实践的根据，它表现为四端之心以及仁义礼智四德，是人异于禽兽的形上根据。而在熊十力，孟子具道德主体意涵的本心则被升华到了本体的层面。因此，熊十力实际是以孟子—陆王一系心学为根基，融贯儒家《大易》的宇宙论间架来构建儒家的形而上学。在熊十力的哲学体系中，本体论是其核心，而人生论、宇宙论、工夫论以及治化论等都与其本体论息息相关，由此形成了一个相互涵容、回环往复的意义世界。熊十力是在与西方形而上学的对勘中，完成其哲学体系建构的。

首先，熊十力的本体论，体现在其对心性本体的确立上。与西方外在的、逻辑思辨式的、认识论式的探究存在（是）之为存在（是）的理性本体论不同，熊十力的本体论表现出了中国哲学自反自识的实践特性，体现了一种生命本体与价值本体的品格。这个生命本体或价值本体就是中国传统哲学尤其是孟子思想中的"本心"。熊十力说：

> 哲学家谈本体者，大抵把本体当做是离吾心而外在底物事，只

---

① 《熊十力全集》第四卷，第115页。

凭理智作用向外界去寻求。哲学家都不外此作法，遂致各以思考去构画一种本体，纷纷不一其说，如彼一元、二元、多元种种之论，犹如群盲摸象，各自以为得象之真，而实都无是处。更有否认本体专讲知识论者，此种主张可谓脱离哲学之立场，哲学所以脚跟稳定者，因有本体论是科学所夺不去。哲学家为本分事未识得，才研究知识论，今乃立意不承认有本体，而只在知识论上钻来钻去，终无结果，如何不是脱离哲学立场？世学迷谬丛生，正如前哲所谓道在迩而求诸远、事在易而求诸难，根本不悟万有本原与吾人真性元非有二，遂至妄臆宇宙本体为离自心而外在，故乃凭量智以向外求索，及其求索不可得，犹复不已于求索，则且以臆想而有所建立。①

熊十力在此区分了性智与量智。"性智贞明，无虚妄分别；量智恒驰逐于物，即常以物为外界独存，而不悟天地万物皆自心之所流通无间、元非异体，此由其杂于迷妄之习也。"② 他认为，西方哲学凭量智向外推论式的探究本体，终究难免陷于戏论，而不能证见万有本原与吾人真性不二。至于以知识论否认本体的做法，正是缘于其未证见本体，从而脱离了哲学立场，而终无所得。

熊十力通过区分性智与量智，批判了西方量智思维下的"理性本体论"，并进一步通过区分本心与习心，批判了西方哲学家以盲目之意志为本体的学说。熊十力指出，本心是虚寂明觉的。"唯寂唯觉，备万理而无妄，具众德而恒如，是故万化以之行，百物以之成，群有不起于惑，反求诸己不亦默然深喻哉？哲学家谈宇宙缘起，有以为由盲目追求的意志者，此与数论言万法之生亦由于暗，伏曼容说万事起于惑，同一谬误。盖皆以习心测化理而不曾识得本心，故铸此大错。"③ 在熊十力看来，西方哲学家如叔本华所谓意志，柏格森所谓生命，皆是无明或习气，并非真有见于性体。凡此种种迷谬，其根源皆在于不能悟得物我同

① 《熊十力全集》第六卷，第29—30页。
② 《熊十力全集》第六卷，第29页。
③ 《熊十力全集》第六卷，第31页。

源、万物一体之义，失却自家"无尽藏"。而这个"无尽藏"就是"本心"。熊氏说："本心即万化实体，而随义差别，则有多名。以其无声无臭，冲寂之至，则名为天。以其流行不息，则名为命。以其为万物所由之而成，则名为道。以其为吾人所以生之理，则名为性。以其主乎吾身，则谓之心。以其秩然备诸众理，则名为理。以其生生不容已，则名为仁。以其照体独立，则名为知。以其涵备万德，故名明德。"① 熊十力以"本心"为本体，把中国哲学中的心、性、天、命、道、理、仁、知、明德等传统哲学范畴融贯起来，建构了一套独具中国哲学智慧的本体论。由此，"本心"具足了本体的地位与功用。郭齐勇说："熊氏'本体'不是纯粹的自然本体，也不是纯粹的精神本体，而是一种人类生命本体，道德主体，是吾人与天地万物共同的根据，是一切价值的源头活水。熊氏之本体论，离不开宇宙论和人生论，离不开人与仁（体）及其展开——宇宙万象和人之文化活动（统称为用）。在这里，天道与人道、生命存在与心灵境界、宇宙价值和人生价值获得了完满的统一。"② 熊氏并以此心性本体论接引、超化哲学中的宇宙论、知识论、人生论等论域，使之融为一体。

其次，在确立了心性本体的前提下，熊十力的本体论彰显了中国哲学天人不二、体用不二、心物不二以及能质不二的特质，由此克服西方形而上学主体与客体、本体与现象、心与物以及过程与实在之间二分的状况。熊十力认为，中国哲学视域下的本体论体现了天人不二的特质。他说："孔孟所言天，既不是宗教家之天，更不是理想中构画一崇高无上之一种理念，或一种超越感。彼乃反诸自身，识得有个与天地万物同体的真宰炯然在中，《新论》所云性智是也。吾人实证到此，便无物我、内外可分，此乃即物而超物，即人而天。《孟子》所云尽心则知性知天者，此之谓也。"③ 在熊十力看来，心、性、天皆是本体之谓，由孟子"尽心知性知天"则可知天人不二，也即吾人生命与宇宙大生命

① 《熊十力全集》第三卷，第636页。
② 郭齐勇：《熊十力哲学研究》，第39页。
③ 《熊十力全集》第四卷，第353页。

不二。吾人尽其心，即见天地之心，尽其性，即证万物之性。中国哲学所体现的天人不二的哲学观，并非理智思维所构画而得，而实在是反躬自识后的证真之谈。而这就需要一番实践的、修养的工夫。熊十力说：

> 尽心之尽，谓吾人修养工夫当对治习染或私欲，而使本心得显发其德用无有一毫亏欠，故尽心即是性天全显，故曰知性知天。知者证知，本心之炯然内证也，非知识之知。由孟子之言，则哲学家谈本体者不可徒任量智寻求，要必待修养之功笃实深纯，乃至克尽其心，始获证见。①

熊十力更举孟子之"上下与天地同流""万物皆备于我"、明道之"仁者浑然与物同体"、象山之"宇宙不外吾心"、阳明之"心外无物"等说法，认为这都是反躬自识后的证真之谈。② 这样，熊十力通过打通心体、性体、天体、道体，把道德主体与宇宙本体贯通起来。如此一来，道德主体或道德本心所具有的"仁"的精神得以贯通到天道性命中去，由此赋予了人之生命存在、日用常行以及宇宙万象以价值与意义。

就宇宙论而言，熊十力的宇宙论关联着本体论，因此，又称"本体—宇宙论"。如果说熊十力的本体论，意在强调心性本体之于生活世界以及宇宙万有的本原性地位的话，那么，其宇宙论则重点彰显了心性本体在道德实践以及人文化成等层面的功用。前者重"体"，后者重"用"。熊十力的本体—宇宙论是承体启用之论，其特点在于体用不二、心物不二以及能质不二。宇宙论本是西方形而上学领域探讨的问题，熊十力借之以描述自己建基在心性本体之上的宇宙论。贺麟指出，熊十力"对陆王本心之学，发挥为绝对的本体，且本翕辟之说，而发展设施为宇宙论，用性智实证以发挥陆之反省本心、王之致良知……为陆王心学之精微化系统化最独创之集大成者"③。熊十力本体用不二、翕辟成变

---

① 《熊十力全集》第六卷，第31—32页。

② 参见景海峰《熊十力哲学研究》，北京大学出版社2010年版，第81页。

③ 贺麟：《陆王之学的新发展》，转引自郭齐勇《熊十力哲学研究》，第39—40页。

之旨，把孟子——陆王心学一系的道德本心论演绎成了一套道德形上学，并以之解释宇宙万有。他批评西方哲学割裂本体与现象，而不悟体用不二之旨，指出"体是无方所、无形象而实备万理、含万善，具有无限的可能，是一真无待。故说不易。用者，言乎本体之流行，状夫本体之发现。因为本体是空寂而刚健，故恒生生不已，化化不停，即此生生化化，说为流行，亦名作用或功用"①。熊氏常以大海水与众沤譬喻体用之不一不二的关系。熊十力极力阐释其体用不二的宇宙观，意在强调我们的宇宙，乃是具真实生命的宇宙，是本心自性的开显与实现。宇宙大生命与吾人生命不可割裂为二，天德即人德，天地之心即人之本心，由此证见天人不二，复其"天地万物一体之本然"。

最后，熊十力的本体论与人生论不分，消解了西方形而上学在人生哲学层面所预设的灵魂以及上帝观念，表现了中土尤其是儒家"形色即天性""日用皆真常"的哲学智慧。熊十力说："中国人本淡于宗教信仰，唯赖有高深博大之儒家哲学，足以引人反己而自识真理。体神化不测之妙于人伦日用之间，自性真实，无须向外觅天帝也。自性自尽，无可悬想趣涅槃也。自性，生生也。思诚，以存生之理。积健，以顺生之几。《诗》不云乎：'夙兴夜寐，毋忝尔所生。'中国人以此自信，善莫大焉。"②他还曾以《诗经》为例，表彰儒家这种"形色即天性""日用皆真常"的人生哲学：

> 中国民族之特性即为无宗教思想，此可于中国远古之《诗经》而征之。《诗经》以二南冠者，其所咏歌，皆人生日用之常与男女室家农桑劳作之事，处处表现其高尚、和乐、恬淡、闲适、肃穆、勤勉、宽大、坦荡之情怀；不绝物以专求之内心，故无枯槁之患；亦不逐物以溺其心，故无追求无餍之累。日常生活皆顺其天则，畅其至性，则自一饮一食以及所接之一花一木乃至日星大地，无在非

---

① 《熊十力全集》第四卷，第 76 页。
② 《熊十力全集》第三卷，第 808 页。

真理之显现。故不必呵斥人间世而别求天国。①

　　《诗经》为儒家所传六艺之道之一，经为常道，《诗经》最能体现儒家的日用常行之道，最能体现儒家哲学的特质。熊十力把儒家哲学的特质概括为生活的哲学。所谓生活的哲学即践行合理的生活，而合理的生活即合乎天性、天则的生活，即在生活中体贴天理，实证本体，通达性命。《诗经》"二南"（《周南》《召南》）所昭示者，概莫能外。通过在人生日用常行中体认真常之道，生活以至于生命由此伦理化、艺术化、庄严化，生活与生命得以安顿与畅达。即在当下的人间世中证悟生命本体，不必出离世间而别有所求。孟子"形色天性也"一语乃即相显性，于世间相证得天性流行，既不厌离世间，亦非玩世不恭，而是于日用常行中践形尽性。"孟子此言（指'形色天性也'——引者注），盖从乾元始物与万物各正性命处体认得来，一言而发《大易》之蕴，盖孔子嫡嗣，儒学之大宗也。识得形色即天性，则尽性所以践形，践形即是尽性。故孟子之人生观在集义、养气，以究于至大至刚、充塞天地之盛，是即人即天地，即世间即乾元性海也。至此则何有厌离？又何有于玩？"②

　　综上，熊十力本着对西方传统形上学批判与超化的原则，从儒家心性义理出发，建构了一套涵盖本体论、宇宙论、人生论、知识论、治化论等在内的整全的形上学体系，从而力图化解其所处时代人们所面临的存在危机、信仰危机以及意义危机。诚然，熊十力对西方哲学有着化约性的理解，对其同时代的西方哲学思潮了解有限。其实，西方近现代存在主义、现象学等学派的兴起正是为了反对西方理性主义的传统，从而深入生活世界，与中国哲学重视生活、生命有着同样的旨趣。西方传统形而上学的危机就是因为哲学愈发远离人们的实际生活，所以既有存在主义、现象学等对这一危机的反省，也有福柯（M. Foucault）、阿道（P. Hadot）以及纳斯鲍姆（Martha C. Nussbaum）对作为一种"生命之

---

① 《熊十力全集》第四卷，第197页。
② 《熊十力全集》第五卷，第92—93页。

道""生活方式"的古典哲学精神的回归。① 而在这种意义上，中国传统经学义理中的性命论、工夫论等可以提供相当丰富的思想资源。熊十力的经典诠释不是简单的回归传统经学注疏，而是让经学文本以及经学义理面向当下人的生活和生命，通过一种新的诠释激发经学的内在价值，从而重新焕发其生机，滋养现代人的生命。

此外，熊十力对中土心性形上学的推崇，并非盲目自大，故步自封。熊十力持开放的哲学观，他说："吾主张今日言哲学，当旷览中外，去门户而尚宏通，远偏狭而求圆观。"② 他并且希望借助中西哲学的智慧，展望一种新哲学。"愚意欲新哲学产生，必须治本国哲学与治西洋哲学者共同努力，彼此热诚谦虚，各尽所长；互相观摩，毋相攻伐；互相尊重，毋相轻鄙，务期各尽所长，然后有新哲学产生之望云云。"③ 熊十力试图用中国哲学的智慧与信念挽救其所处时代背景下的存在危机与信仰危机，同时持开放的哲学观，希冀一种新哲学的诞生，他的问题意识及其相应的哲学洞见仍然值得我们当下进一步思考和探索。

第三节　诠释与融通——本体形上学视域下的孟子学

前面两节，我们分析了熊十力经学即哲学的经典诠释观和中西哲学判教下的哲学观，并对熊十力依托孟子心性学构建的形上学体系有了一个整体性的认识。这一节，我们转而论述熊十力对孟子思想的诠释。熊十力的孟子诠释与其自身的哲学架构息息相关，其孟子诠释即建立在他的哲学观及其形上学思想之上。熊氏尝言："夫六经广大，无所不赅。而言其根极，必归之心性。"④ 熊十力以孟子的心性学作为其形上学体系的基础与核心，复以哲学间架式的形上学反过来诠释六经以及孟子思想。

---

① 参见陈立胜《静坐在儒家修身学中的意义》，《广西大学学报》（哲学社会科学版），2014 年第 4 期。
② 《熊十力全集》第四卷，第 376 页。
③ 《熊十力全集》第四卷，第 105 页。
④ 《熊十力全集》第三卷，第 820 页。

前文谈到，熊十力本诸孟子——陆王一系心性学与《易》义，融摄释道，借镜西学，演绎出了一套彰显儒学大义的形上学体系。熊十力的形上学体系以本体论为内核，熔宇宙论、人生论、治化论等论说于一炉，建构了一个循环往复的解释学系统。因此，熊十力基于其形上学体系的相关论说可谓头头是道、左右逢源，既能对儒家经典及其相应义理作出相对融贯的诠释，又能对儒学史上一些颇具争议的学术问题给予较为圆融的解读。在这样的哲学形上学视域下，熊十力对儒家（孟子）的性善论、工夫论、治化论等都有相应的阐释。下面我们一一论析。

一 性命与体用

心性论是儒家思想的核心。孟子道性善，明确了儒家人性论的最终蕲向。其后，荀子倡性恶，然其旨归仍在化性起伪，导归于礼义。同属儒门，孟荀性善、性恶之说两相对峙，义理上仍需加以整合、会通。熊十力的哲学，强调体用不二而亦有分，就"体"上言则为大全而无对，就"用"上言则为分殊而有对。熊十力以体用不一不异、相反相成的义理模式整合孟荀的性善论与性恶论。他说：

> 性善性恶，二说相反也，而善统治恶，乃反而相成。孟子言性善，就吾人与天地万物共同之真源而言也。真源无有不善。荀卿言性恶，就吾人有生以后，妄执小己而言也。真源之流不得不分化，分化故有小己，小己不得无欲。欲动而徇于小己之私，且狂迷不反者，其变也。小己之私欲，狂逞不反即障蔽真性，此所以成乎矛盾也。然复须知，小己之私欲，虽足以障蔽真性，而真性毕竟不坏灭，譬如浮云虽能蔽日而日光未尝不在，浮云消散则大明遍照无穷矣。儒家求己之学，节制私欲，以完复其固有之真性，则矛盾化除而真性常得为四体之主。即小己之欲毋妄逞，而亦莫非真性流行无所谓私也。故性恶论者虽足以纠正性善论之忽视矛盾，而性善论究不因有矛盾而失其据。①

---

① 《熊十力全集》第六卷，第322—323页。

熊十力认为，孟子言性善是就宇宙真源而言，此宇宙真源即宇宙本体，真源在吾人分上即是吾人真性，因此，孟子之所谓性者乃是"天命之性"。在熊十力看来，儒家经典中的天、命、性三名所指目的都是同一个对象，即万化之大原，万物之本体。熊十力依其本体宇宙论的哲学架构，对儒家的天、命、性作了哲学形上学的阐释与论证。他说："其无声无臭无所待而然，则谓之天；以其流行不息，则谓之命；以其为吾人所以生之理，则谓之性。"① 天即宇宙本体，命即本体之流行，大用流行，人秉之以为性，此所以性即命也，也即天也。"孟子灼然见到天性，故直道一善字。"② 荀子以及董仲舒之论性，则是材性之性，即宋儒所谓"气质之性"。荀子、董仲舒所谓性，并非孟子之所谓性。前者论性就人受生之初所形成的某种气质立言，后者论性则直从人所以生之真实源头立言。所以熊十力认为，只有孟子从生命真实源头处立言的"天命之性"始可名为性，材性之性或气质之性只可名为材质或气质，两者不容混淆。天命之性相应于宇宙本体、宇宙真源，真源无有不善。而材性之性或气质之性乃宇宙真源之流行、分化而现为气质者，此则会有善有不善。熊十力说："天性是本体，本体之流行那有一毫杂染？但其流行也不能不翕而成物，否则无所凭藉以自显。然翕也者，造化之无有作意而一任其自然之几，非有定准可为之齐一也。故人物之气质有通塞不齐。……夫通者足以显发其天性，即全乎固有之善；塞者难以显发其天性，斯成乎不善。"③ 可图示如下：

| 体 | 天 | 性 | 天命之性 | 纯善 |
| 用 | 人 | 命 | 气质之性 | 有善有不善 |

熊十力依其体用不一不异的义理间架，整合儒门内部的性善论与性

① 《熊十力全集》第四卷，第382页。
② 《熊十力全集》第六卷，第273页。
③ 《熊十力全集》第六卷，第273页。

恶论，使天命之性与气质之性各安其位，进而以天命之性统摄气质之性，以性善说统摄性恶说，从而回归生命的大本大源。他进而强调，材性之不善者只是气质之偏，因造化之不齐而偶成，并非天性如此。因此，君子之学在于率此天命之性以变化气质，不以气质之偏而累其天性。

为了进一步强调儒家天道性命相贯通的形上学意蕴，突显儒家性命不二之旨，熊十力创造性地诠释了《孟子》"口之于味"章的文本内涵。兹引原文如下：

> 孟子曰："口之于味也，目之于色也，耳之于声也，鼻之于臭也，四肢之于安佚也，性也，有命焉，君子不谓性也。仁之于父子也，义之于君臣也，礼之于宾主也，知之于贤者也，圣人之于天道也，命也，有性焉，君子不谓命也。"（《尽心下》）

熊氏说："《孟子》此章是融贯天人之际而谈，易言之，即在他的人生论里面包含着宇宙论在内。他以为人的食色等欲虽是气质方面后起的事，而气质之凝成则本于天化。由此，把欲推原到性上去。"① 孟子固然把声色臭味等欲推原到性上去，然而欲毕竟不是性之本然，而是性理之流行即形成气质后始有，因此不可谓之性，所以孟子说："有命焉，君子不谓性也。"

在熊十力看来，就仁义礼智天道而言，孟子认为其固然为性所具，但必须在气质肇始之际其性德才能得以显现。"仁义礼智天道，皆一心之全体大用，即皆自性固具，然若无这气质，则性德如何显现？当命之流行而吾人禀之以有生时，即体仁、行义、复礼、发智与证知天道等等的可能性，便与气质俱时始起，故孟子曰命也。然此理毕竟不限于气质，故复曰性也，非命也。"② 在孟子，本心即性，此心之显为恻隐者，即性之仁德，仁德莫切于父子之际，故于此言之。推之义、礼、智、圣

---

① 《熊十力全集》第四卷，第280页。
② 《熊十力全集》第四卷，第280页。

诸德，同样必于流行成物、有物有伦之后而始能显现。是故孟子于此曰
命也，命即气质肇始之际。熊氏以为，孟子恐人黏滞在气质上而不见
性，故又说"有性焉，君子不谓命也"。

在对《孟子》"口之于味"章的诠释中，熊十力强调儒家性命不二
之旨，指出"命"并非世俗定命论之"命"，而是指天理、性体之流
行，吾人于此际禀受，而成具体的生命。命可从两方面立言。"自天化
言，则曰命；自吾人禀之而成独立的生机体言，则曰气质。"① 据此，
熊氏反对性命、理欲二分的做法，批评程朱对于此章的解释全失其旨。
熊十力依其体用义，强调欲即性，欲不可断，要在使其当于理。他说：
"生生之本然，健动，而涵万理，备万善，是《易》所谓太极，宇宙之
本体也。其在人则曰性。吾人率性而行，则饮食男女，皆有则而不乱。
推之一切所欲，莫不当理。如此，则欲即性也，何待绝欲而后复其性
乎？"② 因此，熊十力极为反对那种将天理、人欲截然二分的做法，更
反对以绝欲为道者，他主张吾人应反己而识自性，而后率性而行，不必
徒事于绝欲。"夫情欲率性而行者，欲亦即性，性其可断乎？率性者何？
顺理之谓也。夫妇有别，礼也。礼即理也，亦即性也。'逾东家墙而搂
其处子'，则非礼也，即违理拂性也。……以此思之，则欲非可患，患
在人自纵欲耳。"③ 他也强调只有在气质肇始之际，才可以说仁义等性
德，而仁义等性德也只有在具体的时空以及具体的伦常关系中才能得以
显发。因此，他特别推崇"道不离器""形色即天性"等说法，指出修
身工夫须着眼于"命"。熊氏就此说："故凡仁义等性德易显发与否，
及食色等欲易循理与否，都须向命上理会。吾人立命工夫只在率性，以
变化气质。"④ 而具体到如何率性，如何进一步开显本心本性，则涉及
孟子的工夫论。在工夫论层面，熊十力注重发明孟子反己、推扩的工夫
路径，并融会《孟子》与《大学》相关义旨，以此会通朱子、阳明，
在此基础上突显中国哲学的实践品格。

---

① 《熊十力全集》第四卷，第 280 页。
② 《熊十力全集》第三卷，第 917 页。
③ 《熊十力全集》第四卷，第 327 页。
④ 《熊十力全集》第四卷，第 282 页。

二　致知与格物

熊十力立足中国哲学的传统，一再强调哲学是修养的学问，实践的工夫。他说："中国哲学，由道德实践，而证得真体。"① 在他看来，哲学之终极目标即在证悟本体，并实践体认之。熊十力虽然极力强调哲学的实践品格，但他并未轻视知识以及知识论。他主张以中国哲学折中西方哲学，以中国哲学的本体论融摄西方的知识论。熊十力认为，西方哲学偏重知识与思辨，中国哲学偏重修养与实践。对于中西学术之异，熊氏力求异而知其类，睽而知其通，主张观其会通而不容偏废。因此，在哲学上，他主张思辨与体认二者交修并举。在他看来，中国先哲尤其是儒家恰恰能把上述二者结合为一。熊氏说："西洋人之学尚思辨，吾先哲之学慎思明辨而毕竟归于体认。"② "儒家于形而上学主体认，于经验界仍注重知识。有体认之功，以主乎知识，则知识不限于琐碎，而有以洞澈事物之本真；有知识，以辅体认之功，则体认不蹈于空虚，而有以遍观真理之散著。然则儒家其至矣乎！"③ 熊氏主张以中学涵摄西学，予知识以安顿。

熊氏何以得出儒家既主体认又融摄知识的结论呢？这可以从他对《大学》"致知格物"的诠释中看出来。熊十力之所以重视《大学》"致知格物"的问题，并以此调和朱子、阳明，并非仅仅着眼于此问题本身。他是想借助对这一学术公案的诠释与梳理，来应对中西哲学之会通的问题。熊十力说："此一争端，实汉以来，吾国学术史上最重要之一问题。直至今日，此问题不独未解决，更扩大而为中西学术是否可以融通之问题。"④ 熊十力想通过折中朱子、阳明之说，以一种更为融贯的方式诠释"致知格物"，既使儒家主体认又融摄知识的义理间架更为显豁，也使得儒家的学说更能面对现代学术的挑战，从而富有而日新。

对于"致知格物"的诠释，熊十力融会《孟子》与《大学》义理，

---

① 《熊十力全集》第三卷，第 666 页。
② 《熊十力全集》第六卷，第 299 页。
③ 《熊十力全集》第四卷，第 201 页。
④ 《熊十力全集》第三卷，第 665 页。

以孟子义理整合《大学》中的"致知格物"说，于朱子、阳明之说各有所取舍，而又能观其会通。熊十力说："余以为致知之说，阳明无可易。格物之义，宜酌采朱子。"① 在为学路径上，熊十力看到了阳明与朱子在尊德性与道问学之间的张力，因此主张结合阳明的"致知"说与朱子的"格物"说，以此来融会德性与知识。

就致知而言，熊氏取阳明的说法，致知即致良知之谓。朱子训致知之"知"为识（知识），致知即"推极吾之知识，欲其所知无不尽也"②。此为熊氏所不取。因为在熊十力看来，知识愈多，并不一定能诚意正心，这在《大学》文本上没有义理上的关联。甚而可能知识愈多诈伪愈甚。因此，致知之"知"绝非知识之知，而必为良知，如此方能合乎经义。致知之"知"为良知，则诚意正心之工夫方有着落。而在阳明，心、意、知、物只是一事，所以其答徐爱问格物之说云："身之主宰便是心；心之所发便是意；意之本体便是知；意之所在便是物。"③ 在熊十力看来，阳明所谓良知，即吾人与天地万物所共有之本体。诚意正心的工夫非立大本不可，此大本即良知。良知即意之本体，也即正心之心。良知是大本，致良知则是立大本。而致良知之"致"即孟子"推扩"义。

对于致知之"致"的理解，熊十力与其弟子牟宗三曾经在书信中有过讨论。牟宗三认为，无论是"欲诚其意者先致其知"中的"致"，还是"致知在格物"中的"致"，都应作"复"义解。而阳明言致良知之"致"似有歧义，既可作内向"复"义解，又可作外向"推扩"义解，而关键在"复"。④ 对此，熊十力并不赞同。他认为，"诚意先致知"中的"致"与"致知在格物"中的"致"，都是推扩义。在熊氏看来，"复"义已经在经文"正心"处言及，正心即复其本心之义，因此不必再于"致知"处说明。诚意工夫是正心之关键，而诚意工夫之下手处则在于立大本，而推扩即是立大本。因此，工夫端在于致知，即

---

① 《熊十力全集》第三卷，第667页。
② （宋）朱熹：《四书章句集注》，第4页。
③ （明）王守仁：《王阳明全集》，第6页。
④ 参见《熊十力全集》第四卷，第396页。

推扩良知之谓。

阳明言致良知，即推扩其良知之谓，其义本于孟子。"推"本于孟子之"推恩"。孟子曰："老吾老，以及人之老；幼吾幼，以及人之幼。天下可运于掌。《诗》云：'刑于寡妻，至于兄弟，以御于家邦。'言举斯心加诸彼而已。故推恩足以保四海，不推恩无以保妻子。古之人所以大过人者，无他焉，善推其所为而已矣。"（《梁惠王上》）"扩"即孟子之"扩充"。其云："凡有四端于我者，知皆扩而充之矣，若火之始然，泉之始达。苟能充之，足以保四海；苟不充之，不足以事父母。"（《公孙丑上》）在熊十力看来，良知即本体，本体可从两个方面立言。从其法尔道理（本体）上立言，本体无待，法尔自足；从其继承道理（工夫）上立言，本体备万理，含万化，无有穷竭，具有无限的可能。所谓"人能弘道，非道弘人"，"弘道"即推扩本体之义。熊十力说："总之，致知之知，即《孟子》所云'良知'。阳明切实体认乎此，而后据之以释经，盖断乎不容疑也。"[①] 熊氏并指出阳明释致知为致良知，深得六经之旨。六经之道，以尽性为极则，而《大学》致知即尽性之谓。

就格物而言，熊氏采酌朱子的相关说法，而与阳明"致知"说相会通。对于格物之"格"，阳明曰："'格物'如《孟子》'大人格君心'之'格'，是去其心之不正，以全其本体之正。"[②] 是以阳明以"为善去恶"训格物。对于格物之"物"，阳明训为"事"，如"意在于事亲，即事亲便是一物"等，且说无心外之事，无心外之物。这样一来，阳明只承认意向性的道德活动为"物"，而几乎否认外界物的存在。熊十力认为，阳明如此训释格物，不免偏于道德实践方面，而不能承认有物，即不能为科学留地盘，此则过于忽视知识，并非《大学》言格物之本义。这是阳明学说的缺点。因此，对于格物，熊氏取朱子即物穷理之说，如此知识方得以成立。但是《大学》言格物，只是予知识以基地，并非直接谈知识。因此，熊氏不满朱子训致知之"知"为知识，

---

① 《熊十力全集》第三卷，第663页。
② （明）王守仁：《王阳明全集》，第6页。

而是取阳明良知义。这样的话，通过分别取阳明"致知"说与朱子"格物"说，熊十力把《大学》致知格物的义理融贯为一体。熊十力说："格者，理度义。良知之明，周运乎事事物物而量度之，以悉得其有则而不可乱者，此是良知推扩不容已而未可遏绝者也。"① 熊氏更以《孟子》中舜"明于庶物，察于人伦"一说来加以论证。他说："明物察伦即于物理无不格量而无所迷谬，所谓物格是也。物格即是良知行乎事事物物而大明遍照，其力用日益增盛，故曰：'物格而后知至也。'"② 熊十力通过上述诠释，使阳明"致知"说与朱子"格物"说都能各安其位，且能使两方义理得以合理贯通。

熊十力的经典诠释有着强烈的学术关怀，因此，他融贯朱子、阳明之说诠释《大学》"致知格物"并非仅仅着眼于文本本身，而是想在古今中西学术会通的背景下审视与定位中西之学。熊十力说："六经之道，以尽性为极则。其功固在反己，以视西洋学术，根本自异。然经学并不主绝物反知，故《大学》总括六经旨要，而注重格物。则虽以涵养本体为宗极，而于发展人类之理性或知识，固未尝忽视也。经学毕竟可以融摄科学，元不相忤。人类如只注重科学知识，而不求尽性，则将丧其生命。而有《礼经》所谓人化物也之叹，此人生之至不幸也。"③ 对于中西学术，熊十力既辨其异，又观其通，在立足于中学主体性（以尽性为本）的前提下，辅以西学之资（辨物析理之学）。

三　内圣与外王

熊十力尝以内圣、外王总括儒家之道或孔子之道，并从内圣与外王两个角度阐述儒家六经大义及其哲学思想。因此，也可以从内圣与外王两个层面分疏熊十力的学术思想。前文所述熊十力建基在心性之上的本体论或本体形上学可称为他的内圣学。而其外王学则体现为他的政治理想。熊十力说："孔子之道，内圣外王。其说具在《易》《春秋》二经。

---

① 《熊十力全集》第四卷，第 405 页。
② 《熊十力全集》第四卷，第 406 页。
③ 《熊十力全集》第三卷，第 673 页。

余经皆此二经之羽翼。《易经》备明内圣之道，而外王赅焉。《春秋》
备明外王之道，而内圣赅焉。"① 六经之中，熊十力最为推崇《易》与
《春秋》，因为二经可以总摄内圣外王之道，而欲明儒家外王治化之道，
可求之《春秋》。他通过对《春秋》等儒家经典的诠释来寄予自己的政
治理想。熊氏对儒家外王治化之道的阐释也涉及了对于孟子政治思想的
解读，因此这一部分我们有必要梳理一下熊十力的外王学。

　　熊十力的外王学思想集中在其所著《读经示要》《论六经》以及
《原儒》中，通过对六经的解读得以充分展现。熊氏的外王学即立足
于其所论证的儒家本体论。其言："不明儒家之本体论者，即未足以
言儒家之政治理想，学者不可不知。"② 就《春秋》而言，熊氏指出，
儒家之政治理想即体现在《春秋》中，其显著者有"人元说"与"三
世说"。

　　熊氏言："《春秋》与大《易》相表里。《易》首建乾元，明万化
之原也。而《春秋》以元统天，与《易》同旨。"③ 熊氏谓董仲舒言
《春秋》，善能发明人元之义。《春秋繁露·玉英》云："谓一元者，大
始也。……是以《春秋》变一谓之元。元，犹原也。其义以随天地终
始也。故人唯有终始也，而生不必应四时之变。故元者为万物之本。而
人之元在焉。安在乎？乃在乎天地之前。"④ 人元即万物之元，也即
《易》之乾元，万物所资以始。《易·乾·彖》云："大哉乾元，万物资
始，乃统天。"所以《春秋》以元统天，明大始而正本。在熊十力看
来，元即生生不测之仁体。熊氏认为，宋明诸师中唯有阳明深体一元之
义，其《大学问》即从本心恻隐之端，显示仁体，发明万物一体之义。
"阳明直就本心恻隐之端，显示仁体，最极亲切。善发《易》《春秋》
乾元之旨者，莫如阳明。然阳明亦自孟子所谓不忍之心，体会得来。"⑤
可知，孟子言恻隐之心、不忍人之心都是意在阐发《易》与《春秋》

　　① 《熊十力全集》第三卷，第 1015 页。
　　② 《熊十力全集》第三卷，第 1031 页。
　　③ 《熊十力全集》第三卷，第 1019 页。
　　④ 苏舆：《春秋繁露义证》，第 67—69 页。
　　⑤ 《熊十力全集》第三卷，第 1030 页。

中的人元、乾元思想，以明人性之本善，从而教人立其本心、从其大体，然后以立仁道。《春秋》人元之说，意在本仁以为治，所以《春秋》之治即仁治或德治。孟子所倡仁政即仁治。由仁治衍生出尚义贱利、尊礼重信、守礼让而抑侵夺、正己而后责人等大义，孟子也都有所论及。

与《春秋》"人元说"相关且要者，有《春秋》"三世说"。熊十力解读"三世说"并非一以贯之，而是有所变易。在《读经示要》中，熊十力视孔子为一进化论者，《春秋》三世为一循序渐进的历史进程。此时熊氏把孔子《春秋》"三世说"解读为一种三世进化论，三世之治各有其价值，皆以仁为本，其间并无对立，且是一个渐进于美的历史进程。而在之后的《论六经》以及《原儒》中，熊十力对孔子的"三世说"理论作了重大调整和变革。"即从过去相对肯定据乱世、升平世的小康礼教有一定历史合理性，认为据乱世、升平世、太平世不断进化的连续性思维方式，转而变为一种对立性思维，即只肯定太平世而否定以前的历史阶段，从历史进化转变为善恶对立。"① 他通过对《礼运》大同小康说的解读，把这种对立推向了极致。熊氏认为《礼运》经后儒窜乱，将孔门记述原文完全改易，以小康礼教为归宿，从而维护君主专政之乱制。他推究《礼运》原文应为提倡天下为公的大道，孔子所志者为发明天下为公之大道，因此绝不满于小康礼教。"孔子既有志乎大道之行，胡为又弘扬小康礼教以护君统乎？小康礼教是，则天下为公之大道非；天下为公之大道是，则小康礼教非。"② 在此，熊氏将小康礼教与大同太平之道完全对立起来。在此熊十力则视孔子为一革命家。

通过对孔子《春秋》"三世说"的新诠，并结合《礼运》的大同小康说，熊十力把三世进化论转变为一种大同太平之道对小康礼教的革命论，"夫三世本为一事。一事者，拨乱世反之正也。拨乱世者，革命之事。反之于正者，明天下为公之道，创天下一家之规，为全人类开万世

---

① 李祥俊：《〈原儒〉的裂变——熊十力晚年外王学体系新建构探析》，《孔子研究》2012年第1期。

② 《熊十力全集》第六卷，第447页。

太平之治"①。在《原儒》中,熊十力盛赞天下为公的大同太平之道,
批判维护君权的小康礼教。熊十力认为,孔子早年服膺小康礼教,晚年
作六经,则主张废除君臣一伦。孔门弟子承袭孔子早年传授,弘扬小康
礼教,其中有所谓孝治论。熊十力批评孟子为维护宗法社会、小康礼教
的孝治论。"曾、孟之孝治论,本非出于六经,而实曾门之说,不幸采
用于汉,流弊久长,极可叹也。""孟子富于宗法社会思想,故为拥护
帝制者所取也。"② 熊氏批评孟子滞于宗法社会思想,虽有民贵君轻之
说,言武王诛一夫纣,不为弑君,然不肯作废除君主制度的主张,不深
悟《春秋》改乱制之义。《春秋》改乱制,不是"易姓更王",而是改
革君主制度。熊氏进一步批评孟子厚诬孔子,将孔子《春秋》贬天子
之事误解为诛乱贼之事。《孟子·滕文公下》云:"世衰道微,邪说暴
行有作。臣弑其君者有之,子弑其父者有之。孔子惧,作《春秋》。
《春秋》,天子之事也;是故孔子曰:'知我者其惟《春秋》乎!罪我者
其惟《春秋》乎!'""孔子成《春秋》而乱臣贼子惧。"熊氏据此批
评孟子:"孟氏不深研《春秋》,乃妄诬孔子欲诛乱贼,以拥护君主制
度,是未能学孔也。《春秋》本为贬天子之事,而孟子乃误解为孔子是
窃天子职权,以诛乱贼之事。其误解孔子之言,以为孔子虑人之将罪我
者,为其窃天子职权也。"③ 在熊十力看来,孔子《春秋》"三世说"
为拨乱反正之革命义,其说主张废除统治阶级与私有制,从而实现一种
天下为公的民主政治。

在《原儒·原外王》篇中,熊十力就《易》《春秋》《礼运》《周
官》四经,系统阐述了孔子《春秋》"三世说"所祈向的天下为公的理
想与制度:

> 《原外王篇》以《大易》《春秋》《礼运》《周官》四经,融会
> 贯穿,犹见圣人数往知来,为万世开太平之大道。格物之学所以究

---

① 《熊十力全集》第六卷,第490页。
② 《熊十力全集》第六卷,第390页。
③ 《熊十力全集》第六卷,第429页。

治化之具，仁义礼乐所以端治化之原。《春秋》崇仁义以通三世之变，《周官经》以礼乐为法制之原，《易大传》以知物、备物、成物、化裁变通乎万物，为大道所由济。夫物理不明，则无由开物成务。《礼运》演《春秋》大道之旨，与《易大传》知周乎万物诸义，须合参始得。圣学，道器一贯，大本大用具备，诚哉万世永赖，无可弃也！①

就《易》而言，熊十力盛赞《易》道格物致知的科学精神和开物成务的利生之道。他指出，圣人倡格物之学，意在为万世开太平，从而发展生产、重视利用厚生。对民群而言，则是发其蒙昧、利其需养，从而助其进于文明。而其太平、文明之征，即在废除统治、荡平阶级，实现"群龙无首"。在对《易·乾·象》"首出庶物，万国咸宁"的解读中，熊氏说："此言庶民一向受侵削于统治阶层，今乃互相结合，始出而共举革命之事，遂令阶级荡平，统治者废黜，而万国之庶民互相亲比，互相制约，实行天下为公之大道。故庶物首出，而万国莫不安宁也。"② 就《周官》而言，熊十力认为《周官》是孔子假托周制，为改造社会而创立的新制。其大义有如下四条："一义，《周官》之治道，大要以均为体，以联为用。均之为言，平也。平天下之不平，以归于大平，此治化之极则也。""二义，《周官经》为拨乱起治之书。""三义，《周官》之政治主张在取消王权，期于达到《春秋》废除三层统治之目的，而实行民主政治。""四义，《周官经》之社会理想，一方面本诸《大易》格物之精神期于发展工业，一方面逐渐消灭私有制，一切事业归国营，而蕲至乎天下一家。"③ 至于《春秋》《礼运》中的说法，前文已言及，要之，则在盛赞民主大同，反对小康礼教。

熊十力认定六经为孔子晚年定论，认为孔子早年服膺周公小康礼教，晚年则思想改变，转而志天下为公之大道而罢黜小康。熊氏结合时

---

① 《熊十力全集》第六卷，第311—312页。
② 《熊十力全集》第六卷，第473页。
③ 《熊十力全集》第六卷，第517—518、519、530—531页。

代思潮，对上述儒家四部经典予以现代诠释，赋予其鲜明的时代价值，从而系统构建孔子的外王学思想，以此来寄予自己的政治理想与现实关怀。不过，通过对孔子外王学的重构，熊十力彻底颠覆了儒家古典政治哲学。儒家古典政治哲学的核心恰恰在于亲亲、尊尊，在于彝伦攸叙。而熊十力的外王思想则在废除政教、名分，形成所谓"群龙无首"的没有统治、没有阶级的太平之治。儒家之治重在周孔之礼教，大同小康之治一以贯之，皆本于仁，而熊十力则制造了大同之治与小康礼教的对立。从《读经示要》到《原儒》，熊十力的外王学有一个大的转向，有学者称之为"裂变"①。这种"裂变"透露出熊氏积极入世的一种理论姿态，他自觉运用儒家经典介入时代思潮，试图通过对儒家经典予以新诠来接引现实政治，熊氏的解读或许有很多值得商榷之处，但他开出的许多思考路向仍值得我们认真对待和思考。

---

① 参见李祥俊《〈原儒〉的裂变——熊十力晚年外王学体系新建构探析》，《孔子研究》2012年第1期。

第四章　性命与人道——唐君毅的孟子学

唐君毅是一位早慧的学者，其学体大思精、曲折幽深，综合中西印而贯通古今，融合儒释道而折中诸宗。唐君毅的哲学架构乃以"道德自我"推扩为"生命存在"，创立起"生命三向与心灵九境"的庞大哲学体系，且依"即哲学史以言哲学"或"本哲学以言哲学史"的方式疏释中国哲学，阐发其恒久之义理，赋予其时代价值。唐氏对中国哲学的诠释与其自身哲学体系的创建交相辉映、互相影响。其中，孟子的心性之学对其影响很大，孟子对人格主体的高扬在唐氏那里即发展为道德的理想主义。唐氏立足"道德自我"或"道德理性"的哲思路向与孟子"先立乎其大者"的义理旨趣息息相通，其在诠释孟子的过程中亦受孟子人格之感召，实契于心，兴起己之心志而不能自已。

第一节　心性与工夫——唐君毅对孟子心学的诠释

心性学是儒学的核心，也最能表现中国文化的精神价值。因此，唐君毅自然重视对儒家心性论的阐发，尤其重视阐发其中《孟子》《中庸》《易传》一系心性论的精神特质。唐君毅同熊十力、牟宗三一样，都重视阐发儒家心性的道德价值，凸显其超越自然生命之上的精神生命或宇宙生命的意义。但不同的是，熊十力、牟宗三重在从道德创生一面阐发儒家心性，而唐君毅则重在从性情与感通的层面阐发儒家心性，这在其诠释孟子的心性上表现得尤为突出。

一　感应与安悦——孟子指陈心性的方式

唐君毅认为，孟子之心乃一性情心或德性心。说其为性情心，在于其心涵恻隐、羞恶、辞让、是非之情；说其为德性心，在于其心为人之德行或德性之源。德性心即一具道德价值且能自觉其道德价值之心，而非只是一认识客观事实之理智心或认知心。认知心在于向外之认取，而德性心乃在于向内之自觉，心有此内外之别，因此，事即有成己、成物之殊。

在唐先生看来，性情为心之本。无论孟子，还是《中庸》《易传》，皆自性情说心之虚灵明觉，亦由心之与物感通而见心之虚与灵。而心之无限性、超越性、涵盖性、主宰性，必自心之性情上说而始有其内容与必然的实效性。① 自性情说心，即自心与外物相感通而言，由此感通可见心之虚灵明觉，又由此感通可知心有扩充、求充实之性。唐先生就此说："人之性情，固依于能虚灵能求充实之心，而为其性情。情之有，固依于性之有。然性由情而见，亦由情而养。心又由性之见于情，乃能自见自觉其存在，由是而心之实在性乃依于性情之实在性。心之主宰作用之能有实效性，则惟赖心有性为其内容，而显此性于与物相感之情中。而心之主宰性，即依于心之有性为之宰，以定其所向也。"②

唐氏认为，告子所谓"生之谓性"之说，乃当时传统言性之说。至孟子，则明确以心言性，通过心之性情以言性善。在唐氏处，孟子以即心言性代替传统之以生言性盖出于以下两个理由：其一，孟子不以耳目口鼻之欲（即生）为性，则由其求之在外之故，而即心言性即是以仁义礼智之心为性，此则求之在我、求之在内；其二，孟子所言心之大体可统摄耳目之官之小体或自然生命之欲，亦即"即心言性"可统摄"以生言性"，而其理由又可细分为如下四说："一是自心之对自然生命之涵盖义说，二是自心对自然生命之顺承义说，三是自心对自然生命之践履义说，四是自心对自然生命之超越义说"③。孟子并不否定自然生命的存在价值，其不以自然生命为性而是即心言性，乃有深意在焉。即心言性，始能从人禽之辨中确立为人之本，亦能从义内义外之辨中确立

---

① 参见唐君毅《中国文化之精神价值》，《唐君毅全集》第九卷，九州出版社 2016 年版，第 98 页。

② 唐君毅：《中国文化之精神价值》，《唐君毅全集》第九卷，第 99 页。

③ 唐君毅：《中国哲学原论·原性篇》，《唐君毅全集》第十八卷，第 20 页。

为人由己的道德，也唯有如此，即心言性能统摄自然生命之性，而成就人之身心一体，以此成己成物。

此外，孟子即以此性情心或德性心来言性善，其指证性善的方式颇不同于后来程朱以及阳明。程朱之言性善，关键在程子"性即理"一语。朱子谓："性者，人所禀于天以生之理也，浑然至善，未尝有恶。"又引程子之言曰："性即理也。天下之理，原其所自，未有不善。"① 理无不善，是故性善。此不是直陈性善，乃通过"理"这一中介以言性善。唐氏说："程朱所以言人仁义礼智之性即是理，大率一方由其恒与私欲相对反而见，一方由其为普遍大公而见。"② 孟子是直接言性善，程朱之论性善则是再转一层而引申论之。阳明言良知知善知恶，由良知之知善知恶而善其善、恶其恶，也是由对照不善以反显良知之善性。唐氏以为，程朱之重存理去欲，阳明之重致良知，皆是从孟子之是非之心上立根。而孟子之以心言性善，是非之心只居其一。尚有恻隐之心、羞恶之心、辞让之心则更为孟子所重。"孟子之指证此数种心之存在，则主要在直接就事上指证，亦即就我对其他人物之直接的心之感应上指证，以见此心即一性善而涵情之性情心，此心是初全不须与其反面之人欲等相对照，而后能见者。此便与伊川阳明等所以指证性善之立论方式，颇有不同。"③ 从心之感应正面言性善，是孟子独特的论性善的方式。

唐君毅说："吾人谓孟子之言性善，乃就人对其他人物之直接的心之感应上指证。"④ 比如，从乍见孺子入井之一事上可见恻隐之心。从不屑"呼尔""蹴尔"之食一事上可见羞恶之心。从不忍亲之委于沟壑一事上可见孝亲之心。从舜之闻善言善行而沛然若决江河一事上可见好善之心。从齐宣王之见牛觳觫一事上可见不忍人之心。凡此种种皆是就人心对于外物之直接的感应上以言性善。这里要说明的是，本心之直接感应异于依心之欲望而生之反应或身体之反应。盖由于本心之直接感应

① （宋）朱熹：《四书章句集注》，第251页。
② 唐君毅：《中国哲学原论·导论篇》，《唐君毅全集》第十七卷，第62页。
③ 唐君毅：《中国哲学原论·导论篇》，《唐君毅全集》第十七卷，第63页。
④ 唐君毅：《中国哲学原论·导论篇》，《唐君毅全集》第十七卷，第63页。

从人物之相通处说，从"人与万物为一体"处说，所谓"寂然不动，感而遂通"（《易·系辞上》）；而依心之欲望而生之反应或身体之反应则纯然从己之身体上说，从身体之满足、保存上说。心之感应是无所为而为，依心之欲望而生之反应或身体之反应则是有所为而为。无所为而为方是无私的、公的，由此以证人性之善。依心之欲望而生之反应或身体之反应是"有所为者"，是为了达到另一种目的。而本心之直接感应乃摆脱一切外在的有所为之累，单纯以自身为目的。"这当中可以说隐涵着心性感应发用之'无任何其他条件决定或限制'而'自我决定''自我兴发涌现'之'无限''自由'的意义，绝非欲望追求或生理本能冲动之反应者所可比拟。"① 此本心之直接感应发用，正可类比于康德之自由意志，乃为道德实践基础之谓。

　　从心之直接感应言性，也即从恻隐、羞恶、辞让、是非等心之生处而言性。唐氏说："心之感应，原即一心之呈现。此呈现，即现起，即生起。然此所谓心之生，则是此心之呈现中，同时有一'使其自己更相续呈现、相续现起生起，而自生其自己'之一'向性'上说。"② 从乍见孺子入井等推其恻隐、羞恶、辞让、是非等心之生，其心之生可扩充为仁义礼智之心，而人始有不可胜用之仁。心之生即心之性。唐君毅说："心之生所以为心之性，非纯自心之现实说，亦非纯自心之可能说，而是就可能之化为现实之历程或'几'说。在此历程或'几'上看，不可言人性不善，亦不可言人性已善，而可言人性善，亦可言人性之可以更为善。"③ 所以孟子论性善乃就心（四端之心）之生生不已处立言，此所以即心之生而言性善。唐君毅在此对孟子性善的诠释与前文梁漱溟以"活的倾向"论性善有着相同的旨趣，都意在强调人之心性感通、扩充、生生不已的本性，而这也是人有别于禽兽的精神生命之所在。

　　孟子之言性善，除从无所为而为之心之直接感应或心之生上指证外，还从心之直接安悦处指证。孟子曰："理义之悦我心，犹刍豢之悦

---

　　① 苏子敬：《唐君毅孟学诠释之系统研究》，台北：花木兰文化出版社 2009 年版，第70 页。

　　② 唐君毅：《中国哲学原论·原性篇》，《唐君毅全集》第十八卷，第 23—24 页。

　　③ 唐君毅：《中国哲学原论·原性篇》，《唐君毅全集》第十八卷，第 25 页。

我口。"(《告子上》)悦心处即安心处，安心处即理义所在之处。而心必待此理义而后能安。由心之悦此理义、安此理义，可知人之好善，人心之性善。唐氏说："人行礼义而悦此行礼义之心，人行善而好此善心，实即礼义心之自悦，善心之自好。此自好自悦，乃一绝对之自好自悦。……此方是性情心之最原始之相貌。"① 理义也即礼义。礼义非由外取，实是内发，故本心之悦礼义即是悦其自己。即是本心之悦其自己，因此不必与外在之恶或不善而相对反。本心之善当下具足，初不由外在之恶或不善而反显自身之善。

安心即悦心，悦心即乐心，孟子于此发明甚多。兹举数例：

> 孟子曰："万物皆备于我矣。反身而诚，乐莫大焉。强恕而行，求仁莫近焉。"(《尽心上》)
>
> 孟子曰："君子有三乐，而王天下不与存焉。父母俱存，兄弟无故，一乐也；仰不愧于天，俯不怍于人，二乐也；得天下英才而教育之，三乐也。君子有三乐，而王天下不与存焉。"(《尽心上》)
>
> 孟子曰："广土众民，君子欲之，所乐不存焉；中天下而立，定四海之民，君子乐之，所性不存焉。君子所性，虽大行不加焉，虽穷居不损焉，分定故也。君子所性，仁义礼智根于心，其生色也睟然，见于面，盎于背，施于四体，四体不言而喻。"(《尽心上》)

"反身而诚"即复心之本体，是故"乐莫大焉"。此不假外求，直下承当，所谓"我欲仁，斯仁至矣"，求仁得仁，而乐亦至焉。君子之三乐，是乐于为人之道也，此是本心之自然发用，是心之最安乐处。有子曰："孝弟也者，其为仁之本与！"(《论语·学而》)"父母俱存，兄弟无故"所以成就孝悌之大，是为仁之根本。唐氏说："仁心之流行，固为可普遍于一切人，然其开始点，必自一人始。此人则只能为吾人之父母，其次为同出自一父母之兄弟。故孝弟纵非仁之本，亦为行仁之本

---

① 唐君毅：《中国哲学原论·导论篇》，《唐君毅全集》第十七卷，第64页。

（程子说）。"① 仁从孝悌处发端，亲亲而仁民，仁民而爱物，层级外推，盈科而后进，其用不可胜穷。"仰不愧于天，俯不怍于人"，无一毫气馁，是集义之大者，此是优入圣域之资，其乐亦大矣。"得天下英才而教育之"，是"诲人不倦"，此是圣人之安乐处。至于"君子所性"，则所性即所乐，所乐即所安。君子之所安，即仁义礼智之所在。其根于心之仁义礼智施于其身，德积日久，英华发外。

在唐氏看来，孟子由安心、悦心以指证性善，乃直契孔颜乐处。孟子是直接从本心处言性善，由心之感应、心之生以及心之安悦以言性善，而没有后来论者的许多曲折、回环。如宋明理学程朱一派就由理之无不善以指证性善，阳明由良知之是是非非、善善恶恶以言性善，其指陈性善的方式是曲折立论，而非直接从本心处立论，这样的论说方式与孟子的言说方式有直接、间接之别。

二　纯一与共在——孟子之心与私欲的关系

唐氏说："孟子之言心，不与私欲私心邪心等相对反而言，亦不与食色之欲耳目之欲相对反而言。"② 不与私心等相对反，因心纯一故；不与耳目食色之欲相对反，因心可与其共在故。纯一者，谓孟子言心只有一心，即本心、善心，此心不与私心等相对反而言。"故孟子言心，亦尚无后儒所谓习心与本心之别，以及私心与公心，善心与恶心之别。在孟子，说心即说本心，即是善的公的。所谓私、不善与恶，只是心之不存而丧失。"③ 共在者，本心与耳目食色之欲共在而不相妨碍。"人有耳目食色之欲，亦不碍性善之旨。耳目食色之欲，并非即不善者。"④ 不善虽可能由耳目食色之欲所引起，但耳目食色之欲本身并非不善。

孟子所言之心实只是一纯一之心，此心不与邪心等相对反而言。唐氏说："忆明儒罗整庵之《困知记》尝举孟子格君心之非，及正人心等

① 唐君毅：《中国文化之精神价值》，《唐君毅全集》第九卷，第 137 页。
② 唐君毅：《中国哲学原论·导论篇》，《唐君毅全集》第十七卷，第 67 页。
③ 唐君毅：《中国哲学原论·导论篇》，《唐君毅全集》第十七卷，第 66 页。
④ 唐君毅：《中国哲学原论·导论篇》，《唐君毅全集》第十七卷，第 67 页。

之言，以证孟子未尝以心为全善。然吾人亦终不能谓孟子所谓人心中实有一邪心、非心。若然，则孟子随处所言之存心、尽心、养心，皆为模棱之语，不定之辞。"① 在唐氏看来，"格君心之非"只是使君心不存者存，以此安民定国。"正人心"者，非谓去一邪心另得一正心，而是去除扰乱人心的邪说，使人心居于正位而已。陆象山亦主一心之说。他尝言："《书》云：'人心惟危，道心惟微。'解者多指人心为人欲，道心为天理，此说非是。心一也，人安有二心？自人而言，则曰惟危；自道而言，则曰惟微。罔念作狂，克念作圣，非危乎？无声无臭，无形无体，非微乎？"② 孟子曰："心之官则思，思则得之，不思则不得也。"（《告子上》）心思即可"克念作圣"，心不思即可能会"罔念作狂"。心只一，而人之为善、为不善，只在心之操存舍亡之际！

孟子所言之心不但不与邪心相对反，亦不与习心相对反，这点极易为学人所忽视。袁保新以海德格尔的基本存有论来诠释孟子的本心，得出如下两点结论。其一，以近来西方伦理学尤其是康德哲学来诠释孟子，突显孟子"心"的先验性与道德自主性，固然有文本的依据，但这样势必使"心"脱离生活世界。因此，通过基本存有论可以把孟子的"心"引到"历史"当中去，从而回归生活世界。其二，对于人之为不善，可从"心"的存有论结构进行解读，从而提出可能性的说明，以此正视道德修养及道德实践的重要性。③ 在袁氏看来，孟子的"心"，"与其理解为自律自足的'道德主体'（moral subject），毋宁理解为以'在世存有'（being-in-the-word）为基本形式的'存有能力'（ability-to-be），或'存在'（existence）"④。袁氏这样的一种解读即源于对孟子所言之心的误读。首先，以康德哲学来诠释孟子，把孟子的"心"诠释为道德主体，并非使"心"脱离生活世界。现代新儒家中的牟宗三、唐君毅便从道德主体方面诠释孟子的"心"，但都未曾主张"心"可以

---

① 唐君毅：《中国哲学原论·导论篇》，《唐君毅全集》第十七卷，第 67 页。

② （宋）陆九渊：《陆九渊集》，第 395—396 页。

③ 参见袁保新《从海德格尔、老子、孟子到当代新儒学》，武汉大学出版社 2011 年版，第 59—62 页。

④ 袁保新：《从海德格尔、老子、孟子到当代新儒学》，第 60 页。

脱离生活世界而发挥其道德实践的功用。牟宗三尝以道德理性来诠释孟子的本心或儒家的心性。道德理性具三义，即"截断众流"义、"涵盖乾坤"义和"随波逐浪"义。"截断众流"即是从道德自主、道德自律方面来理解本心；"涵盖乾坤"则是说此心体不但是道德实践的基础，且是宇宙万物之形上本体；"随波逐浪"则是说本心、心体不但要显出道德自主性和道德法则之普遍性与必然性，而且还要在具体的生活实践上体现其工夫。① 由此可知，此"心"何尝脱离生活世界？唐君毅亦尝言："夫然，所谓道德实践，虽表面是实现自己在一时所自觉规定之律则或命令，一若实践之工夫，位居此律则命令下；实则此实践之工夫，即全幅性情之通过自己规定之律则命令而展露显发。此之谓由仁义行，非行仁义。此种顺性之情，乃恒自自己之个体超拔，而及于所感之天地万物，以遍致其情。故道德实践之实事，遂不如康德所言，纯为抽象的立法行法之事，而为具体的成己成物之事。"② 唐先生又以孟子之心为性情心或德性心，全副性情之展露显发即是心之展露显发，而心必待于生活世界中方使内在之仁义礼智得以发用从而成己成物。其次，在孟子，人之为不善，只是因为放失其心、不知养心之故。对"心"作所谓存有论的解读，将其理解为一种"存有能力"或"存在"，则极易把孟子之本心与一般习心相混淆。③ 要之，孟子所言之心，就是一纯一不杂的道德心，并无其他习心或邪心与之相对。而孟子又以此纯一的道德本心来保障人之性善。人之性善乃为一切道德实践之最后的根据，并以此兴起人之为善之志。"孟子性善论的根柢，乃是一种守先待后、对一切人永不绝望的无限温情和敬意；换言之，其对人性本善的坚持，乃出

① 参见牟宗三《心体与性体（一）》，《牟宗三先生全集》5，第142—143页。

② 唐君毅：《中国文化之精神价值》，《唐君毅全集》第九卷，第111页。

③ 袁氏尝于孟子"道德心"之外安立一"实存心"，以为人为善、为不善之动机，参见袁保新《孟子三辨之学的历史省察与现代诠释》，台北：文津出版社1992年版。对于此观点的评述，参见苏子敬《唐君毅孟学诠释之系统研究》，第85—88页。杨泽波以"伦理心境"诠释孟子本心，也亦引起本心与一般习心的混淆。因为即便是习得德性、内蕴理性思维的"伦理心境"，仍然属于后天"习心"的范畴，而与孟子所谓"不虑而知""不学而能"的良知良能以及本心有别。杨氏的相关说法参见杨泽波《孟子性善论研究》（修订版），中国人民大学出版社2010年版。

乎高卓而恢弘的道德宗教境界之超越的肯定，既谦逊博大又弘毅崇高。……由此一结论看来，人之所以性善和所以有不善，其理论性说明之妥当与否，便显得不那么关键而重要了，同时也更谈不上是否会动摇孟子性善的信心了。那么，性善之最直接、最有力的证明，岂不是会在我们实践力追孟子的心灵境界时，自动降临到我们的生命存在中？"①求仁得仁，有时过多的理论分析反而更易给一些不道德的行为找到更好的借口。因此，与其分析不善的成因，倒不如直道而行，在如何更好地实践道德上下功夫。

本心纯一无二，不与邪心、习心相对反，且本心与耳目食色之欲也并非截然对立，而是处于一种共在的关系当中。此共在非平铺的共在，而是一种辩证的共在。一般认为，人的道德理性与私欲恶情总是处于矛盾冲突当中，两者似难于一身中共存。但唐氏以为，人的道德自觉实于私欲恶情中而得以表现，人之自觉的实践理性经此一辩证地发展而始能从私欲恶情当中超拔出来，然后自觉其自身之超越性、无限性：

> 自广泛意义言，人之恶情私欲，乃吾人所绝不能免者。其所以不能免，在吾人既原有自然生命之欲望，而心觉之初表现，即在自然生命与物感通之际。则此心觉之表现其无限性、普遍性，必首即表现于将此当下之自然欲望，普遍化、无限化。此心觉在此亦宛若为自然欲望所吸注，而向之旋绕，以陷于此中"我与物之勾结环连"中，并转而曳引此自然欲望以前进。通常，人惟在当此私欲受外物之阻碍，不能进行时，或此无限心觉，因感如此之活动实非真无限而与本性相违时，人乃可自私欲中，自我与物的勾结环连中拔出，并自觉其自身之超越性、涵盖性、无限性；由是而有改过及推恕扩充，保任此心之虚灵明觉之工夫。故此中之私欲与恶情之生，不特其本身为一精神现象，实亦人之超越心觉初步不能免之表现。亦惟有此初步之表现，乃有第二步之自觉的道德生活。②

---

① 苏子敬：《唐君毅孟学诠释之系统研究》，第88页。
② 唐君毅：《中国文化之精神价值》，《唐君毅全集》第九卷，第110—111页。

自然生命之欲望是人之所本有，虽圣贤亦不能外。欲望之发在于与外物之相感，在此感通之际，即有心觉在焉。心觉自身有其无限性与普遍性，其发用初不能自主，亦不能自省，是故随自然生命之欲望而发用，欲扩充此无限性与普遍性于自然欲望之中。但假若一味扩充一己之自然欲望，势必与本性相违，与外界相冲突，此时心觉产生对己身欲望反省之必要。经此一反省，心觉始能觉照自身之独立性，始能从自然生命之欲望中超拔而出，不顺其泛滥。此时，人能自觉地明心复性，循内在于心之仁义礼智而行，妥当安排自然生命之欲望，不使其放荡无归宿。"由复性充情，吾之超越心觉，乃继此一阶段之降落复返于自身，而完成其辩证的发展，以逐渐建立吾人之内在的道德生活，形成吾人之道德人格。"① 因此，有自然之欲望或食色之欲并无碍于人之性善，而人之为不善或纵食色之欲，则缘于心之不思而梏亡。关键在于能于食色之欲上生起心之自觉与不忍人之心，更以己之欲通于人之欲，以期人人都能达情遂欲。

三　心之存养与思诚——孟子修养本心的工夫

心之存养。在唐君毅看来，孟子修养本心之工夫极简易直截，不过使放失之心得以存，未尽之心得以尽，未思之心得以思，未诚之心得以诚而已。唐氏说："吾人如扣紧孟子言性善，乃自心之无所为而为之直接感应，及心之悦理义而自悦处，以见性善之义，便知孟子之修养此心之功夫，纯是一直道而行之工夫。"② 直道而行，即是依此恻隐、羞恶、辞让、是非之心之流露处，扩而充之。孟子言工夫，多从正面立论。因在孟子，此心只是一道德本心，故工夫关键处在此心之存养扩充。而宋明儒之工夫则多曲折，多为反省的，重在对治反面之人欲、气质之弊等。关于此，唐氏说："古人之心病简单，而后人之心病复杂。故论修养此心之工夫，亦前修未密，后学转精，此自学术之内容言，则当说后

---

① 唐君毅：《中国文化之精神价值》，《唐君毅全集》第九卷，第111页。
② 唐君毅：《中国哲学原论·导论篇》，《唐君毅全集》第十七卷，第65页。

人更见进步。故宋明理学亦确有比孔孟所言更进处。但人如无病，则不须服药。因病发药，各有所当，亦可说无所谓进步。而以后人之病之药方，看古人之病之药方，则未必能得其实。"① 学术之发展总是越往后越烦琐，修养工夫作为一种古学，其发展历程亦是如此。除唐氏所谓古今人心之变迁外，环境对学术的影响也很大。宋儒讲论修养工夫之精密与外来佛学对中土学术的影响也或多或少有些关联。面对"儒门淡薄，收拾不住，皆归释氏"（志磐《佛祖统纪》卷四十五）的状况，宋儒不得不奋起直追，发挥自家精微之学，而所发挥的即是心学或理学方面。心学正是儒学之最精微处。当然，在对儒家心学进行发挥的过程中，宋儒也自觉不自觉地借鉴了佛教的一些"方便法门"，但其根本精神还是儒家的。因此，宋儒多了所谓"存天理，灭人欲"，"涵养须用敬，进学则在致知"，涵养与察识并用等一系列的修养工夫。与之相对照，孟子的修养工夫则无这些"葛藤"，而是极为简易直截。"先立乎其大者，则其小者不能夺也。"（《告子上》）"亲亲，仁也；敬长，义也；无他，达之天下也。"（《尽心上》）"无为其所不为，无欲其所不欲，如此而已矣。"（《尽心上》）孟子种种说法，何其简易明白，是故"学问之道无他，求其放心而已矣"。宋儒中，与孟子之作风最近者乃象山，象山之学亦是走"简易"一路。他不走程朱分析、分解的路子。"他是非分解地以启发、指点、训诫、遮拨之方式来继承之，此则更警策而有力，足以豁醒人。……此则于践履上更为直截、更为朴实、更为有力而相应。而且即以此故，说'简易'也，所谓'专欲管归一路'，'亦只有此一路'也。"② 因象山的学问路子极为简易，类似禅宗的明心见性，以致朱子每每指其为禅。然学问路径果如是简易，何碍其与禅或同或异。除宋儒陆象山外，名儒王阳明走的也是简易的路子。阳明之教只是致良知，简易妥当。致者，扩充之谓。致良知即是扩充良知，扩充仁义礼智之心。致良知也即是集义，致其良知于事事物物，使事事物物皆得其宜。象山、阳明与孟子一样，都是走简易、直截的工夫路径。

---

① 唐君毅：《中国哲学原论·导论篇》，《唐君毅全集》第十七卷，第65页。
② 牟宗三：《从陆象山到刘蕺山》，《牟宗三先生全集》8，第3页。

心之思诚。在修养工夫上，不但要知心之存、心之尽，还要知心之思诚。心之思诚，即在心与外物之感应中，顺此心之明觉而应之于事，扩充此本心。其中，既有直道而行的正面工夫，也有反求诸己的自省工夫。唐氏说："吾人欲知孟子言修养工夫及为政之道，所以如此简易，要在知孟子之言心，乃直就心之对人物之感应之事上说。此心初乃一直接面对人物而呈现出之心，初非反省而回头内观之心。"① 在唐氏看来，孟子讲觉，只是以己之明觉觉人，"以其昭昭，使人昭昭"。孟子只是使此心如如呈现，见之于与外物感通之事中，即所谓"必有事焉"。在唐氏，孟子之工夫只在尽心。"孟子之诚，初只是正面之尽心。此心自善，只须人能直下承担，可更不待择。亦不是要人反省其心中之伪妄而去之，以成诚。"② 但问题是，孟子明明说："悦亲有道，反身不诚，不悦于亲矣。诚身有道，不明乎善，不诚其身矣。是故诚者，天之道也；思诚者，人之道也。至诚而不动者，未之有也；不诚，未有能动者也。"（《离娄上》）其中的"反"难道没有反省之意吗？"不诚"又作何解呢？唐氏对此说："但此处之不诚，可只指未诚，未尽心以行悦亲之道，未尽心以明善而诚身，未能以诚动人而言。此不诚，不同于伪妄之与诚相对。而孟子之言明善即所以诚身，正见诚身只为一继明善之事，而行之于身之正面功夫。"③ "思诚即充达此心，此中只以思诚继诚，便全幅是直道而行之正面工夫，而工夫亦即在此心与外物感应之事上、流露之四端上识取。"④ 在唐氏，孟子此处"不诚"是未尽其诚，即未尽心的意思，而"思诚"则是尽心、明诚的正面工夫。唐氏强调孟子这种直道而行的正面工夫与宋明儒重省察、去心中贼的工夫有别。孟子重视直道而行的正面工夫，但也有自反、省察其是非曲直的工夫。孟子尝言："爱人不亲，反其仁；治人不治，反其智；礼人不答，反其敬；行有不得者皆反求诸己。其身正而天下归之。"（《离娄上》）此中之"反"可说即有自反、省察的意思。因此，在解读"自反而不缩"（《公孙丑上》）

---

① 唐君毅：《中国哲学原论·导论篇》，《唐君毅全集》第十七卷，第68页。
② 唐君毅：《中国哲学原论·导论篇》，《唐君毅全集》第十七卷，第69页。
③ 唐君毅：《中国哲学原论·导论篇》，《唐君毅全集》第十七卷，第69页。
④ 唐君毅：《中国哲学原论·导论篇》，《唐君毅全集》第十七卷，第70页。

一句时，唐氏说："至曾子之大勇之功，则在先自反其言行之是非。若自反而非，则焉有气以凌人？故曰'虽褐宽博，吾不惴焉'。若自反而是，则心先无虚歉，而气亦无虚歉，故'虽千万人吾往矣'。此则本义以成其勇，而为孟子之所尊者也。"① 这里就有自反、省察的工夫。孟子的自反工夫正是对于正面的"思诚"工夫的补充。

牟宗三尝本孟子"汤武，反之也"之"反"字建立其"逆觉"一义。牟氏说："人若非'尧、舜性之'，皆无不是逆而觉之。'觉'亦是孟子之所言。如'先知觉后知，先觉觉后觉'，此言觉虽不必即是觉本心，然依孟子教义，最后终归于是觉本心，先知先觉即是觉此，亦无不可。象山即如此言。故'逆觉'一词实恰当也，亦是孟子本有之义也。"② "逆觉"即觉本心，也即孟子所言"思诚"义，"思诚"的主体便是人之心。孟子说："心之官则思，思则得之，不思则不得也。"（《告子上》）对于心之思，牟宗三说："操存是工夫语，思是心官所发之明。……心之官既即指仁义之心言，则'思'字亦是扣紧仁义之心而说的，……严格言之，恻隐、羞恶、恭敬、是非之心中皆有思明之作用（即诚明之作用）在其中。此思即他处孟子言'思诚'之思，亦《洪范》'思曰睿，睿作圣'之思。依康德词语说，是实践理性中之思，非知解理性中之思。因此，逻辑意义的思，正宗儒学传统中并未提炼成。前贤所言的'思'大皆是属于实践理性的，只就仁义礼智之心而盛发其道德实践中的无边妙义。"③ 牟氏在此强调"思"作为道德实践之基础以及发明本心、诚明应物的作用。而唐氏着重其"思"之感通外物以呈现、推扩本心的作用，在此，两家之义是互通的。要之，心之"思"既有发明本心、感通外物而呈现之、扩充之的作用，亦有自反、省察的意思，是以不必排除"思"之"省察是非曲直真妄"的面向或历程。④

---

① 唐君毅：《中国哲学原论·原道篇》（一），《唐君毅全集》第十九卷，第 186 页。
② 牟宗三：《心体与性体（二）》，《牟宗三先生全集》6，第 493—494 页。
③ 牟宗三：《圆善论》，《牟宗三先生全集》22，第 48—49 页。
④ 参见苏子敬《唐君毅孟学诠释之系统研究》，第 96—97 页。

第二节　原性命——唐君毅论孟子"尽性立命"之旨

"命"或"天命"是中国哲学史上的重要范畴。中国哲学以天人合一或天人不二为其重要的宗旨或特质，而"命"的观念便贯穿此一宗旨中。唐君毅就此说："中国哲学之言命，则所以言天人之际与天人相与之事，以见天人之关系者。故欲明中国哲学中天人合一或天人不二之旨，自往哲之言命上用心，更有其直接简易之处。"① 唐君毅在其《中国哲学原论·导论篇》中有专章论述上自先秦下至秦汉已降诸家言"命"的说法，其中孟子"尽性立命"之说尤为唐君毅所重视。唐君毅个人所构建的哲学体系——"心灵九境"中的天德流行境也称尽性立命境，其立论主要就是基于孟子的"尽性立命"之旨。孟子的"尽性立命"说最能体现中国哲学天人之际的微妙关系，也最能体现中国哲学中的天人不二之旨，此足以确立世人的安身立命之道，突显人的道德尊严与精神境界。

一　天命思想与孔子的"知命"说

孟子立命之说，实承袭《诗》《书》中的天命思想以及孔子知命之说而来，而又有新的发展与跃进。中国历史文化中的天命思想渊源甚古，可以说是三代共有的观念，天命思想也在此期间经历了一个不断发展、变迁、完善的过程，其成熟与具体成型则大致在周初。我们可以从《诗》《书》的相关记载中寻绎出天命思想不断演进的线索。孔子的天命观，较之以前的天命思想又有所转进和提升，并直接影响到其后孟子天命思想的确立。

天命思想最早缘于古人对天、帝等神秘力量的认知与信仰，并且这种信仰往往与当时的政权归属以及典礼德刑、人伦礼法等政治社会秩序的建构紧密相关。子曰："周监于二代，郁郁乎文哉，吾从周。"（《论语·八佾》）周代礼乐文明的发展与勃兴得益于对夏商两代文明的继承

---

① 唐君毅：《中国哲学原论·导论篇》，《唐君毅全集》第十七卷，第411页。

和借鉴，周初的天命思想也不例外。徐复观说："周初的天、帝、天命等观念，都是属于殷文化的系统。"① 周初的天命思想是对夏商甚至更早时期的天命思想的总结与提炼，所以更能代表孔子之前天命思想的总面貌。唐君毅总结了周初天命观三个层面的涵义，即"天命之周遍义""天命与人德之互相回应义""天命之不已义"。②

"天命之周遍义"与"天命靡常"的观念紧密相关。周初"天命靡常"的观念乃是继承夏商两代甚至更早之前的"天命"信仰，而更有新的发展。"天命"是三代共有的观念，"天"或"天命"常可互换，起初即代表一具有普遍意志的存有或类似人格神式的上帝。早在《书·虞夏书》中的《皋陶谟》中就有"天命有德，五服五章哉"之语。《商书》中的《汤誓》有云："有夏多罪，天命殛之。"《汤诰》有云："天命弗僭，贲若草木，兆民允殖。"《太甲上》有云："伊尹作书曰：'先王顾諟天之明命，以承上下神祇。'"至《周书》更是屡言天命而更有"天命靡常"的思想。如《康诰》言"惟命不于常"，《召诰》言"天既遐终大邦殷之命"，《多士》言"我有周佑命，将天明威，致王罚，敕殷命终于帝"等。《诗经》中也是屡言这一思想。如《诗·大雅·文王》言"天命靡常"，《诗·大雅·大明》言"天难忱斯"，《诗·大雅·荡》言"其命匪谌"等。"天命靡常"思想关涉当时的王权归属问题，这一思想表明天命并非无原则性地永远支持一时一地之王，而是时降天命，以命新王。周初，周人有鉴于夏殷两代"惟不敬厥德，乃早坠厥命"（《书·召诰》）的教训，因此用"天命靡常"的思想警戒其子孙，并时时以文王之德为其学习、效仿的榜样，所谓"仪刑文王，万邦作孚"（《诗·大雅·文王》）。正因为天命不私于一时一地之君民，而是着眼于天下之君民，天或上帝便成为无所不在之天或上帝，因此遂有"天命之周遍义"。唐君毅据此认为，"此为后代儒道思想，皆重天地之无私载私覆，帝无常处之思想之所本"③。

---

① 徐复观：《中国人性论史·先秦篇》，《徐复观全集》第 4 册，九州出版社 2014 年版，第 18 页。
② 唐君毅：《中国哲学原论·导论篇》，《唐君毅全集》第十七卷，第 417 页。
③ 唐君毅：《中国哲学原论·导论篇》，《唐君毅全集》第十七卷，第 417 页。

"天命与人德之互相回应义"则进一步揭示了"天命靡常"背后的历史哲学。即在天命与人德之间有一微妙的感应关系，人敬厥德则受天命，人不敬厥德则坠天命，天命并非永不变革，于是而有"天命靡常"的观念。"周虽旧邦，其命维新"（《诗·大雅·文王》），天降新命于周邦，源于文王修德而受天命，此即《书·康诰》所云："惟乃丕显考文王，克明德慎罚，不敢侮鳏寡，庸庸，祇祇，威威，显民。"唐君毅强调文王所受天命之命并非阮元在《性命古训》中所释之福禄之命，而是受一协和万邦、咸和万民之责任或使命，如此方能受天永命，而不致落入"不敬厥德，早坠厥命"的窠臼。所以召公在成王初即政而欲宅洛邑时告诫成王曰："若生子，罔不在厥初生，自贻哲命。……肆惟王其疾敬德。王其德之用，祈天永命。"（《书·召诰》）这是教成王"自贻哲命"在"疾行敬德"，唯有疾行敬德，才能求天永命以历年。在此，天命与人德之间有一往复呼应式的感应关系。唐君毅指出，这样一种天人关系实为"中国一切人与天地参、与天地同流、天人感应、天人相与之思想之本源"①。

"天命之不已义"可以说是唐君毅在上述"天命之周遍义""天命与人德之互相回应义"的基础上，对周初天命观的进一步引申与发挥。"天命之不已义"包含人之祈天永命以及天命自身之相续不已。由上述"天命与人德之互相回应义"可知受命以及祈天永命之关键在于人德之不已。是故周公言文王之德云："在昔上帝，割申劝宁王之德，其集大命于厥躬。"（《书·君奭》）"宁王"即文王，周公此处彰显文王之德。文王因自身之德故能得上天护佑劝勉，又其能顺应天意，而成就大命于其身，并能勤行德义以受命。周公强调唯有践行文王之美德，才能延长天命，以期上天永命以历年。至于《诗·周颂·维天之命》所言"维天之命，於穆不已"，则表示天命自身之相续不已。天命自身之相续不已则通过不断时降新命而实现，因此殷革夏命、周革殷命，皆有以实现天命之於穆不已。然天命自身之相续不已终归要通过降命于人而实现，因此最终仍需落实到人德之不已。所以《中庸》引诗云："诗云：'维

---

① 唐君毅：《中国哲学原论·导论篇》，《唐君毅全集》第十七卷，第417页。

天之命，於穆不已。'盖曰天之所以为天也。'於乎不显，文王之德之
纯。'盖曰文王之所以为文也，纯亦不已。"由文王之德之纯亦不已，
以实现、通贯天命之於穆不已。唐君毅据此谓"天命之不已义"，为
"中国一切求历史文化之继续之思想，人道当与天道同其悠久不息，同
其生生不已之思想之本源"①。

春秋时期的天命观承继周初的天命思想，而有所扩充或引申，但仍
围绕人德而展开。总之，周初的天命观及其所内含的对人德的重视，表
现了周人独特的宗教思想及人文精神。通过"天命靡常"等观念，周
人对天帝的信仰逐渐转向对于人自身责任与义务的重视，由是而有了周
初新的人文精神的跃动。② 而这也直接影响了之后孔子知天命、畏天
命、俟天命以及孟子尽性立命之说。

孔子崇尚周文化，有"吾从周"之叹，其知命说深受周初天命观
的影响，而又有新的转进与发明。唐君毅从宗教与文化比较的视野指
出，孔子之天命思想不同于一般西方宗教，也不同于先秦他家的天命思
想。他说："盖一般西方宗教哲学与先秦他家学中所谓天命，皆恒先视
天命为一存在上之'本然'或'实然'。此命或出自先已有之天神或上
帝，或为必然而不可改移之命运，或直指一天道之流行。此皆与孔子就
'当然'之义上言天命者不同。"③ 在唐君毅看来，孔子之天命思想实根
于"义命合一"或"即义见命"之旨：

> 由孔子之天命为人在其生命成学历程中所遭遇，而对人有一命
> 令呼召义，人亦必当有其知之、畏之、俟之，以为回应者，故吾人
> 于此孔子所谓天命，不能先就其为存在上本然实然者而说，亦不宜
> 只说其为吾人所知之"当然之义，或当然之性理之所以然"之形
> 上的本原；而当直接连于吾人之对此天命之遭遇，感其对吾人有一
> 动态的命令呼召义，而更对此命令有回应，而直接知其回应之为义

---

① 唐君毅：《中国哲学原论·导论篇》，《唐君毅全集》第十七卷，第417页。
② 参见徐复观《中国人性论史·先秦篇》，《徐复观全集》第4册，第19—23页。
③ 唐君毅：《中国哲学原论·原道篇》（一），《唐君毅全集》第十九卷，第71页。

所当然之回应说。而吾人亦当同时由吾人之自识其义所当然之处，求识得此所遭遇之天命。此即吾昔年论孔子之言天命乃即义见命之旨。……其即义见命，即直接于人之知其义之所当然者之所在，见天之命令呼召之所在，故无义无命，而人对此天命之知之畏之俟之，即人对天命之直接的回应。此即成孔子之新说也。①

在唐氏看来，孔子之天命非先就事实存在层面上的本然状态而言，也并非仅在于其为"当然之义"背后的形上本原，而是就人知其义之所当然者之所在，而见天之命令呼召之所在，此义之所在本是人所自命，然而也犹如天所命令，此即所谓即义见命。"此所谓义之所在即命之所在，明非天命为预定之义，……唯是孔子先认定义之所在，为人之所当以自命，而天命斯在。"② 由此可知，孔子之天命思想实与《诗》《书》所谓天所命于人之当为之"则"与人之所当以自命之"义"诸观念相合，但又非仅限于此。所谓"义之所在即命之所在"也可说为"命之所在即义之所在"。就"义之所在即命之所在"而言，则是先认定义之所在，唯义而行，则天命在焉。因此，对于万章"或谓孔子于卫主痈疽，于齐主侍人瘠环，有诸乎"的疑问，孟子断然作了否定回答。因为"孔子进以礼，退以义，得之不得曰'有命'。而主痈疽与侍人瘠环，是无义无命也"（《万章上》）。行道固是义，亦是天之所命，然若为行道而枉尺直寻（如主痈疽与侍人瘠环），即是无义无命，即是不知命。行道是义，道之不行，而承受此道之不行之命，亦是义，安于、敬畏此道之不行之命而不怨天尤人、枉尺直寻，即是知命。子曰："道之将行也与，命也；道之将废也与，命也。"（《论语·宪问》）此诚是知命之言。道之将行时，兼善天下；道之将废时，独善其身。由即义见命可知，孔子之天命非如西方宗教之先预言其具体内容，也不同于《诗》《书》所谓天之时降新命，而是于人之生命存在所处之境遇中，自识其义之所在，由义之所在以见命之所在。就"命之所在即义之所在"来

---

① 唐君毅：《中国哲学原论·原道篇》（一），《唐君毅全集》第十九卷，第 76 页。
② 唐君毅：《中国哲学原论·导论篇》，《唐君毅全集》第十七卷，第 423—424 页。

说，可谓由其命以见其义。人在其生命存在中有不同的境遇或际遇
（命），从而造就不同的当行之义。是故唐氏说："孔子之言义与命，皆
恒与人于其所处之位、所在之时之遇合，相连而言。人在处不同之位，
于不同之时，有其不同之遇合，而人之义所当然之回应不同，而其当
下所见得之天命亦不同。"① 此所以孔子有"无可无不可"（《论语·微
子》），"用之则行，舍之则藏"（《论语·述而》）之言，孟子有"禹、
稷、颜子易地则皆然"（《离娄下》）之言。

唐君毅总结孔子的天命思想说："吾人如知人求行道时所遭遇之一
切艰难困厄之境，死生呼吸之事，皆是求行道者，义所当受，亦即天命
之于行道者之所，则亦知依孔子之教，人而真欲为君子，欲为志士仁
人，则其行义达道之事，与其所遇者，乃全幅是义，全幅是命。"② 此
即《中庸》所谓："素富贵，行乎富贵；素贫贱，行乎贫贱；素夷狄，
行乎夷狄；素患难，行乎患难。君子无入而不自得焉。"是故，孔子之
知天命即是知即义见命之旨。知天命的关键在于知其义而安于义，安于
义即是安于仁。因此在唐氏看来，孔子的天命思想实关联着孔子之仁道
而言。唐君毅尝以感通释孔子之仁。在唐氏处，孔子言仁之旨在于对人
自己之内在的感通，对他人之感通，以及对天命鬼神之感通。由孔子言
仁之于己、于人、于天之感通，其求仁之工夫表现为尽己、尽人伦、事
天之三义，而其极则至于知天命。"故人之知天命、畏天命、俟天命之
事之本身，亦皆为义所当然之事，亦即人之所以事天或感通于天之事。"③
孔子的天命思想也进一步影响了其后的孟子，后者确立了其"尽性立
命"之旨。

二 孟子"尽性立命"之旨

孔子言知命，而孟子则言立命。其立命说，乃承继孔子知命之义，
而又有新的发明。"孔子之知命，在就人当其所遇之际说；而孟子之立

---

① 唐君毅：《中国哲学原论·原道篇》（一），《唐君毅全集》第十九卷，第77页。
② 唐君毅：《中国哲学原论·导论篇》，《唐君毅全集》第十七卷，第425页。
③ 唐君毅：《中国哲学原论·原道篇》（一），《唐君毅全集》第十九卷，第87页。

命，则就吾人自身先期之修养上说。"① "孟子所进于孔子之言者，则在能言立命之一段工夫，以通贯天命于人之尽心知性之教。"② 唐君毅认为，孟子之学以心性为本，并摄知命、立命之义于尽心知性、存心养性之教中。孟子曰：

> 尽其心者，知其性也。知其性，则知天矣。存其心，养其性，所以事天也。夭寿不贰，修身以俟之，所以立命也。
>
> 莫非命也，顺受其正。是故知命者不立乎岩墙之下。尽其道而死者，正命也；桎梏死者，非正命也。（《尽心上》）

在唐氏看来，尽心知性知天即内含立命之事。"故孟子谓尽心即知性知天也，尽心即尽此心之自命自令，而行之，亦即就此心自命自令之时，所视为当然者而行之，此亦即尽此天之所命于我者，而立此命于我之生命存在之内也。"③ 命之为命，正在人之能顺受之，从而在尽心知性、存心养性以至于修身俟之的尽道工夫中体现：

> 而天之所以命我，我之受天之命而立命，亦即于我自己之存养此心性，以夭寿不二之事上见。故命之正不正，全不须在外面说。自外面说，无命非正；正与不正，唯在我之所以顺受之。我尽道而死，则命为正命；未尽道而立岩墙之下，桎梏其心性以死，则命非正命。我诚尽道，则夭寿、死生、穷通、得失，无一不正；而人所遇之一切莫之为而为者，莫之致而致者，皆是天，皆是命，皆是成就我之自尽其道者，因而亦皆是命我以正者。我善受之，便皆成正命，而皆为我当"修身以俟""行法以俟"者。④

---

① 唐君毅：《中国哲学原论·导论篇》，《唐君毅全集》第十七卷，第 429 页。
② 唐君毅：《中国哲学原论·导论篇》，《唐君毅全集》第十七卷，第 430 页。
③ 唐君毅：《生命存在与心灵境界》（下），《唐君毅全集》第二十六卷，第 146 页。
④ 唐君毅：《中国哲学原论·导论篇》，《唐君毅全集》第十七卷，第 431 页。

尽心知性、存心养性以至于修身俟之皆内含立命之事，这是从积极有为一面立言。而受命立命之事则多从有所不为一面立言。当道之将行，环境处顺势时，我们当然应积极立身行道。但当道之不行，环境处逆势，以至于求之不得时，我们亦不当枉道违义，此所以孟子有"无为其所不为，无欲其所不欲"（《尽心上》）之言。孔子说："天下有道则见，无道则隐。邦有道，贫且贱焉，耻也；邦无道，富且贵焉，耻也。"（《论语·泰伯》）孔子可谓深明有所为、有所不为之道，而能无可无不可，惟义所适。然不论处顺境、逆境，不论有所为、有所不为，皆是以义为准，从义而行。"故存心养性而行义达道之事，与受命立命之事，固为二义，一如纯自内出，一如自外定；然此自外而定者，亦正是吾人之义所当然。"① 这正是孔子"义命合一"之旨的进一步发展。这可以从《孟子》"口之于味"章得到具体体现。对于《孟子》"口之于味"章，唐氏即从上述"义命合一"之旨上来立论。他认为，从孟子所谓"性也，有命焉"，"命也，有性焉"来言，可知孟子所谓"命"非仅就客观之限制而言，而是亦可从其限制中见其义之所当然者：

> 实则言命乃先自外说，此盖孔孟墨子之所同。然在墨子由命为预定之限极之义上说，则命与义相违，遂贵义而非命。在孔孟，则吾人所遭遇之某种限制，此本身并不能说为命；而唯在此限制上，所启示之吾人之义所当为，而若令吾人为者，如或当见，或当隐，或当兼善，或当独善，或当求生，或当杀身成仁，此方是命之所存。②

对"口之于味"一节，唐氏以"即命见义"来诠解。耳目小体以及富贵之欲，其得与不得皆在外，是求在外者。孟子说："求则得之，舍则失之，是求有益于得也，求在我者也；求之有道，得之有命，是求无益于得也，求在外者也。"（《尽心上》）其求之有道，得而处之亦需

---

① 唐君毅：《中国哲学原论·导论篇》，《唐君毅全集》第十七卷，第432页。
② 唐君毅：《中国哲学原论·导论篇》，《唐君毅全集》第十七卷，第432页。

有节，固然是义之所在。但得与不得皆受限于外在之命，假如求而不得，亦不能枉道而求其得，即孟子所谓"无为其所不为，无欲其所不欲"。耳目官能之小体不能谓之真性。吾人不能借口小体之性，而放纵其欲，应知有命存焉，从而即命见义以正命，所以孟子说"性也，有命焉，君子不谓性也"。对"仁义之于父子"一节，唐氏以"即义见命"来诠解。仁义礼智根于心，出自人之大体，求则得之，得之在我。以仁当于父子，以义当于君臣，以礼当于宾主等，即是义之所在。然在此行义达道之中，也会有外在的限制，非我所能决定，如舜以瞽瞍为父，比干以纣为君，属于客观之限制。但在此限制中亦可见天启之存焉，恒命我应之以仁义礼智以自尽其道，据此而言"即义见命"。我之行仁义礼智正是存养扩充吾人之性，而非仅顺承此外在之天启之命，所以孟子说"命也，有性焉，君子不谓命也"。

唐君毅后期根据生命存在与心灵之所向建立其所谓"心灵九境"的哲学体系，其中的"天德流行境—尽性立命境"即主要本于孟子之立命说而立论。人人能各正性命、尽性立命、成己成物，则合天地生生之象、元亨利贞之势，以成"天德流行"之胜境。

三　"尽性立命"之旨与天德流行境的确立

唐君毅既是一位严谨的哲学史家，又是一位富于智慧的哲学家。他的哲学观的形成以及哲学体系的建构，均离不开他自身对儒家义理的理解、阐释和吸纳。唐君毅的哲学造诣汇归于其生命存在与心灵境界的哲学架构。在其"心灵九境"的哲学体系中，前三境为觉他之客观境，中三境为自觉之主观境，后三境为超自觉之通主客境。后三境的哲学知识皆化为智慧，而成生命生活之教。唐君毅心灵九境中的天德流行境，也称尽性立命境。这一理境的确立即主要以孟子的"尽性立命"之说为基础，而又有所发明推进，并在与基督教和佛教的对比中，开显出儒家义理的殊胜之处。

如何使吾人生命达于自觉的天德流行境，这即涉及性命问题，因此，天德流行境亦称尽性立命境。而如何达于自觉的天德流行境，也即是如何得以尽性立命的问题。唐君毅认为,吾人生命之生于此世间,其初只表现为一先天的空寂性、纯洁性的一善之流行,其生命本身或本性只是一灵觉的生或生的灵觉。这一灵觉的生或生的灵觉即是儒家义理中的"性"。唐君毅在此秉承原始儒家性善论的宗旨,以为其立论的出发点。此外,吾人之生命存在,自有其超越的形上根源,此超越的形上根源依不同的教理而有不同的称谓,如基督教之上帝、佛家之如来藏心等,而在儒家义理中则谓之"天"。生命之存在即从超越的形上根源之天破空而出,依此根源之"有"而"有"。并且,此生命存在之"有"虽来源其形上根源,但又非其形上根源中之所有,从而展现出一创生义。因此,生命存在与其超越的形上根源之间存在一相依相即,而又相隔相离的关系。在此天人之际,遂有"命"一观念的建立。

在唐君毅看来,"命"有两种,一为性命或天命,另一为运命。《中庸》"天命之谓性"乃即性命即天命的意思,孟子之言已涵其义,但又不限于此,而又关联着外境顺逆之命而言"义命合一"之旨。外境顺逆之命即属运命。唐君毅总结有两种运命,一为外境之命,即人所遇外境顺逆之命;一为内境之命,即人天生之体质气质之命。在唐氏,人所遇的外境之命或内境之命对人而言不仅仅是一个事实,同时还具有价值意义。外境之顺逆以及内境之个体差异,正显示了生命生生不已、无有故常的本性。面对此运命的存在,佛家视人之生命为无常、为苦恼,而寻求解脱;基督教视人之生命为偶然、为罪业,而求助上帝。而儒家则能直接翻上一层,对外境之顺逆,不作罪、苦等判断,而是直下承担,无所怨尤,更观此外境之顺逆等运命是否对我之义所当为有所启示。由是,吾人所遭遇的运命不再是一个冷冰冰的事实,而是对吾人之义所当为有所启示、有所命之一有价值意义的活泼泼的存在。[①] 运命因其有对吾人义所当为的启示价值,因此可与性命、天命相贯通,从而于运命中见出天命、性命。唐君毅说:

> 由此人之所遇之特定的外境,与人之生命存在中之体质气质,

---

① 参见唐君毅《生命存在与心灵境界》(下),《唐君毅全集》第二十六卷,第 148 页。

皆能对人之灵觉的生或生的灵觉，有所命，而此生的灵觉或灵觉的生，即能以其所命为其所自命自令。此中，若自此外境与气质体质之命于我之义所当为者看，可只见其皆是天命；而自我之由此外境与体质气质之命我，同时即以之自命自令看，则是性命。我即可于此性命之自命自令中，见其中所呈现之天命。①

自外境与内境之命于我之义所当为一面言，则天命超越于我之上，我之灵觉的生或生的灵觉之性对此只能奉承之、领会之，从而表现为知命、俟命、安命，此为坤道，类于"后天而奉天时"；自外境与内境之启示我之自命自令一面言，则天命内在于人之性命，人之尽其性命，即顺此天人不二之命而行，从而表现为立命、凝命、正命，此为乾道，类于"先天而天弗为"。"奉天命而自命，以立命，亦即尽其性之所命者，故立命即尽性也。"②

因为有运命的存在，即客观的顺逆之境和体质气质的限制，所以人的德性德行也只有在一特定的境遇中得以次第表现、成就，这也是人所当承受的一种运命。根据外境之命与内境之命的不同，人的德性德行在其生命历程中表现为成己与成物两个层面，由此人之天德得以不断开显、成就，人方能尽性立命。在唐君毅，人之尽性立命的关键在于能存守此灵觉的生或生的灵觉，并常念此灵觉永远在一切外境内境之上一层位。不管外境内境如何变迁，"人皆可本此灵觉，而觉之、知之，以超越之，忘却之，而昭临于其上，同时见此内境外境之启示一义所当为之命令，于此灵觉，而为此灵觉所以之自命，以立命尽性者"③。

就外境而言，由外境的不同及其变化，人之德性德行表现为动以应务而成物之事。此时，此尽性立命境亦通于心灵九境中的道德实践境。人之灵觉随所遇之外境以及想象思维之所及者之变化而确定一义所当为者。而当外境有种种冲突如所处之境有两义不可得兼的时候，

---

① 唐君毅：《生命存在与心灵境界》（下），《唐君毅全集》第二十六卷，第 151 页。
② 唐君毅：《生命存在与心灵境界》（下），《唐君毅全集》第二十六卷，第 152 页。
③ 唐君毅：《生命存在与心灵境界》（下），《唐君毅全集》第二十六卷，第 155 页。

更需要人有纯理智的思考与奉承天命的自觉。如在生与义不可得兼的情况下，假如人能做到杀身成仁、舍生取义，并能自觉到此是外境之所命，而更以之自命，则人之生命便化为一神灵之生命，而与千古圣贤之生命相感通。

就内境而言，则在如何静以自学以成己。前文已言，对于性命论，孟子所进于孔子者，在于有立命一段工夫，由此通贯天命于人之尽心知性中。这尤其表现在面对内境以成己一面。内境表现在人的体质气质以及以往生活习惯等方面，这需要人的灵觉能自觉地超越内境诸方面，而不至于陷溺于其中。因此，人的灵觉要先能虚静自持，同时又不能过于收摄而陷溺于虚静之中。这就需要一种内外交相养的工夫，这种工夫便需要一种礼乐的生活来达成。其中，乐包括诗乐等艺术以及对自然与人物的美感。在唐君毅看来，对诗乐等艺术的观赏，以及对自然人物之美感的陶冶，其内容之崇高优美者，可引人上升于此优美崇高之境，其内容之表现善者，可直接养人之德性德行，从而视一切义所当然者，皆当出乎心之自然。依此内外交相养的工夫，人之德性德行不断充实于内，洋溢于外，由善以成充实之美，其行为亦自然合乎义者，以内外相应成和。此时，德性生命如一音乐本身，生命内外之活动以及与天地万物之活动皆相互感通，相互唱和，以成共振之势，有如孟子之言"金声玉振"，以喻圣德成于乐之旨。至于礼，在唐君毅看来，则有消极意义与积极意义两层涵义。其消极意义则在使人的生活加以约束规范，从而得其节。其积极意义则在成人之敬。就其积极意义而言，一切礼之大者，为祭祖先、祭圣贤忠烈，及祭天地之礼。此三祭可使人明了自己生命所以生之本，道德生命、文化生命之本，以及人与万物之自然生命之本。由此礼、敬，可使人超越于其本能生活习惯，从而感格于祖先之神灵、圣贤忠烈之神灵，以至于天地之心，由此成就人之德性德行之相续不断。

唐君毅认为，除了礼乐之学以外，与天德流行境之外的其他诸境相关的一切学问，皆可为成己之德性德行之用。同时也可以有助于人文化成，而为开物应务之所资。而成己成物便成为人之为人的存在使命，成为人的尽性立命之道，至殁而止，终于"未济"。人之尽性立命不止，则人之天德天命亦流行不止。人不但自己在成己成物的历程中尽性立命，同时也希望一切人物都能尽性立命。

唐君毅以"义命合一"之旨诠释孔孟知命、立命诸说，新意迭出，创发前人之所未发，于"义命分立"之说外开出一新的义理世界。基于哲学系统之建构，本于孟子立命诸说，唐君毅以"尽性立命"通于其"心灵九境"说之第九境"天德流行"境，从而赋予儒家性命论以新的理境。

第三节　兴起人之心志以立人之道——孟子的精神世界

前两节我们梳理了唐君毅对孟子心性、性命思想的诠释与发挥，从中也可以看出孟子心性学对唐君毅本人影响之大。唐君毅对孟子的理解，其初意乃接近宋儒的主张，以为孟子学的核心在其心性论，而尤在即心言性，对东汉赵岐自五经解孟子甚不以为意。然其后自谓对赵岐所谓孟子之长于《诗》《书》一说有其新悟，认为孟子学的精神乃在"兴起一切人之心志，以自下升高，而向上植立之道"[1]。其精神简言之名为"立人之道"，唐氏并以为此义旨足以贯通历代孟学之三大变。[2] 在唐氏看来，孟子之贵民说、性善说以及为政之说皆旨在阐明此一"立人之道"，以期兴起人之心志。

孟子"立人之道"之说首以人禽义利之辨明之，以尽心知性与知言养气之修养工夫充实之，其政教精神仍在兴起人之心志以立人之道。下面一一申说。

一　人禽义利之辨——孟子言人道的方式

孟子曰："仁也者，人也。合而言之，道也。"（《尽心下》）人之为

---

[1]　唐君毅：《中国哲学原论·原道篇》（一），《唐君毅全集》第十九卷，第155页。

[2]　参见唐君毅《中国哲学原论·原道篇》（一），《唐君毅全集》第十九卷，第153—154页。

人，在于仁。合仁与人以言之，斯道有以立。以仁立人，立人之道也。孟子学的精神，首先即在此立人之道。在唐氏看来，孟子所言种种义理大都围绕此立人之道展开，唐氏更以孟子之学与孔墨之学相比观，以突出孟子立人之道的义旨。孟子之学虽源自孔子，然不必尽同于孔子，而必有其新发之义。就言人道而言，与孔子之重"为仁由己"与墨子之重"兼相爱、交相利"不同，孟子言立人之道首在人禽义利之辨。唐氏以为，孟子"辨大人小人之道、王霸之道、夷夏之道、文野之道、异端与正学之道、大丈夫与妾妇之道，出处、去就、辞受，取与之道，皆基在此人禽义利之道之辨，以次第引申而出者"[①]。人禽之辨以显人之所以为人（仁），义利之辨及义内义外之辨则在具体的矛盾冲突中鲜明地展现人（仁）的生活、生命。

人禽之辨。曾有西方哲人戏称人乃无羽毛的两足动物，这当然不能尽人之所以为人之实。但如果人自身不能明白自己作为一个人的意义之所在，不能真正地作为一个人生活着，他也的确只是一个无羽毛的两足动物罢了。西方的另一位大哲亚里士多德说过人有三种生活：享乐的生活、政治的生活和沉思的生活，并且认为，一般人显然是奴性的，他们宁愿过动物式的生活。[②] 亚氏所谓政治的生活则大致相当于孟子所说的"士"或君子的生活。沉思的生活则大致相当于孟子所说的圣人的生活。中西哲人都试图通过人与动物的对比以突出人之所以为人的所在，彰显人在世界中的特殊地位，把人崇高的一面发掘出来，使人能明白如何过一种正确而美好的生活，真正过"人"的生活。

孟子的人禽之辨即为了使人自兴起其心志，以此挺立人的尊严。唐氏以为，孔子、墨子、孟子皆言人道，然孔墨皆在人道之内部辨，如君子与小人之道之分、圣王与暴君之道之分等，而孟子则先就人与禽兽之道加以分辨，而后再于人道内部作种种分辨。此外，孔子未将人客观化为天地间一类之存在，而墨子、孟子则皆将人化为天地间一类之存在，

---

① 唐君毅：《中国哲学原论·原道篇》（一），《唐君毅全集》第十九卷，第 155 页。
② 参见［古希腊］亚里士多德《尼各马可伦理学》，廖申白译注，商务印书馆 2003 年版，第 11 页。

以与禽兽、鬼神等相比较。这就涉及"类"的观念。唐氏极重视孟子"类"的观念，认为孟子言类当有所承于墨子之用名。孟子言人禽之辨，必待将人客观化为一类之存在，是以有"圣人，与我同类者"（《告子上》）之语。人禽之辨，即明人与禽兽之不同类。"然孟子此辨之目标，又不真在客观的辨万物之类之有种种，而要在由辨人与禽兽不同类，以使人自知人之所以为人。"① 孟子曰："人之所以异于禽兽者几希，庶民去之，君子存之。"（《离娄下》）庶民与君子虽同有此异于禽兽之几希，然君子能存之以行于人伦，庶民如不知存养而放失之，则不免沦为与禽兽无别。是以明末清初的王船山有"庶民者，流俗也。流俗者，禽兽也"的激辞。② 因此，可以说人禽之辨与君子庶民之辨相互依存，要么为君子以此自别于禽兽，要么为庶民或以致丧失其为人之几希而与禽兽之行无异。人异于禽兽之几希即"仁"，即人之心性。

在唐氏，孟子辨人与禽兽不同类、圣人与我同类，皆是就人之内在的几希处立言，是就真实的存在而言，而非如西方哲学从逻辑与知识的观点上辨万物之类之说。在孟子，人禽之辨不是一个知识论上的问题，而是一个存在论上的问题。人禽之辨是为了让人明了自己不同于禽兽之几希处，而后充之、尽之，以求为君子圣贤。同此，圣人与我同类之说，亦是存在论上的问题，以使人能兴起成贤、成圣的心志。孟子的人禽之辨是真实的存在论上的实践问题，而非知解思辨边上之事，其要在于能兴起人立己成人之心志，从而践形尽性，成就人道。人异于禽兽之几希即人之心性，此心性在孟子则首先表现为恻隐、羞恶、辞让、是非之四端之心。由此四端之心扩之、充之即为仁义礼智之全德。因此，四端之心是人异于禽兽的根本所在，也是人道德实践的活水源头，然要在能存养之、扩充之。人若不能保有此四端之心，便难免沦于禽兽之行了。是以孟子说："无恻隐之心，非人也；无羞恶之心，非人也；无辞让之心，非人也；无是非之心，非人也。"（《公孙丑上》）

义利及义内义外之辨。孟子立人之道不但通过人禽之辨以彰显，且

---

① 唐君毅：《中国哲学原论·原道篇》（一），《唐君毅全集》第十九卷，第158页。

② 参见钱穆《中国近三百年学术史》，商务印书馆1997年版，第401页。

通过义利及义内义外之辨得以进一步表现。孟子主仁义之道。在鱼与熊掌不能兼得的情况下，在生与死面临抉择的境遇下，义利之辨显得尤为突出。要么集义而行，要么择利而往，没有第三条路，所谓"道二，仁与不仁而已矣"。在此，自天子以至于庶人，皆应以尚义为先，此方是为人之所在。孟子虽然强调义利的异质性，但并非绝对地否定功利本身。孟子强调功利本身的独立性，反对的是以功利为行为原则的功利主义。在孟子看来，如果人与人之间"怀利以相接"，则会导致社会堕亡。是以孟子说："为人臣者怀利以事其君，为人子者怀利以事其父，为人弟者怀利以事其兄，是君臣、父子、兄弟终去仁义，怀利以相接，然而不亡者，未之有也。"（《告子下》）[1] 因此，孟子摒斥人伦之间"怀利以相接"，而主"怀仁义以相接"。因此孟子重视庶民的利养，同样重视对庶民的教化，在满足了庶民的基本衣食之需后则应对其施以教化。所以孟子在对梁惠王描述了五亩之宅、百亩之田的理想规制以之利养庶民后，指出接下来便应对其"谨庠序之教，申之以孝悌之义"。治者之义即是满足庶民之利（养），而庶民之义则是以其利养申其孝悌之义。在此，义与利是辩证的关系。然之所以有所谓义利之辨仍在义与利之间有其冲突，并非都能加以调和使之辩证的统一，这就需要考虑具体的情境而使义利之辨具体化而非教条化。因此，义利之辨并非僵死的教条，对不同的对象有不同的适应条件与实现方式。如果把义当作客观的教条，则难免出现以义害仁的状况。因此，义之为义一定要出自内在的仁，因此孟子说："非礼之礼，非义之义，大人弗为。"（《离娄下》）这说明孟子论一事之为义或不义注重其动机，而非表面的事相。综合以上所述可知，孟子的义利之辨主要在其动机而非事相。且义之为义一定是出自仁义之心，否则便有义袭之弊。而这就有了义内义外之辨。

在唐氏看来，孟子言仁义乃根于仁义之心，主义内之说，此即不同于墨子及告子之在客观的意义上建立义道，而为义外之论。在告子看

---

[1] 梁启超说："孟子所以大声疾呼以言利为不可者，并非专指一件具体的牟利之事而言，乃是言人类行为不可以利为动机。"（梁启超：《先秦政治思想史》，东方出版社1996年版，第106页。）

来，仁为内，义为外，仁表现为仁爱，此仁爱皆由我决定，是以"吾弟则爱之，秦人之弟则不爱也"，此为告子仁内之说。以义为外者，如敬长之义，无论是吾之长或楚人之长，皆以敬之为义。而敬之之义有其客观性，此为义外之说。而在孟子处，不但仁爱内在于我，义之为义亦内在于我。义虽有其客观性，但识得此客观性之义的仍是主体性之我。如此，则内可摄外，义虽有其客观普遍性，但仍是人主体心性的表现。由是，仁义皆内在于人之心性。唐君毅注意到，孟子与告子之辩与公都子与孟季子之辩略有不同。在孟子与告子之辩中，孟子之言要在言敬长之义有其客观性、普遍性，而此敬长之义亦出于人内在的心性。公都子与孟季子之辩中，孟季子之论要在言吾人之敬随外在之客观情境而变。然在唐氏看来，"孟子之意，则谓此随客观情境之特殊性，而变吾人之所敬，仍出于吾人之内在之心性，有如冬日饮汤、夏日饮水之事之仍由内发"①。由此可知，敬之为义仍由内发，由人之内在心性所决定，而非由外在之客观情境所决定。仁义根于人之内在心性，故能于不同的客观情境有不同的主观表现。在唐氏看来，孟子之论可谓通主观与客观、普遍与特殊，以言义内之全旨也。

仁义与孝悌。孟子主义内之说，而其相应的修身工夫便是集义，即由仁义行。而由仁义行之道则首在孝悌。孝悌为行仁义之始，"亲亲而仁民，仁民而爱物"，由此孝悌之仁义扩而充之，即成仁义之全德。可知仁义之行自有其次第先后，而不可遍等。墨氏兼爱之说无次第先后之分，宜乎孟子斥其为无父之论。墨者夷子以为"爱无差等，施由亲始"，孟子则斥其为"二本"之说。唐君毅就此分析了儒家孔孟之爱亲与墨子之不同。其一，儒家主张"爱有差等"，与墨子主张无差别的"兼爱"不同。唐君毅说："吾之特殊之生命，与吾父母之生命，有原始之特殊的感通关系，固与他人之父母之关系不同。此特殊关系为一真实存在，而不容抹杀者。则其爱固不能无等差，而不能如墨子之只重爱之普遍性平等性，而忽此特殊性差别性也。"② 儒家之所以重视亲亲，

---

① 唐君毅：《中国哲学原论·原道篇》（一），《唐君毅全集》第十九卷，第165页。
② 唐君毅：《中国哲学原论·原道篇》（一），《唐君毅全集》第十九卷，第167页。

就是正视我们每个人的生命与自己父母生命的特殊关系，承认爱的差等性，从而不同于追求无差别的普遍性的爱的原则，这背后的逻辑仍然是仁义内在与仁义外在的差异。孟子强调仁义内在，就是强调仁义内在于我们每个人的心性，这一心性不是外在的、客观化的、抽象的、僵化的心性，而是与每个个体的具体生命相关联的活泼泼的心性，而由这种心性所开显出来的仁爱，也必然与具体的、特殊的生命情境相关。因此为仁而由亲亲始，这符合真实的生命情境。而墨子所寻求的无差别的、普遍性的兼爱，恰恰是一种外在的、取消了具体时空差异与生命情境的义外之论。其二，唐君毅认为，儒家言爱亲乃基于仁义之原始的表现，是自己生命与父母生命自然、直接的感通，并无"我"之想，也没有考虑"他人"爱我父母与否的问题，这是爱之第一义。墨子之教则是既望他人爱我父母，因此我义当爱他人父母，这已落入爱之第五义，而也有可能落入非真正之道德的爱之第六、第七义。① 儒家言爱亲基于内在的仁义之性，进而期于人人都能自尽其性、自成其德，是以"兴起人之心志"教人，从而成其所以为人。墨子言爱亲、兼爱则是基于"交相利"的立场，而非基于自然的具体的心性，其教人以义乃是建立在"喻于利"的基础之上，因此其"兼相爱、交相利"之说终成义外之论。

由以上可知，儒家的仁爱原则并非普遍主义的，如墨子兼爱说，而是承认具体的、特殊的生命情境。但儒家的仁爱也并非特殊主义的，即只承认血亲之缘、一家之私，而是将仁爱"溢流向他人和世界"。② 所以孟子讲"亲亲而仁民，仁民而爱物"，又言"万物皆备于我"，都是仁爱充盈于天地万物的意思，而至宋儒程子则明确有"仁者以天地万物为一体"之说。关于儒家之仁与墨子兼爱的差异，阳明的学生与其曾有一段问答，录之如下，有以启发吾辈深思：

---

① 参见唐君毅《中国哲学原论·原道篇》（一），《唐君毅全集》第十九卷，第167—168页。

② 参见张祥龙《从现象学到孔夫子》（增订版），商务印书馆2011年版，第313页。

　　问："程子云'仁者以天地万物为一体'，何墨氏'兼爱'反不得谓之仁？"先生曰："此亦甚难言，须是诸君自体认出来始得。仁是造化生生不息之理，虽弥漫周遍，无处不是，然其流行发生，亦只有个渐，所以生生不息。如冬至一阳生，必自一阳生，而后渐渐至于六阳，若无一阳之生，岂有六阳？阴亦然。惟有渐，所以便有个发端处；惟其有个发端处，所以生；惟其生，所以不息。譬之木，其始抽芽，便是木之生意发端处；抽芽然后发干，发干然后生枝生叶，然后是生生不息。若无芽，何以有干有枝叶？能抽芽，必是下面有个根在。有根方生，无根便死。无根何从抽芽？父子兄弟之爱，便是人心生意发端处，如木之抽芽。自此而仁民，而爱物，便是发干生枝生叶。墨氏兼爱无差等，将自家父子兄弟与途人一般看，便自没了发端处；不抽芽便知得他无根，便不是生生不息，安得谓之仁？孝弟为仁之本，却是仁理从里面发生出来。"①

　　仁义之心可说是仁义之行的种子，而孝悌则可说是仁义之行的根子，所以孝悌乃为仁之本。近来有论者以为儒家孝悌之义乃成一家之私，有违公德云云，此真乃因噎废食之论，比之墨氏之说更有不如。须知，仁义之行非限于孝悌，只是自孝悌始而已，前引阳明先生之说明白晓畅，于此可无疑了。

二　尽心知性与知言养气——孟子立人之道的工夫

　　如果说人禽义利之辨是孟子言人道建立之方式，那么关于尽心知性与知言养气的相关论述，则是孟子立人之道的具体工夫内容。在唐氏看来，孟子尽心知性、存心养性、修身立命之旨皆在人之心性的兴起、兴发，其间并无高下之分。对于"尽心知性知天"，唐氏解说："尽其心者，充尽其心之表现，知其性者，由此表现，而知此心能兴起生长之性也。知天者，知为我之此心性之本原之天也。"② 然心性所自出之天亦

① 　（明）王守仁：《王阳明全集》，第25—26页。
② 　唐君毅：《中国哲学原论·原道篇》（一），《唐君毅全集》第十九卷，第181页。

不能外于此心性，此即人不可离于此心性之表现，以知此心性及为其泉源之天。而对于"存心养性事天"，唐氏以为其与"尽心知性知天"乃一事之两面。"知天"与"事天"只是知与行之别。尽心知性以知天，如《易传》言"先天而天弗违"，存心养性以事天，如《易传》言"后天而奉天时"。两者相依为用。至于"夭寿不二，修身以俟，所以立命"，唐氏亦以其义命合一之旨来诠解。人之自然生命的或寿或夭，外境的或顺或逆，或吉或凶，皆非人所能自主，人所能自主者唯在自尽其道。对于尽心知性、存心养性、修身立命，王阳明、朱熹尝从工夫境界上区分此三者。而在唐氏看来，三者皆无有高下之分。三者皆表现德性生命之重于自然生命。人在有生之年，应超出其自然生命以成就其德性生命，只见道义不见生死，此方是人之心志之兴起、立人之道之所在。

在唐氏看来，知言养气即是尽心知性、存心养性、修身立命的工夫。孟子养气之说与其存心养性说的主旨相关，然又不尽同。养气之说连于形色之躯而言，养性则要在使德性内在于己。养气即以存养于己内之德性充实其形躯，此即所谓"践形"。孟子以养浩然之气立己，以知言之学知人。"己能养气以有大勇，又能知人言以有智，此即兼勇与智之学，勇之本则在集义。此盖孟子以集义成勇，而以知言成智，以求孔子所谓仁之学欤。"[1] 集义以养勇，此成就勇之大者，而不同于北宫黝、孟施舍之养血气之勇。唐君毅认为，北宫黝之养勇，乃直下自恃其气，知进而不知退，是求胜之勇。孟施舍之养勇，在于知不必胜而不惧难。前者自恃其气，后者自制其气，然皆是在气上用功夫，皆不能养成大勇。而曾子养大勇之功，则在先能自反，以察己言行之是非。若自反而非，焉能以气凌人？若自反而是，则心无虚歉，气亦无虚歉，"虽千万人，吾往矣"。是故集义以成其勇为孟子所最尊。[2]

集义以养气，养成浩然之气斯可不动心矣。告子先孟子不动心，而孟子不动心之道亦不同于告子，其间之异同颇值得参究。告子曰："不

---

[1] 唐君毅：《中国哲学原论·原道篇》（一），《唐君毅全集》第十九卷，第185页。

[2] 参见唐君毅《中国哲学原论·原道篇》（一），《唐君毅全集》第十九卷，第185—186页。

得于言，勿求于心；不得于心，勿求于气。"（《公孙丑上》）告子语中"言"之一字，历来注家解说纷纭。朱子以此"言"为言辞之谓。赵岐注、焦循正义亦同于朱子之论，以此"言"为言辞、辞气之谓。唐氏则认为，此"言"通于告子所主的义外之"义"。"告子主义外，即同墨子之视义为客观外在之公义。"① 《墨子·贵义》曰："争一言以相杀，是贵义于其身也。"② 其中"言"与"义"更迭成文，告子、墨子所谓"言"即"义"，亦今所谓"主义"。在唐氏看来，告子所谓"不得于言，勿求于心"，乃谓于客观外在之义有所不得，只需求此义之所在，而不当求之于主观内在之心。"不得于言"，是说于"言"（即某一主义或义理）有所不达，不知其真正意义之所在。告子"不得于言"时只在其"言"上用功，而不知反求诸己，在自家心上用功。是以孟子斥其为义外之说。告子之不动心只是牢牢把住一义，使心外着于此一义而使其不动。孟子之异于告子者，即要在此义内在于心，且由心所发，而非外在于心。是故孟子谓"不得于言，勿求于心，不可"，又谓"告子未尝知义，以其外之也"。告子"不得于心，勿求于气"，则谓心若不能求得义之所在，即不当求之于身体之气，求之亦无助于心之不动。对此，孟子许其可。然孟子许其可并非就告子义外之说而言，而是就义内之说而言。义内在于心，发之于心，人知其义之所在之前的确不应求之于身体之气。人能于内在于心之义知之、行之，即是集义的工夫，即可逐渐达于不动心的境地。唐氏说："孟子之不动心之道，则为心之相续自知义自行义而集义之功。盖人心性之表现于知义行义，日积月累，至于全无所愧怍于心，则内心无馁，而有其自信自慊，充实于己者在，故能不动。"③ 告子只是把捉此心不动，其不动心易，故能先于孟子不动心。而孟子集义之功要在种种不同的情形，知其义所当为而为之，这是一个渐进的过程。集义首在知义之所在，然气亦很重要，所以孟子强调"持其志，无暴其气"。"持其志"与"无暴其气"两者不可偏废。又，

① 唐君毅：《中国哲学原论·原道篇》（一），《唐君毅全集》第十九卷，第 186 页。
② 吴毓江：《墨子校注》，中华书局 1993 年版，第 685 页。
③ 唐君毅：《中国哲学原论·原道篇》（一），《唐君毅全集》第十九卷，第 187 页。

"志壹则动气"，"气壹则动志"，要使志率气，则气始配义与道，逐渐达于浩然之气矣。集义之功又须随时随地做工夫，所谓"造次必于是，颠沛必于是"，"勿忘"，"必有事焉"。然又不能过于穿凿、把捉，所以要"勿正"，"勿助长"，如此方是"行其所无事"，方是由仁义行。唐君毅就集义之工夫说："此气之盛大流行，乃集义工夫之所致，亦持志养气工夫之所致。若工夫有所不及，亦不能强慕而强求之，而虚提起此气，以求其盛大。故集义、持志养气之工夫，不可忘；然亦不可助长，如不可揠苗以求苗之长。助长即虚提起其气，以强求、强慕一浩然之气之盛大流行也。"[1] 能坚持集义的工夫以至于纯熟，斯可言"至大至刚"的浩然之气了。

与"不得于言"之"言"相应，孟子之知言即是能知人所持主义、主张之是非。是以孟子能做到"诐辞知其所蔽，淫辞知其所陷，邪辞知其所离，遁辞知其所穷"（《公孙丑上》）。义理有多端，无可穷尽，因此不可"执一而废百"。只知其一不知其二，明于此而弊于彼，则言有诐辞。诐淫夸大其说，则为淫辞。诐淫之辞，离于正道，悖谬于伦理道义，则为邪辞。持邪辞者，自造作理由以文饰，则为遁辞。在唐氏看来，人之有诐、淫、邪、遁之辞皆是未尽己之心性之用，以致放失其本心。人果能尽己之是非之心，即不会有诐、淫、邪、遁之辞，而亦能知他人之言之是非，而识得诐、淫、邪、遁之辞之所弊、陷、离、穷之所在。因此唐氏以为，孟子知言之学乃连于其尽心知性与集义养气之说而论之，不可视为二者也。[2]

三 兴起人之心志——孟子的政教精神

在唐君毅看来，孟子言政之精神与立人之道相连贯，也是使人向上兴起其心志。不但是王者自身心志之兴起，也是庶民及豪杰、学者心志之兴起。梁启超尝言："孟子言政治，殆不出国民生计、国民教育两者

---

[1]　唐君毅：《中国哲学原论·原道篇》（一），《唐君毅全集》第十九卷，第188页。

[2]　参见唐君毅《中国哲学原论·原道篇》（一），《唐君毅全集》第十九卷，第188—189页。

之范围。"① 好的国民教育即孟子所谓善教，善教能兴民，能使人兴起从善、向上之心志。

孟子言政基于其王道说，而王道之兴则首先在于王者之自兴。对于各诸侯国君，孟子皆能循循善诱，以王道喻之，而孟子又长于《诗》《书》，常引之以起兴，使君王能自兴起其心志。如孟子与梁惠王言王道，辨义利，使其心自悦理义。与梁惠王相见于沼上，引《诗·大雅·灵台》，兴发其先忧后乐、与民同乐之心。孟子与梁襄王言，不嗜杀人则能一天下，使天下之民引领而望，民往归之，犹水之就下，沛然莫之能御。孟子闻齐宣王见牛将以衅钟，不忍牛之觳觫，而以羊易之，从而借机兴发其不忍人之心。进而与之言王道，并引《诗·大雅·思齐》，言举此斯心加诸彼，推恩而保四海，以使其心自悦仁义。孟子言政之精神，不但在王者自兴起其心志，更在于王者能以身示范，影响庶民兴发其心志。

在唐氏看来，孟子所认为的王者之政，在于使人民能日益迁善。王霸之分，在于有教与无教之别。孟子言政并非只限于保民，而亦重在教民，使民日迁善而不自知。其言："王者之民皞皞如也。杀之而不怨，利之而不庸，民日迁善而不知为之者。夫君子所过者化，所存者神，上下与天地同流，岂曰小补之哉？"（《尽心上》）王者之民广大自得、日迁其善，善教所致也。善教者，王者以身教教之，以身作则，感而化之之谓，所以能"所过者化"。因此，庶民心志之兴起，首在王者之能自兴起其心志，而后以感庶民之志，使其能得善教而自兴起。孟子说："君仁，莫不仁；君义，莫不义；君正，莫不正。一正君而国定矣。"（《离娄上》）善教之起，须是王者先自身致力于善，而后民乃易从之。又说："仁言不如仁声之入人深也，善政不如善教之得民也。善政，民畏之；善教，民爱之。善政得民财，善教得民心。"（《尽心上》）"声"在《孟子》一书中有两义，一指乐声，赵岐解"仁声"即取此义，注云，"仁声，乐声雅颂也"②。一指声誉、声闻，朱子解"仁声"取此

---

① 梁启超：《先秦政治思想史》，第 111 页。
② （清）焦循：《孟子正义》，第 897 页。

义。其引程子之说云:"仁声,谓仁闻,谓有仁之实而为众所称道者也。此尤见仁德之昭著,故其感人尤深也。"① 两说皆可取,且相资为用。王者有仁德之实,始能感召庶民,兴起其从善之志。孟子曰:"霸者之民,欢虞如也。"欢虞乃欢欣鼓舞之貌,霸者亦能以仁义鼓舞人之心志,不过,霸者是假仁义以行,终不如王者真能以仁义之实感悦人民,使人民能自悦仁义。"是见由王者自身之生命中,心志之由仁义行而兴起,而以仁义之政兴民,使'沛然德教,溢乎四海'(《离娄》),正孟子言王道之宗旨所在也。此亦犹孟子之教学者之为圣贤,亦必以自兴起其心志,由仁义行为本也。"②

王者兴起,行仁政,以善养人,而民皆安悦。因此,孟子的政治理想在于与民同乐。如此,人道才能最终得以安立。在唐氏看来,"孟子之言政,以人民之兴起,而归往于王者,而使天下安悦为归,则知孟子之教学者,亦必以其生命中之心志之兴起,而向往于古往今来之王者,与圣贤为归"③。学者尚友古之圣贤,以之为师。而圣贤之风泽被后之来者,兴起其心志。故孟子曰:"圣人,百世之师也,伯夷、柳下惠是也。故闻伯夷之风者,顽夫廉,懦夫有立志;闻柳下惠之风者,薄夫敦,鄙夫宽。奋乎百世之上,百世之下,闻者莫不兴起也。"(《尽心下》)与庶民之兴起其心志不同,豪杰之士可自兴起其心志。是以孟子说:"待文王而后兴者,凡民也。若夫豪杰之士,虽无文王犹兴。"(《尽心上》)

孟子"兴起人之心志"的政教精神,实即其诗教精神。马一浮说:"孟子尤长于《诗》《书》,故其发明心要,语最亲切,令人易于省发。深于《诗》者方见孟子之言《诗》教之言也。"又说:"孟子教人,处处使人感动奋发,此即《诗》教也。……今说五起,'起'即兴起之义。如闻《诗》教而不能兴起者,只是蔽于私欲而志不立。愿学者深观孟子之言,其必能知所当务矣。"④马一浮推尊孟子的思想最能表现诗

---

① (宋)朱熹:《四书章句集注》,第353页。
② 唐君毅:《中国哲学原论·原道篇》(一),《唐君毅全集》第十九卷,第190页。
③ 唐君毅:《中国哲学原论·原道篇》(一),《唐君毅全集》第十九卷,第191页。
④ 马一浮:《复性书院讲录》,《马一浮全集》第1册,第238、240页。

教精神。马氏指出，《孟子》"公孙丑问不动心"一章中的"辨气志"一节，实与《礼记·孔子闲居》中的"五至""三无""五起"之旨相发明。《礼记·孔子闲居》提到，民之父母必须"达于礼乐之原，以致五至，而行三无，以横于天下"。所谓"五至"，即"志、诗、礼、乐、哀"的辗转相生：

> 志之所至，诗亦至焉；诗之所至，礼亦至焉；礼之所至，乐亦至焉；乐之所至，哀亦至焉。哀乐相生。是故，正明目而视之，不可得而见也；倾耳而听之，不可得而闻也；志气塞乎天地，此之谓五至。（《礼记·孔子闲居》）

"三无"则是"无声之乐、无体之礼、无服之丧"。由"五至"起，恺悌为怀的君子，其情志已充盈于诗与礼乐所引发的哀乐之中，至"三无"则使这样的情志深入到了一个极为幽深静谧的境界。"五至"与"三无"后，又有"五起"之说：

> 无声之乐，气志不违；无体之礼，威仪迟迟；无服之丧，内恕孔悲。无声之乐，气志既得；无体之礼，威仪翼翼；无服之丧，施及四国。无声之乐，气志既从；无体之礼，上下和同；无服之丧，以畜万邦。无声之乐，日闻四方；无体之礼，日就月将；无服之丧，纯德孔明。无声之乐，气志既起；无体之礼，施及四海；无服之丧，施于孙子。（《礼记·孔子闲居》）

在马一浮看来，"五起"乃"三无"所表现出来的五种境界，这五种境界围绕"志—气"呈现为一种渐次递进的结构，即"气志不违—气志既得—气志既从—日闻四方—气志既起"的结构。马氏就此说："申答五起之目。文有五重，皆就三无之验为说，前后相望，展转增胜。明气志合一，则发于威仪动作者无不中礼，其及于民物者无不尽道也。"[1]

---

[1] 马一浮：《复性书院讲录》，《马一浮全集》第1册，第236页。

"五起"的境界最后归于"气志合一"，这与《孟子》"辨气志"一节的旨趣实相发明。马氏指出，"夫志，气之帅也；气，体之充也"，"夫志至焉，气次焉"，"持其志，无暴其气"，这些都表明要内外交相养，志、气不可偏废。而"其为气也，配义与道；无是，馁也"一语，即明气志合一之义。"言气志合一者，乃谓此专直之心既全是天理，则吾身之气即浩然之气，全气是理，全人即天，故曰合一也。五至始言志至，是专以体言；五起合言气志，是兼以用言。体用一原，显微无间。气志合一，即天人不二也。"① "气志合一"即体现了一种围绕"志—气"结构的诗教精神。也由此可知，《礼记·孔子闲居》中的这一诗教精神实与孟学思想相通。蒋年丰将这种诗教精神称为"兴的精神现象学"。他指出，孟子思想中即含藏着这种"兴的精神现象学"。"兴的精神现象乃是仁心生机的表现。所以，兴的精神现象学可说是立基于仁的存有论上。孟子的功劳即是，以兴的精神现象学展示了孔门的仁的存有论。"② 马一浮说："'五起'即'兴'之事。"③ 蒋氏就此指出："'五起'乃是'兴的精神现象'的五种境界。更值得注意的是，在'五至'与'五起'中，'志—气'乃是此精神现象得以成立的核心观念。我们可以说，以仁的存有论为基本内涵的'兴的精神现象学'乃含带着一套'志—气'理论。而这正是孟子诗教思想的基本架构。"④ "气志合一"的诗教精神，正是孟子"兴起人之心志"的政教精神的直接体现。

此外，唐君毅论孟子"兴起人之心志"之意义，不但在个别时空中成就当下之人格，而亦可纵贯古今东西而在人类之精神历史中有其客观意义。⑤ 此尤其表现在圣贤心志之兴起上，其风范更能鼓舞人心，与后之圣贤之风相呼应。唐氏就此说：

---

① 马一浮：《复性书院讲录》，《马一浮全集》第1册，第239页。
② 蒋年丰：《孟学思想"兴的精神现象学"之下的解释学侧面——从马浮论诗教谈起》，载李明辉主编《孟子思想的哲学探讨》，台北："中研院"中国文哲研究所筹备处1995年版，第260页。
③ 马一浮：《复性书院讲录》，《马一浮全集》第1册，第233页。
④ 蒋年丰：《孟学思想"兴的精神现象学"之下的解释学侧面——从马浮论诗教谈起》，载李明辉主编《孟子思想的哲学探讨》，第264页。
⑤ 参见苏子敬《唐君毅孟学诠释之系统研究》，第136页。

　　古今圣贤与王者往矣，然其人之心志奋乎百世之上，以自兴
起，后人得闻其风而亦自兴起，则虽往而未往也。……古人奋乎百
世之上，以自兴起，后人闻风，更兴起于百世之下；而时间之今
古，不足成限隔；地之相距，亦不足成限隔。……圣贤之道，正由
异时异地之人之闻风兴起，而得通此百世千岁之久，与千里万里之
遥也。①

　　此所以儒家文化有所谓"道统"之说，乃前圣传后圣，代代相继，
续文化慧命于来疆，使之不息矣！孟子生当孔子殁后百有余岁，不能亲
炙于孔子门下，只能私淑之，向往其为人，以孔子为"圣之时者"，其
愿志在学孔子。孟子不能得见孔子，然亦能感其风范，自兴起于草莽之
间。在唐君毅，吾人生于孔孟百世之后，亦应有感于孟子所言兴起心志
之道，以自兴起矣！

---

　　①　唐君毅：《中国哲学原论·原道篇》（一），《唐君毅全集》第十九卷，第192—193页。

第五章　诠释与会通——牟宗三的孟子学

牟宗三作为现代新儒家第二代人物，其学以贯通中西著称。他对儒学的诠释立足于宋明儒的传统，以陆王心学为儒家正宗，并引入康德哲学会通儒家哲学尤其是孟子学，以此突出儒学的现代特性，在此基础上建构儒家的道德形上学。具体言之，牟氏援引《大乘起信论》"一心开二门"的旨趣提出了"两层存有论"的说法，与康德现象与物自身之说相对应，依此沟通中西，以康德的道德哲学诠释儒家之内圣一面。牟氏不但能洞察康德哲学与儒家哲学之会通的一面，又能看到两方之异，他指出儒家之胜义在于承认人有"智的直觉"，并以此为准见出康德哲学之不足，并以此提撕康德哲学。牟氏还引入康德哲学中的"圆善"概念，认为哲学依其古义乃是实践的智慧学，追求"圆善"则是其终极目标，儒家哲学亦概莫能外。此外，牟氏还提出"良知坎陷"说来接引西方的科学与民主，试图从学理上补充儒家外王一面在现代社会之不足。

牟氏肯定儒家心性之学乃儒学正统，而思孟学派阐发心性甚详，可谓开儒家心性学之端，是以牟氏对孟子诠释尤多。牟氏的孟子诠释不但注重文本的梳理，更看重哲学的会通。牟氏会通中西哲学意义深远，其哲学洞见再次证明人心之互通、义理之互证，可谓心同理同。

第一节　哲学的会通——牟宗三以康德诠释孟子、会通中西哲学的尝试

牟宗三以康德的自律道德诠释孟子伦理，以为孟子的"仁义内在"

说即是一种自律道德。牟宗三一方面以康德的自律概念诠释儒家尤其是孟子的道德哲学，另一方面通过孟子的良知良能或曰自由无限心，依据儒家哲学自身之义理，对康德的道德哲学进行批导，使其哲学上的客观义理得以进一步发展。牟宗三对康德道德哲学的批导，建基在其所诠释的孟子学基础之上，并试图以孟子学提升康德的道德哲学。

一　孟子与自律伦理学

关于牟宗三以康德"自律道德"诠释儒学尤其是孟子学，郭齐勇曾撰文专门讨论过。他说："牟先生有关孟子与康德自律道德的比较，是非常有意义的。尽管康德的道德哲学离不开西方哲学的传统，有自身的理论架构，但由'定言令式'出发，从意志之自我立法的意义去理解孟子，这种诠释并没有伤害孟子学，相反有助于中西学术的沟通。"[①] 我们这里的探讨即以此前郭先生的讨论为基础，并试图作一更深入的论析。

牟宗三一方面以康德的自律概念诠释儒家尤其是孟子的道德哲学，另一方面通过孟子的良知良能或曰自由无限心，依据儒家哲学自身之义理，对康德的道德哲学进行批导。牟宗三说："我们由中国哲学传统与康德哲学之相会合激出一个浪花来，见到中国哲学传统之意义与价值以及其时代之使命与新生，并见到康德哲学之不足。"[②] 我们先看前一方面。

牟宗三把孟子仁义内在的道德学说诠释为自律伦理学，是他借助康德哲学会通中西哲学的一个初步尝试。牟氏说："孟子的基本义理正好是自律道德，而且很透辟，首发于两千年以前，不同凡响，此则是孟子的智慧，虽辞语与思考方式不同于康德。"[③] 在康德，自律即意志自律，这只有通过自由才有可能。而自由之可能则是康德通过区分两个世界而得以论证的。康德在《纯粹理性批判》中提出了现象与物自身的区分，

---

① 参见郭齐勇《牟宗三先生以"自律道德"的理论诠释儒学之蠡测》，载郭齐勇主编《〈儒家伦理新批判〉之批判》，第627页。

② 牟宗三：《现象与物自身》，《牟宗三先生全集》21，序第6页。

③ 牟宗三：《圆善论》，《牟宗三先生全集》22，序第11页。

并在此基础上提出了两种因果性，即自由因果性与自然因果性。自由因果性的提出正是为了解决人的自律道德问题。因此可知，自律与自由不可分割。在经验层面的自然必然性永远不能满足人对道德的要求，在这一层面，人的道德诉求总是无法获得独立性与纯洁性。而只有从理知层面的自由出发，我们才会找到一条通向自律道德的神圣大道。在《道德形而上学原理》一书中，康德说："意志是有生命东西的一种因果性，如若这些东西是有理性的，那么，自由就是这种因果性所固有的性质，它不受外来原因的限制，而独立地起作用；正如自然必然性是一切无理性东西的因果性所固有的性质，它们的活动在外来原因影响下被规定。"① 在康德处，自由也就是自由意志，而只有有理性的人才会有自由意志。自由意志也就意味着自律道德的可能。与自由意志相对的自然因果性则只意味着他律性。在《实践理性批判》中，康德指出，"意志自律是一切道德律和与之相符合的义务的唯一原则；反之，任意的一切他律不仅根本不建立任何责任，而且反倒与责任的原则和意志的德性相对立。……所以道德律仅仅表达了纯粹实践理性的自律，亦即自由的自律，而这种自律本身是一切准则的形式条件，只有在这条件之下一切准则才能与最高的实践法则相一致"② 。在此，自由意志和服从道德律的意志，完全同一。通过自由，自律概念得以确立。

在康德看来，意志自律即意志之自我立法。由意志之自我立法引出道德律或道德法则的概念。在康德的道德哲学中，道德法则属于物自身界，具有先验性与普遍性，它不以任何质料为前提，而只表现其"应当"义，以此作为一切道德行为的准绳。综上所述，自律道德至少包括两个先天的构成要素，一是道德实践的先天根据，即道德主体的概念；二是由道德主体所确立的无条件的道德法则，此道德法则之确立先于一切道德实践所预设的任何目的，甚至包括善的目的。因为，在康德看来，善的概念恰恰是通过道德法则才得以确立，而不是相反。也只有这

---

① ［德］康德：《道德形而上学原理》，苗力田译，上海人民出版社 2005 年版，第 69 页。

② ［德］康德：《实践理性批判》，邓晓芒译，杨祖陶校，人民出版社 2003 年版，第 43—44 页。

样，道德法则的先天普遍性才能成立。牟宗三便从这两点来论证孟子仁义内在的学说为自律道德。

首先，在牟宗三看来，孟子由仁义内在以显性善，由性善以显"性体"之为本，且仁义内在于超越的道德心，此道德心或性体就是道德实践之先天的根据或超越的根据，这是称为自律道德所要求的道德主体的一面。只不过，此道德主体在康德是从"自由意志"讲，而在中国的传统则是从"性体"讲。① 其次，在康德看来，由自由意志的自律性所提供的先验的道德法则是道德行为之准绳。而在中国儒家传统，道德法则依"性体"而展现，其先验性与普遍性，显示了天命义理之当然。所不同者，只是传统儒家没有康德那种哲学上的辩解，但这不能抹杀他们所肯定的天命、性体所展现的道德法则之先验性与普遍性。孔子说："志士仁人，无求生以害仁，有杀身以成仁。"（《论语·卫灵公》）孟子说："所欲有甚于生者……所恶有甚于死者。"（《告子上》）"君子所性，虽大行不加焉，虽穷居不损焉，分定故也。"（《尽心上》）牟氏以为这些话语均表示在自然生命以上，种种外在的利害关系之外，有一超越的道德理性之标准。他说："人的道德行为、道德人格只有毫无杂念毫无歧出地直立于这超越的标准上始能是纯粹的，始能是真正地站立起。这超越的标准，如发展为道德法则，其命于人而为人所必须依之以行，不是先验的、普遍的，是什么？"② 孟子的仁义内在，"由仁义行，非行仁义"都足以表现孟子学所体现的自律道德的品格，而孟子与告子关于义内义外之辨，更突出了自律道德所强调的道德实践之主体性与道德法则之先验性的特征。

此外，牟宗三也以方向伦理来定位孟子与康德。海德格尔曾区分本质伦理与方向伦理，并把柏拉图传统归之于本质伦理，康德传统归之于方向伦理。牟宗三借用此意，把先秦及宋明儒之大宗定位于方向伦理，而把伊川、朱子定位于本质伦理。方向伦理其实就是大家所熟悉的形式伦理学，它不能给人们的道德实践以具体的指示，但却指出了道德实践

---

① 参见牟宗三《心体与性体（一）》，《牟宗三先生全集》5，第123页。

② 牟宗三：《心体与性体（一）》，《牟宗三先生全集》5，第124页。

所应当遵循的先验法则。形式伦理学表示的是，道德法则只能由道德主体确立，而不能求之于对象。这可以是一种"伦理学中的哥白尼式革命"。但黑格尔却由此批评了康德："康德的哲学观点，提出义务与理性应符合一致，这一点是可贵的，这里还必须指出它的缺点，它完全缺乏层次。如果我们关于应该做什么已经具有确定的原则，那么，请考察你的处世格言是否可被提出作为普遍原则这一命题就很好。这就是说，要求某一原则也可成为普遍立法的一种规定，就等于假定它已经具有一个内容，如果有了内容，应用原则就很容易了。但是，在康德的情形，原则本身还不存在，至于他认为不该有什么矛盾，这一标准不会有什么结果，因为什么东西都没有的地方，也就不会有矛盾。"① 其实黑格尔在此误解了康德。在康德前期的伦理学中，道德法则在此就是只指示一个伦理的方向，而不规定任何经验性的实践规范。② 道德法则可说是一切具体的实践规范得以遵守的原则，任何实践规范只有从道德法则引申出来才有其道德价值。从这种意义上说，孟子的伦理学也可以说是一种形式主义伦理学。孟子"仁义内在"说中的"义"恰恰相应于康德形式主义的道德法则。③

在先秦，"义者，宜也"的义训，是一总括的说法。其涵义广泛，可统摄人际一切行为而言。有学者指出了其三方面的意涵：其一，由社会成规或习俗之宜说"义"，即合乎社会规范（social norm）之"宜"；其二，就个人分位所蕴含之应行之责任与当得之权利言，是落在社会各重人际关系之理序之"宜"上说，无论政治、社会或伦常理序，同样适用；其三，形上而内在之道德意识或法则所命之应然之"义"。④ 前

---

① ［德］黑格尔：《法哲学原理》，范扬、张企泰译，商务印书馆 2009 年版，第 138 页。
② 康德的伦理学大致可以分为两个时期，前期体现在《道德形而上学原理》《实践理性批判》等著作中，这一时期的伦理学可以称为一种形式主义的伦理学，它不规定具体的实践内容。后期体现在《道德底形上学》一书中，在这本书中，康德提出了一种"同时是义务的目的"的德行伦理。在此，道德义务不再仅仅是形式的，而是有着具体内容的德行义务，这便是"同时是义务的目的"：自己的圆满性、他人底幸福。参见康德《道德底形上学》，李明辉译注，台北：联经出版事业股份有限公司 2015 年版，第 251—259 页。
③ 参见李明辉《儒家与康德》，第 54 页。
④ 参见方颖娴《先秦的"义""利"观与中国思想的发展方向》，载林徐典编《汉学研究之回顾与前瞻》（下册），中华书局 1995 年版，第 283 页。

两项"义"相当于康德《实践理性批判》中所谓的实践的规范，它们属于假言命令。第三项"义"则属于康德《实践理性批判》中的实践的法则，即康德反复强调的道德律，这属于定言命令。从汉语中，我们很难精确区分规范与法则。不过这里可以作一些相应的解说。实践的规范是指那些能指导我们道德实践的一些经验性的客观的行为准则，它有着具体的内容；实践的法则是指我们在道德实践中自由意志所遵循的一个原则，它没有具体的内容。客观世界中的具体的实践规范恰恰是依据实践法则而演绎、引申出来的。这种关系类似于作为范畴的因果律与经验世界中的自然规律的关系。孟子"仁义内在"说中的"义"可以第三项意涵视之，它是"求则得之，求在我者"的。但孟子所谓的"义"虽可以康德之道德法则视之，但又不完全等同于道德法则。康德的道德法则完全是形式无内容的，而孟子"仁义内在"之"义"则是具体而普遍的。这表现在良知良能上，如见父自然知孝，见兄自然知悌，见孺人入井自然知怵惕恻隐，等等，这些都是具体而普遍的。总之，相应于道德法则，良知、仁义都发自道德主体，而非外铄而来。当然，即便是良知良能也需要引导、扩充，离不开道问学。但从源头处而言，人的道德实践是根源于自己的内在仁义上的，即便是处常应变，也无不如是。王阳明在答顾东桥时尤其阐发了这一点：

　　来书云："道之大端易于明白，所谓良知良能，愚夫愚妇可与及者。至于节目时变之详，毫厘千里之谬，必待学而后知。今语孝于温清定省，孰不知之？至于舜之不告而娶，武之不葬而兴师，养志养口，小杖大杖，割股庐墓等事，处常处变，过与不及之间，必须讨论是非，以为制事之本，然后心体无蔽，临事无失。"

　　"道之大端易于明白"，此语诚然。顾后之学者，忽其易于明白者而弗由，而求其难于明白者以为学，此其所以道在迩而求诸远，事在易而求诸难也。孟子云："夫道若大路然，岂难如哉？人病不由耳！"良知良能，愚夫愚妇与圣人同。但惟圣人能致其良知，而愚夫愚妇不能致，此圣愚之所由分也。节目时变，圣人夫岂不知？但不专以此为学。而其所谓学者，正惟致其良知，以精察此心之天理，而与后世之学不同耳。吾子未暇良知之致，而汲汲焉顾是之忧，此正求其难于明白者以为学之弊也。夫良知之于节目时变，犹规矩尺度之于方圆长短也。节目时变之不可预定，犹方圆长短之不可胜穷也。故规矩诚立，则不可欺以方圆，而天下之方圆不可胜用矣；尺度诚陈，则不可欺以长短，而天下之长短不可胜用矣；良知诚致，则不可欺以节目时变，而天下之节目时变不可胜应矣。毫厘千里之谬，不于吾心良知一念之微而察之，亦将何所用其学乎？是不以规矩而欲定天下之方圆，不以尺度而欲尽天下之长短，吾见其乖张谬戾，日劳而无成也已。……夫舜之不告而娶，岂舜之前已有不告而娶者为之准则，故舜得以考之何典，问诸何人，而为此邪？抑亦求诸其心一念之良知，权轻重之宜，不得已而为此邪？武之不葬而兴师，岂武之前已有不葬而兴师者为之准则，故武得以考之何典，问诸何人，而为此邪？抑亦求诸其心一念之良知，权轻重之宜，不得已而为此邪？使舜之心而非诚于为无后，武之心而非诚于为救民，则其不告而娶与不葬而兴师，乃不孝不忠之大者。而后之人不务致其良知，以精察义理于此心感应酬酢之间，顾欲悬空讨论此等变常之事，执之以为制事之本，以求临事之无失，其亦远矣！其余数端，皆可类推，则古人致知之学，从可知矣。①

上文所言良知相当于康德所谓的自由意志或实践理性，良知之发用，犹规矩、尺度之效用，相应于康德所谓道德法则可应变而无穷，其絜矩之道同矣。康德说："道德法则的训令，并不是以某人自身的观察中或从我们动物本性的观察中得来，也不是来自这个世界什么事情会发生或者人们如何行动这类经历的概念。但是，理性命令我们应当如何行动，尽管找不到这类行动的榜样，而且，理性也绝不考虑这样行动可能

---

① （明）王守仁：《王阳明全集》，第49—50页。

给我们得到什么好处，这种好处事实上只有经验才能真正告诉我们。"①
拿这段话与上文"考之何典，问诸何人，而为此邪"部分相比照对读，
更可看到康德哲学与儒家义理之相通，若合符节。

我们还可从康德的定言命令及其三个变形公式来论证孟子与康德之
同为自律伦理学。康德的定言命令为："要只按照你同时认为也能成为
普遍规律的准则去行动。"② 这是定言命令的"普遍法则"公式。这一
公式表现的就是一种形式原则，孟子与康德在此意义上均有此形式原
则，此点前文已申说，这里不再赘述。这一定言命令还有三个变形公
式，即"自然法则公式"（"你的行动，就像你行动的准则应当通过你
的意志成为一条普遍的自然法则一样"③ ）、"人性公式"（"你的行动，
要把你自己人身中的人性，和其他人身中的人性，在任何时候都同样看
作是目的，永远不能只看作是手段"④ ）、"自律公式"（"每个有理性
东西的意志的观念都是普遍立法意志的观念"⑤ ）。第一个变形公式突
出了道德法则的普遍性。孟子说："心之所同然者何也？谓理也、义也。
圣人先得我心之所同然耳。"（《告子上》）孟子所谓"心之所同然"的
理、义如同道德法则一样具有普遍性。这里是取自然法则之形式上的普
遍性，而非当真使之成为自然法则。因为毕竟两者属于不同的领域，自
然法则属于现象界，而理、义或道德法则属于物自身界，它们是道德实
践的形上准则，可以脱离自然界的束缚由道德主体自我立法。第二个变
形公式突出的是人之为人的所在，即以人的人格为目的。牟宗三的高足
李明辉指出，孟子的"天爵""良贵"思想，表明孟子对人格尊严的肯
定，与康德把人格称为"目的本身"是同一个道理。此外，康德曾根
据现象与物自身的区分提出了人的两种品格，即"理知的品格"与
"经验性的品格"，前者属物自身界，后者属现象界。而只有"理知的

---

① ［德］康德：《法的形而上学原理——权利的科学》，沈叔平译，林荣远校，商务印书
馆 1991 年版，第 20 页。

② ［德］康德：《道德形而上学原理》，第 39 页。

③ ［德］康德：《道德形而上学原理》，第 40 页，译文有改动。

④ ［德］康德：《道德形而上学原理》，第 48 页。

⑤ ［德］康德：《道德形而上学原理》，第 51 页。

品格"才是人的尊严所在，也只有"理知的品格"才能保障自律道德之可能。李先生以为孟子大体、小体之辨正好对应康德所区分的人的两种品格或两种身份。① 孟子之大体即指本心，它是道德实践的先天根据。而天爵指的是天命之性，也即仁义内在之性，此同样是道德实践的先天根据。孟子即心言性，其本心即仁义内在之性。第三个变形公式指的是意志之自律。道德法则一定是由道德主体所发出，而非仅与外在的道德规范相一致。康德在此提出了"出于义务"与"合乎义务"的区分。在《实践理性批判》一书中，他指出："所以义务的概念客观上要求行动与法则相符合一致，但主观上要求行动的准则对法则的敬重，作为由法则规定意志的惟一的方式。而基于这一点，就有了合乎义务所做的行动的意识和出于义务、即出于对法则的敬重所做的行动的意识之间的区别，其中前者（即合法性）哪怕是只有爱好成了意志的规定根据时也是可能的，但后者（道德性），即道德价值，则必然只是建立在行动出自义务而发生、也就是仅仅为了法则而发生这一点上。"② 孟子与告子关于义内义外之辨凸显的就是"出于义务"与"合乎义务"的不同，只有义由内发才是"出于义务"，才是真正的道德行为，否则只是徒有其迹。孟子说："人之所以异于禽兽者几希，庶民去之，君子存之。舜明于庶物，察于人伦，由仁义行，非行仁义也。"（《离娄下》）"由仁义行"即是"出于义务"，"行仁义"即是"合乎义务"，孟子在此强调的是前者。"出于义务"的道德行为，其道德主体的意志一定是为了服从道德法则本身，而非建立在其他质料的根据上。所以，孟子会说："有伊尹之志，则可；无伊尹之志，则篡也。"（《尽心上》）孟子在此便指出了道德实践之意志与动机的优先性，因为伊尹可说是"由仁义行，非行仁义也"。

不过，对于牟宗三以康德自律道德诠释孟子，也有学者提出了质疑。如黄进兴便认为，儒家学说中的确有某些部分可与康德的道德哲学相会通，但其相异之处并不下于其相似之处。关键在于，康德排斥道德情感，将之归于感性，使之失去作为道德实践之根据的地位。而儒家则

---

① 参见李明辉《儒家与康德》，第58—65页。
② ［德］康德：《实践理性批判》，第111页。

不然，儒家伦理基本以"道德情感"为出发点，孟子的"四端说"于此表现得最清楚。如此一来，能否以康德的自律学说来诠释儒学便存在很大的问题。他以为，牟宗三把朱熹的说法判为"道德他律"，把陆九渊的说法判为"道德自律"，皆有商榷余地。他进而认为，如果以是否排斥道德情感作为标准，那么朱熹、陆九渊都未逃出孟子"道德情感说"的藩篱，因此都是"道德他律"；如果以"道德自主性"为标准，即"为道德而道德"，则不但陆九渊，就是朱熹，也都是如此，都可列为"道德自律"。因此他认为，以"道德自律"或"道德自主性"阐释儒家都不得当。①

针对黄进兴的发难，李明辉予以了有力的回应。李氏认为应把康德的"自律"概念与其所构建的伦理学系统区别对待。他认为，孟子学虽非康德式的伦理学，但无碍于自身为一种自律伦理学。他强调，决定一伦理学的系统是否属于自律伦理学，并非以康德的整个伦理学系统为准，而是应以"自律"原则为准。孟子的四端之心是理，也是情。但这种情不能归到感性层面，而应归入现象学伦理学所谓的"情感先天性"的领域。四端之心相当于舍勒所论及的"价值感"，是一种先天的意向性体现，它表现了道德主体自我实现、自我立法的力量。因此，孟子的伦理学仍不失为一种自律伦理学。②

关于道德情感，牟宗三也曾反复论及。他说："道德感、道德情感可以上下其讲。下讲，则落于实然层面，自不能由之建立道德法则，但亦可以上提而至超越的层面，使之成为道德法则、道德理性之表现上最为本质的一环。"③"孟子的主要目的是在表明道德意义的仁与义皆是内发，皆是道德理性的事，即使含有情在内，此情也是以理言，不以感性之情言。"④ 因此，孟子所说的恻隐、羞恶、辞让、是非四端是心，是

---

① 参见黄进兴《所谓"道德自主性"：以西方观念解释中国思想之限制的例证》，载黄进兴《优入圣域——权利、信仰与正当性》，允晨文化实业公司1994年版，第3—24页。转引自李明辉《儒家与康德》，第12—14页。

② 参见李明辉《儒家与康德》，第37—42、46—47页。

③ 牟宗三：《心体与性体（一）》，《牟宗三先生全集》5，第131页。

④ 牟宗三：《圆善论》，《牟宗三先生全集》22，第14页。

情，也是理。由于"心即理"，所以四端之心亦可说是理，此由仁义内在而得阐发。"理固是超越的、普遍的、先天的，但这理不只是抽象地普遍的，而且即在具体的心与情中见，故为具体地普遍的；而心与情亦因其即为理之具体而真实的表现，故亦上提而为超越的、普遍的、亦主亦客的，不是实然层上的纯主观，其为具体是超越而普遍的具体，其为特殊亦是超越而普遍的特殊，不是实然层上的纯具体、纯特殊。这是孟子磐磐大才的直悟所开发。"① 由此可知，孟子四端之心是情（超越而普遍之情），也是理，仍是以道德理性确立道德主体，建立在道德自律之基础上，仍是一种自律伦理学。

二 从自由意志到本心——牟宗三基于孟子学对康德道德哲学的批导

牟宗三以康德的道德哲学诠释孟子的伦理学，判其为自律伦理学，但他并非没有注意到两者的差异。这是需要我们关注的另一方面。在牟宗三，康德的道德哲学如以儒家义理衡量，仍未通透、圆熟。在他看来，应以孟子学对康德的道德哲学加以改进与发展，使其客观义理更加顺畅、明朗。"然依康德之分疏，将其所说之敬、法则与自由三者融而为一，这将是调适而上遂者，此正是孔孟立教之着眼点。"②

牟宗三对康德道德哲学的批导，建基在其所诠释的孟子学之基础上，并试图以孟子学提升康德的道德哲学。他对康德道德哲学的不满表现在以下三方面：其一，不以"意志之自律"为人之性；其二，自由只是一个悬设或设准（Postulat）③；其三，只是命令，而非自愿，不能说"心悦理义"。下面我们一一申说。

---

① 牟宗三：《心体与性体（一）》，《牟宗三先生全集》5，第 131—132 页。
② 牟宗三：《康德的道德哲学》，《牟宗三先生全集》15，第 306 页。
③ 德文 Postulat，关文运、邓晓芒译本译为悬设，牟宗三译为设准，本书将随文采用两种译法。"悬设"不同于一般意义上的"假设"。康德说："那个纯粹实践理性的悬设却是出自必然的实践规律来设定某种对象（上帝和灵魂不朽）本身的可能性的，所以只是为了实践理性而设定的；因为这种被设定了的可能性的确定性根本不是在理论上、因而也不是必然地、亦即不是在客体方面被认识到的必然性，而是在主体方面为了遵守实践理性的那些客观的、但却是实践的规律所必要的设定，因而只是必要的假设。"（参见［德］康德《实践理性批判》，第 12 页注①）

在牟氏看来，康德由道德法则的普遍性与必然性逼至意志的自律，由意志的自律逼至意志自由的假定。但如果自由只是一设准，则自律之意义便不能落实，而其由自由所建立的道德法则也成了一套空理论。要使康德所谓的自律能成为一个客观之事实，能实现于真实的世界，则意志自由不应为一设准，而应为一呈现。"照儒家的义理说，这样的意志自始就必须被肯定是真实，是呈现。……他们是把这样的意志视为我们的性体心体之一德、一作用。这性体心体是必须被肯定为定然地真实的，是就成德成圣而言人人俱有的。人固以道德而决定其价值，但反之，道德亦必须就人之能成德而向成圣之理想人格趋始能得其决定性之真实。"① 在牟宗三看来，康德不能从意志自律点出"心"义，不能使之成为人之性。而孟子即以此意志自律为人之性。"心底自发的善性"，此心非感性的心，心之善即性之善。康德所说的实践理性，在孟子处，即是人之性。康德只从理性处说意志自律，而不能点出心觉义。这其中的关键在于，康德不承认人有智的直觉。而儒家的孟子（释、道两家亦然）正是承认有此智的直觉的。在牟宗三看来，智的直觉即是本心之明觉，康德所谓的自由自律的意志即是心体性体之一德，其所透显所自律的道德法则自然有其普遍性与必然性，自然摆脱一切外在的牵连而为定然的、无条件的，且本心性体不但能自立道德法则，且能自我实现，实现之于具体的道德实践中。因此，本心性体在此既是道德实践的判断之根据（即确立道德法则），又是道德实践的践履之根据（道德法则呈现之即实现之）。

牟氏以为，康德论心与朱子为同一形态，即都析心与理为二。康德所说的良心只是感受道德法则、义务的主观条件，而非道德法则所以可能的客观基础。而义务之决定又只是来自一个不能朗现而只是一个设准的自由意志。康德只于自由意志处说理性，而不说心。这样的话，理性只能决定义务，而不能实现义务。"因为心始有活动性，即实现之之能力。理性必然地决定一义务给吾人，而又无心之活动义以必然地实现之，则理性只是悬置的形式义的理性，而非具体地呈现的理性。只作为

① 牟宗三：《心体与性体（一）》，《牟宗三先生全集》5，第141—142页。

'感受的能力'看的良心又只能感受义务，既不能决定义务，亦不能必然地实现那'彼对之不知其来历，对其来历为冥暗'的义务。"① 此外，康德于道德主体区分实践理性与道德情感，使二者分属不同层面，前者属于物自身界，后者属现象界，因此，康德的道德主体始成轩轾，而未得一致。康德的道德主体（即自由意志）只是实践理性，这个主体虽是道德法则的制定者，它本身却无执行道德法则的力量，这一力量落在了道德动机（即道德情感）上。因此，康德的道德主体若无道德情感之助，其自身是无力进行道德实践的。自由意志自己制定道德法则，自身却无力实现（须借助道德情感），这是说不通的。② 因此，牟宗三认为，应把康德所说的"良心"与"道德情感"复原为实体性的觉情，此觉情即孟子本心之觉情，而自由自律的意志则是本心之本质的作用之一。孟子之本心就相当于康德所谓的实践理性、自由意志。本心之明觉活动即是它自立道德法则且实践道德法则之活动，在此，觉情、理性与法则三者为一。因此，就其能感受道德法则、知是知非，且能自身实践道德法则（本心之觉情为道德法则之根据）而言，本心是道德的主观根据。就其能自立道德法则，给吾人道德实践以应当之方向而言，它又是道德的客观根据。由此可知，本心即为理性与道德情感（觉情）之合一。

不过，康德之所以把道德情感排除在道德实践的根据之外，有他特殊的考虑。在康德看来，道德实践只能出于道德法则，一切感性喜好包括道德情感都应排除在外。康德说："对于人和一切被创造的理性存在者来说，道德的必然性都是强迫，即责任，而任何建立于其上的行动都必须被表现为义务，而不是被表现为已被我们自己所喜爱或可能被我们自己喜爱的做法。"③ 在康德看来，要完全自觉地去执行一切道德律，就意味着要克服任何偏离道德律的欲望，这对主体而言总要付出牺牲，需要自我强制，强迫自己去做可能不是自己很乐意做的事。但要达到道

---

① 牟宗三：《现象与物自身》，《牟宗三先生全集》21，第69页。
② 参见李明辉《儒家与康德》，第32—33页。
③ ［德］康德：《实践理性批判》，第112页。

德意向的这种程度是一个被造物永远不能做到的，他只能无限的趋向这一永不能达到的目标。康德所说确属实情。人生而有欲，所以孔子讲要"克己复礼"。那种完全按照道德律行事的大概算是"生而知之"，也就是儒家理想中的圣人。孟子称许"人皆可以为尧舜"，也是让人以此为目标，不断精进。其"知言养气"的工夫自不能少，这岂是一蹴而就的？所以，康德谓道德实践乃一无限的过程，而牟宗三则重智的直觉。前者为渐教，后者为顿教。牟氏之说虽足以兴起人为善之志，却也有导人轻狂之弊。倒是康德的说法更为稳健。

此外，康德之所以贬抑道德情感也是为了防止道德狂热。康德强调人的道德行为只能是出于义务，出于对法则的敬重，而不能出于那些生理学或病理学上的爱、同情或自愿。如此一来，则有自律而无自愿，由此便造成了义务与自愿之对立。康德同时代的席勒在一首著名的诗行中戏谑地嘲笑了康德的观点：

> 我高兴地为朋友服务，但是，哎呀！我这样做时却深以为喜。
> 因此我为这个怀疑困扰着折磨着，我不是一个有德性的人。
> 对此的回答给出了：
> 当然，你仅有的办法就是试图完全鄙视欢喜。
> 然后带着反感做你的义务吩咐你做的事。①

在康德看来，命令与自愿是相冲突的，道德即不能自愿，自愿即非道德。不过，在牟宗三看来，只就气质之性而言才会有上述冲突。就气质之性而言，人作为感性的存在者，他自然不会喜悦道德法则的命令性与强制性。但依儒家伦理，自由自律即是人的本性，道德行为即出自人的自愿，也就是孟子所说的理义悦心，心悦理义。此心是"本心即性"之心，而非以"气"言的心。对此本心而言，道德行为是自命，自命

---

① ［美］亨利·E·阿利森《康德的自由理论》，陈虎平译，辽宁教育出版社 2001 年版，第 159 页。

即自愿，命令与自愿并不冲突。① 牟宗三说："依孟子学，道德的必然性是性分之不容已，此不容已不是强制，是从'本心即性'之本身说，不是关联着我们的习心说，'由仁义行'之义务亦如此。自愿、悦，是这本心之悦，不是感性的喜爱或性好之倾向。心悦理义，心即理义，此心与理义（道德法则）为必然地一致。"②

其实，康德也并非完全排斥道德情感，即排斥对道德法则的兴趣。这种情感并非感性的情感，而是出自对法则的敬重而产生的一种实践的情感。"它并不用来评判行动，也根本不用来建立起客观的德性法则本身，而只是用作动机，以便使德性法则自身成为准则。"③ 也就是说，道德情感本身只能作为道德主体服从道德法则的动机，而非道德主体所服从的道德法则得以成立的基础。但即便如此，康德在《道德形而上学原理》一书中仍然把这种特殊的道德情感算作了幸福情感④，在儒家看来，这仍属于气性层面。康德之所以这样，就是为了防止道德狂热。康德认为人们对道德法则的敬重只能是出于义务的"在奋斗中的道德意向，而不是自以为具有了意志意向的某种完全的纯洁性时的神圣性"，那些建立在病理学（在同情甚或爱己之中）上的动机容易使人们产生"一种轻浮的、粗疏的、幻想的思维方式"。⑤ 这些都容易使人们陷入一种道德狂热，而这是对人类实践的纯粹理性所建立的界限的跨越。

其实康德之论有因噎废食之嫌。道德情感乃道德实践之动力，当然如过之即可能引发道德狂热，但不能因有此患而拒道德情感于实践之外。康德只知把道德情感拘限在未发之际，而不懂得使之发而中节。广而论之，不但道德情感，包括一切感性之情感皆可使之发而中节。《中庸》谓："喜怒哀乐之未发，谓之中；发而皆中节，谓之和。中也者，天下之大本也；和也者，天下之达道也。致中和，天地位焉，万物育焉。"道德情感不但不可排除于道德实践之外，且必须纳之于内，且以

---

① 参见牟宗三《现象与物自身》，《牟宗三先生全集》21，第87—88页。
② 牟宗三：《康德的道德哲学》，《牟宗三先生全集》15，第284页。
③ ［德］康德：《实践理性批判》，第104页。
④ 参见［德］康德《道德形而上学原理》，第68页注释［14］。
⑤ ［德］康德：《实践理性批判》，第116页。

作为道德主体的本心主导之，使之发而皆中节，如此方能成就道德实践，"参赞天地之化育"。这是中国古人的智慧，康德无法知之。

那孟子之道德哲学是不是康德所谓的道德狂热呢？显然不是。牟宗三说："康德的义理刚脉既大体与孟子相同（指同为自律伦理学——引者注），则孟子学非其所批评的'道德的狂热'可知。因为孟子亦并非不知人类的限制，即实践理性所置之于人类的那限制，'命'即是一个限制概念。又，孟子所说的心悦理义，这个心不属于气，即非感性的；民之秉彝好是懿德，从常性而发好恶，喜爱法则，这常性不是感性的性好性脾之性，乃是'本心即性'之理性的性、超越的性。"① 因为孟子只是教人"集义"，即"由仁义行"。孟子说："大人者，言不必信，行不必果，惟义所在。"（《离娄下》）这便是时刻依道德律而行。又说："必有事焉，而勿正，心勿忘，勿助长也。"（《公孙丑上》）"必有事焉""心勿忘""勿助长"就是"集义"的工夫。"勿助长"即是避免道德狂热，否则"揠苗助长"，失其主宰。阳明后学所出现的狂禅就类似于康德所说的道德狂热。所以康德的警示作用必不可少。狂禅的出现可说是"人病"，而非"法病"，牟氏在此故意不提此段公案，显然是为儒门讳。其实，非止王门后学有此狂诞之虞，即是牟氏自身哲学之高举标的，假如人非善学善绍，也易流于此种境地。当然，这并非牟氏之本愿，也非其义理之疏漏，但其理路玄远高绝，有如孟子之精英气，对一般学人而言终不如孔子之教之平实，亦不如朱子一路之学问坦然有下手处。所以余英时批评现代新儒家这种唯道德至上的心态为"良知的傲慢"。余先生认为"良知的傲慢"受现代"知性的傲慢"之刺激而产生，科学主义者以独占"真理"自负而有"知性的傲慢"，道德主义者则以独占"道体"自负而有"良知的傲慢"。② 余先生之批评并非无的放矢。自孟子首揭心学，只是教人求放心，居仁由义，处处集义，养浩然之气。果能长此以往，自能有所进益。至陆象山便已显此傲慢之姿

---

① 牟宗三：《康德的道德哲学》，《牟宗三先生全集》15，第314页。
② 参见余英时《钱穆与现代中国学术》，广西师范大学出版社2006年版，第76—78页。

态。"仰首攀南斗，翻身倚北辰，举头天外望，无我这般人"①，这是陆象山的"狂"与"傲慢"。即便醇正如王阳明也有"点也虽狂得我情"的诗句。陆象山、王阳明可以狂，是因为他们有狂者的根基，此非初学所敢、所能承当。狂者虽夫子所许，但假如没有修持之简易下手处，没有真实工夫，而一味地狂下去，其后果可想而知。这点要着实引起注意。牟氏于此只得孟子心学之境界次第一面，而未得其工夫进阶之一面。他总着墨强调"人虽有限而可无限"之无限面，而未能立足人之有限存在之一面，过于凸显"顿教"之形态，而少了儒家日用常行的基础。比如，牟宗三对圆善问题的论析，纯是一套哲学之解析，而未能认识到此实是一修身问题，非理论所能及。即便理论能圆满诠释，其落脚点也应在德之精进不已一面，而非只求理论自身之圆满。又如牟氏总想以一套道德的形上学囊括儒家哲学之全貌，以此哲学架构综括"道"之全体。这又是一种"狂"的表现。宇宙生生不息，"道"之全体岂能一理论所能尽收之？王阳明说："道之全体，圣人亦难以语人，须是学者自修自悟。颜子虽欲从之，末由也已，即文王望道未见意。望道未见，乃是真见。颜子没，而圣学之正派遂不尽传矣。"② 一味地大讲道体而欲穷尽其全貌，圣人亦不许也。所以，在此还是应回到康德的理路，承认人之有限性，在此基础上，予道德行为以无穷之际，而不期什么圆满之境。在此，文王尚且"望道未见"，我们还不能自居学地吗？心性一面固然重要，如不知学以扩充，终是玩弄光影。

第二节　形上学的构建——建基在孟子心性学之上的道德形上学

构建儒学的形上学是现代新儒家自觉担负的一个时代使命，这是他们面对现代语境下的西方哲学而对传统儒学所作的一种自我转化与提升。先不说这种转化之得失为何，单是这种民族文化之担当与传承的精

---

① （宋）陆九渊：《陆九渊集》，第459页。
② （明）王守仁：《王阳明全集》，第24页。

神就令人感佩。世界范围内的现代思潮风起云涌，面对此一大潮流，现代新儒家也不能不受其影响，闻风而动，唯恐落其后。其中，牟宗三的哲学架构尤其值得关注。

一　康德与道德的神学

现代新儒家自熊十力起，就有着重建形上本体，以为人生、宇宙确立根基的大抱负。熊十力通过构建本体形上学来接续儒学慧命，在与西学的对勘中，阐发其现代价值。而牟宗三则善绍乃师之业，通过构建儒家道德的形上学，使儒家之德业开出一片更广阔的天地。牟宗三所建构之道德的形上学，其精神气质乃为儒家所本有，其理路则顺康德而来。在牟氏看来，康德的哲学体系中内含一套"道德的形上学"的内容，但因为他的形上学并不彻底，因此，他所规划的道德形上学并未充分完成，其哲学只成就了一道德的神学，而没有完成一道德的形上学。在牟宗三对康德诸形上学的判准中，出现了一系列的概念，如内在的形而上学、超验的形而上学（牟宗三译为"超绝的形而上学）、道德的神学、神学的道德学、道德底形上学、道德的形上学等，这都需要一一加以鉴别、分疏。

在康德，形而上学分为纯粹理性的思辨运用的形而上学和实践运用的形而上学，所以它要么是自然的形而上学，要么是道德的形而上学。而道德的形而上学是不以任何人类学（即不以任何经验性的条件）为根据的纯粹道德学。此外，在康德处，形而上学还可以分为先验哲学和纯粹理性的自然之学。先验哲学即指本体论，而纯粹理性的自然之学则因理性对自然要么是自然性的运用，要么是超自然性的运用，而分为内在的形而上学与超验的形而上学。内在的形而上学是指针对自然界且被应用于经验中的自然知识（先天综合判断）而言的，超验的形而上学则是针对着经验对象的超越于一切经验之上的那种连接而言的。[①] 超验的形而上学所提供的理念，如"灵魂不朽""上帝存在"等，在思辨理性中没有任何客观真实性，在经验世界无法得到证实。理性所构成的这

---

① 参见［德］康德《纯粹理性批判》，第635、638页。

些理念针对思辨理性而言，即是所谓超验的形而上学。超验的形而上学必须经由实践理性才能得到客观的真实性。在牟氏看来，这种超验的形而上学经实践理性发展至最后，即是康德所谓的"道德的神学"（moral theology）。道德的神学不同于"神学的道德学"（theological ethics），前者强调神学应以道德或实践理性为基础，后者则强调道德以神学或上帝为基础。康德承认道德的神学，而并不承认"神学的道德学"，道德的神学以自律道德为基础，突出道德的优先性，而"神学的道德学"则成他律道德。在牟氏看来，儒家只承认道德的形而上学，而不承认形而上学的道德学。因为，道德不能以形而上学为基础，只能说形而上学以道德为基础。① 此外，牟宗三还区分了"道德底形上学"与"道德的形上学"。"前者是关于'道德'的一种形上学的研究，以形上地讨论道德本身之基本原理为主，其所研究的题材是道德，而不是'形上学'本身，形上学是借用。后者则是以形上学本身为主（包含本体论与宇宙论），而从'道德的进路'入，以由'道德性当身'所见的本源（心性）渗透至宇宙之本源，此就是由道德而进至形上学了，但却是由'道德的进路'入，故曰'道德的形上学'，亦犹之乎康德由实践理性而接近上帝与灵魂不灭而建立其客观妥实性，因而就神学言，即名曰'道德的神学'。"②

在牟宗三看来，"道德底形上学"重在说明道德的先验本性，而"道德的形上学"重点则在形上学，即涉及一切存在而为言，换句话说，即以道德的进路说明一切存在之为存在。因此，道德的形上学内含一"本体宇宙论的陈述"（onto-cosmological statements），此是由道德实践而证成者，非如西方希腊传统所传的空头的或纯知解的形上学之纯为外在者然，故曰"道德的形上学"。③ 在牟宗三看来，道德的形上学乃是一实践的形上学，由道德之实践而入，但又不仅仅局限于道德实践，还要由道德实践兼涉存在或存有问题，以此保证道德实践之充分的在现实世界之展开以及宇宙万物之存在，故由此名为道德的形上学。

---

① 参见牟宗三《中国哲学十九讲》，《牟宗三先生全集》29，第301—302页。
② 牟宗三：《心体与性体（一）》，《牟宗三先生全集》5，第145页。
③ 参见牟宗三《心体与性体（一）》，《牟宗三先生全集》5，第11页。

牟宗三认为，康德道德哲学中的实践理性充其极，即内含一道德的形上学。牟宗三借助康德道德哲学的理路，并以传统儒学（包括先秦儒学、宋明儒学等）尤其是孟子心性学为义理基础，创造性的诠释了儒家道德理性的三层义涵，并在此基础上进一步构建儒家道德的形上学。儒家道德理性的第一义是"道德当身之严整而纯粹的意义"，这是"截断众流"义。此即康德定言命令下的自律道德，由此透显道德的先验性、超越性与纯粹性。道德理性的第二义是"充其极，因宇宙的情怀，而达至道德理性之形而上的宇宙论的意义"，这是"涵盖乾坤义"。这是说道德理性不能只成就纯粹的道德本身，不能只存在于康德"物自身"的先验领域，而是还要关联着存在界，有其形而上的宇宙论的意义。道德理性的第三义是道德理性在工夫论层面的意义，即道德理性不能仅仅显示为一种形式主义的自律道德，而且还要在具体生活中通过实践的工夫，作具体而真实的体现，这是"随波逐浪"义。① 牟氏认为，以上三义是儒家言道德理性充其极而展现的一个完整圆融的整体，是康德所不能及的。道德的形上学之彻底完成，也要靠此道德理性的三层义涵之彻底开显始有可能。依此为判准，康德所成就的只是一"道德的神学"，而非"道德的形上学"。

在牟氏看来，康德只达到了道德理性第一义的境地，而未达到第二义与第三义。康德只根据实践理性完成了"道德当身之严整而纯粹的意义"这一义，而未能以此实践理性透入自然存在与宇宙本源。他又根据实践理性悬设了上帝存在与灵魂不灭而建立道德的客观性，因此就神学一系而言，康德只就其宗教传统建立了"道德的神学"，而未完成"道德的形上学"。牟宗三就此评价康德："他所分解表现并且批判表现的实践理性只是形式的建立，一方未能本着一种宇宙的情怀而透至其形而上的、宇宙论的意义，一方亦未能从工夫上着重其'如何体现'这种真正实践的意义，即所谓'践仁尽性'的实践工夫，因而其实践理性、意志自由所自律的无上命令只在抽象的理上的当然状态中，而未能正视

---

① 　参见牟宗三《心体与性体（一）》，《牟宗三先生全集》5，第 121、143 页。

其'当下呈现'而亦仍是'照体独立'的具体状态。"① 康德之所以没有充分证成一"道德的形上学"，关键在于其把自由只视为一个设准，而不是一种呈现。如此一来，自由本身的必然性则不可理解，道德与存有之间便存在一个裂缝，道德实践便不能充分地贯彻到存有领域。康德也试图解答道德的实践问题，努力弥合道德与存有之间的裂缝，但在牟氏看来，这些努力都是不彻底的，是一间未达的。

首先，康德的自由只是一设准，而不是一呈现，且因为康德不承认智的直觉，因此，自由本身的客观必然性如何可能，便成为不可理解的。康德的自律道德建立在道德法则或道德律的客观普遍性的基础上，而道德法则之能先验而普遍有效地建立起来，则必须肯定我们的意志是自由的。自由是道德法则之所以可能的存在根据，而道德法则在理性中客观存在的事实也需要我们悬设一个"自由"的理性概念。所以康德说："自由固然是道德律的 ratio essendi［存在理由］，但道德律却是自由的 ratio cognoscendi［认识理由］。因为如果不是道德律在我们的理性中早就被清楚地想到了，则我们是决不会认为自己有理由去假定有像自由这样一种东西的（尽管它也并不自相矛盾）。但假如没有自由，则道德律也就根本不会在我们心中被找到了。"② 在康德看来，道德法则的客观普遍性是每个有理性者不能否认的"事实"："我们可以把这个基本法则的意识称之为理性的一个事实……然而我们为了把这一法则准确无误地看作被给予的，就必须十分注意一点：它不是任何经验性的事实，而是纯粹理性的唯一事实，纯粹理性借此而宣布自己是原始地立法的。"③ 既然道德法则是理性的一个事实，那么自由也不应当仅仅是一个悬设的概念。所以在之后的《判断力批判》中，康德把自由也称为一个"事实"。他说："但非常奇怪的是，这样一来在事实中甚至就会有一个理性的理念（它自身并不能在直观中有任何表现，因而也决不能

---

① 牟宗三：《心体与性体（一）》，《牟宗三先生全集》5，第145页。不过，康德的伦理学也并非完全是形式主义的，参见康德《道德底形上学》中的"德行论之形上学根基"，李明辉译注，台北：联经出版事业股份有限公司2015年版。

② ［德］康德：《实践理性批判》，第2页注①。

③ ［德］康德：《实践理性批判》，第41页。

够对其可能性作出任何理论的证明）；而这就是自由的理念，它的实在性作为一种特殊的原因性（有关这种原因性的概念从理论上看将会是夸大其辞的），是可以通过纯粹理性的实践法则、并按照这一法则在现实的行动中、因而在经验中加以阐明的。"① 由此可知，康德只是在理论理性的层面把自由视为一个设准，而在实践理性的层面，自由则同道德法则一样，都是一个理性的事实。但在康德看来，不论自由是作为一个设准也好，或作为一个理性的事实也好，我们对之都不能产生任何知识，因为这超出了我们可能经验的范围，我们对之不能有任何经验的直觉。同时，康德也不承认智的直觉，因此，自由本身的客观必然性如何可能，在理论上便成为不可理解的。牟宗三认为，这其实不是一个理论问题，而是一个实践问题。在实践层面，自由不是一设准，而是一呈现。不过，牟宗三在此错会康德了。如上所言，康德只是在理论层面将自由视为一个设准，而在实践层面则将之视为一个事实。② 所谓理性的事实其实也可以看作一种呈现。同时，自由本身的客观必然性如何可能，在理论上是不可理解的，但在实践层面，如康德所言，"是可以通过纯粹理性的实践法则、并按照这一法则在现实的行动中、因而在经验中加以阐明的"。牟氏所不满的是，康德的自由意志未点出"心"义，不能使之成为人之"性"，由此造成自由意志或实践理性与道德情感的分裂，如此一来，自由意志便不能彻底地贯彻到实践当中去。因此，即使康德的自由在实践层面作为一理性的事实，也可以是一种呈现，但也不是儒家在践仁尽性的实践工夫下的呈现。"对于性体心体之体证，或性体心体本身之呈现，不只是隔绝一切经验而徒为抽象的光板的体证或呈现，而且还需要即在经验中而为具体的有内容的体证与呈现。"③

其次，则是关于道德与存有之间的接合沟通问题。众所周知，康德划分了两个世界，即现象的世界与物自身的世界，或现象界与智思界。

---

① ［德］康德：《判断力批判》，邓晓芒译，杨祖陶校，人民出版社 2002 年版，第 328 页。
② 上引《判断力批判》一段文中的"事实"一词，康德用的是与拉丁文 factum 相当的德文词 Tatsache，并在括号内注明是 res facti（拉丁文：事实的事），参见邓晓芒《康德自由概念的三个层次》，《复旦学报》（社会科学版）2004 年第 2 期。
③ 牟宗三：《心体与性体（一）》，《牟宗三先生全集》5，第 176 页。

在现象界，事物之间皆从属于自然因果性，而在智思界，则存在一个自由的因果性（即康德所谓特殊的原因性）。康德划分两个世界，最终是为了解决自然与自由之间的冲突，为道德实践的可能奠定一个形而上的基础。但在牟氏看来，康德此举诚然保障了自由的可能，但康德只把自由视为一设准，而非一呈现，并且"康德是以美的判断之无所事事之欣趣所预设的一个超越原理即'目的性原理'来沟通这两个绝然不同的世界的"①，这样一种工巧的凑泊未必能把两个世界接合上。牟氏认为康德在此"一间未达"，而只有儒家道德理性的性体心体能打通道德与存有，"此道德的而又是宇宙的性体心体通过'寂感真几'一概念即转而为本体宇宙论的生化之理、实现之理"②。

总之，在牟氏看来，康德所意想的真正形上学乃是超验（超绝）形上学（Transcendent Metaphysics），然此形上学之完成须悬设自由意志、灵魂不灭、上帝存在。但因康德不承认人有智的直觉，故三者之设准完全成了空理论，其道德的形上学亦不能充分实现。牟氏顺中国哲学之传统，承认智的直觉之可能，来充分实现此道德的形上学，可说是康德思想之自然的发展，即对康德哲学"调适而上遂"的发展与推进。

二　儒学与道德的形上学

如前文所言，牟宗三所谓道德的形上学，即以道德的进路建构形上学本身（包含本体论与宇宙论）③，由道德性的本源渗透至宇宙本源，此为道德的形上学。这是顺康德实践理性的理路所自然引申出的内涵。牟宗三借助康德道德哲学尤其是实践理性的内在理路，以传统儒学的心

---

① 牟宗三：《心体与性体（一）》，《牟宗三先生全集》5，第 181 页。

② 牟宗三：《心体与性体（一）》，《牟宗三先生全集》5，第 186 页。

③ 张汝伦曾批评牟宗三等哲学家将形而上学、本体论和宇宙论混为一谈，认为当他们用自己所误解的这些西方哲学概念来反向格义中国哲学时，会使我们对中西哲学双方的理解都受到损害（参见张汝伦《邯郸学步，失其故步——也谈中国哲学研究中的反向格义问题》，载张汝伦《中西哲学十五章》，第 39—86 页）。其实张先生在此多虑了，牟宗三在此只是借用这些概念来讲中国哲学，其架构或概念虽然是西方的，但其精神仍是中国的，这既不会影响中国哲学的固有品质，亦不会妨碍人们对这些概念原意的错会。况且，即使是某概念（当然包括西方哲学的概念）的提出者也并不一定能充分规定他自己提出的概念，所以康德会说我们"甚至就能比他理解自己还要更好地理解他"（参见［德］康德《纯粹理性批判》，第 270 页）。

性学为义理基础，创造性的诠释了儒家道德理性的三层义涵，并认为道德的形上学之彻底完成，须靠此道德理性的三层义涵之彻底开显始有可能。在牟氏看来，康德只达到了道德理性第一义的境地，而未达到第二义与第三义。而儒家道德理性的心体性体之彻底开显，则把道德理性的三层义涵表露无遗，表明了儒家道德的形上学的彻底完成。

在牟宗三看来，宋明儒之大端所讲者即是"心性之学"，此"心性之学"亦曰"内圣之学"或"成德之教"。"成德之教"即今语所谓"道德哲学"，此"道德哲学"即涵一"道德的形上学"。作为"成德之教"的"道德哲学"包括两个主题："就道德论道德，其中心问题首在讨论道德实践所以可能之先验根据（或超越的根据），此即心性问题是也。由此进而复讨论实践之下手问题，此即工夫入路问题是也。前者是道德实践所以可能之客观根据，后者是道德实践所以可能之主观根据，宋、明儒心性之学之全部即是此两问题。"① 因此，内含于道德哲学的道德形上学含有本体与工夫两面，而本体又是其最根本的一面，此是吾人道德实践所以可能之超越的根据。在牟宗三看来，此超越的根据即是吾人之"性体"。性体并非一个类概念，而是吾人道德实践之先天的根据或超越的根据。性体之"性"即人自觉地作道德实践的"道德的性能"（moral ability）或"道德的自发自律性"（moral spontaneity），是一种"内在道德性"（inward morality）。而性体之"体"则是一"道德的创造实体"（moral creative reality）。与性体相关，心体即依性体义而成立。心体即孟子所言道德的"本心"。本心即是吾人之性，即是彰显此性之所以为性者，此所以孟子言"尽心知性"。"依原始儒家的开发及宋、明儒者之大宗的发展，性体心体乃至康德所说的自由、意志之因果性，自始即不是对于我们为不可理解的一个隔绝的预定，乃是在实践的体证中的一个呈现。"② 儒家的心体性体有创造义，此创造为逆觉体证式的道德生命、精神生命之创造。

性体为儒家哲学所独具，西方无此观念，故牟氏说西方，"无论是

---

① 牟宗三：《心体与性体（一）》，《牟宗三先生全集》5，第 10 页。
② 牟宗三：《心体与性体（一）》，《牟宗三先生全集》5，第 184 页。

讲实体，或是讲存有，或是讲本体（substance），皆无一有'性体'之观念，皆无一能扣紧儒者之作为道德实践之根据、能起道德之创造之'性体'之观念而言实体、存有或本体"①。在牟氏看来，西方"实体""存有""本体"之进路皆是一种现象学的描述，皆非从道德的进路入，故不能使人从道德实践出发而成为一道德的存在者。在西方哲学家中，只有康德从道德的进路接近本体界，但因其没有性体的观念，视自由为一设准，且不承认智的直觉，因此只能顺宗教传统完成一"道德的神学"。不过，康德的道德哲学仍厥功至伟，其以自律道德显露"道德性当身之体"，确立了道德理性的第一义，由此奠定了走向道德的形上学的基础。

前文已谈到，孟子的道德哲学也是一种自律伦理学，康德的自由自律的意志即为儒家性体心体之一德。孟子说："广土众民，君子欲之，所乐不存焉；中天下而立，定四海之民，君子乐之，所性不存焉。君子所性，虽大行不加焉，虽穷居不损焉，分定故也。"（《尽心上》）孟子之"所欲""所乐"向里收，至"所性"而止，此即斩断一切外在对象的牵连，显出意志的自律，更见出道德人格的尊严，这就是道德理性的第一义："道德当身之严整而纯粹的意义"。可惜的是，康德的道德哲学只接触到此义，而不能上上升进。即便是这道德理性的第一义，儒家与康德也不尽相同，如前文所示。此外，儒家道德理性的性体心体不但接触到了这第一义，而且还同时充其极进至第二义与第三义。

在牟氏看来，儒家性体不但是就个体而言能起道德实践的"道德实体"，同时还是生起宇宙生化的"创造实体"。性体自其绝对普遍性而言，则与天命实体通而为一。就天地万物而为其体言，则曰形而上的实体（道体 Metaphysical Reality），这就是能生起宇宙生化的"创造实体"，此即孟子言"万物皆备于我"之意。就心体而言，此本心不但是道德的，同时也是形而上的。由"尽心知性知天"以及"万物皆备于我"而达至"天道性命相贯通"一面，从而与"於穆不已"之天命实体相合一。儒家的性体心体既是道德的，同时又是本体宇宙论的，既是

---

① 牟宗三：《心体与性体（一）》，《牟宗三先生全集》5，第41页。

人之性，又是普遍的"天地之性"，而为宇宙万物的本体、实体：

> 性体既是绝对而无限地普遍的，所以它虽特显然于人类，而却
> 不为人类所限，不只限于人类而为一类概念，它虽特彰显于成吾人
> 之道德行为，而却不为道德界所限，只封于道德界而无涉于存在
> 界。它是涵盖乾坤，为一切存在之源的。不但是吾人之道德行为由
> 它而成，即一草一木，一切存在，亦皆系属于它而为它所统摄，因
> 而有其存在。所以它不但创造吾人的道德行为，使吾人的道德行为
> 纯亦不已，它亦创生一切而为一切存在之源，所以它是一个"创造
> 原则"，即表象"创造性本身"的那个创造原则，因此它是一个
> "体"，即形而上的绝对而无限的体，吾人以此为性，故亦曰性体。①

这就由道德理性的第一义，进到了第二义，即"充其极，因宇宙的
情怀，而达至道德理性之形而上的宇宙论的意义"。牟氏的上述论说，
使我们想起了王阳明的一番议论："良知是造化的精灵。这些精灵，生
天生地，成鬼成帝，皆从此出，真是与物无对。人若复得他完完全全，
无少亏欠，自不觉手舞足蹈，不知天地间更有何乐可代。"② 可见，牟
宗三对性体的定位不出阳明良知的藩篱。有"性体"始能确立道德实
践之基，同时开出道德的形上学可能之超越根据。而"性"之问题之
正式成立与全部明朗要追溯至孟子。道德的形上学之成立关涉两个最基
本的要素，即道德与存有。道德一面负责道德实践之展开之超越的根
据，而存有一面则负责一切存在之存有。道德的形上学即由道德之进路
来说明天地万物之存有。在牟氏看来，儒家性体心体的本体宇宙论的意
义，则为打通道德与存有奠定了坚实的形上基础。"儒家惟因通过道德
性的性体心体之本体宇宙论的意义，把这性体心体转而为寂感真几之
'生化之理'，而寂感真几这生化之理又通过道德性的性体心体之支持
而贞定住其道德性的真正创造之意义，它始打通了道德界与自然界之隔

---

① 牟宗三：《智的直觉与中国哲学》，《牟宗三先生全集》20，第246页。
② （明）王守仁：《王阳明全集》，第104页。

绝。这是儒家'道德的形上学'之彻底完成。"①

在牟氏处，存有问题也是至孟子始真正得到关切。他说："在孔子，存有问题在践履中默契，或孤悬在那里，而在孟子，则将存有问题之性即提升至超越面而由道德的本心以言之，是即将存有问题摄于实践问题解决之，亦即等于摄'存有'于'活动'（摄实体性的存有于本心之活动）。"②以道德本心之明觉开智的直觉之机，使"性体"之全部意涵充分展开，即孟子所谓"君子所性，仁义礼智根于心，其生色也睟然，见于面，盎于背，施于四体，四体不言而喻"（《尽心上》）。这就进到了道德理性的第三义——工夫论层面的意义，即儒家的性体心体是在践仁尽性的工夫中而为具体的体现。牟氏特别强调，儒家践仁尽性的工夫充其极即达至精诚恻怛之圆而神之境。这一境地为圣人所开发，为一绝大的原始智慧。孔子的仁说，就是孔子"依其具体清澈精诚恻怛的襟怀，在具体生活上，作具体浑沦的指点与启发的"③。而孔子秉着精诚恻怛的襟怀，在具体生活中灵活表现的"无可无不可"以及"随心所欲不逾矩"，就是一种"随波逐浪"式的原始的生命智慧。至此，儒家道德的形上学已臻于一种圆满之境。

三 儒家心性天命的形上学意蕴

以本心、性体为根基，借鉴康德形上学之架构，沟通道德与存有，构建一道德的形上学，再依此形上学之形态诠释儒家之心性、天命，使儒家义理在当代得以开显，便是牟宗三所致力的儒家现代化的诠释理路。我们下面就通过分析牟宗三对《尽心》篇首章的解读来看他对孟子心性、天命的形上诠释。

尽其心者，知其性也。知其性，则知天矣。

① 牟宗三：《心体与性体（一）》，《牟宗三先生全集》5，第187页。
② 牟宗三：《心体与性体（一）》，《牟宗三先生全集》5，第28页。
③ 牟宗三：《心体与性体（一）》，《牟宗三先生全集》5，第121页。

在牟氏看来，孟子此句即表示心、性、天是一。孟子在道德实践上以本心言性，说尽心知性知天，未说心性与天为一。但牟氏以为，孟子说"万物皆备于我矣。反身而诚，乐莫大焉"（《尽心上》），则心即涵一无限的伸展，即具一"体物而不可遗"的绝对普遍性。在牟氏处，与心、性同一的"天"非"人格神"义的"天"，亦非以"气"言的"天"，而是以"理"言的"天"，在这种意义下，我们可以说"天"是一创生实体。"'天'是客观地、本体宇宙论地言之，心性则是主观地、道德实践地言之。"① 在牟氏看来，孟子之心性学说实与一"形上天"相连贯。劳思光在诠释孟子"尽心知性知天"时说："此处之'天'字，不重在'限定义'，而有'本然理序'之义。'天'作为'本然理序'看，则即泛指万事万物之理。说'知其性，则知天矣'，意即肯定'性'为万理之源而已。"② 就以"理"言"天"这一点而言，劳、牟二人的观点似乎是一致的，但细究亦不尽然。牟氏在此更突出"理"的形上层面，而劳氏更突出"理"的形下层面。此外，明显不同于牟宗三的是，劳思光认为，孟子心性学说无须涉及一"形上天"或形上实体，它自己亦可以形成一独立、完整之系统。一方主张在孟子心性学之上构建一道德的形上学，以说明天地万物之存在；另一方主张只强调道德主体性即足矣，无须再预设一形上实体。这种对孟子心性论的不同解读其实代表了两种不同的诠释路向。这本不存在孰优孰劣的问题，而是经典诠释本身多重诠释进路的内在需要。

> 存其心，养其性，所以事天也。

牟氏认为，上句"知天"之"天"是以理言，而此句"事天"之"天"须带着气化言。"尽心知性知天"相当于《易·乾·文言》之"先天而天弗违"；"存心养性事天"相当于《易·乾·文言》之"后天而奉天时"。牟宗三在此用"一体而化"的形上架构来论说气化之天

---

① 牟宗三：《心体与性体（一）》，《牟宗三先生全集》5，第30页。
② 劳思光：《新编中国哲学史》（卷一），第145页。

对人的超越限制以及天与人在气化上的同一。就天之大化流行而言，人只是其气化之一部分，在此情境下天对人形成一超越的限制。因此，就个人的际遇而言，有寿夭、穷达、贵贱、贫富之不同，此天之气化内在于个人而有不同的运命。即便如此，吾人仍可操存其本心，不失其赤子之心，养吾人之道德创造之性而不已，所谓"求仁得仁"，"求在我者也"。面对不可测度的气化之天，我们唯有始终保持一颗敬畏之心，即所谓"畏天命"，进而操存本心，不令放失。然在此，牟氏以"一体而化"之论说明天之气化即吾人之气化，天时之运即吾人之运，此即孟子所谓"上下与天地同流"之境。这是一典型的形上学式的解读。虽然此形上境界甚高，亦不能不承认，人是一有限的存在。所以退一步而有"事天"义。不但有"事天"义，进而可言立命。①

　　　夭寿不二，修身以俟之，所以立命也。

　　"命"对人是一超越之限定，是人之现实存在与天时之气运相违顺而致，因此，"立命"即立"超越之限定"义。在牟氏看来，"命"对人是一客观的存在，吾人对其无可奈何，但必须真能主观地"夭寿不二，修身以俟之"，方是真立命。而"修身"亦已涵尽心知性、存心养性之义。在牟宗三看来，通过"一体而化"的形上架构，"尽心知性知天""存心养性事天"与"修身立命"皆是一体之化，人之一切境遇皆摄于其中：

　　　是故"尽心知性知天"是自"体"上言。在此，心性天是一。"存心养性事天"是自人为一现实存在言，天亦是带着气化说。在此，心性因现实存在之拘限与气化之广大，而与天不即是一。自"一体而化"言，则此分别即泯。从体上说是一，带着用说亦是一也。"立命"则是就现实存在与气化之相顺相违言，此不是说心性与天的事，而是说带着气化的天与吾人之现实存在间之相顺相违的

──────────

① 参见牟宗三《心体与性体（一）》，《牟宗三先生全集》5，第30—31页。

事。至"一体而化"之境，则一切皆如如之当然，亦无所谓"命"
也。言至此，知天、事天、立命以及一体而化，全部皆备，此真所
谓"孟子十字打开，更无隐遁"也。①

从以上的解说可知，牟宗三总是希求通过形上学的架构把心、性、
天打通，使其间无任何隔阂，而不管现实情状之复杂。而我们以为，王
阳明对《尽心》篇首章的理解或许更到位一些。他以"尽心知性知天"
为"生知安行事"，以"存心养性事天"为"学知利行事"，以"夭寿
不二，修身以俟"为"困知勉行事"。② 王阳明的解读更立足人之现实
存在的复杂性与多样性，而非达致一种抽象的形上学的圆满解析。孟子
说："夫物之不齐，物之情也。"（《滕文公上》）孔子说："唯上智与下
愚不移。"（《论语·阳货》）《庄子·天下篇》又有天人、神人、至人、
圣人、君子、百官等不同等级之别，可见，人之不齐也是现实存在的实
情。表现在修身上，便有工夫上的不同进路，因此有尽心知性、存心养
性、立命之不同，有生知安行、学知利行、困知勉行的次第差异。于
此，牟宗三一味地以形上学统而一之，殊无必要。

第三节　圆教与圆善——牟宗三对儒家圆善问题的证成

前文分析了康德的"道德的神学"与儒家的"道德的形上学"。在
牟氏看来，康德的道德哲学因为没有"性体"的观念，视"自由"为
一设准，且不承认"智的直觉"，因此其只能顺宗教传统成立一"道德
的神学"，而不能成立一"道德的形上学"。道德的形上学兼涉道德与
存有，其最终的旨归是趋向道德与幸福的精确配享，即康德所谓的最高
善（牟氏译为圆善）。但因康德只有一道德的神学，因此其解决圆善问
题的说法并不圆满。与康德不同，牟宗三根据儒家传统义理，肯定人有
智的直觉，并以孟子本心为根基，借鉴康德形上学之架构，沟通道德与

---

①　牟宗三：《心体与性体（一）》，《牟宗三先生全集》5，第 31 页。
②　参见（明）王守仁《王阳明全集》，第 5 页。

存有，构建了儒家的道德的形上学。在儒家道德的形上学中，乃以道德涵摄存有，进而以德摄福，其形上学的最终目的，就是为了解决哲学上的一个终极话题，即康德意义上的德福一致，也即所谓圆善问题。

一　对康德圆善论的反省

在牟宗三道德的形上学架构中，乃以道德涵摄存有，进而以德摄福，其构建形上学的最终目的，则是为了解决哲学上的一个终极话题，即康德意义上的德福一致问题。关于道德与幸福的关系问题，可以说是人类永恒的话题。追求幸福，是人的天性，虽圣人亦不能外。西方伊壁鸠鲁、斯多亚派哲学亦尝论之。康德重新面对此一问题，试图从形上学的层面给予圆满解决。而牟宗三亦尝试借鉴康德论德福问题的模式来证成儒家的最高善（或圆善），解决德福的关系问题。为了处理此圆善问题，牟宗三专门写了一本书，即命名为《圆善论》，可见其对这一问题的重视程度。

德性与幸福的精确配享就是至善，牟宗三译为最高善或圆善。圆善包括两个维度，一是指至上的东西（supremum），即至上的善，或说善良意志。它是道德实践的客观根据，超越于现象层面的作为道德实践对象的善。这是讲的德性一面；二是指完满的东西（consummatum），即德性与幸福的精确配享。在康德，"把这个理念（即至善或圆善——引者注）在实践上、也就是为了我们的合乎理性的行为准则来加以充分的规定，这就是智慧学"[1]。而智慧学作为科学也就是古人所理解的哲学。因此，哲学之古义总是关涉人的道德实践及对道德理想的最高向往——圆善的实现。因此在康德看来，一个真正的哲学家首先是一个道德学家或智慧的导师，并且这样的人绝不是学院派的，而应以身作则且能为一般大众树立德性之楷模。不过，康德将之视为一个不断努力接近的目标，这样的哲学家颇类似于中国古代的圣人。所以，牟宗三说："这个意思的哲学家必即儒家所谓圣人，道家所谓至人、真人，佛家所谓菩

---

[1]　［德］康德：《实践理性批判》，第148页。

萨、佛，而康德在他处则名曰'理想的哲学家'。"①

　　至善之为智慧学虽是哲学的古义，然康德解决圆善问题却不同于古人。他是从意志自律讲起，以德性为首出，使德性配享幸福，通过德福一致来讲圆善。但康德最终悬设一人格化的上帝来保障德福一致的可能，这仍是沿袭了基督教的传统。在分析康德的圆善问题之前，有必要对康德之前关于这个问题的历史有一简要的梳理。在康德之前，伊壁鸠鲁派与斯多亚派都曾尝试解决康德所谓的至善问题。但问题是，他们两派都把至善的两个要素看作了分析关系，而不知两要素应是综合关系。"伊壁鸠鲁派说：意识到自己的导致幸福的准则，这就是德行；斯多亚派说：意识到自己的德行，就是幸福。"② 可以说，伊壁鸠鲁派以幸福为主，福之所在即德之所在；而斯多亚派则以德行为主，德之所在即福之所在。这样的话，德行与幸福在他们两派那里只是分析的关系，其中一方引出另一方，这其实是一方把另一方化约掉了。然而，"幸福和德性是至善的两个在种类上完全不同的要素，所以它们的结合不是分析地能看得出来的，而是这两个概念的某种综合"③。康德认为这种综合是先天的，不以任何经验性的条件为基础，至善的可能性的条件必须仅建立在这种先天的知识根据之上。由此，康德悬设了自由意志、灵魂不灭、上帝存在来保障至善的可能，这些悬设都是作为先天知识而出现的。

　　在康德看来，至善的可能首先要保证德性的优先性，即意志与道德律的相符。意志与道德律的完全的适合就是神圣性。但在康德看来，任何在感官世界中的有理性的存在者，在其存有的任何时刻都不能达到这种完善性，这只是一个在无限的进程中才能达到的目标。因此，需要悬设灵魂不朽才能保证这一进程的无限伸展。

　　单是自由意志和灵魂不朽只能保证德性一面，尚不能使相应的德性配享幸福。因为，德性属物自身界，而幸福则属于现象界或自然界，两

---

① 牟宗三：《圆善论》，《牟宗三先生全集》22，序第8页。
② ［德］康德：《实践理性批判》，第153页。
③ ［德］康德：《实践理性批判》，第154—155页。

者属于不同的领域，这时就有必要悬设一个自然的至上原因，使德性与幸福能得到精确配享，而这就是上帝。康德对上帝的悬设是本着基督教的传统而来。因为基督教的学说提供了一个至善（上帝之国）的概念。"在这个国度里，自然和德性通过一个使这种派生的至善成为可能的神圣的创造者，而进入到了对两者中的任何一个本身单独来说都是陌生的和谐之中。"① 上帝之悬设在此无知解上的客观性，而只有道德上的必然性，我们对之不能产生任何知识，这只是我们纯粹理性上的一种信仰。但牟宗三对此颇不以为然。他说："在实践理性上，为实践之目的，使圆善为可理解，需要这样的人格神而信仰之，这信仰，这需要，亦是情识决定，非理性决定。""圆善所以可能之根据放在这样一个起于情识决定而有虚幻性的上帝上本是一大歧出。"② 因此，牟宗三认为，康德对圆善问题的解决仍是沿袭了基督教的传统，并非彻底圆满地解决了这一问题。为了更好地解决康德哲学中的圆善问题，牟氏援引东方儒学和佛学之义理，对此问题作了新的诠释，试图从根本上解决之。

二　儒家视域下的圆善

德性与幸福的问题，东方哲人亦尝论及之。孔子说："富而可求也，虽执鞭之士，吾亦为之。如不可求，从吾所好。"（《论语·述而》）但即便是圣如孔子也并不一定能如其所愿，想得富贵便得富贵。在内在的道德与外在的富贵发生冲突的时候，孔子自然选择前者，所以他说："饭疏食饮水，曲肱而枕之，乐亦在其中矣。不义而富且贵，于我如浮云。"（《论语·述而》）又如《易·坤·文言》说："积善之家必有余庆，积不善之家必有余殃。"《易·系辞下》说："善不积不足以成名，恶不积不足以灭身。小人以小善为无益而弗为也，以小恶为无伤而弗去也，故恶积而不可掩，罪大而不可解。"樊漱圃曾就此向马一浮请益，此《易》说是否言善恶报应之理。马一浮说："此与世俗言报应异。一

---

① ［德］康德：《实践理性批判》，第 176 页。
② 牟宗三：《圆善论》，《牟宗三先生全集》22，第 247、234 页。

是顺感应之理，一是怀徼福之心，不可并为一谈。"① 怀徼福之心，其心念便已不正，有穿凿之嫌。唯以德行为首出，顺感应之理，方合《易》道。

关于德福问题，孟子亦尝以所欲、所乐、所性以及天爵、人爵来论之。孟子说："广土众民，君子欲之，所乐不存焉；中天下而立，定四海之民，君子乐之，所性不存焉。君子所性，虽大行不加焉，虽穷居不损焉，分定故也。君子所性，仁义礼智根于心，其生色也睟然，见于面，盎于背，施于四体，四体不言而喻。"（《尽心上》）在牟宗三看来，孟子此处所说的所欲、所乐及所性就涉及了德性与幸福层面的关系问题。所欲与所乐是有条件的，是有待于外的，属于"求之有道，得之有命，是求无益于得也，求在外者也"（《尽心上》），这是属于幸福原则下的事。所欲与所乐体现的是一种相对价值，所欲大多涉及感性欲望，只有利己之私而无利人之功，与所乐相比，层次较低。如广土众民等，只是满足一种感性的权利欲。所乐则不限于感性欲望，而是有道德上的价值，由利己之私进于利人之公。"中天下而立，定四海之民"，即体现了一种有德于民的利人之公，而有乐存焉。

然而在孟子，这种"王天下"之乐仍不是幸福之极。是以孟子说："君子有三乐，而王天下不与存焉。父母俱存，兄弟无故，一乐也；仰不愧于天，俯不怍于人，二乐也；得天下英才而教育之，三乐也。君子有三乐，而王天下不与存焉。"（《尽心上》）君子有此三乐，其中"父母俱存，兄弟无故"属于天伦，"仰不愧于天，俯不怍于人"属于修身，"得天下英才而教育之"属于文化，这三乐之所以比"王天下"层次更高，是因为此三乐本身更接近于"所性"。

与所欲、所乐不同，所性体现了一种道德上的绝对价值。所性是无条件的必然，是无待于外的，属于"求则得之，舍则失之，是求有益于得也，求在我者也"（《尽心上》）。所性并不系于所欲、所乐之有无，与幸福程度无关，是性分之所在，此即孟子所谓"良贵"。所性是人的

---

① 马一浮：《尔雅台答问续编》，《马一浮全集》第1册，第525页。

绝对价值之所在，也是判断一切行为价值的标准。所性是评判者，所欲、所乐则是被评判者，它们必须预设所性为条件，此即所谓"求之有道"。由广土众民之可欲至王天下之可乐，进而至君子之三乐，可谓层层递进，至君子之三乐则极为接近于所性，但尚不是所性本身，而仍归属于幸福原则之下。因为无论是天伦之乐、无愧怍之乐还是师友之乐，都属于"得之有命"者，都是有条件的，因此并非无条件的所性本身。所性本身在于尽性而成德，成德即是将根于心的仁义礼智证之于自己的言行举止之间。因此，所性成就的是一个具体的道德生命，而不只是如康德道德哲学中的那种抽象的道德法则，它能在"形色"中得到具体的体现，此即孟子所言"其生色也睟然，见于面，盎于背，施于四体，四体不言而喻"。

在牟氏看来，所性与所乐、所欲的关系是综合的关系，两方各自有其独立的价值。"如是，吾人不能因为所性是'求之在我者'，便认为只是这'求之在我者'便已足够穷尽一切，而不须要求于所乐（幸福）；复亦不能因为凡所乐者皆以所性为条件，便认为所乐者即是所性。言所性者旨在成德，所性与德之关系是分析的；言所乐者旨在幸福，所性与福之关系是综合的。"[①] 所性属于德性一方，所欲、所乐属于幸福一方，两方都有其各自独立的价值。人作为一个理性存在者，德性当然是必需的，但幸福也是必不可少的。因为人既是一个理性的存在者，同时还是一个生活在现实世界中的有限的存在者。在牟氏看来，幸福即属于"存在"或"存有"领域的事，因此幸福首先在于"尊生保命"，从而滋养生命使之畅遂。此外，幸福不单就个体而言必不可少，从全体社会而言同样必不可少。"中天下而立，定四海之民"，不仅是王者个人的幸福，同时也是全体民众的幸福。因此，王天下是君子之所乐，其所乐并非仅仅满足自己的虚荣，而是有着更高的道德追求，即为了促进全体民众的幸福。如果说"尊生保命"是一般层面的幸福，那么，君子之三乐则属于精神生活，而为较高级的幸福。这种幸福同样是人生中不可缺少的。总之，幸福属于存有领域，有其独立的意义，不能被德性化

---

① 牟宗三：《圆善论》，《牟宗三先生全集》22，第164页。

约。同理，所性属于理性层面，同样有其独立的意义，不能被幸福化约。人作为一个存在者，既有"存有"方面的实然，同样有"理性"方面的当然。仁义礼智或道德法则皆由所性而发，而不是由经验或幸福决定。因此，所性不但有独立自足的价值，而且是评判一切价值的标准，也是评判是否配享幸福的依据。

由此可知，所性不能直接地分析出所欲、所乐，所欲、所乐也不即是所性本身，它们之间并非分析的关系。所性作为德性一方，属于智思界，所欲、所乐作为幸福一方，属于现象界或存有界，两方分属完全不同的领域，是两种不同的要素。在所性与所乐、所欲之间，所性作为德性一方更为根本。《大学》言："是故君子先慎乎德。有德此有人，有人此有土，有土此有财，有财此有用。德者，本也；财者，末也。"因此，所性与所乐、所欲之间表现为一种本末的关系。这种本末关系是就价值层面而言。价值层面的本末关系意在表明幸福必须以道德为条件，而不是反之道德以幸福为条件。同时，就现实人生而言，所性之德与所乐、所欲之幸福，是一种综合的关系。德性与幸福相结合才是最圆满的，此即康德哲学中的最高善或圆善（consummatum），意即整全而圆满的善。孟子也通过天爵与人爵的关系来探讨德性与幸福。其言："有天爵者，有人爵者。仁义忠信，乐善不倦，此天爵也；公卿大夫，此人爵也。古之人修其天爵，而人爵从之。今之人修其天爵，以要人爵；既得人爵，而弃其天爵，则惑之甚者也，终亦必亡而已矣。"（《告子上》）天爵相应于德性一面，人爵则相应于幸福一面。在牟氏看来，孟子说"古之人修其天爵，而人爵从之"这句话是一句劝勉语，不是一个严格的有必然性的分析命题，孟子也并未把天爵人爵的关系看成是一个客观的问题。孟子这样说，只是劝勉今人向古人学习，诚心以修天爵，人爵可不求而自来，但也并非必然如此，即便不来，也要做到"修身以俟之"，以此立命。根据康德对最高善问题的思考，天爵与人爵之间的关系就是一个客观存在的问题。我们总是希求天爵与人爵之间、德性与幸福之间能够达到一种自然的和谐。天爵与人爵的综合，所性与所欲、所乐的综合，两方之间的圆融一致，便是整全而圆满的善，即最高善或圆善。牟宗三即依循孟子的义理规模，并借助圆教的判教方法，论证儒家圆善的圆满与殊胜，以此突破康德顺基督教传统解决圆善问题的局限。

三　牟宗三对儒家圆善的证成

牟宗三依据天台圆教的判教模式，借助儒家义理尤其是孟子学，来解决圆善问题。在牟氏看来，"圆满的善，以前儒者不甚措意，孟子亦未积极考虑此问题而予以解答。此盖由于先重'德'一面故。然而天爵、人爵亦是孟子所提出者，此示本有德福之两面，此即可引至圆满的善之考虑"①。在此，牟宗三通过化康德三大悬设于一无限智心，以无限智心为解决圆善可能之最后的根据：

> 儒家的无限的智心由孔子之"仁"而开示。仁所以能被引发成无限的智心是由于孔子所意谓的仁之独特的基本性格而然。孔子之言仁主要地是由不安、不忍、愤悱不容已之指点来开启人之真实德性生命。中间经过孟子之即心说性，《中庸》《易传》之神光透发——主观面的德性生命与客观面的天命不已之道体之合一，下届宋明儒明道之识仁与一本，象山之善绍孟子而重言本心，以及阳明之致良知——四有与四无并进，刘蕺山之慎独——心宗与性宗之合一：经过这一切之反复阐明，无限的智心一概念遂完全确立而不摇动，而且完全由实践理性而悟入，绝不涉及思辨理性之辩证。②

通过梳理从先秦到宋明的儒学发展，牟宗三拈出"无限智心"一概念，来涵摄康德自由意志、灵魂不朽和上帝存在三大悬设，以此沟通道德与存有。"有此无限而普遍的理性的智心，故能立道德之必然且能觉润而创生万物使之有存在。只此一无限的智心之大本之确立即足以保住'德之纯亦不已'之纯净性与夫'天地万物之存在以及其存在之谐

---

① 牟宗三：《圆善论》，《牟宗三先生全集》22，序第11页。
② 牟宗三：《圆善论》，《牟宗三先生全集》22，第249页。

和于德'之必然性。此即开德福一致所以可能之机。"① 在牟氏看来，无限智心虽可开德福一致圆满之机，然仅凭此尚不能明澈德福一致之真实可能。德福一致之真实可能还要借助两个条件：一是在圆教的义理下的本体之证成；二是由圆圣之体现使圆善在工夫上成为真实的可能。圆教的说法来自中土天台宗，依天台宗的判教，最高的标准是圆教，修行的最高境界亦是圆教。依牟氏看来，在中土，儒释道三教皆有其圆教形态，所不同者只在其进路。佛家从"解心无染"（自性清净心）处入手，道家从"无为无执"处入手，而儒家则由道德意识入手，此即表示一种道德的创造，也即仁心之不容已。② 牟氏认为，儒家的圆教根据孟子的系统发展。孔子已初具圆盈之教之规模，至孟子则发扬光大。"孟子尽心知性知天，存心养性事天，夭寿不二修身以俟之之立命，乃相应孔子原有之规模而充分展现之者。"③ 顺此而下，《中庸》自性体言慎独，以"诚"发明斯道；《易传》乾坤并建，尊乾而法坤，凡此皆是相应孔孟原有之规模而言者。至于《大学》，其自身只是一实践之纲领，须顺孔子原有之规模以定其方向。而宋儒周濂溪、张横渠、程明道皆承孔孟圆盈之教之规模而来。陆象山直承孟子而起，更是相应孔孟之规模。在牟氏看来，以上所举大体相应孔孟圣教原有之规模，即纵贯系统，而认为朱子学乃歧出，彰显一横摄系统。此可谓牟宗三对宋儒之判教。自此以往，至王阳明之四句教，圆教规模渐趋严整。但牟氏以为阳明的四句教尚不是究竟圆教，只是究竟圆教之预备规模。而究竟圆教乃王龙溪所提之"四无"境界。在四无之境中，"体用显微只是一机，心意知物只是一事"，此方是真正的圆实教。但牟氏以为此种理境亦非究竟，进而以天台"一念三千，不断断，三道即三德"之方式判教，判四有句为别教，四无句为别教一乘圆教，而真正圆教（所谓同教一乘圆教）则似当依胡五峰"天理人欲同体而异用，同行而异情"之模式而

---

① 牟宗三：《圆善论》，《牟宗三先生全集》22，第256页。
② 参见牟宗三《圆善论》，《牟宗三先生全集》22，第297页。
③ 牟宗三：《圆善论》，《牟宗三先生全集》22，第301页。

立。① 这可以看作牟宗三依据圆善问题，对传统儒学内部各系做出的一种新式的判教。而在最究竟的圆教形态下，"吾人之依心意知之自律天理而行即是德，而明觉之感应为物，物随心转，亦在天理中呈现，故物边顺心即是福。此亦可说德与福浑是一事"②。在此，心意知物只是一事。心为本心，非习心；意为诚意，非私意；知为智知，非识知；物为物自身界之物，非现象界之物。牟氏认为，这种理境中的德福关系既不是斯多亚派、伊壁鸠鲁派那种分析的关系，也不是康德那种综合的关系。他把德福浑是一事称为德福之"诡谲的相即"。

所谓"诡谲的相即"，是说德福相即不离。德即存在（存有），存在即德。"德"指的是个体主观层面之心意知依自律天理而行之德，"存在"指的是由无限智心之感应（心意知之创生妙用）而生成的客观面之存在，此存在随无限智心而转便是福。"'吾人之依心意知之自律天理而行即是德'之德相即于心意知所创生的存在之随心转，而'存在随心转即是福'之福亦相即于'吾人之依心意知之自律天理而行即是德'之德。"③ 这就是牟氏所谓德福间的"诡谲的相即"。在牟氏看来，儒家义理规模下的"诡谲的相即"是最究竟的圆教，这种圆教使圆善成为可能。与此同时，圆圣则使这种圆善成为真实的可能。"圆圣依无限智心之自律天理而行即是德，此为目的王国；无限智心于神感神应中润物、生物，使物之存在随心转，此即是福，此为自然王国（此自然是物自身层之自然，非现象层之自然，康德亦说上帝创造自然是创造物自身之自然，不创造现象义的自然）。两王国'同体相即'即为圆善。"④ 至此，圆善之真实可能始得完整之证成。

不过，这也会产生相应的问题。首先，德福关系即便不是分析的，也不是综合的，但福之独立的意义也被消解掉了。因为，在牟氏所谓的"物随心转"中，作为"福"之一面的"物"已不是现象界的物，而被

---

① 参见牟宗三《圆善论》，《牟宗三先生全集》22，第313—315页。

② 牟宗三：《圆善论》，《牟宗三先生全集》22，第316页。

③ 牟宗三：《圆善论》，《牟宗三先生全集》22，第316页。

④ 牟宗三：《圆善论》，《牟宗三先生全集》22，第323—324页。

转换成了物自身界的"物"，这样"福"的自然义就没有了，而人的幸福也仅仅转化成一种境界式的体验了。因此，有学者将牟氏所谓"诡谲的相即"比拟为先贤论及的"孔颜乐处"，可说不无道理。①　而这种孔颜乐处也并非人人皆可具有，而只有少数圣贤足以当之。其次，牟氏在圆善问题的解决上过于乐观，立意过于高远，缺少了实践层面和现实层面的考量。

四　牟宗三圆善论批导

牟宗三解决圆善问题可谓圆融至极，然又过于高远。牟宗三过分强调无限智心之觉润与创生作用，凸显圆圣理境，把道德实践之境推至其极，而少了日用常行之用。牟宗三承袭的显然是孟子的精英主义。在对圆善问题的处理上，如果说康德的理路是渐教的话，那么，牟宗三的理路则是顿教。牟宗三通过圆教的义理模式，通过德福间"诡谲的相即"来解决德福关系问题，最终成为一种理想主义式的哲学建构，而忽视了更为复杂的经验世界。重新面对经验世界，面对人的有限性和经验世界的复杂性，才能更全面地理解和对待德福关系问题。因此，关于德性与幸福之间的关系问题，或说关于所谓圆善问题，应该有现实层面的考量。

在康德看来，"德福一致"或"最高善"是一个理性的理念，是一个需要在现实的经验层面无限接近的一个理想的目标。因此，德性与幸福的关系问题，不仅仅是一个形上学层面上的哲学问题，同时也是一个现实经验层面上的具体实践问题。康德将其视为一个终极的不断接近的目标，是一种合理的说法。至于牟宗三借助儒家义理，通过一种"诡谲的相即"来证成圆善之可能，则只能算是一种哲学形上学层面的解决，虽然有必要，但并不充分。我们需要一种现实层面的考量，在现实层面，德性与幸福的精确配享不是一个完成的状态，而是一个需要不断接近的目标。因为人是一个有限的存在者，有"命"存焉，同时外在社

---

①　参见杨泽波《"诡谲的即"与孔颜乐处》，《中山大学学报》（社会科学版）2010 年第 2 期。

会也是一种有限的"存在"，而不是完满的理想国。基于上述因素，所以在现实层面，在寻求德性与幸福不断接近圆满一致的过程中，需要对德性与幸福之间的辩证关系有一个现实的具体的考察与分析。

在现实层面，德性与幸福之间处于一种动态的相互影响的关系状态。因为德性与幸福属于两种不同的要素，因此有德性不一定能保障获得幸福。首先，这涉及个体层面的"命"的问题。孔子说："君子谋道不谋食。耕也，馁在其中矣；学也，禄在其中矣。君子忧道不忧贫。"（《论语·卫灵公》）在孔子看来，君子谋道急于谋食，"学也，禄在其中矣"也只是一句劝勉的话，并没有必然性。又说："不义而富且贵，于我如浮云。"（《论语·述而》）如果不能做到德福一致，通过不义的手段得到富贵，那么宁愿选择放弃。与此同时，孔子与孟子也没有否定人们对富贵的渴望与追求。孔子说："富而可求也，虽执鞭之士，吾亦为之。如不可求，从吾所好。"（《论语·述而》）孟子说："欲贵者，人之同心也。人人有贵于己者，弗思耳矣。人之所贵者，非良贵也。赵孟之所贵，赵孟能贱之。《诗》云：'既醉以酒，既饱以德。'言饱乎仁义也，所以不愿人之膏粱之味也；令闻广誉施于身，所以不愿人之文绣也。"（《告子上》）富贵、赵孟之所贵属于人爵，属于"得之有命""求在外者也"，并不是自己求而必得的。而良贵（仁义）则属于天爵，人人本有，是"求则得之""求在我者也"。有天爵或德性并不一定就能拥有人爵或幸福，所以"学也，禄在其中矣"，"古之人修其天爵，而人爵从之"，"积善之家必有余庆"等，这在现代理性看来都是一种劝勉语，我们在理性层面看不到其间的必然性。因此，在修其天爵或积德行善的前提下，能否得到与之配享的人爵或幸福，就个人层面而言，存在一个"命"的问题。孟子说："莫之为而为者，天也；莫之致而至者，命也。"（《万章上》）孔子德若舜禹，因没有天子荐之，所以不有天下。又，孔子圣德，也不免有陈蔡之困。这可以说都是"命"。然孔子知命，能即命见义，"命之所在即义之所在"。孟子则有立命之说，言："夭寿不二，修身以俟之，所以立命也。"立命即以义安命。所以在孔孟那里，德福之间的问题转化成了义命之间的问题，而"德福一致"之旨也转化成了"义命合一"之旨。关于"义命合一",前文唐君毅章论之甚详,这里不再重复。不过,这里要说明的是,对于德福问题,"义命合一"之旨似乎比牟宗三通过"物随心转"而成的"诡谲的相即"更简单明了,也更符合原始儒家要义。

其次,德福之间的问题,不但涉及个体层面"命"的问题,更涉及社会正义层面的问题。孔子说:"邦有道,贫且贱焉,耻也;邦无道,富且贵焉,耻也。"(《论语·泰伯》)这说明在一个有道的、政治清明的社会环境下,一个人只要能修其天爵、奋发有为,不愁没有人爵富贵,孔子认为在有道的社会环境下贫且贱,是一种耻辱。而在一个无道的、政治昏暗的社会环境下,有德之人反而受排挤,无德、无操守的人反而能够富且贵,类似经济学中的"劣币驱逐良币"的现象,孔子认为在这种无道的社会环境下富且贵,也是一种耻辱。由此可以看出,孔子当然注重德性的培养,但也并不排斥富贵,在两者不能得兼的情况下,宁愿坚守德性而安于贫贱。这也同时说明了,个人天爵与人爵能否趋于统一,与其所处的社会环境(有道与否或正义与否)有着直接的关系。

原始儒家不否定对幸福的追求,但追求幸福一定要"求之有道",并且认为拥有幸福能够促进对德性的追求,甚至认为满足一定程度的幸福是追求德性或礼义的前提,在满足相应幸福的基础上进一步寻求德性,只有这样才能不断接近德福统一这一至善的目标。孟子说:"有恒产者有恒心,无恒产者无恒心。苟无恒心,放辟邪侈,无不为已。"(《滕文公上》)又说:"是故明君制民之产,必使仰足以事父母,俯足以畜妻子,乐岁终身饱,凶年免于死亡。然后驱而之善,故民之从之也轻。今之制民之产,仰不足以事父母,俯不足以畜妻子;乐岁终身苦,凶年不免于死亡。此惟救死而恐不赡,奚暇治礼义哉?"(《梁惠王上》)孟子认为,对于一般老百姓来说,要先满足他们最基本的生活需要,保障他们一定程度的幸福后,才能更容易的引导他们从善,从而有余暇治礼义。对于老百姓来说,无饥无寒是最基本的生活保障,在这样的基础上才能进一步谈德性的培养,而追求这样的德福圆满正是王者的目标与使命。《论语·子路》中也记载："子适卫，冉有仆。子曰：'庶矣哉！'冉有曰：'既庶矣，又何加焉？'曰：'富之。'曰：'既富矣，又何加焉？'曰：'教之。'"可见从政治层面而言，孔子也是主张先富民，再教民，在此基础上实现德福的不断统一。

通过上面的讨论可知，德性与幸福的关系问题，不仅仅是一个形上学层面上的哲学问题，同时也是个体安身立命的道德实践问题，更是一个现实层面的政治哲学或正义论的问题。只有在一个公平、公正、公义的社会，人的幸福才能得到更好的保障，人的德福也才能更趋于一致，这样的社会环境也才能更进一步激发普通人的向善之念、为善之行，从而推动个体与社会不断趋向至善的目标。在康德看来，向往最高善是西方"哲学"一词的古义，这乃是一门"实践的智慧学"。而讨论到具体的实践，不能只关注抽象的哲学义理，更应该深入具体的生动的生活世界。最高善中的德性与幸福之间的辩证关系，只有在具体的生活世界中才能得以清晰地展现，向往最高善的"实践的智慧学"在此可以看作一门探寻理想国的政治哲学。

第六章　伦理与政治——徐复观的孟子学

徐复观早年投身军旅，于知命之年转入学问之路，致力于中国思想史的探索与研究，同时在中国文学、艺术、思维等领域也都有所建树，卓然成一代大家，与唐君毅、牟宗三同为现代新儒家之重镇。[①] 面对时代巨变、文化凋零，徐复观以一颗"感愤之心"往返于"学术与政治之间"。特殊的人生阅历与为学路径，使得他既是一位客观冷静的思想史学者，同时也是一位有着强烈现实关怀的政论家。徐复观对中国文化念兹在兹，在思想史的世界中，他努力探寻中国文化的现实走向，抽绎传统文明的现代价值，力图开出安顿当下人生命和生活的精神资源。

作为第二代现代新儒家，徐复观同样致力于传统儒学的现代转化，同样重视其中的心性之学。徐氏认为，中国文化最基本的特征在于"心的文化"。因此，儒家尤其是孟子的心性之学，是徐氏思想史研究中的重要一环。他把孟子的性善说放在思想史的长河中加以体察和观照，并借助儒家的心性之学形成自己独特的心性史观。徐复观早年的社会经历，使得他不仅是一位书斋里的学者，更是一位身体力行的实践家。因此徐氏非常注重践行，是故他在探讨孟子心性学的基础上，进而探讨了孟子的工夫论。此外，徐氏还特别阐发了孟子的外王思想，以此为现代的民主政治贯注新的思想资源。

第一节　心性之间——徐复观对孟子心性论的诠释

儒家心性是现代新儒家诸先生诠释儒学精神内核的基源，也是其发

[①]　参见郭齐勇《中国哲学智慧的探索》，第318页。

挥自家思想学术的重要义理来源。如果说，熊十力、唐君毅、牟宗三更
重视从哲学的角度阐发儒家心性的形上价值的话，那么，徐复观则更强
调从思想史的视角揭橥心性之于生命与文化的意义。就孟子的心性论而
言，不同于哲学形上学的建构，徐复观更强调从文化、宗教等视角阐发
其现代价值。

一　心的文化

徐复观对孟子心性论的诠释与其对中国文化特质的理解紧密相关。
只有先了解他对中国文化的思考与反省，才可进一步把握他对孟子心性
学的理解与判断。

徐复观认为，中国文化最基本的特征在于"心的文化"。这种"心
的文化"奠定了人生价值的根源，为人生确立了最基本的立足点。每个
民族都会探索人生价值的根源，有的认为来自神，有的认为来自社会环
境。徐氏以为，这些说法都有相当的道理，但是都不能完全解决价值根
源的问题。他说："中国文化有数千年的历史，而且中华民族是一个伟
大的民族。在现实生存中，经过了长的历程，在长的历程中自然有很多
曲折。因此在文化摸索中也有很多曲折，正如黄河的水一样，挟带着泥
沙而俱下。换言之，在中国文化中，有许多分歧而夹杂的东西，对人生
价值根源的问题也有各种各样的解答。但是，从这个历程追到底，把其
中的曲折夹杂去净，便可以简洁地说：中国文化认为人生价值的根源即
是在人的自己的'心'。"① 这个"心"是我们自己可以完全掌控的，
所谓"为仁由己"，"为仁"就是出于我们自己的本心。既然人生的价
值在人各自的心里，价值的根源内在于人自己的生命之内，那么人生价
值实现的权力就在人自己。是故人可以以己之力打破各种困难、阻力，
来完成人生的价值。

对"心"的分析，在中国古典文献中比比皆是。然而，该对"心"
作何理解呢？徐氏指出："中国文化所说的'心'，指的是人的生理构
造中的一部分而言，即指的是五官百骸中的一部分；在心的这一部分所

---

① 徐复观：《中国思想史论集》，《徐复观全集》第 3 册，第 293—294 页。

发生的作用，认定为人生价值的根源所在。"① 在徐氏看来，孟子以耳目为小体，因其作用小；以本心为大体，因其作用大。但无论大体、小体，则都是人的生理构造的一部分。心的作用正是生理中某一部分的作用，这是不能用唯物或唯心来论说的。为了突出人心的重要，徐氏对易传中的"形而上者谓之道，形而下者谓之器"作了新的诠释。徐氏认为，这里的"道"乃指天道，"形"则指人的身体，也即指人而言，"器"是指为人所用的器物。这两句即是说在人之上为天道，在人之下为器物，人则居其中。而人的心在人的身体中，故在此应加一句"形而中者谓之心"。是故心的文化应称为"形而中学"而非"形而上学"。徐氏这种诠释与他自始至终排斥思辨形上学的理路有关，难免引起人的争议，以为其说难以成立。但徐氏的本意在于强调，"人生价值的根源，就在人自身的生命存在中，是人自身的生命存在所固有的，不是一种外在于人的形而上的东西。他是用'形而中'的'心'，来消解'形而上'的'道'，而把人生价值的根源置于人自身的生命存在之中"②。

徐氏认为，中国的心的文化指的是具体的存在。现代科学的发展并不足以否定其作用与价值。心的作用在现实生活中是真实、生动的存在，人在其生活实践中能时时体认这种作用的存在。在徐氏，人生的价值主要表现在道德、宗教、艺术、认知等活动之中。而中国的心的文化则渗透在以上各个领域，并成为其基础。中国人对道德的价值根源的追寻也经历了一个漫长的过程。与其他民族一样，起初也以为其根源在神、天。但直到孔子才体认到道德根源乃在于人的生命之中。是故孔子说，"为仁由己"，"我欲仁，斯仁至矣"。到《中庸》有所谓"天命之谓性"，这便把天命落实在人的身上，而成为人的本质。《中庸》并不重视天的问题，而仅重视"性"的问题，"性"是在人的生命内生根。一直到孟子才明确指出道德之根源乃在于人的心。"仁义礼智根于心"是一种"内在经验"的陈述，这并非由逻辑推理所能推出，而是中国文化在长期摸索中得出的结论。有了这一结论，便可使夹杂、混沌的生

---

① 徐复观：《中国思想史论集》，《徐复观全集》第 3 册，第 294 页。
② 李维武：《徐复观学术思想评传》，北京图书馆出版社 2001 年版，第 165 页。

命，顿然生出一种照明的作用，使每一个人有一主宰、方向，成为人生基本的立足点。徐氏认为，中国文化总是走着由上向下落，由外向内收的路。庄子即把老子形而上的道，落实在人的心上，以为虚、精、明之心就是"道"。因此，庄子虚、精、明的心就是一个艺术心灵，且为艺术价值之根源。在认识活动方面，荀子的解蔽篇可谓中国古典性的认识论。荀子说："人何以知道？曰心。心何以知？曰虚壹而静"（《荀子·解蔽》）"心"是认识的主体，是知识得以成立的根源。在宗教方面，中国人文精神固然发达，很早就以人文精神代替了宗教信仰。但在现实生活中，人生终究有一些不能解决的问题，这就不得不求助于宗教。佛教东来便满足了中土部分人的宗教需求。佛教认为，人们可以通过信仰以求超越生死轮回，这是通过信仰向上、向外的追求。但随着佛教在中土的传播与发展，渐渐形成了具有中土特色的佛教派别，比如禅宗。禅宗出来后，便认为应"明心见性""见性成佛"，由向外转而向内。是故佛教发展到禅宗，便把人的宗教要求归结到人心。

在徐氏看来，上述所说的心的活动，不同于一般意义下的心或心理学上的"意识"。"孟子、庄子、荀子以及以后的禅宗所说的心，是通过一种修养工夫，使心从其他生理活动中摆脱出来，以心的本来面目活动，这时心才能发出道德、艺术、纯客观认知的活动。"[1] 孟子谓"养心莫善于寡欲"，即是主张通过减少过度的生理活动的干扰，以使本心恢复其本来状态。道家主张"无知无欲"，亦是想通过摆脱成见与私欲的蒙蔽以恢复心的本来作用。至于佛家还有所谓"知识障"，同样是想通过去除知识上的成见以回复人的清净本性。徐氏认为，本心虽内在于人的生命之中，且随时都会有本心的作用，但并非人人都能意识到。大多数人都处于"百姓日用而不知"的状态，要想真切地把握此本心，使其不被其他生理活动蒙蔽、干扰，则须做一番"工夫"才行。孟子讲"尽心知性知天""存心养性事天""修身以立命"，则是不同的工夫层级。程明道说"只心便是天"，这也是由工夫而得的内在经验。孟子把心之来源寄托于天，说"此天之所与我者"。程伊川也说："良知良

---

① 徐复观：《中国思想史论集》，《徐复观全集》第 3 册，第 299 页。

能，皆无所由；乃出于天，不系于人。"① 这皆是把心的来源作一假设，形成一形上学命题。其说之本意可能是为了突出心的超越性，但这同时也削弱了人的工夫实践的一面。倒是程明道能一语道破，将心落实到自己的生命之内，而这必是经过真正的工夫实践才能做到的。

徐复观通过对心之各个层面的分析，总结了心的文化的几个特点。第一，心的作用乃由工夫而见。心的作用是一种由工夫而发出的内在经验，这是一种特殊的存在，非由形上推理而得，而是由人在具体生活中所发出的一种生命的体验。徐氏把这种体验称为"体认"。体认即是当事人通过自己的亲身感受而得到的一种工夫层面的认识与感触。第二，心可以主宰其他的生理活动，但亦离不开其他生理活动，心之活动须借助这些生理活动始能完成，此即孟子所谓的"践形"。孟子的大体、小体之辨，即是说以大体主宰小体，即以本心主宰耳目之官。"践形"就是使耳目百官皆得其宜，不令其放纵。第三，人生价值之根源在于心。文化根源的心不脱离现实，始终与现实生活打成一片，并为现实生活树立合理中道的理想。由身体所践行的文化必是中庸之道，而不同于由冥想、热情或推理而来的文化。第四，心的文化乃是现成的，是大众化、社会化的文化。任何人在一念之间即可摆脱私欲，体验到心的作用。第五，心的文化乃是和平的文化。人生价值的根源即内在于每个人自己的心，每个人皆是自足的，每个人皆可在自己的心地上开辟一个内在世界。每个人皆可反求诸己，在心上得到人生之归宿，而无需外在的追求与斗争。因此，心的文化乃是一和平的文化。

与同时代的新儒家唐君毅、牟宗三乃至其师熊十力不同，徐复观更多的是从思想史或历史文化的背景去探讨"心"，通过对"心的文化"的探讨来解读中国文化的特质与精神。熊十力、唐君毅、牟宗三也非常重视对中国文化中的"心"的阐释。但他们基本上是从哲学形上学的角度进行分析。如熊十力便以"本心"为"本体"，认为哲学只有以本体论为其依归，由此进路方能穷神知化，以窥万物之本原。在与张东荪

① （宋）朱熹：《四书章句集注》，第353页。

的通信中，熊十力说："弟素主哲学只有本体论为其本分内事，除此皆多理论科学。如今盛行之解析派，只是一种逻辑的学问，此固为哲学者所必资，然要不是哲学底正宗。时贤鄙弃本体论，弟终以此为穷极万化之原，乃学问之归墟。学不至是，则睽而不通，拘而不化，非智者所安也。见体则莫切于东方之学，斯不佞所以皈心。"① 以"本心""仁心"为宇宙万化之原，熊十力以为此非思辨解析所能理解，而尚须通过证会而得。之后的牟宗三更是直承孟子的"本心"而构建他的"道德的形上学"。牟宗三认为，道德的"本心"不但是道德实践的根据，同时也是天地万物存有的根据。他通过道德"本心"来构建一道德的形上学，使道德与存有在其中各安其位。唐君毅同样非常重视"心"的作用。他以"心灵"为人之道德自觉，并常以心灵与生命相连属而论述。他尝言："大率依中国思想之通义言，心灵虽初是自然生命的心灵，而心灵则又自有其精神的生命；'生'以创造不息、自无出有为义，心以虚灵不昧、恒寂恒感为义。此乃一具普遍义究极义之生与心，而通于宇宙人生之全者；非生物学中限于生物现象之生，亦非经验心理学中限于所经验之心理现象之心也。"② 唐君毅在此开显了心灵生生不息、感通万有的精神生命。总体而言，熊十力、牟宗三、唐君毅注重"心"的形上层面的论说，而徐复观更注重体现"心"的文化内涵，突显"心的文化"在道德、宗教、艺术等方面的奠基之功。徐氏的论说模式显然与其消解形上学的理论进路紧密相关。

二 徐复观对孟子心性论的诠释

现代新儒家大都重视道德理想主义的重建，重视道德主体在道德实践过程中的优先性与主导性。因此，孟子的性善论为他们的这种哲学建构提供了丰富的论说资源。同时，对性善论的重新阐释也成为建构儒家道德哲学的一项基础工作。不同于哲学形上学的建构，徐复观则更强调从思想史的视角看待孟子的性善论。他认为，性善论的提出乃是思想长

---

① 熊十力：《十力语要》，《熊十力全集》第四卷，第113—114页。
② 唐君毅：《中国哲学原论·原性篇》，《唐君毅全集》第十八卷，自序第10页。

期发展的结果。

徐复观认为，中国文化乃人文精神的文化，中国的人性论便发生于人文精神的进一步反省。中国的人文精神亦非突然出现，乃系经过长期孕育，从神权的精神世界解放而来。自殷周之际始，已有人文精神的跃动。周初文献强调殷革夏命、周革殷命的经验教训，内含很深的精神反省，所谓"忧患意识"即由此而来。人们从此行为后果中反省自己的行为规范，已渐从神权手中取得自己的一些自主权。但若追寻其行为规范的根源仍不得不求助于所谓人格神的天命。然而随着政治局势的混乱，这种人格神的天命亦逐渐崩溃、瓦解。随之而起的是法则性的天命。但与之同时兴起的还有盲目性的运命观念，仍使人们无所适从。至孔子而起，始自觉内化此法则性的天命于自己人格生命之中，将人性与天命融合为一，突破人之生理限制，真正把握自己的存在。由此，人的行为规范的根源与保证皆可求诸自身，所谓"为仁由己"。孔子只是通过自己下学而上达的工夫把性与天命融在自身之中，但却没有客观地将之诠表出来。这要一直到《中庸》的"天命之谓性"才算清楚地说明了。而"性善"两字，则直至孟子始正式明白地说出。并且孟子所说的"性善"实即心善。"从人格神的天命到法则性的天命，由法则性的天命向人身上凝集而为人之性，由人之性而落实于人之心，由人心之善，以言性善。这是中国古代文化经过长期曲折、发展，所得出的总结论。"①

徐复观以一种发展的眼光，把孟子的性善论放在思想史的长河中进行考察，得出了一些令人耳目一新的诠解。徐氏关注人性的发展历史，自然首先关注孟子性善论之"性"的界定问题。他认为，孟子所说的性善之"性"的范围，小于一般所说的"性"的范围。在徐氏看来，所谓"孟子道性善"，是说孟子并非认为人性应当是善的，而是认为人性实在是善的。性善在孟子是作为"实然地"事实来说的。孟子何以能下此判断呢？根据便在人禽之辨。孟子是从"人之所以异于禽兽"之"几希"处说仁义之端，说性善。这几希的性善之"性"比一般所

---

① 徐复观：《中国人性论史·先秦篇》，《徐复观全集》第 4 册，第 146—147 页。

说的"性"要小。此"几希"适足以表示人之为人的特性及人之自主性。孟子虽有时把耳目之欲也称为"性"，但当其实现时，须有待于外，不能自己作主，于是便改称为"命"。因此，在徐氏看来，孟子"对于命与性的观念，是赋予了新的内容；而此新的内容，正代表传统人文精神的发展所达到的新阶段"①。孟子对性、命观念的新诠释体现在其有名的"口之于味"章：

> 孟子曰："口之于味也，目之于色也，耳之于声也，鼻之于臭也，四肢之于安佚也，性也，有命焉，君子不谓性也。仁之于父子也，义之于君臣也，礼之于宾主也，知之于贤者也，圣人之于天道也，命也，有性焉，君子不谓命也。"（《尽心下》）

徐氏认为，在孟子看来，"性与命的最大分别，仅因为性是内在于人的生命之内的作用；而命则是在人之外，却能给人以影响的力量"②。上文"有命焉"之命即就"得之有命，是求无益于得也"而言；"有性焉"之性即就"求则得之，舍则失之，是求有益于得也"而言。耳目之欲虽可称为性，但其"求在外"，其权柄不在自己，故孟子宁谓之命，而不谓之性。仁义礼智就"莫之致而至"而言固可称为命，但它们的实现则是"求在内"，其主宰性在人自身，故孟子宁谓之性，而不谓之命。孟子对性、命的这种新的划分，确立了仁义的内在性与道德实践的主宰性、责任性。在《孟子集注》中，朱熹即引其师说表达了此种旨趣："此二条者，皆性之所有而命于天者也。然世之人，以前五者为性，虽有不得，而必欲求之；以后五者为命，一有不至，则不复致力，故孟子各就其重处言之，以伸此而抑彼也。张子所谓'养则付命于天，道则责成于己'。其言约而尽矣。"③"养则付命于天，道则责成于己"即鲜明地表达了孟子对性、命尤其是性之内涵所作的新诠。徐氏以

---

① 徐复观：《中国人性论史·先秦篇》，《徐复观全集》第4册，第148页。
② 徐复观：《中国人性论史·先秦篇》，《徐复观全集》第4册，第150页。
③ （宋）朱熹：《四书章句集注》，第370页。

为，古来对孟子性善说之辩难，便多由不明孟子对性之内涵实已赋予了新的意义。徐氏指出，孟子的性善说强调以心善解性善。他指出，孟子所说的性善，实即"天之所与我者"的"心善"。

心善的根据。徐氏认为，孟子从两个方面论证心善，即心之"呈露"与心之"思"。孟子有大体小体之辨，大体指人之本心，小体指耳目之官。孟子以为耳目之官不思，而心之官则思。徐氏指出，"思"在此有反省与思考两重意思。而孟子特重反省一方面。仁义为人所固有，一念之反省、自觉即可当下呈现，而不为外物所牵引，即所谓"思则得之"。假如人没有此自觉的反省，则必致"物交物"，遂逐于耳目之欲，致仁义之端隐而不显，即所谓"不思则不得也"。因此，心之"思"非常重要。此外，孟子还从心之"呈露"处指陈心善，以此来证性善。

> 孟子曰："所以谓人皆有不忍人之心者，今人乍见孺子将入于井，皆有怵惕恻隐之心。非所以内交于孺子之父母也，非所以要誉于乡党朋友也，非恶其声而然也。"（《公孙丑上》）

徐氏指出，"乍见"二字说明在此情形下，心未受任何外在欲望之裹挟，而当体呈露。此心之当体呈露，即显示仁义礼智之端。"非所以内交于孺子之父母"数句即表示此心之当体呈露完全出自自身，而无待于外。这正表示四端之心皆由内随机而发，由此可证"心善"。孟子还就"平旦之气""夜气"来说明人心之善端。当人的耳目之官处于完全休息的状态时，人心之善端最易显露，此时人心已摆脱外在欲望之裹挟而当体为己，此为心之自身之活动，孟子谓之"本心"。孟子即以此"本心"之善以言性善。徐氏以为，孟子言性不同于以生质之性言性，亦不同于从表面事象乃至从文字训诂上言性。孟子以心善言性善乃是基于自己生活实践的体认，以此作为性善论的根基。"换言之，孟子在生活体验中发现了心独立而自主的活动，乃是人的道德主体之所在，这才能作为建立性善说的根据。"①

---

① 徐复观：《中国人性论史·先秦篇》，《徐复观全集》第 4 册，第 156 页。

恶的来源。孟子即以心善言性善，且心之善乃由心之自然呈露与心之思而显，那何以会有恶呢？徐氏总结孟子言"恶"有两个来源：一是来自耳目之欲，二是来自不良的环境，两者都可以使心失掉自身的作用。徐氏认为，"孟子并不轻视生理的欲望，而只是要求由心作主，合理地满足这种欲望。因为欲望的本身并不是恶；只有无穷的欲望，一定会侵犯他人，这才是恶"①。耳目之官自身"不思"，如不能得心之主宰，则必定为外物所牵引，一味逐于欲望的满足。人人欲求欲望的满足，则争端起，恶便由此生矣。因此，耳目之官一定要得心之主宰才不会导致恶的产生。在此，须是心统领耳目之官，则耳目之欲皆得其宜而不致为过。反之，一旦耳目之官居于主导地位，则心的部分功能甚至会沦为帮闲，助长耳目之欲的膨胀。在此，徐氏对恶的产生从心之功能上提出一种新解，尤其值得我们重视。前文已提到，徐氏解孟子心之思为反省与思考。反省为道德之反省，为善心之基；思考为心之认知计虑，为心之知性的一面。徐氏认为，一切罪恶的行为虽从心所发，但并非出于具反省意识之善心，而是出自心之认知计虑的作用，以此为作恶的支持与帮闲。"但孟子的意思，认为此时固然也有心的活动，但这仅系心的知性的一面。知性是'无记'的，所以它没有为行为作主的能力，而只能为耳目口鼻等官能去帮闲。"② 在徐氏看来，孟子有两个心的说法：一为具知性活动之心，一为道德之本心。我们认为，徐氏的这一诠释是不符合孟子原意的。在孟子只有本心之说，从无知性之心一说。在孟子，人之为不善，只是由于失其本心。此外，在孟子处，心之思也只是道德反省的意思，而没有所谓思考、计虑的意思。思考、计虑恰恰是孟子所批评的智之"凿"，即所谓"所恶于智者，为其凿也"(《离娄下》)。去其计虑、聪明，保其本心，行其所无事，才是孟子所认可的心之思。

除耳目之官易导致恶外，环境对人心的影响也不容小觑。心虽然自身是善的，但若无适宜的环境，心之善端便难以发蒙，心之思的作用发

① 徐复观：《中国人性论史·先秦篇》，《徐复观全集》第 4 册，第 157 页。
② 徐复观：《中国人性论史·先秦篇》，《徐复观全集》第 4 册，第 160 页。

挥不出来，便失掉了心的自主性。在诸多环境因素中，经济生活是重要的一个因素。徐氏在此敏锐地捕捉到了孟子对民生的关注。在孟子看来，民生之好坏直接影响到民之善恶趋向。孟子说："富岁，子弟多赖；凶岁，子弟多暴，非天之降才尔殊也，其所以陷溺其心者然也。今夫麰麦，播种而耰之，其地同，树之时又同，浡然而生，至于日至之时，皆熟矣。虽有不同，则地有肥硗，雨露之养、人事之不齐也。"（《告子上》）可见，外在环境对人的影响不容忽视。孟子说："无恒产而有恒心者，惟士为能。若民，则无恒产，因无恒心。苟无恒心，放辟邪侈，无不为已。及陷于罪，然后从而刑之，是罔民也。焉有仁人在位罔民而可为也？是故明君制民之产，必使仰足以事父母，俯足以畜妻子，乐岁终身饱，凶年免于死亡，然后驱而之善，故民之从之也轻。"（《梁惠王上》）孟子在此区分了"士"与"民"，认为不能以"士"的标准来要求"民"，而是要先满足"民"的生计、生活，然后才能治礼义。"今也制民之产，仰不足以事父母，俯不足以畜妻子；乐岁终身苦，凶年不免于死亡。此惟救死而恐不赡，奚暇治礼义哉？"（《梁惠王上》）可见，民心之向善、向恶与其生存条件紧密相关，并且直接关系到一国的治乱。

第二节　工夫的展开——徐复观论孟子的修身观

徐复观对人性的诠释，特突显"工夫"的重要性，以为不能深入于此，便难以把握古人的真实旨趣。徐氏认为，"工夫"虽可纳入广义的"方法"一词之内，但这样难以显示自身特性。他对比说："对自身以外的客观事物的对象，为了达到某种目的而加以处理、操运的，这是一般所说的方法。以自身为对象，尤其是以自身内在的精神为对象，为了达到某种目的，在人性论，则是为了达到潜伏着的生命根源、道德根源的呈现——而加内在的精神以处理、操运的，这才可谓之工夫。人性论的工夫，可以说是人首先对自己生理作用加以批评、澄汰、摆脱，因而向生命的内层迫近，以发现、把握、扩充自己的生命根源、道德根源的，不用手去作的工作。以孔、孟、老、庄为中心的人性论，是经过这一套工夫而建立起来的。"① 徐氏认为,孔子的"克己",孟子的"存心""养性""集义""养气",老子的"致虚极,守静笃",以及庄子的"坐忘"等,皆是工夫的真实内容。而要对各家具开创性的人性论加以衡断,则须从认知理性透至工夫的层面始有可能。

一 心之存养扩充的工夫

孟子说:"学问之道无他,求其放心而已矣。"是故徐氏特别重视孟子存心、养心的工夫。在孟子看来,存心、养心主要是针对士的阶层而言。而对一般老百姓,则主张"制产"之后"教以人伦"。因"无恒产而有恒心者,惟士为能",故对于士,则主张其存心、养心。存心、养心以至于尽心,都是为了扩充心之善端,成就一道德的人格世界。"心之善只是'端',只是'几希',但这是有无限生命力的种子,只要能'养',能'存',它便会作无限的伸长,或者意识地使其伸长,以使其形成一道德的人格世界。这种伸长,在孟子名之曰扩充。"② 心之扩充要见之于具体的生活实践,由庸言庸行推至治国、平天下。心之存养以至于不断地扩充即孟子所谓"尽心":

> 尽其心者,知其性也。知其性,则知天矣。存其心,养其性,所以事天也。夭寿不二,修身以俟之,所以立命也。(《尽心上》)

为了突出实践工夫的重要性,徐氏对孟子上述"尽心"章的诠释完全就"心"上立论,而取消了"性""天"的独立意义。他说:"能够尽心,便知道人之所受以生的性;因为性即在人心之中。……'尽心',不是心有时而尽,只是表示心德向超时空的无限中的扩充、伸展。而所谓性,所谓天,即心展现在此无限的精神境界之中所拟议出的名称。"③ 徐氏的这一番解读是彻底贯彻其消解形上学之理路的具体表

---

① 徐复观:《中国人性论史·先秦篇》,《徐复观全集》第4册,第420—421页。
② 徐复观:《中国人性论史·先秦篇》,《徐复观全集》第4册,第162页。
③ 徐复观:《中国人性论史·先秦篇》,《徐复观全集》第4册,第162—163页。

现。其实，在孟子那里，性、天都有其独立意义，而不容随意抹杀。孟子虽以心善言性善，但无性善之实（如仁义礼智），则心就茫然无下手处。是以孟子于存心、求放心之外，又说，"君子以仁存心，以礼存心"（《离娄下》），而非徒尽一空洞之心。"心"是从主观一面说，"性"是从客观一面说。有此客观面之"性"，方能保障人人皆能尽己之心，以行仁义礼智之实。否则，以私欲言"性"，便会失其本心，茫然无归处。"天"在孟子那里亦有其客观独立的意义。孟子说："莫之为而为者，天也。"（《万章上》）又曾引《诗》："天生烝民，有物有则。民之秉彝，好是懿德。"可见，"天"之独立义不容取消。可是，徐氏为了消解形上学，将涉及形上的论说一一归之于主体之实践，不但取消客观面之"性"，也一并取消了超越面之"天"，把道德伦理之超越性、神圣性的一面加以消解，实不可取。他说："实际，在人心以外之天，在当时说，或竟不能为人所知的，所以凡是从外面去证明神的存在的努力，多归于白费。"① 这竟是把此处之"天"理解为"神"了，而这显然不是孟子本意。"知天""事天""立命"之说，显示了工夫层级的差异，然皆表现了"天""命"相对于主体的超越性的一面。工夫实践当然离不开主体层面德性的扩充，但客观层面的"天""命"的意义也不容取消。

在徐氏看来，既然心之外无性，性之外无天，因此心之扩充便是关键，而心之扩充的力量即是"仁"。仁义礼智虽并列，但仁仍居于统摄的地位，由仁体之向外扩充才是仁义礼智，而扩充的最高境界即是"万物皆备于我"。徐氏说："万物皆备于我，即是《论语》上的'天下归仁'；克己而突破了自己，以与天下为一体，此时天下皆归到自己仁德之中，亦即是自己与人类同其忧乐。天下皆归到自己仁德之中，才可以说'万物皆备于我矣'，才能说'上下与天地同流'。"② 这种境界即是"与万物为一体"，是突破生理之小我的局限，而与天地万物同呼吸。徐氏在此批评冯友兰，说他不了解这一点，只好说这两句话（"万物皆

---

① 徐复观：《中国人性论史·先秦篇》，《徐复观全集》第 4 册，第 163 页。
② 徐复观：《中国人性论史·先秦篇》，《徐复观全集》第 4 册，第 165 页。

备于我""上下与天地同流"），"颇有神秘主义之倾向。其本意如何，
孟子所言简略，不能详也"①。那么，如何才能达到"万物皆备于我"
呢？那就是要反求诸己，由恕以求仁，由求仁以达到"万物皆备于我"
之实。推己及人谓之恕，这是行仁初步而切实的工夫。而在徐氏看来，
仁的基本表现还是忧患意识，这是徐氏对仁的独特诠释。忧患意识萌发
于人文精神跃动的殷周之际。在这种新的人文精神的感召下，周人逐渐
摆脱殷商时期传统宗教信仰的束缚，开始有了道德自我的觉醒。所谓忧
患意识，"乃人类精神开始直接对事物发生责任感的表现，也即是精神
上开始有了人的自觉的表现"②。对修己而言，有所谓"终身之忧"，即
忧不能为尧舜。而后则有"修己以安人""修己以安百姓"，此即圣人
之忧。是故，"没有忧，没有仁，不真正了解仁的精神，即是一种无限
的涵融性，即是一种无限的扩充性，而仅从思辨的演绎上，以言由尽心
而知性知天，便是没有内容的一场大话"③。在对儒家经典的诠释过程
中，徐氏极力反对形上学模式的思辨论说，他总是试图把一切超越性的
论域拉回到主体性之中，以具体的实践之体验代替形上学的演绎。与徐
氏不同，牟宗三则多从主客观或天人的双重视角对儒家经典进行诠释。
如牟宗三对"万物皆备于我"的解读："'天大无外'，性大无外，心亦
大而无外。此无外之心即'天心'也。天无外、性无外，是客观地说，
心无外是主观地说。而天与性之无外正因心之无外而得其真实义与具体
义，此为主客观之统一或合一。孟子言'万物皆备于我'正是这仁心

---

① 冯友兰：《中国哲学史》（上册），商务印书馆 2011 年版，第 142 页。其实，关于冯
氏的上述论断，徐复观大概产生了误会。冯氏在下文的注中，有对"神秘主义"的详细解说，
其理解的层级与徐氏的理解在本质上并无多大差异。他说："神秘主义一名，有种种不同的意
义；此所谓神秘主义，乃专指一种哲学承认有所谓'万物一体'之境界。在此境界中，个人
与全（宇宙之全）合而为一，所谓人我内外之分，俱已不存。……不过此神秘主义，亦不必
与惟心论的宇宙论相连。……如孟子哲学果有神秘主义在内，则万物皆备于我，即我与万物
本为一体也。我与万物本为一体，而乃以有隔阂之故，我与万物，似乎分离，此即不'诚'。
若'反身而诚'，回复与万物为一体之境界，则'乐莫大焉'。如欲回复与万物为一体之境界，
则用'爱之事业'之方法。所谓'强恕而行，求仁莫近焉'。以恕求仁，以仁求诚。盖恕与仁
皆注重在取消人我之界限；人我之界限消，则我与万物为一体矣。"［冯友兰：《中国哲学史》
（上册），第 142 页注］冯氏的理解看不出与徐氏的理解有何扞格。

② 徐复观：《中国人性论史·先秦篇》，《徐复观全集》第 4 册，第 20 页。

③ 徐复观：《中国人性论史·先秦篇》，《徐复观全集》第 4 册，第 166 页。

之无外。"① 就仁德之广大无外以与天地万物为一而言，两家之论说是一致的，但牟氏在此还指出了天的客观性，而非仅仅在主体的仁心上立论。而徐氏则只突出主体性一面，这一诠释理路与其消解形上学的旨趣相关。

二　心善与践形

徐复观以为，孟子以心善言性善，而其极致则是"践形"：

> 践形，可以从两方面来说：从充实道德的主体性来说，这即是孟子以集义养气的工夫，使生理之气，变为理性的浩然之气。从道德的实践上说，践形，即是道德之心，通过官能的天性，官能的能力，以向客观世界中实现。这是意义无穷的一句话。孟子说到这里，才把心与一切官能皆置于价值平等的地位，才使人自觉到应对自己的每一官能负责，因而通过官能的活动，可以把心的道德主体与客观结合在一起，使心德实现于客观世界之中，而不是停留在"观想""观念"的世界。孟子的人性论，至此而才算完成。再确切地说，孟子的尽心，必落实到践形上面。能践形才能算是尽心。践形，乃是把各官能所潜伏的能力（天性）彻底发挥出来；以期在客观事物中有所作为，有所构建，否则无所谓践形。所以由尽心践形所成就的世界，必是以大同为量的现实世界。②

徐氏从两个方面来论述践形。首先，是从成就道德生命或道德人格上来论述，这即是孟子说的养浩然之气，做大丈夫。而其具体工夫则是知言、养气。关于此，下文会详述。其次，是从道德实践上说，即通过道德之心，使各官能所潜伏的天性得到充分的发挥，使其各司其职，皆得其宜。这是最基本的下学的工夫，也是通向上达的工夫。践形涉及孟子所谓大体、小体的交互关系，即身心的一种调节与平衡。本心固然重

---

① 牟宗三：《心体与性体（一）》，《牟宗三先生全集》5，第561页。
② 徐复观：《中国人性论史·先秦篇》，《徐复观全集》第4册，第167页。

要，而身体的向度在践形中也是不容忽视的。① 古代的礼乐教化即是一种调节身心，使其平衡发展的施设。而其"礼仪三百，威仪三千"便是对身体之威仪所提出的严格要求。早在《尚书·洪范》，就有对身体之践行方面的论述："一曰貌，二曰言，三曰视，四曰听，五曰思。貌曰恭，言曰从，视曰明，听曰聪，思曰睿。恭作肃，从作乂，明作晰，聪作谋，睿作圣。"此是"洪范九畴"中的第二类："敬用五事"，涉及貌、言、视、听、思，前四者涉及身，思则是指心之思，而践行此五事则须用心一以贯之。敬用此五事，始是真正的践形。《论语》中也记载了孔子与上述"敬用五事"相近的论述。孔子说："君子有九思：视思明，听思聪，色思温，貌思恭，言思忠，事思敬，疑思问，忿思难，见得思义。"（《论语·季氏》）"九思"是强调心之思，但其思终要落到视、听、言、动当中去，仍是不能离开身体而言。如果上面的论述还不够突显身体的重要性的话，那么，包括"礼"在内的"六艺"可说是突出修身之身的一个重要佐证。古代儒家君子都要修习礼、乐、射、御、书、数六艺，而在这六艺中，礼乐又是其教育的核心，这也就构成了儒家践形的重要维度。颜渊问仁，夫子答其"克己复礼为仁"。颜渊复详问其目，夫子答其"非礼勿视，非礼勿听，非礼勿言，非礼勿动"（《论语·颜渊》）。这可谓与礼相关的践行身体的紧要工夫。郭店楚简中的《性自命出》篇，有关于修身活动的具体论述。其中就突出了身体的向度："君子美其情，贵（其义），善其节，好其容，乐其道，悦其教，是以敬焉。""君子执志必有夫广广之心，出言必有夫柬柬之信。宾客之礼必有夫齐齐之容，祭祀之礼必有夫齐齐之敬，居丧必有夫恋恋之哀。君子身以为主心。"② 可见，践形须身心的交互作用，有何种心境，必以身体相应的容止表现之。孟子说："仁义礼智根于心"，此仁义礼智之心必显现于身体之容止，此即所谓"其生色也睟然，见于面，

---

① 从身体的角度研究中国哲学已引起相关学者的重视与讨论，如杨儒宾主编《中国古代思想中的气论与身体观》，台北：巨流图书公司1997年版；杨儒宾、祝平次编《儒学的气论与工夫论》，台北：台湾大学出版中心2005年版；杨儒宾《儒家身体观》，上海古籍出版社2019年版。

② 李零：《郭店楚简校读记》，第137、139页。

盎于背，施于四体，四体不言而喻。"（《尽心上》）孟子说："可欲之谓善，有诸己之谓信，充实之谓美，充实而有光辉之谓大，大而化之之谓圣，圣而不可知之之谓神。"（《尽心下》）这是践形的工夫次第及境界差异。孔子七十"从心所欲不逾矩"，盖已达到身心一如、大而化之的境界。而常人则只能循礼而行，不使其身违背礼义。

圣人践形的极致即是孟子说的"万物皆备于我"，这是其性善说向外推扩的极致体现。于此，徐复观说："'亲亲而仁民，仁民而爱物'的根据是'万物皆备于我'，即我与万物，同展现于无限的价值平等的世界。这是孟子性论的真正内容，也即是孟子性论的起点与终点。"[1]孟子由心善说性善，由性善言践形，而践形则需要一套具体的实践工夫。

三　知言养气的工夫

孟子言践形，而其具体工夫则在"知言养气"。徐复观认为，"知言养气"章是《孟子》七篇中最重要且最难了解的一章。在对这一章的诠释中，徐氏比较了北宫黝、孟施舍、曾子三者不动心的工夫，也比较了告子与孟子不动心的工夫，指出集义乃是此章的关键所在。

徐氏以为，"知言养气"章的主旨在于突显中国传统文化的一大特色，即由知识走向个体自我的人格修养，由人格修养以成己成物，于家、国、天下有所担当。而由知识走向人格修养，尚须一番工夫之次第，这在孟子即是"知言养气"。徐氏指出，知与能或知与行，两者之间不必等同，有知不必有能，而"从知到能，尚须一跃"。知是认识上的问题，即以主观去认识客观。此时主观与客观保持一相当的距离，主观方面之知、情、意皆取冷静旁观的态度。主观只管对客观本身的实情加以认定，而对其并无任何牵连与责任感。但能或行则是实践上的问题。此时主观则须深入客观事物里面去，以主观的力量，在客观事物上实现其预期的目的。此时所要求于主观者，不仅是其向外的知性能力，更是要求其整个生命的力量，能承当此客观事物。但假如生命之感情、

---

① 徐复观：《中国人性论史·先秦篇》，《徐复观全集》第 4 册，第 168 页。

意志等与知性有一距离，就可能使知性认识的结果归于无效。因此，由知到能的一跃必不可少。徐氏说："所谓'跃'，是要把一部分的知性活动的结果，融入进全部的生命之中，使所认知者不仅以知识而出现，而系以知、情、意等的整个生命力而出现；对被认知者，不是处于旁观的地位，而系处于有责任的担当者的地位。"① 此章提到的道与义，要想使其由知识转变为现实性的行为，正需要通过人格修养工夫的一跃。

既然可以由一段修养的工夫由知识上升到个体人格之独立担当，但怎样能验证此人格修养之实效到底如何呢？这便是公孙丑向孟子所发问的，即动心与否。在这一章，提到了告子与孟子的不动心。除此之外，徐氏把北宫黝、孟施舍、曾子之养勇视为达致不动心的工夫。他首先比较了这后三者工夫的差异。徐氏以为，仅在不动心上，还不能判定一个人在人格上的成就，还要看他通过哪种工夫达到不动心。工夫不同，其不动心的内容与其作用也会不同。整个的人格，乃是由其不动心的内容与作用决定的。北宫黝、孟施舍、曾子便因其修养工夫之不同表现了不同类型的不动心。北宫黝、孟施舍之养勇皆是守气，所不同的是，一则向外求必胜，一则守住一不怕之念。此二人之勇与曾子之勇皆表现在气上，然前者是守气，后者是养气。守气有似养气，然终不同于养气。北宫黝、孟施舍之守气只是死守一口气不使其发散，还只是在气上用功。而曾子之勇则通过理性（志）之反省，由此反省以使理性统帅其气。是故徐氏以为，曾子之不动心实质上即是孟子之不动心。

说到守气或养气，然而到底该如何理解"气"呢？孟子说："气，体之充也。"（《公孙丑上》）徐氏谓"气"乃是指人身生理的综合作用，或由综合作用所发生的力量，也即是指人身上的一种生命力。北宫黝、孟施舍的守气皆是顺此种生命力而形成的一种血气之勇。他们的活动中也有意志与理智的参与，但因其缺乏良心（道德理性）的自觉，所以他们的意志、理智只是由生理反应而起，进而又落到生理反应中去，而不能作自我反省，故不能节制生理反应。曾子则在此一系列活动中多出了一层良心的自觉、反省，使其良心对生理反应有主宰作用。曾

---

① 徐复观：《中国思想史论集》，《徐复观全集》第 3 册，第 170—171 页。

子之勇可谓一种义理之勇，它内通人心，外通社会，是一种"大勇"。
此大勇即是孟子所说的浩然之气。徐氏以为，孟子之不动心即是来自这
种大勇。

徐氏不但比较了北宫黝、孟施舍、曾子不动心的工夫，还比较了告
子与孟子不动心的工夫。他认为，告子不动心的工夫，既不同于上述三
位勇士，也不同于孟子，乃是采取一种"遗世独立，孤明自守"的工
夫路径。徐氏对告子的"不得于言，勿求于心；不得于心，勿求于气"
给出了自己的理解。"告子的'不得于言，勿求于心'，是对于社会上
的是非得失，一概看作与己无关，不去管它，这便不致使自己的心，受
到社会环境的干扰。"① 而这显然与告子的"义外"之说相关。义是对
于事情应当不应当的判断，及由此判断而产生的行为。"得于言"即所
谓"知言"，亦即对客观事物的了解。而告子之意，即对于不了解者，
任其不了解，而不用心去求了解。此是告子自发地与社会相隔绝，以为
外在客观之义与自己的生命不相干。而孟子则主"义内"之说。义出
自人内心，外在应当不应当的判断标准为己心所固有。此外，告子之
"不得于心，勿求于气"，是说心动摇时，只在此心上做工夫，而不求
助于自己的生理作用，以免受生理作用的影响。"不得于心，勿求于
气"，此时是以心作主，故孟子许其可。但告子为了使心不发生动摇，
便与自己的生理作用隔绝起来。总之，告子专在心上用功，把捉住一个
心不动，而不管与外界之关系，不管义理之当然与否。王阳明说："告
子是硬把捉着此心，要他不动；孟子却是集义到自然不动。"② 这是孟、
告之间的根本区别。

诚如阳明先生所言，孟子不动心的工夫就是集义。徐复观说："孟
子和告子不同的地方，一面是认为个体与社会不可分，所以他要'知
言'。……一面是认为心与生理不可分，所以他要'持其志'，又要
'无暴其气'。由'持其志'及'无暴其气'的内外交修所得的结果，
便是'浩然之气'，而把'持其志'与'无暴其气'打成一片的工夫便

---

① 徐复观：《中国思想史论集》，《徐复观全集》第 3 册，第 173 页。
② （明）王守仁：《王阳明全集》，第 24 页。

是'集义'。"①"持志"即是要保持良心（道德理性）对生理的统帅作用（志，气之帅也）。此良心以仁义礼智为其内容，并要求贯通人我、人物，由内通到外，即由个体通向群体，由意志通向实践。徐氏认为，承载此良心作用的是人的生理作用，这生理作用即是所谓的"气"。而现实中每个人身上的气有厚薄之殊，而气之承载力量的大小便会影响到良心实现的程度。良心在由内向外的实现过程中，必然会受到气之承载能力所产生的影响，而使内心发生动摇，此即公孙丑所问的"动心"。一个气薄或说生命力弱的人，其良心的实现程度就不够强。因此，孟子的不动心既要"持其志"，又要"无暴其气"。"无暴其气"即是要培养人的生理上的生命力，使其不易发散。"持其志"与"无暴其气"要相结合，也即孟子所谓的"其为气也，配义与道"。志与气都不可少，并且须以志统帅气。

徐复观对上述提到的不动心的工夫做了比较，认为北宫黝、孟施舍只专注于气而不持志，没有配义与道，不是孟子所谓的"集义"。告子则只持志而不养气，他只是硬把捉着此心不动，遗世而独立，难以有所担当。孟子则既持志又养气，两相结合，他只是做集义的工夫，自然达到不动心。徐氏指出，孟子的养气并非如养生家的调节身体一样，而是进一步使志与气融合而为一。他说："这种合而为一，乃是由志的主宰性所给予气的塑造力（养），使气向志那里升华，使气与道义不分，因而也具备了道义的普遍性、无限性。而此种普遍性、无限性，不复是以观念的形态而存在，有如朱元晦所说的'公共无形影底物'一样，而是表现为具体的人格、生命。这即是孟子所说的'至大至刚，塞乎天地'的'浩然之气'。"② 浩然之气不是纯生理的一股生命力，而是经过塑造向志升华后的生命力，是配义与道的生命力。

前文已言，"知言养气"章的核心在于集义，而浩然之气恰是由集义所塑造出来的。徐氏以为，集义"是积累着行的工夫"。道义即是生命中的一点种子，浩然之气则是种子在生理中的生长扩大，最后与整个

---

① 徐复观：《中国思想史论集》，《徐复观全集》第 3 册，第 175 页。
② 徐复观：《中国思想史论集》，《徐复观全集》第 3 册，第 178 页。

生理活动合而为一的一种生命的升华。徐氏在此秉承他一贯的消解形上学的理路，反对以思辨、推理、构造的方式去把握道义，认为这只是知性的一种向外漂的活动，与人的全部生命并不相干。西方的哲学家就是这种类型的典型代表，他们常常是知行不合一的。而要使道义的种子真能在人的生理活动中生根发芽、成长壮大，则必须使其种子透出去而成为"行的工夫"才可以。也只有通过具体的行动，才能使道义真正贯注到人的血肉之躯当中去，久而久之，则与人的生理活动融合在一起。此时，道义不仅是种子，亦是整个生命。而生命亦不仅是生理的，同样也是道义的。徐氏由此反思中西两种不同的哲思路向。"所以西方的哲学家是以知识系统来表现，而中国的儒家，则是以人格来表现，以生活行为来表现。"① 他认为，儒家的良心理性不仅仅具有精神的特性，"其本身即是一种形成的构造的力量。它落在行上，落在事上（必有事焉），则必要求有所成。成圣、成贤，是成，成己、成物，更是成。……儒家在历史上客观性的成就不够，乃是因为受了历史条件的限制，不应当把历史条件的限制，当作儒家道德理性自身的性格的限制"② 。儒家道德理性的精神本就是开创性的，它不但是一门成德之教，且开物成务，参赞天地之化育。徐氏着重阐述了儒家的这一道德理性（良心理性）：

> 儒家的良心理性，以集义而通向生命、成就生命，也以集义而通向社会，成就社会。停顿在观念上的东西，与生命不相干，也与社会不相涉。由观念而落实到集义之"事"，一面把志和气连接起来，同时也便将个人与社会连接起来。孤单的个人，无所谓事，事须人与人、人与物相接而始有。通向社会，便须对社会的事象，尤其是对社会生活发生推动作用的思想言论，须作是非的判断。有此判断，不仅不为社会事象动其心，且可进而对社会有所成就。所以在知言之下，便直落在政治利害上立论。这是集义落实下来的另一

---

① 徐复观：《中国思想史论集》，《徐复观全集》第 3 册，第 179 页。
② 徐复观：《中国思想史论集》，《徐复观全集》第 3 册，第 180 页。

面。……而知言则是由集义自然推扩出去的。①

徐复观特地用良心理性或道德理性以区别于西方的理性。理性（英文：reason）源于拉丁文 ratio 的受格 rationem，为假借义。ratio 源于动词 reor，原义为"计算"。现代西语"理性"一词大概有三个方面的意涵：一是指根据感官材料进行推理判断的能力；二是与"信仰""权威"相对待的用法，指力求充分证据、理由的独立思维或求知的方式；三是与"经验"相对待的用法，指用逻辑推导而非观察实验的方法获得知识的思维方式。② 由此可见，西方的理性多倾向于一种理智上的思辨、推理，所成就的多是知识一面。而儒家的良心理性则不然，它可说是具体而普遍的。说其具体，是指良心理性有着具体的内容，如仁义礼智，且以仁为本，在仁的基础上，层层展开其道德实践，这在孟子即是"亲亲而仁民，仁民而爱物"。说其普遍，是说此良心理性人人皆有，仁义礼智之心为人所本有，此即孟子所说的"仁义礼智，非由外铄我也，我固有之也"。可见，儒家良心理性成就的更多的是道德实践，而西方理性成就的更多的是一种知识体系。

除强调儒家的良心理性外，徐氏还指出，朱子对孟子此章的理解是不准确的。他不同意朱子以"知言"为此章的关键，他认为"集义"才是关键之所在。朱子的这种理解与其注重向外穷理的格致工夫有关。徐氏批评朱子把本是一层的孟子之心性析分为二，又认"性即理"，结果把"理"理解为一种外在的物事。这便与孟子的原意大异其趣。孟子主仁义内在，即是主张理（义）自内心而出，并非向外认取。据此，朱子主"知言"的工夫，而孟子则是"集义"工夫。由此不同，导致了宋儒与孟子在具体工夫上的差异。孟子以集义为工夫，其工夫是由内向外的；宋儒重涵养、省察的工夫，其工夫是从外向内收的。前者的工夫重实践，后者的工夫则重凝敛。这可说是儒家思想自身在发展过程中

---

① 徐复观：《中国思想史论集》，《徐复观全集》第 3 册，第 180—181 页。
② 参见唐逸《中国文化中的理性思维》，生活·读书·新知三联书店 1988 年版，第 2、3 页。

的一种演变。①

综上所述，徐复观对孟子"知言养气"章的诠释，注重比较各家工夫之差异，着重阐释孟子"集义"的工夫。惜其未对孟子"知言"作出更多的阐发，其思想重心仍在具体的工夫实践上。但是，孟子明确说："我知言，我善养吾浩然之气。"可见，"知言"之于工夫实践必不可少。

第三节　伦理与政治之间——徐复观对孟子伦理思想的政治哲学阐释

在徐复观看来，孟子的性善论为确立和谐、有序的政治秩序奠定了坚实的人性论基础，为儒家的德治与仁政提供了形上根据，同时也可作为现代民主政治的根据。孟子的仁义内在说对政治生活有重大影响。孟子的孝悌之道重视人格尊严，不但没有维护专制政治，反而与专制政治相对立。此外，孝悌之道及建基在其上的家庭还可促成进一层的个体与群体得到谐和的民主政治。

一　性善作为儒家政治哲学的人性论基础

先秦诸子既有自己的人性论，又有自己的政治哲学或政治理想。其中，儒家对人性的看法，比之墨、道、法三家而言，更全面也更有现实针对性，是先验与经验、理想与现实的统一。儒家对人性的深刻洞见也是其所主张的政治哲学与政治理想的人性论基础。孟子"道性善"，"言必称尧舜"。性善是以孔孟为代表的儒家对人性的总体看法。性善既是孟子伦理思想的基石，也是其整个政治哲学的人性论基础。对于孟子的性善论，徐复观给予了高度的评价。综合徐氏的相关说法，孟子的性善论或说儒家以性善为本的人性论在政治层面有如下三层意涵：其一，性善为确立和谐、有序的政治秩序奠定了坚实的人性论基础；其

---

①　参见徐复观《中国思想史论集》，《徐复观全集》第 3 册，第 181—182 页。

二，性善为儒家的德治与仁政提供了形上根据；其三，性善不仅是儒家德治的根据，同时也可作为现代民主政治的根据。

首先，性善为确立和谐、有序的政治秩序奠定了坚实的人性论基础。何以人性问题对政治如此至关重要呢？归根结底，政治是人的政治，离开了对人性的深刻洞察，是无法谈论政治的。对于古今中外的政治哲人来说，政治的最终目标即是构建一个稳定、和谐、有序、良善的政治与社会秩序，在此基础上实现人的自由而全面的发展，这既是政治的起点，也是其归宿。从这一意义上说，政治是一个广义的范畴，不限于治国、平天下，修身、齐家也可纳入其中。这也是亚里士多德所谓"人类在本性上，也正是一个政治动物"① 的本意。而人类存在最基本的情形就是人的社会性。"人天生就是社会的存在。他乃是这样构成的，除了与他人生活在一起，他就无法活下去或活得好。既然使人区别于动物的是理性或语言，而语言就是交流，那么人比之任何其它社会性的动物，都在更加彻底的意义上是社会性的；人性（humanity）本身就是社会性。"② 如此一来，人性问题之于建构理想的社会以至于政治共同体的重要性便不言而喻了。

那么问题来了，什么样的人性最能解释人类社会秩序的形成呢？换言之，什么样的人性最适宜构建一个理想的政治共同体呢？在徐氏看来，儒家对人性的解读无疑更适合于构建一个和谐、有序的政治共同体。他说："因为孟子实证了人性之善，实证了人格的尊严，同时即是建立了人与人的互相信赖的根据，亦即是提供了人类向前向上的发展以无穷希望的根据。"③ 性善是人类共有的人性根基，是人之为人的本真体现，它既从形上层面确立了平等的人格尊严，又为人与人以及人与群体间的互动关系奠定了坚实的伦理基础。在徐氏处，孟子是以心善言性善。因此，人的四端之心所体现的仁义礼智（简言之即仁）便是善性的具体内容。他说："孔孟由仁的无限的精神境界，以上透于天命的人

① ［古希腊］亚里士多德：《政治学》，吴寿彭译，商务印书馆 1965 年版，第 7 页。
② ［美］列奥·施特劳斯：《自然权利与历史》，彭刚译，生活·读书·新知三联书店 2006 年版，第 130 页。
③ 徐复观：《中国人性论史·先秦篇》，《徐复观全集》第 4 册，第 168 页。

性，这是人性的超越的一面。人性的超越性，实际即是人性对自我以外的人与物的含融性。不能超越自我，即不能含融人与物。"① 这种具超越性与含融性的人性，即是人之道德实践的根据，人人秉有此性，唯在能存养扩充之，苟能如此，则理想社会则不期而至，这才是孟子道性善的真意。

其次，性善为儒家的仁政或德治提供了形上根据。出于对人性的洞见，在道德层面，孟子提出了以仁义为本的修身原则；而落实到政治层面，则是要求为政者为政以德的德治和以民为本的仁政。近来有学者质疑儒家在道德层面与政治层面赋予了"仁"以不同的内涵，致使儒家在政治层面忽视了人的内在道德潜力，从而只诉诸政府的仁政，而仁政中的"仁"只意味着仁慈而已。② 这样的说法显然出于对儒家思想的误解，即混淆了儒家修己与治人的标准之不同。徐复观认为，儒家修己与治人的标准是不同的，两者不可混淆。"孔、孟乃至先秦儒家，在修己方面所提出的标准，亦即在学术上所立的标准，和在治人方面所提出的标准，亦即在政治上所立的标准，显然是不同的。修己的、学术上的标准，总是将自然生命不断地向德性上提，决不在自然生命上立足，决不在自然生命的要求上安设价值。治人的、政治上的标准，当然还是承认德性的标准，但这只是居于第二的地位，而必以人民的自然生命的要求居于第一的地位。治人的、政治上的价值，首先是安设在人民的自然生命的要求之上；其他价值，必附丽于此一价值而始有其价值。"③ 上述所谓学术上的标准即道德层面的标准。儒家赋予"仁"在道德层面与政治层面以不同的标准，恰恰是"仁"在现实层面的真正实现，否则奉行一个标准，即若以修己的标准去治人，有可能造成以道德教化杀人的悲剧。孟子虽然道性善，对人性持乐观态度，但他并非看不到人在现实层面的复杂性。就现实的政治层面而言，仍有大体与小体、大人与小人、士与民的区别。孟子说："无恒产而有恒心者，惟士为能。若民，

---

① 徐复观：《中国人性论史·先秦篇》，《徐复观全集》第4册，第235页。
② 参见张千帆《为了人的尊严——中国古典政治哲学批判与重构》，中国民主法制出版社2012年版，第82、87页。
③ 徐复观：《学术与政治之间》，《徐复观全集》第2册，第277—278页。

则无恒产，因无恒心。苟无恒心，放辟邪侈，无不为已。"（《梁惠王上》）不是孟子忽视了人的道德潜能，而是在现实层面实有士与民的差别。针对这种实际的差别，孟子不会天真地像现代学者一样高呼肯定每个人的道德尊严之类的空口号，而是务实地指出，对民而言应该养民先于教民，否则"此惟救死而恐不赡，奚暇治礼义哉？"（《梁惠王上》）对于民而言，只有在解决了基本的生计之后才能进一步谈礼义，在此基础上充分体现其道德潜能。

如果说性善是通向良性政治秩序的人性论基础，那么，仁政则是通向良性政治秩序的具体路径或原则。而仁政的内容不外两点，即养民与教民。如上所言，仁政以民为本，即以养民为先，在解决了老百姓"养生丧死"的问题后，下一步就是教民，即"谨庠序之教，申之以孝悌之义"（《梁惠王上》）。在此基础上充分发挥老百姓固有的仁义之性，这即是德治的原则。徐复观认为，孔子最早提倡德治，也是源于对人性的信赖，他虽未明说人性善，但实际认定人性善。德治首先是针对为政者，然后才是针对一般老百姓，并特别突出为政者的表率作用。这就是《大学》所说："所谓平天下在治其国者，上老老而民兴孝，上长长而民兴弟，上恤孤而民不倍，是以君子有絜矩之道也。"德治的原则即是充分肯定人的仁义之性，充分发挥人的仁义之性，因此，儒家的德治即是自治，这是德治的真谛。

最后，在徐氏看来，孟子的性善论不仅是德治与仁政的人性论基础，也是现代民主政治的人性论基础。"一切的极权政治，皆来自对人的不信任，而民主政治的真正根据，乃来自对人的信任。"[①] 在徐氏看来，孟子的性善论表现在政治层面，即是确定人民是政治的主体。孟子所主张的政治，实际是以人民为主的政治，而非一般人所认为的只是以人为本的政治。"他（指孟子，引者注）代表了在中国政治思想史中最高的民主政治的精神，只缺乏民主制度的构想。而他的政治思想，是与他的性善说有不可分的关系。在他所构想的政治生活中，乃是发出各人内心之善的互相扶助的社会；即是把个人与群体，通过内心的善性，而

---

① 徐复观：《中国思想史论集》，《徐复观全集》第 3 册，第 262 页。

不是仅靠强制的法律，以融合在一起的社会。在这种社会中，才能真正使自由与平等合二为一。"① 徐氏并且强调："当前民主政治从各方面所发生的危机，及在国际政治中所受的限制，须要在性善的共同自觉之下，以建立人与人的精神的纽带，才能加以解消、扩充，以开万世太平之盛。"② 在徐氏看来，孟子建立在性善基础上的政治思想已经确立了民主政治的精神，也只有建基在性善基础上的社会才能保障民主社会所要追求的自由与平等得以真正实现。何以故？因为以仁义为人性的性善论保障了人自由自主的道德自律权。反之，否定性善的性恶论或性无善无不善论则只会以仁义为外在，最后难免戕贼仁义，导致孟子所说的"率天下之人而祸仁义"的状况。因此，仁义的内外之辨关涉甚大。

二 仁义内外之辨的政治解读

孟子主性善，且以心善言性善，"仁义礼智，非由外铄我也，我固有之也，弗思耳矣"（《告子上》）。这即是认为人本有仁义之性，非由外取。与之相对，告子则主"生之谓性"，认为"性无善无不善"，义自外来。关于孟子与告子的争论，有关于性善及性无善恶之辨，有义内义外之辨，我们这里着重分析两人关于杞柳与桮棬之喻的辨析。因为在徐复观看来，杞柳与桮棬之辨不但关系到人的道德自律问题，而且可以由此影响到政治层面以至于人类的前途命运，见微知著，所关甚大，不可不辨。我们先引原文如下：

> 告子曰："性犹杞柳也，义犹桮棬也；以人性为仁义，犹以杞柳为桮棬。"孟子曰："子能顺杞柳之性而以为桮棬乎？将戕贼杞柳而后以为桮棬也？如将戕贼杞柳而以为桮棬，则亦将戕贼人以为仁义与？率天下之人而祸仁义者，必子之言夫！"（《告子上》）

这段话涉及三层关系，即杞柳与桮棬的关系，人性与仁义的关系，

① 徐复观：《中国人性论史·先秦篇》，《徐复观全集》第 4 册，第 168 页。
② 徐复观：《中国人性论史·先秦篇》，《徐复观全集》第 4 册，第 169 页。

以及两类关系的类比。孟子的意思其实很显白，即人性可以顺之以为仁义，而杞柳必待戕贼之以为桮桊，是故两类关系不能类比。赵岐、朱熹、焦循也都是这样理解的。① 焦循说："盖人性所以有仁义者，正以其能变通，异乎物之性也。……仁义由于能变通，人能变通，故性善，物不能变通，故性不善，岂可以草木之性比人之性？杞柳之性，必戕贼之以为桮桊；人之性，但顺之即为仁义。"② 对人而言，是顺人性而为仁义，"顺性"即"率性"。焦循的解读很能紧扣孟子的意涵。人之性善即以仁义为性，因仁义能变通，顺此本性即为仁义。而杞柳之性不善，因其不能变通，必待戕贼之以为桮桊。因此不能以人性为仁义比作以杞柳为桮桊。总之，孟子不满于告子的类比，认为只能顺乎人性以为仁义，不能戕贼人以为仁义。告子之所以有此类比，仍然是囿于其"生之谓性"的观点，而孟子极力批驳这种类比，也是出于其以仁义为性的性善论。后来的荀子其实也是迷于告子之说，不知仁义为人性（人之大体）之实，顺之以为礼义，却偏以耳目之官能及其所起之欲望为人性（人之小体），必逆之（化性起伪）以为礼义。所以他说："故工人斲木而成器，然则器生于工人之伪，非故生于人之性也。圣人积思虑，习伪故，以生礼义而起法度，然则礼义法度者，是生于圣人之伪，非故生于人之性也。"（《荀子·性恶》）果如是，则人性无仁义之实，而礼义都从外起，人便失却了道德自主的尊严。所以，徐复观认为荀子的人性论实与告子接近。徐氏就此批评荀子："他以求善来证明人性之本来是恶，但何尝不可以求善证明人性之本来是善？善恶的本身都是没有止境的，人不因其性恶而便不继续为恶，则岂有因性已经是善，便不再求为善之理？"③ 这即是说求善同样可以证明人性本来是善，求善正是率性而为。孟子以仁义为性，也并非说不需进一步为善了，而正是要把此仁义之性

① 赵岐说："子能顺完杞柳，不伤其性而成杯桊乎？将斧斤残贼之，乃可以为杯桊乎？必残贼也。"（清）焦循：《孟子正义》，第734页。朱熹也说："孟子与告子论杞柳处，大概只是言杞柳杯桊不可比性与仁义。杞柳必矫揉而为杯桊，性非矫揉而为仁义。"（宋）黎靖德编：《朱子语类》第4册，第1375页。

② （清）焦循：《孟子正义》，第734页。

③ 徐复观：《中国人性论史·先秦篇》，《徐复观全集》第4册，第216页。

推扩出去。所以孟子才有一番存养扩充、集义养气等工夫，正是要人能顺承此仁义之性。

总之，为仁为义应该是顺性或率性而为，应该是道德自律的结果，而不能如以杞柳为桮棬那样是戕贼的结果，否则便难以保障人的道德尊严。徐复观说："顺人性之善以为仁义，这是顺人的自由意志以为仁义，这是人的自由的发挥。靠外在强制之力以为仁义，则只有以人类的自由意志作牺牲。"① 在徐氏看来，戕贼人性以为仁义或说靠外在力量以为仁义只能导致两种不良的后果。"一是为了保持自由而不谈仁义，这是许多道家的态度，也是西方文化二十世纪的主要趋向。另一则是牺牲自由而戕贼人以为仁义。"② 就前一后果而言，徐氏认为告子"性犹杞柳，义犹桮棬"的说法正可看出其说与道家为近，即轻仁义乃至以仁义为贼人之性。这也源于其"生之谓性"的观点，而这一观点也与杨朱"重生""贵己"的说法相通。孟子辟杨朱为"无君"，显然不赞成道家这种贵己、自由放任的主张，因此极力道性善，以仁义为内在，称扬尧舜孝悌之道，志在一个守望相助的理想社会。就后一后果而言，若仁义都由外出，则仁义可以被人任意捏造，最后难免成为牺牲大众自由的手段与幌子，一切专制集团如近代的法西斯都是如此。徐复观不无忧虑地说："因戕贼人以为仁义，致使天下之人讳言仁义，反对仁义，这正是孟子所说的'率天下之人而祸仁义'。"③ 因此，孟子仁义内在之说绝非仅仅关涉人的道德自律问题，实际也是一个重大的政治论题，不可轻忽。

三　孝悌之道的政治意蕴

"五四"时期，新文化运动的代表人物如陈独秀、吴虞等人对中国传统孝道进行了激烈的批判，批判其压制个体权利、助长专制统治、以及贬损人格尊严等。然而，徐复观对孝道的理解则与上述说法恰恰相

---

① 徐复观：《中国人性论史·先秦篇》，《徐复观全集》第 4 册，第 177 页。
② 徐复观：《中国人性论史·先秦篇》，《徐复观全集》第 4 册，第 177 页。
③ 徐复观：《中国人性论史·先秦篇》，《徐复观全集》第 4 册，第 178 页。

反。他说："它（指孝道，引者注）在消极方面，限制并隔离了专制政治的毒素，成为中华民族所以能一直延续保存下来的最基本的力量；在积极方面，可能在政治上为人类启示出一条新的道路，也即是最合理的民主政治的道路。"① 在徐氏看来，孔孟强调的孝悌之道不但没有贬损人格尊严，恰恰重视人格尊严；不但没有维护专制统治，反而与专制政治相对立；孝悌之道及建基在其上的家庭可促成进一层的个体与群体得到谐和的民主政治。

首先，孔孟的孝道皆以人的内在仁德为本，重视道德自觉，突出人格尊严。在徐氏看来，孔子承传周代的传统的孝，不但把它落实为人的行为规范，内化为人的天性之爱，而且把它通向人生最高原理的仁上面，使其成为"为仁之本"。从而使孝成为儒家道德实践中最基本的德行。至孟子则把孝扩大为德性的最高表现，以孝来贯通全部德性，以此突出人的德性的至上与自足，从而显露出人格的无限尊严。此外，孟子还特别强调孝悌和仁义礼乐的合一，由此突出孝悌后面的全部道德理性的自觉，以道德自觉贯通一切，完成一个道德的人格世界。以上所述丝毫看不出孝道有贬损人格尊严的意味，相反，恰是对道德价值与人格尊严的重视。

其次，徐复观不满乃师熊十力把孟子乃至曾子、子思说成是孝治派，从而是专制主义的维护者的说法。② 在徐氏看来，孟子虽推崇孝悌，但也主张推恩，要求由仁心而仁政，因此只能说其是仁治派，而不能说其是孝治派。至于曾子、子思也说不上是孝治派。徐氏并指出，一直到荀子为止，先秦儒家中没有孝治思想。在先秦儒家，一致采取"抑君"而非"尊君"的原则。在徐氏处，孝道不但不会助长专制，反而对专制政治形成了一种制衡。而起到制衡作用的正是以孝道为核心的家

---

① 徐复观：《中国思想史论集》，《徐复观全集》第 3 册，第 199 页。

② 徐复观说："近来我又看到在为我平生所最崇敬，而对于中国文化有最高热情和甚深研究的一位老先生的著作里，说孟子是孝治派，因而是专制政治的维护者，一笔抹煞他在中国思想史中的地位。"徐复观：《中国思想史论集》，《徐复观全集》第 3 册，第 183 页。徐氏为尊者讳，并未指出这位老先生的名字，但他这里显然指的是熊十力。熊十力说："曾、孟之孝治论，本非出于六经，而实曾门之说，不幸采用于汉，流弊久长，极可叹也。""孟子富于宗法社会思想，故为拥护帝制者所取也。"《熊十力全集》第六卷，第 390 页。

庭。家庭是人存在于世的第一个生活场域，也是最原初的一种社会组织。孔子说："《书》云：'孝乎惟孝，友于兄弟，施于有政。'是亦为政。"（《论语·为政》）在徐氏看来，孔子的话正面承认了家的价值，代表了对家的自觉，促醒士庶人通过构建自己的家庭来获取自己的生活需要，建立自己的生活基点，在一定程度上减轻了对政治的依附。并且，在先秦时期，家庭中的父子之伦大于庙堂之上的君臣之伦，所以郭店楚简《六德》篇云："为父绝君，不为君绝父。"① 楚简《语丛三》也论述了父子之道与君臣之道的区别，主张孝道重于君臣之道。"所以异于父，君臣不相戴也，则可已；不悦，可去也；不义而加诸己，弗受也。"② 君臣关系不合，可以不再以君臣相待。臣不悦君，可以选择离去，君以不义加于臣，臣可以拒而不受。这在一定程度上制约了政治的专制倾向，从而使家庭成为专制政治的边界。不过，自秦汉以降，出于王权政治的需要，君臣之伦有重于父子之伦的趋势，忠孝之间更为强调忠的一面。在此，忠孝间的冲突就显得格外突出。但即便如此，家庭所固有的伦常仍有其不可逾越的神圣性，不能被政治、法律等制度层面践踏，以免其受专制的侵害。《论语》中"亲亲互隐"以及《孟子》中舜"窃负而逃"的故事就鲜明地说明了这一点。而古代法律中的容隐制度等也是对家庭伦常的保护，使其免受来自政治、法律等制度层面的侵袭。这都可以见出孝悌之道及家庭、家族与专制政治的区别与对立。徐复观说："就中国的历史说，家庭及由家庭扩大的宗族，它尽到了一部分自治体的责任，因此，它才是独裁专制的真正敌人。"③ 他认为中华民族之所以历经几千年而不衰亡，正是由于家庭当中的这一孝悌精神，而这也是中国家庭不同于其他民族家庭的地方。

至于孝悌之道顺乎人情自然，又有先秦儒家的倡导，为何中国历史上没有出现孟子所期待的"天下平"的局面，徐复观认为，这是因为没有实行仁政所致。孟子说："尧舜之道，不以仁政，不能平治天下。"

---

① 李零：《郭店楚简校读记》，第 171 页。
② 李零：《郭店楚简校读记》，第 192 页。
③ 徐复观：《中国思想史论集》，《徐复观全集》第 3 册，第 202—203 页。

（《离娄上》）孝悌之道一定要配以具体的仁政措施才能推致天下，达至天下平。而仁政的原则无外乎养民、教民，以民为本。徐复观感叹，中国先秦之后的专制政治与社会恶势力相互勾结压制人们这种自然的"孝悌之道"，这正可见出以爱为中心的家庭总是与专制势力处于对峙的地位。

最后，在徐氏看来，孝悌之道及建基在其上的家庭可促成进一层的个体与群体得到谐和的民主政治。孟子的孝悌思想在政治上有着重大的启示意义。徐氏认为，人类的灾难，就政治与社会层面而言，就是个体与全体之间不能形成一种谐和的关系。他总结西方文明的发展历程，发现要么是全体观念压倒个体观念，要么是个体观念压倒全体观念，人类的命运似乎总在两个极端当中摇摆。第二次世界大战就是这两种观念尖锐对立化的结果。而人类要想免于战争的毁灭，唯有从观念与制度上在个体与全体之间得到一种谐和。而孟子"亲其亲、长其长，而天下平"的理念给我们解决这一问题提供了一个新的构想。在徐氏看来，孟子当时极力"辟杨墨"，就是因为杨朱、墨子学派代表了两个极端。"'杨朱、墨翟之言盈天下'，用现在的语句来说，即是当时充满了个人主义与全体主义的思想。"[1] 而孟子的批评是"杨氏为我，是无君也；墨氏兼爱，是无父也。无父无君，是禽兽也"（《滕文公下》）。在徐氏处，"君"是政治组织的象征，"父"是家庭组织的象征，而家庭也是伦理实践的起点。孟子之所以辟杨朱，就是因为杨朱代表极端的个人主义，它否定了人类共同过政治生活的可能性，难免流于无政府主义或虚无主义。之所以辟墨子，则是因为墨子代表了极端的全体主义，其"爱无差等"的主张否定了以爱为中心的伦理组织的基点，也即是否定了每个人的生活基点——家庭。而"尚同"的主张也会削弱每个个体的自由，这便有流于极权主义的危险。在徐氏看来，人总是生活在个体与全体之间，要想在个体与全体之间创建一种谐和的关系，就要能把握两者间的连接点，而家庭正好可以充当这一连接点的角色。家庭是以爱为精神纽带的伦理组织，社会通过这种以爱为纽带的家庭或家族组织，公与私、

---

[1] 徐复观：《中国思想史论集》，《徐复观全集》第 3 册，第 205 页。

权利与义务、个体与全体就能得到自然而然的融合谐和，从而解决杨、墨的个体主义与全体主义所带来的问题。"政治上只要顺乎这种自然，让每一个人都能有一个以爱为中心的家，都能过一种以爱为中心的家庭生活；社会是由许多以爱为基点的合情合理的家庭连接起来的，使每一个人都能在家庭中养其生、遂其性；人民的问题、社会的问题，便由人民、社会在爱的鼓舞抚慰中自己解决了。"① 孟子说："人之所不学而能者，其良能也；所不虑而知者，其良知也。孩提之童，无不知爱其亲者，及其长也，无不知敬其兄也。亲亲，仁也；敬长，义也；无他，达之天下也。"（《尽心上》）在孟子处，人皆有仁义之性，皆有爱亲敬长的良知良能，人人能亲其亲、长其长，善推恩，自然达致天下太平，此所以孟子盛赞尧舜孝悌之道。因此，徐复观非常赞赏孟子这一介乎个体主义与全体主义之间的"中庸"之道。

一般认为，近代的民主政治立基于独立的个体主义及其权利意识之上。与此不同，徐复观则认为，近代的民主政治的建立并非立基于孤立的个人之上，而是承认个人价值，并有赖于许多对中央政府保有半独立性的社会团体。在这一层面，中国的家庭及其家族则充当了类似的角色。家不仅仅是一个自然血缘的联合体，它还是一个自足的自治组织，人在家庭及由家庭组合而成的家族中不但能得到生活的安顿，还能得到精神的安顿。因此，在徐氏看来，家庭及其所体现的孝悌之道不仅是传统政治社会赖以存在的基础，还可以为现代民主政治的构建提供伦理支撑，由此促成进一层的个体与群体得到谐和的政治。

综上，政治哲学从某种意义上看就是政治伦理学，或曰政治的形上学。政治应被纳入伦理的范畴，这样任何形式的政治共同体自身才能有价值追求与更高的德性要求。由此形成的政治共同体才不但是有序的，而且是和谐的。而脱离伦理来单纯地谈论政治只会滑入前文所谓个体主义与全体主义的深渊。因此，建构稳定、和谐的政治社会生活不能脱离伦理要求。而这其实也是中国古代政治哲学中的应有之义。此正如王国维所言：

---

① 徐复观：《中国思想史论集》，《徐复观全集》第 3 册，第 207 页。

古之所谓国家者，非徒政治之枢机，亦道德之枢机也。使天子、诸侯、大夫、士各奉其制度、典礼，以亲亲、尊尊、贤贤，明男女之别于上，而民风化于下，此之谓治。反是，则谓之乱。是故天子、诸侯、卿、大夫、士者，民之表也；制度、典礼者，道德之器也。周人为政之精髓，实存于此。①

因此，儒家所谓"礼治"，在社会、政治中的表现，就不仅具有现代法治的精神，而同时还多了一层更为严格的道德要求。② 这一道德要求表现在当下就是一种职业伦理。良性的社会秩序、政治秩序除了健全的法制外，还有需要作为社会主体的公民以及政府主体的各级官员得以遵守的职业伦理。冯象说："但凡职业伦理，都是在法律之上更为严格的一套准则。因为这个，人才会敬业，并表现为道德尊严。用以衡量政府官员及其行使的公权力，职业伦理便转化为政治伦理。"而"道德尊严，正是一切职业伦理与政治伦理的根基。"③ 由此反观徐复观对孟子伦理的政治阐释，才知道孟子的性善论、孟子所倡的"由仁义行"的道德自律，以及顺人情之自然的孝悌之道，对于一个政治共同体的重要性。而这种建基在伦理层面上的政治哲学可以称为古典政治哲学。在施特劳斯笔下，古典政治哲学关注的不是政治生活中的具体权力与权利，而是要实现"从政治生活走向哲学生活"（from the political life to the philosophic life）。④ 强调对善的追求和对美德的培养，这也是传统儒家所看重的。从伦理与政治的关系视角来看，我们或许会更容易理解孟子以至于整个儒家何以如此重视德性问题了。

---

① 王国维：《殷周制度论》，《观堂集林》，河北教育出版社 2003 年版，第 242 页。
② 徐复观认为，儒家在政治上所说的"礼"都是法治。参见徐复观《中国思想史论集》，《徐复观全集》第 3 册，第 164 页。准确来说，应该是，儒家在政治上所说的"礼"包含现代的法治精神，但又不局限于此，因为"礼"还有更高的道德要求。
③ 黄晓峰：《冯象谈公权力和职业伦理》，《东方早报》2009 年 12 月 13 日"访谈"版。
④ ［美］列奥·施特劳斯：《自然权利与历史》，导言第 81 页。

第七章　诠释与方法——现代新儒家经典诠释之方法论探析

前面六章，我们已经对现代新儒家中的六位代表人物的孟子学逐一进行了梳理与分析，本章我们从整体上总结他们的诠释方法。黄俊杰曾提出孟学诠释史中所见的三个一般性的方法论问题：（1）诠释者的历史性；（2）问题意识的自主性；（3）诠释的循环性。① 诠释者的历史性并不仅仅意味着诠释者所处时空的"历史性"，而且还意味着表述真理的"历史性"，哈耶克对此有很好的论述：

> 旧有的真理若要保有对人之心智的支配，就必须根据当下的语言和概念予以重述。人们在过去对旧真理所做的最为有效的表述，已日渐失用，因而也就不再含有明确的意义。尽管这些旧真理赖以为基础的理念（ideas）之确当性一如往昔，但其语词（甚至当它们指涉的依旧是我们在当下所面临的问题时）却已不再传递其往昔的信念；其论辩的情境也已不为我们所知悉；而且它们对我们所面临的问题亦几乎无力做出直接的回答。②

由此可知，若要保持真理或义理的有效性，在新的历史情境下，就不得不通过新的观念予以新的诠释，并且还要能直面当下的问题并作出回答。现代新儒家对孟子的现代诠释便是力图把孟子思想以现代人所能

---

① 参见黄俊杰《中国孟学诠释史论》，第56页。
② ［英］哈耶克：《自由秩序原理》，邓正来译，生活·读书·新知三联书店1997年版，第1—2页。

理解与接受的方式表述出来，使其义理重现于我们生活的当下，恢复其
原有的生命力，从而能继续指导我们当下的生活实践。这里便牵涉到一
个问题，即诠释的客观性问题。"诠释者的历史性"与"诠释的循环
性"是否会影响我们对经典本身原意的理解，或者说，经典本身是否存
在着所谓客观性的理解。我们认为，经典本身有其客观性，但这种客观
性不必局限于对文本的具体解读，而是指文本所体现的一种常道或曰原
则。我们可以根据"诠释者的历史性"与"诠释的循环性"对文本作
出开放性的新的解读，所以有"《诗》无达诂，《易》无达占，《春秋》
无达辞"① 之说。但这种解读不能偏离经典文本所体现的常道或曰原
则。新的诠释应该总是围绕着这一常道或曰原则来展开。现代新儒家的
孟子学也是遵循这一原则展开的，他们总是能扣紧孟子"仁义内在"
"性善""仁政"等诸"常道"来展开对孟子思想的具体诠释。

　　现代新儒家的孟子诠释有着各自的方法论取向，由此呈现出不同的
诠释面貌。但他们对中国先秦儒家经典的解读在方法论上又呈现出一致
性。他们的经典诠释方法也与西方诠释学中的相关说法有暗合之处。因
此，我们有必要深入总结他们在儒家经典诠释层面的不同路向，为今后
儒家经典诠释学的建构积累更多的方法论层面的思考。

第一节　现代新儒家经典诠释之方法论比较——以唐君毅、牟宗三、徐复观为中心

　　在前文所述现代新儒家的六位代表性人物中，系统且集中探讨过孟
子思想的只有唐君毅、牟宗三、徐复观。因此，这一节我们单独选取他
们，结合其各自的孟子学，探讨他们的经典诠释方法，从中抽绎其一般
性的诠释方法与诠释规律。

一　即哲学史以论哲学——唐君毅的经典诠释进路

　　唐君毅的孟子诠释与其研治中国哲学的方法与态度息息相关。唐君

---

① 苏舆：《春秋繁露义证》，第95页。

毅总结了历史上三种治学的方法或态度。其一为哲学家自为宗主的态度，这是一种"六经注我"式的治学态度。这种方式长于自道其所见之义理，然短于不能如实见及他人义理之实。其二为兼宗教性之崇信的历史考证的态度。这种方式能以恭敬心探究古圣先贤之微言大义，发挥前言往行之无穷意蕴。然其不足在将所见及的所有义理，皆归于其所崇信的圣贤，而不能如实考诸先贤所示义理之实。其三为纯"历史主义"的态度。这种观点以为任何哲学思想皆是某一时代社会文化的产物，其中并没有普遍永恒的义理存在。而这是唐氏所断不能接受的。在他看来，世间自有流行不息于人心，而亦万古常新的义理存在。古圣先贤所陈的义理自有普遍永恒之价值，足为万世之准则。①

　　对上述三种治学之态度或方法，唐氏皆不取。唐氏治中国哲学的方式可谓自成一家，其论中国哲学的方式即是"即哲学史以言哲学，或本哲学以言哲学史之方式也"②。他说："吾今之所谓即哲学史以为哲学之态度，要在兼本吾人之仁义礼智之心，以论述昔贤之学。古人往矣，以吾人之心思，遥通古人之心思，而会得其义理，更为之说，以示后人，仁也。必考其遗言，求其训诂，循其本义而评论之，不可无据而妄臆，智也。古人之言，非仅一端，而各有所当，今果能就其所当之义，为之分疏条列，以使之各得其位，义也。义理自在天壤，唯贤者能识其大。尊贤崇圣，不敢以慢易之心，低视其言，礼也。吾人今果能兼本此仁义礼智之心，以观古人之言，而论述之，则情志与理智俱到，而悟解自别。今若更观此所悟解者之聚合于吾人之一心，而各当其位，则不同历史时代之贤哲，所陈之不同义理，果皆真实不虚，即未尝不宛然有知，而如相与揖让于吾人之此心之中，得见其有并行不悖，以融和于一义理之世界者焉。斯可即哲学义理之流行于历史之世代中，以见其超越于任何特定之历史世代之永恒普遍之哲学意义矣。"③可见，唐氏之治中国哲学，乃以仁义礼智之心求遥契于古人之心。使古人之幽思得以在现代

---

① 参见唐君毅《中国哲学原论·原性篇》，《唐君毅全集》第十八卷，自序第4—7页。
② 唐君毅：《中国哲学原论·原性篇》，《唐君毅全集》第十八卷，自序第4页。
③ 唐君毅：《中国哲学原论·原性篇》，《唐君毅全集》第十八卷，自序第6—7页。

开显、弘扬，惠泽后人，仁之所在也。以科学方面考得古人义理之实，智之所在也。古人之义理各有其端绪，使其条列得当，义之所在也。以恭敬之心面对古人，礼之所在也。依此仁义礼智之心研治中国哲学，庶几可得古人之用心所在。

然中国哲学不同于西方哲学，中国古代哲人其言多警示语句，其说不似西哲严整而有系统，故不易得其实。所谓识其大者得其大，识其小者得其小。在唐氏的孟子诠释中，其论有与孟子之意相合而立于同一端绪者，亦有属于唐氏自己哲学之阐发而发挥孟子之本意者。如唐氏以性情心解孟子之心，正与孟子以四端论心相合。其论孟子之心之纯一亦合于孟子本人之意。其对孟子性命的诠释亦很好地发挥了孟子之本意，使其所含之意蕴得以示现于今人。然唐氏所论亦有借孟子以发挥自己哲学之处。由此可知，唐氏虽"即哲学史以言哲学，或本哲学以言哲学史"，然仍不免以己之哲学思想诠释先贤哲学。是故有学者称："研究中国哲学史是唐君毅的治学中介，构筑自己的哲学体系才是唐君毅的终极旨归；换言之，哲学史家是唐君毅的外在表象，哲学家才是唐君毅的内在本色，这是唐君毅思想和学术的两个向度、两个层面。"[①] 此论虽然有些绝对，但可见唐氏的中国哲学诠释仍不免会打上自己哲学的烙印。平心而论，哲学思想之创发就应在先哲思想的基础上有所推进，而不应仅仅复述古人。但能真得古人之意蕴已属难能，遑论推进？故此我们的中国哲学诠释首先要做好"照着讲"，然后再做好"接着讲"。但"接着讲"不宜完全成为"六经注我"式的哲学创造，而一定要在所要诠释的古人义理之间架内有所推进、发挥。你尽可以创建自己的哲学，但要作经典诠释就要有一定的轨范，不能任意发挥。

唐氏不但即哲学史以论哲学，诠释经典文本，还通过中西哲学比较以突出中国哲学之胜义。在他看来，"中国哲学中之义理，实丰富而多端，自合成一独立而自足之义理世界，亦未尝不可旁通于殊方异域之哲

---

① 彭华：《唐君毅的中国哲学史研究——关于方法论的讨论与比较》，载何仁富主编《唐学论衡——唐君毅先生的生命与学问》（下册），中国文史出版社 2005 年版，第 66—67 页。

人之所思，以具其普遍而永恒之价值"①。唐氏深谙中西文化及哲学之异同，他早年即研习西方哲学，尤心契于黑格尔哲学，其心灵九境的哲学架构尤类于黑格尔的哲学体系。对于其所熟识的西方哲学，唐氏很关注其中的人生哲学及伦理学，且能就彼说与中国哲学相对勘、比较，以见各自学说之优劣长短。唐氏说：

> 　　就整个西洋之人生哲学伦理学著述看来，总是表现向上祈求、向前向往、向外追求捕捉之态度。西洋哲人，仰视霄汉，赞彼天光，企而望之，俯而承之，其欲超离凡俗，以达灵境者，恒须先辟除榛莽，用层层上升之思路，以开拓其心灵，提升其境界。故西方式辩证法，实为昭示人生发展之历程之必需工具。柏拉图所谓辩证法使人打开灵魂之眼向上望，已一语道出后之西洋理想主义哲人，重视辩证法之秘。……然我乃东方人，根本缺乏西方人上界下界互相对峙之原始意识。我们对西方人上界下界之先划分而求合之态度，可根本不采取。西方式辩证法，唯可用于自下至上发展之历程，此历程一停止，其辩证法即用不上。故西方式辩证法与向上追求之人生态度为缘。西洋人向上追求之精神，至宗教上之天国信仰而平衡止息。然中国人无西方式之天国之信仰，则永远向上追求之人生态度，终使人坠入空虚，必当求内有所止。既内有所止，则西方式辩证法可用亦可不用也。②

　　西方哲学表现为一种对现实世界的超越，表现为一种向外、向上之冲力。就其超离凡俗、祈望高远，开拓人之心灵境界而言，其说自有其恒远之价值。然正因西方哲学过于重视哲学思辨，过于追求外在知识的建构，是以其文化缺少生命的情调，缺少生生之机。西洋哲人向外把捉的心思太重，故其心灵恒不得安稳，不能如中国哲人之沉潜内敛。是以唐氏对西洋哲人之精神虽心爱之，而不能顶礼膜拜之。唐氏由最初亲近

---

① 唐君毅：《中国哲学原论·原性篇》，《唐君毅全集》第十八卷，自序第 1 页。
② 唐君毅：《人生之体验》，《唐君毅全集》第三卷，第 13—14 页。

西方哲学，而后则通过西方哲学而领悟到东方哲学之殊胜，最后归宗于孔孟儒学：

> 孔子元气浑然，一片天机。孟子则浩气流行，刚健光辉；其所为言，皆截断众流，壁立千仞，直心而发，绝无假借。其性善之义，仁义内在之说，发明孔子之微意，从此为中国人生哲学，立下不拔根基。人皆可以为尧舜，而人格之无上之尊严与高卓，于焉建立。尽性即知天，而万物皆备于我，上下与天地同流，彻上彻下，通内通外，西洋哲学中内界外界、上界下界之分，皆成戏论。性具四端，人皆有之，推扩充达，念念皆分内事，止于自己之内，而祈望向往，无所归宿之空虚之感，无自而生。孟子之功伟矣。①

上述寥寥数语即已概括孟子学之大要，亦可见唐氏对孟子学的重视。而在其孟子诠释中，亦不时引西方哲学相关学说而凸显孟子所陈义理之独特价值与其无穷意蕴。

二　从中西哲学之会通看牟宗三的经典诠释

牟宗三的经典诠释，既注重文本的梳理与诠释，又注重中西哲学思想的比较与会通，而尤其重视后者，这也是其孟子学的特色所在。我们这里便重点讨论牟宗三所作的这种比较、会通的工作——即以康德哲学诠释孟子，复以孟子思想提撕康德哲学的研究。牟氏所作的中西哲学的比较、会通，既是一种专家层面的基础研究，更是一种哲学层面的义理发明，两者是相互依存的。牟氏以康德哲学诠释孟子，既可以使孟子思想得以哲学式的开显，亦可以通过孟子思想提撕康德哲学，使其调适而上遂，在义理上有新的推进与创发。

中西哲学比较的可行性何在呢？这是必须首先考虑的问题。关于此，牟宗三通过哲学的普遍性与特殊性来解决中西哲学比较的可行性问题。牟宗三认为存在着两种普遍性的真理，即科学真理与哲学真理。科

---

① 唐君毅：《人生之体验》，《唐君毅全集》第三卷，第15—16页。

学真理与从事科学的主体无关，它自身具有客观性。因此，科学就是科学，从没有人会说中国的科学与西方的科学。数学真理就属于科学真理，"2+2＝4"是不论哪国的人都必须承认的，而哲学真理则不同。哲学真理与从事哲学活动的主体相关。哲学真理即有普遍性又有特殊性。就从哲学中所表现的真理或观念而言，它有普遍性；就表现这一真理或观念的主体而言，则具有特殊性。这种特殊性即可指代一个民族群体（nationality），也可指代一个特殊的个人（individual）。牟宗三举"仁"为例，"仁"之观念对一切有理性、有良知的人都是有效的，这就跨越了国界与个体有其普遍性，且这是一种康德哲学意义下的严格的普遍性，而非归纳的普遍性，"仁"在这里相当于康德道德哲学视域下的实践理性或自由意志。"仁"虽是一普遍真理、一普遍性的观念，但它必要通过具体的生命始能表现。因为"仁"不是一认识论意义上的抽象性的概念，与"2+2＝4"的数学真理不同。比如，刚性的人与柔性的人表现"仁"就不一样。孟子表现"仁"与孔子表现"仁"也不同。在不同的情境下，"仁"的表现也各不相同。如对父母表现为孝，对兄弟表现为友爱等。同一种普遍性的哲学真理，从中华民族表现出来与从希腊等民族表现出来，也会有所不同。由哲学真理的普遍性，我们可以言中西哲学的会通。由其特殊性，我们可以言中国哲学与西方哲学的不同。这样，中国与西方可以在哲学上保持其本有的特色。故哲学真理之普遍性与特殊性可并行不悖，由此可言哲学之会通。[①]

　　牟宗三的经典诠释即建立在这种中西哲学会通的基础之上，具体而言，即援引西方的康德哲学来诠释儒学尤其是孟子学。刘笑敢把近代这种自觉以西方哲学的概念和术语来研究、诠释中国哲学的方法，称为"反向格义"，以与"格义"相对。[②] 在中外文化、哲学交流的过程中，早期的"格义"主要体现在用中土固有的概念与思想来解释外来佛教的义理。在梁慧皎所撰的《高僧传》中，有说道："法雅，河间人，凝

---

　　① 上述关于两种真理的详述参见牟宗三《中西哲学之会通十四讲》，上海古籍出版社2007年版，第1—8页。
　　② 参见刘笑敢《"反向格义"与中国哲学研究的困境》，《南京大学学报》（哲学·人文科学·社会科学）2006年第2期。

正有器度，少善外学，长通佛义，衣冠士子，咸附谘禀。时依门徒，并世典有功，未善佛理。雅乃与康法朗等，以经中事数，拟配外书，为生解之例，谓之格义"①。"经中事数"指的是一些佛家名相，"外书"则是指中国固有典籍。"以经中事数拟配外书"正是格义的表现。如果说传统"格义"指的是用本土文化传统来理解和解释外来文化的话，那么相反，"反向格义"即是以外来文化资源来理解和解释本土文化传统。但正如有学者所示，这样理解的"反向格义"，并不只是 20 世纪以来现代中国才有的现象。早在宋明儒学的传统中，儒家学者援引佛老观念诠释和发明儒家思想的现象就已经很普遍了。②

　　20 世纪初以来，中国哲学作为一门新兴学科，其诞生、发展的过程自然离不开西方哲学这一参照系。在近代中西文化、哲学的发展交流过程中，存在着各种各样的格义与反向格义，但所谓的反向格义更占主流，即通过西方哲学的概念、理路来诠释中国哲学。其中，胡适、冯友兰、金岳霖等便是其中的代表性人物。胡适虽受了美国实用主义的熏陶，但在他写的《中国哲学史大纲》中，思想仍是中国的，其所借鉴的只是西方一些文本研究的方法，而不是其思想实质。③ 冯友兰的《中国哲学史》，则多以西方新实在论来解读中国哲学，这即是一种反向格义，但这种反向格义不一定合适。因为中国哲学的精神，尤其是冯氏所重点解读的宋明理学的精神，与新实在论是对接不上的，两方之"义"难以互通。金岳霖用西方的逻辑构架来诠释中国的"道"，建立了一个关于"道"的哲学体系，成书为《论道》，用他的话说这是"旧瓶装新酒"，这也是一种反向格义。金岳霖论道的精神虽是中国的，但是那种西方式的逻辑讲法实在不适用于讲中国哲学。此外，西方哲学中的分析

① （梁）释慧皎：《高僧传》，中华书局 1992 年版，第 152 页。
② 对于儒家学者而言，佛教自然是外来的文化，道家道教于他们而言也是一种外在的文化。参见彭国翔《中国哲学研究方法论的再反思——"援西入中"及其两种模式》，《南京大学学报》（哲学·人文科学·社会科学）2007 年第 4 期。
③ 余英时说："我认为《中国哲学史大纲》所具备的革命性意义其实在两方面：一部分是它本身在内容上是属于中国的，可是形式和概念上却是取自西方的，这个'典范'一直到后来也未曾被推翻。"余英时：《文史传统与文化重建》，生活·读书·新知三联书店 2004 年版，第 417—418 页。

哲学、现象学、语言哲学、结构主义、宗教哲学等都可构成对中国哲学的反向格义，但能否用以上哲学思想对接中国哲学、施用反向格义，则是需要拣别的。上面提到的反向格义的例子之所以在我们看来不合适，便是未能做到很好的拣别，未能准确把握两方之"义"之能否会通。所格之义能会通，有共同的旨归，无论是格义还是反向格义，都能收到道理愈发明朗的效果。因此，与其用格义或反向格义的说法，不如用"义理之会通"的说法更为明了。关于义理之会通，徐梵澄称之为"义理之互证"。他在《玄理参同》序中说："然求世界大同，必先有学术之会通；学术之会通，在于义理之互证。在义理上既得契合，在思想上乃可和谐。不妨其为异，不碍其为同，万类攸归，'多'通于'一'。"① 而要做到义理之会通，则需要哲学上的洞见。

我们认为，在中西哲学"义理之会通"方面，牟宗三就做得很好。他的几本大作便是明证，如《现象与物自身》《智的直觉与中国哲学》《中西哲学之会通十四讲》等。即便是他研究宋明理学的代表作《心体与性体》与《从陆象山到刘蕺山》，也是建基在中西哲学会通基础上的典范之作。在牟宗三的中西哲学比较视野下，格义与反向格义已没有明显的界限，格义与反向格义之说也已不适用于他的比较研究了。因为，牟宗三所作的不仅仅是一种中西哲学的比较，更是一种哲学上的会通，一种哲学上的创发，中西哲学已然成为他哲学研究上可资利用的一种思想资源。牟氏这项工作之所以做得很成功，就是因为他看到了康德哲学与儒家思想有着共同的哲学旨趣，两者间的义理是可以互通的。而这与牟氏哲学上的洞见是分不开的。

中西哲学比较及其会通对中国文化生命自身的发展具有不可替代的作用。牟宗三认为，未来中国的文化是一个大综合。这个大综合的兴起有其历史运会上的必然性，中华民族就要担当这个必然性。那么这个大综合具体指什么呢？这便需要我们能悟入中国文化生命的命脉，一步步地契入文化生命的命脉。在牟宗三看来，中国文化生命的命脉可分为如下几个阶段，先秦时期孔孟的生命智慧，魏晋玄学系统中的道家智慧，

---

① 徐梵澄：《玄理参同》，崇文书局 2017 年版，第 8—9 页。

至南北朝、隋唐接受佛教，则是文化生命之歧出。至宋明理学又透出我们自家文化生命的智慧。而今到了现代，自然就须与西方文化相结合，成为一个大综合。牟宗三说："我们要求一个大综合，是根据自己的文化生命的命脉来一个大综合，是要跟西方希腊传统所开出的科学、哲学，以及西方由各种因缘而开出的民主政治来一个大结合。"① 而与西方哲学的结合便显得尤为重要，因为哲学乃是文化的核心，因此与西方文化结合的关键在于与西方哲学的融会贯通。由此可以看出中西哲学比较及其会通的重要性。

通过中西哲学比较及其会通，我们不但可以继续创发我们自己的文化生命，同时还可为世界的文明与发展作出贡献。通过中西文化尤其是哲学的会通，双方可以更加相互了解与沟通，从而避免不必要的误会，不断从文明的冲突走向文明的互融。

三　从思想史的视角看徐复观的经典诠释

与唐君毅、牟宗三的经典诠释方法相比较，徐复观的经典诠释，尤其是孟子诠释，体现在三个方面：一是思想史的诠释进路；二是注重儒家（孟子）外王学的阐发；三是有意地消解形上学。下面我们一一论析。

如果说牟宗三与唐君毅的经典诠释注重的是哲学的会通与创发，那么，徐复观的经典诠释则试图从思想史研究的进路还原儒家思想的本来面目，这也是徐氏对整个中国历史文化所采取的诠释进路。在徐氏处，所谓思想史的研究，准确地说应该完整地称为哲学思想史的研究。徐复观个人虽然排斥形上学，但这并不表示他排斥哲学以及必要的思辨。有一种观点认为，西方哲学以知识为主，以此标准衡量中国文化，则并无与之相对应的哲学，因此应把原用的"中国哲学史"改为"中国思想史"。徐氏认为这是错误的。在他看来，"哲学"可以因人、因时代而有不同的内容。而现时哲学的趋向，除了所谓科学的哲学以外，也多转向人生价值等方面。而在中国文化主流中，对人生道德问题的探索，也

① 牟宗三：《鹅湖之会——中国文化发展中的大综合与中西传统的融会》，《中西哲学之会通十四讲》附录，第238—239页。

可以称为"哲学"。并且"思想史"的"思想"一语含义太泛，因此他主张依然保留"哲学"一词，而称之为"哲学思想史"，以此表示在中国的历史文化中，我们有这方面的成就，虽然由于知识的处理、建构有所不足，但其本质依然是"哲学的"。① 因此，在徐复观的思想史研究中，哲学乃其中应有之义。不过，徐复观在此强调，个人的哲学思想与所要研究的古人的哲学思想，应完全分开。"可以用自己的哲学思想去衡断古人的哲学思想；但万不可将古人的思想，涂上自己的哲学。"② 既然是思想史的研究，那就不能变成个人的哲学创造，而需要还原古人彼时彼地的思想意涵。然而，如何才能把古人的思想深入地发掘出来？这就涉及思想史研究中的方法论问题。

徐复观研治中国思想史，既重考据，亦重义理；其思想史的诠释，不但重方法的运用，亦强调诠释者个人的品格及其态度的端正。徐氏曾与相关学者就史料的整理展开了一场义理与考据的争辩。争论的一方认为考据精则义理精，必须由考据以通义理。徐氏则深不以为然，他认为考据与义理各有所本。"从中国文化传统的立场，可以说义理是本，考据是末。从近代以知识为主的学问来说，则考据与义理应立于平等的地位而不可偏废。"③ 徐氏固然一面批评考据学派偏于一隅、不讲义理的状况，另一面又非常重视考据之学。而这是与徐氏治学的一贯宗旨与研究次第相关联的。考据之学固然重要，但如果剥离了富有思想的义理，则与我们的生命不相干，这是徐复观所不能容忍的。

徐氏治思想史兼顾义理与考据，在他看来，要深入古人义理之堂奥，则还需有思辨的能力。他认为，要写一部像样的中国思想史，"第

---

① 参见徐复观《中国人性论史·先秦篇》，《徐复观全集》第 4 册，序第 1 页注释①。

② 徐复观：《中国思想史论集》，《徐复观全集》第 3 册，三版代序第 18 页。故此他认为乃师熊十力的《新唯识论》只是其个人的哲学，而不能当作中国哲学思想史的典据，并由此批评朱子对《孟子》的诠释，说："当他费最大精力注释《孟子》时，对《孟子》中言心言性的地方，几乎无不颠倒；因为他自己有一套理气的哲学横在胸中，不知不觉地便用了上去"。因此徐氏"要求治中国哲学思想史的人，有由省察而来的自制力。对古人的思想，只能在文字的把握上立基，而不可先在自己的哲学思辨上立基。"徐复观：《中国思想史论集》，《徐复观全集》第 3 册，三版代序第 19 页。

③ 徐复观：《学术与政治之间》，《徐复观全集》第 2 册，第 459 页。

一，必须读书读得多，读得实在。第二，必须受有思想的训练。第三，必须有做人的自觉。三者缺一不可"①。徐氏强调，勤奋读书固然重要，但思想的训练亦不可少。思想的训练培养思考力，亦即分析综合中的辨别推理能力，而这可以通过读西方哲学家的著作来训练。"我常常想，自己的头脑好比是一把刀，西方哲人的著作好比是一块砥石，我们是要拿在西方的砥石上磨快了的刀来分解我国思想史的材料，顺着材料中的条理来构成系统，但并不要搭上西方某种哲学的架子来安排我们的材料。"② 这便与牟宗三所作的中西哲学的会通有其内在的一致性。然而只有思辨能力并不一定能抓住中国思想与文化的内核，还须我们有体认的工夫，使自己由认知进到体证，通过直面自己、直面人生来探索更为广阔的义理世界。③

除了重视义理与考据的双重互动，思辨与体认的整体协调，徐氏还特别重视治学过程中研究者的品格与态度。在徐氏看来，"一个人在学术上的价值，不仅应由他研究的成果来决定，同时也要由他对学问的诚意及其品格之如何而加以决定"④。其对学问的诚意及其品格之如何便决定了其治学的态度，而治学的态度比方法更为根本。只有持诚敬、审慎的态度才能对思想史的材料做出客观、公正的分析与评价，从而得出可靠的结论。徐氏的孟子诠释便以上面所述的思想史方法论为依托，故其相关研究结论可谓有本有据、焕然成章。

与唐、牟的经典诠释相较，徐氏不但在研究方法上自成一体，而且在关注重心上也显示了其自身的特色。具体到孟子学而言，与唐、牟的孟子诠释多注重其心性一面不同，徐氏不但关注孟子内圣的一面，且兼顾到了外王的一面。孟子外王学所透出的政治思想仍有许多精义值得我们现代人思考、借鉴。孟子政治思想的核心即是民本主义。反思孟子的民本思想，其中一个应有之义，就是为了思考如何在当下实现我们所期

---

① 徐复观：《学术与政治之间》，《徐复观全集》第2册，第461页。

② 徐复观：《中国思想史论集》，《徐复观全集》第3册，三版代序第19页

③ 参见丁四新《方法·态度·心的文化——徐复观论治中国思想史的解释学架构》，载李维武编《徐复观与中国文化》，湖北人民出版社1997年版，第408、409页。

④ 徐复观：《中国人性论史·先秦篇》，《徐复观全集》第4册，序第6页。

望的民主政治。从民本到民主就是从古典社会向现代社会的一个跳跃。
而民主政治的建立在唐、牟、徐看来，都是中国文化自身发展所必然展
开的一面。徐复观就此说："由中国的政治思想以接上民主政治，只是
把对于政治之'德'客观化出来，以凝结为人人可行的制度。这是顺
理成章，既自然，复容易，而毫不牵强附会的一条路。所以我常说凡是
真正了解中国文化、尊重中国文化的人，必可相信今日为民主政治所努
力，正是把中国'圣人有时而穷'的一条路将其接通，这是中国文化
自身所必需的发展。"① 牟宗三亦认为中国文化在发展过程中缺少了一
环，即知识方面的"知性"与客观实践方面的"政道"，因此没有出现
民主政治及近现代化的国家、政治与法律。以前儒者所谓内圣直接开出
外王，其形态是不够的，而要外王之充分地、客观地实现，必须经过一
曲折，通过一个政道、一个制度间接地来实现。知识方面的"知性"
与外王方面的"政道"之建立即是中国文化未来发展的方向，亦即儒
家学术第三期发扬的内容与形态。② 唐君毅同样肯定民主精神对于中国
文化之发展所具有的重大价值。③ 民主的核心即"人民主体性"的体
现，徐复观的孟子诠释便很好地彰显了此义。而在唐、牟的孟子诠释
中，"人民主体性"则郁而不发。④ 唐君毅论孟子的外王学，只言其政
治之精神，而不涉及具体之制度施设，这与唐氏哲学重视道德自我之建
立的背景相关。唐氏以为孟子言政之精神，在使人向上兴起其心志之
义。"知孟子之言政，以人民之兴起，而归往于王者，而使天下安悦为
归，则知孟子之教学者，亦必以其生命中之心志之兴起，而向往于古往
今来之王者，与圣贤为归。"⑤ 在唐君毅的孟子诠释中，客观性的政治
问题化约为了道德自我的建立与兴发问题。如前所述，牟宗三认为，古
代儒者所谓内圣直接开出外王的路子在现代是行不通的，在他看来，孟

① 徐复观:《学术与政治之间》,《徐复观全集》第 2 册, 第 111 页。
② 参见牟宗三《牟宗三先生晚期文集》,《牟宗三先生全集》27, 第 92—94 页。
③ 参见唐君毅《中国文化之精神价值》,《唐君毅全集》第九卷, 第 341—344 页。
④ 参见黄俊杰《中国孟学诠释史论》, 第 399 页。
⑤ 唐君毅:《中国哲学原论·原道篇》(一),《唐君毅全集》第十九卷, 第 191 页。

荀等大儒对于政权、政道的反省都不够充分。① 牟氏是直接跳过孟子的外王学而直接思考新外王的开出问题。可见，只有徐复观在努力思考孟子的外王学，以期从中发掘有益于现代政道建立的理论资源。② 如对孔孟修己与治人的标准之不同的分疏，对人治与法治问题的澄清等。然而，这并不是说唐、牟不关心儒家的外王问题，而只是说他们没有很好地借助孟子这方面的资源而已。

在徐复观的经典诠释中，还体现了他一贯的治学宗旨，即消解形而上学。他认为中国文化的核心是"心的文化"，心的文化应称为"形而中学"而非"形而上学"。首先，徐氏对"形而上学"的理解有所偏颇。形而上学（Metaphysics）亦称本体论（Ontology），是研究关于"是"的学问，后来人们又在其上附上了多种含义，但一般仍把它理解为研究知识与存在（"是"）的理论哲学，也即哲学的别名。中文"形而上学"乃根据《易传》"形而上者谓之道"翻译而来。徐复观执着于西方形而上学的语言性、思辨性，从而否定中国哲学中的形上特征，实在是一场误会。③ 中西哲学实乃两种不同形态的哲学，有各自不同的形上学特征。"西方的形而上学是通过逻辑思想训练以普遍概念解释事物本质或客观真理的理论，中国传统哲学的形而上学则是对通过修养以进入得道境界的论述。"④ 中国哲学形上学的这一特征也即中国传统中的性命之学。牟宗三说，中国哲学的形态"用一句最具概括性的话来说，就是中国哲学特重'主体性'（subjectivity）与'内在道德性'（inner morality）。中国思想的三大主流，即儒释道三教，都重主体性，然而只有儒家思想这主流中的主流，把主体性复加以特殊的规定，而成为'内在道德性'，即成为道德的主体性。西方哲学刚刚相反，不重主体性，而重客体性。它大体是以'知识'为中心而展开的。它有很好的逻辑，有

---

① 参见牟宗三《政道与治道》，《牟宗三先生全集》10，第 14—21 页。

② 参见黄俊杰《中国孟学诠释史论》，第 400 页。

③ 参见丁四新《方法·态度·心的文化——徐复观论治中国思想史的解释学架构》，载李维武编《徐复观与中国文化》，第 419 页。

④ 俞宣孟：《两种不同形态的哲学——中西哲学生存状态分析》，商务印书馆 2022 年版，第 214 页。

反省知识的知识论，有客观的、分解的本体论与宇宙论：它有很好的逻辑思辨与工巧的架构。但是它没有好的人生哲学"①。中国哲学既重内在性，又不失超越性的一面，所谓"内在而超越"，"极高明而道中庸"，可谓形上与形下的统一。不能因西方形而上学的思辨性，而误以为中国哲学的形上学也是这种形态，从而排斥中国哲学自身超越性的一面。在对中国文化的诠释过程中，徐复观对形而上学的消解其实也只是把超越性的一面下贯到人自身而已。他对先秦儒家思想的阐释就凸显了这一点：

> 先秦儒家思想，是由古代的原始宗教，逐步脱化、落实，而成为以人的道德理性为中心，所发展、所建立起来的。从神意性质的天命，脱化而为春秋时代的道德法则性质的天命；从外在的道德法则性质的天命，落实而为孔子的内在于生命之中，成为人生命本质的性；从作为生命本质的性，落实而为孟子的在人生命之内，为人的生命作主，并由每一个人当下可以把握得到的心。②

为了与自己消解形而上学的主旨一致，徐氏进而指出："中国文化所说的'心'，指的是人的生理构造中的一部分而言，即指的是五官百骸中的一部分；在心的这一部分所发生的作用，认定为人生价值的根源所在"③。然而生理构造的心何以担得起人生的意义呢？于是徐氏又把孟子的本心诠释为一种道德理性，殊不知，道德理性已经具有了形上特征。只不过，具有形上意义的道德理性不是思辨性的，而是道德实践性的，其形上意义表明此种道德理性是人人所本有的，是人之为人所具有的超越性之所在。可见，徐氏"消解"的形上层面又内化到了人自身之内，其消解形而上学的诠释理路是不必要的。

---

① 牟宗三：《中国哲学的特质》，《牟宗三先生全集》28，第4—5页。
② 徐复观：《中国人性论史·先秦篇》，《徐复观全集》第4册，第238页。
③ 徐复观：《中国思想史论集》，《徐复观全集》第3册，第294页。

第二节　现代新儒家的经典诠释观——兼从
西方诠释学的角度看

探讨现代新儒家的孟子诠释不单单在于厘清他们对《孟子》文本及其义理的相应理解，更是为了从他们的诠释历程中抽绎出值得我们借鉴的经典诠释方法与策略，并考察其利弊得失，为我们今后的经典诠释积累丰富的经验，并在可能的视域内开出新的诠释空间，使经典仍能在当下生生不息。上节所论者，乃就现代新儒家中的唐、牟、徐之经典诠释，尤其是孟子诠释来展开讨论。此节则就现代新儒家的经典诠释方法作一般性的总结、思考，以期得到方法论层面的启示。在对先秦儒家经典的理解与诠释中，现代新儒家在方法论上有其一致性。比如，他们都对乾嘉学派解读经典的方法策略进行了批评。他们亦都注重客观理解的重要性，并都突出诠释主体在诠释过程中的主动性、能动性，强调通过生命的体验，以诚、敬的姿态面对经典并予以解读。他们的经典诠释方法也不时与西方诠释学的观点不谋而合，这些都值得我们予以关注。

对包括《孟子》在内的经典进行现代式的研究不外理解与诠释两个层面。而诠释则是建立在对文本的理解上。文本首先是指最基本的文献，因此对文献的把握是文本解读过程中的第一步。其次，则是通过对文献的把握来抽绎出文本所体现的义理。因此，在对经典的解读中就包含两个最基本的要件，用现代学术用语来讲就是语言与哲学。语言相对应的是中国传统的文献、训诂，而哲学则相对应于传统的义理。语言层面要求对文献的透彻理解，而哲学层面则需要经逻辑思辨以通达其义理。乾嘉学派在对文献所作的训诂与考据方面成绩斐然，然他们所持的经典诠释观则受到了现代新儒家诸人的批评。他们以为训诂明则义理明。如戴震说："故训明则古经明，古经明则贤人圣人之理义明，而我心之所同然者，乃因之而明。"① 又如钱大昕说："夫穷经者必通训诂，

---

① （清）戴震：《戴震集》，第214页。

训诂明而后知义理之趣。"① 然训诂明果真义理明乎？未必，因为训诂关键在于揭示某字本义，但在具体语境下，某字并非遵循本义，可能有所变化，而一个字的内涵本就是在历史发展过程中不断衍生变迁的。是故，对重要观念的诠释要放在大的历史文化背景中去探寻，而不能局限在追究其本义为何。陈梦家说："要正确地了解一个古字的意义，必须先有充分的古代社会的知识；即是说，一个古字是在什么时代什么社会情况下被用作为某种意义的符号的。"② 可见，只求一字之本义是不足据的，更是偷懒。只在字根、字源上求某字之本义，而不考虑语境或背景（context），则难以寻得此字在具体文本中的具体涵义。"乾嘉'朴学'教人，必知字之诂，而后识句之意，识句之意，而后通全篇之义，进而窥全书之指。"③ 钱锺书谓之持边见耳。戴震在《与是仲明论学书》中言："经之至者道也，所以明道者其词也，所以成词者字也。由字以通其词，由词以通其道，必有渐。"④ 在《古经解钩沉序》中又说："经之至者，道也；所以明道者，其词也；所以成词者，未有能外小学文字者也。由文字以通乎语言，由语言以通乎古圣贤之心志，譬之适堂坛之必循其阶，而不可以躐等。"⑤ 这即是以"文"通"志"，即由训诂以通义理。然戴氏在《毛诗补传序》中说："余私谓《诗》之词不可知矣，得其志则可以通乎其词。作诗者之志愈不可知矣，断之以'思无邪'之一言，则可以通乎其志。"⑥ 这便是以"志"通"文"，即以义理通乎其训诂。戴氏在一卷之中提出了两种截然相反的解读方法，钱钟书谓其"能分见两边，特以未通观一体，遂致自语相违"⑦。而钱氏之解读则志在打破此种边见，而以整体观之：

---

① （清）钱大昕：《潜研堂集》，上海古籍出版社 1989 年版，第 387 页。

② 陈梦家：《殷墟卜辞综述》，中华书局 1988 年版，第 61 页。

③ 钱锺书：《管锥编》第 1 册，中华书局 1979 年版，第 171 页。

④ （清）戴震：《戴震集》，第 183 页。

⑤ （清）戴震：《戴震集》，第 192 页。

⑥ （清）戴震：《戴震集》，第 193 页。

⑦ 钱锺书：《管锥编》第 1 册，第 172 页。

　　复须解全篇之义乃至全书之指（"志"），庶得以定某句之意
（"词"），解全句之意，庶得以定某字之诂（"文"）；或并须晓
会作者立言之宗尚、当时流行之文风、以及修词异宜之著述体裁，
方概知全篇或全书之指归。积小以明大，而又举大以贯小；推末以
至本，而又探本以穷末；交互往复，庶几乎义解圆足而免于偏枯，
所谓"阐释之循环"（der hermeneutische Zirkel）者是矣。①

　　为了打破乾嘉学派之边见，钱氏特拈出西方"阐释之循环"以求
贯通部分与整体。此还不够，"或并须晓会作者立言之宗尚、当时流行
之文风、以及修词异宜之著述体裁，方概知全篇或全书之指归"。以此
揆之现代新儒家诸人，他们的经典诠释可说都自觉或不自觉地运用了此
"阐释之循环"的策略，以冲破乾嘉学派之弊，并能从作者立言之宗
尚、流行之文风等处辅以读解，以探得文本之指归。

　　牟宗三即曾对乾嘉学派本于训诂而求义理的方法进行过批判：

　　所以我们重视读文献，第一步先通文句，但这通文句不只是像
清朝乾嘉年间的训诂考据，先根据《说文》《尔雅》，找出这个字
那个字的造字的本义，这样做是没有多大用处的。这样只能了解在
《说文》《尔雅》中的那个字，不能了解《论语》《孟子》中用这
个字的文句，了解字与了解文句是两回事。你说识字后便可了解文
句的意义，训诂明则义理明，这话是不通的。训诂是训字，字义虽
训了出来，但用这字的句子之意义，你不一定能了解。而且用这个
字的思想家，他使用这个字的意义，不一定是《说文》《尔雅》书
中的这个字的意义，而或者是用引申义，或者许多其他的意义，故
并不是光了解在《说文》《尔雅》中的这个字的本义，便可以了
解的。②

---

① 钱锺书：《管锥编》第 1 册，第 171 页。
② 牟宗三：《牟宗三先生晚期文集》，《牟宗三先生全集》27，第 336 页。

可见，牟氏在经典诠释中亦很重视文献，但并不是乾嘉学派仅仅诉诸训诂、考据的做法，他更重视"理解"。诚如其所说，了解字与了解文句是两回事，并且思想家用这个字时，用的不一定是其本义，而可能是其引申义或其他的意义。牟氏把这种重训诂、考据的文献途径称为"历史的途径（historical approach）"。① 而他自己所重视的文献途径则在"理解"。牟宗三就曾费大力分疏程明道和程伊川的文献，其对文献的重视并不下于考据家，但他的重视文献仍在于对文献的理解，而非整理文献本身，且他对二程文献分疏的背后也有一个对二程思想的整体把握，如此方能分疏哪些话是明道说的，哪些话是伊川说的。牟氏重视文献的旨趣与考据家明显不同。"大抵历史家、考据家重视文献是想从考证经典成立的时代或比较不同版本与历代注疏中追溯出历史发展的消息。但是牟先生毕竟是哲学家而不是史学家，其本务是要对文献进行康德所谓的理性之认知而非历史性之认知。换一种说法，即他做的并非一些不涉及理论原则的资料汇集工作，而是需要运用理性思考去把典籍尽量诠释得合理；亦即谋求理解贯通于文字背后的血脉。"② 而要充分理解文献，获得康德所谓理性的知识，除必要的文献整理工作外，还需要逻辑思辨。

牟宗三重视对文献作思辨的理解，是为了由文献获得清晰的概念，进而由概念获得义理。他说："了解文句，是最基本的工夫；了解了这些文句，才能形成一恰当的概念，一到概念，便是思想。概念与概念联结起来，便是义理。古人所谓的讲义理，义便是概念，而概念与概念之间的关连，便是理。"③ 牟氏的经典诠释走的是哲学的进路，因此逻辑思辨是必不可少的工具。但牟氏重视逻辑思辨是为了更好地理解文献背后的义理，而非通过逻辑构建一个思辨的哲学体系。比如他在《圆善论》中对《孟子》的解读就是采用疏解经典的方式讲，不取"依概念

---

① 参见牟宗三《牟宗三先生晚期文集》，《牟宗三先生全集》27，第 331 页。
② 郑宗义：《知识、思辨与感触——试从中国哲学研究论牟宗三先生的方法论观点》，《儒学、哲学与现代世界》，第 71—72 页。康德关于理性之认知与历史性之认知的区分，参见［德］康德《纯粹理性批判》，第 631—632 页。
③ 牟宗三：《牟宗三先生晚期文集》，《牟宗三先生全集》27，第 341 页。

之分解纯逻辑地凭空架起一义理系统"的方式讲。① 在对经典的疏解过程中，牟氏力求运用恰当的逻辑思辨，通过相应的概念在经典散漫的结构中理出一个头绪，使其义理得以彰显，并使不同层次的义理各有其分际。而在概念的运用上，牟氏自觉地援引了一些西方哲学如康德哲学中的概念来发掘中国哲学的智慧。如以自律道德诠释孟子仁义内在的思想即是一例。不过这里须知，概念虽是西方的，但其所阐明的义理仍是中国哲学自身的。牟氏不但主动地寻求中西哲学的会通，而且在诠释中国哲学中的相关文献时，发展出了自己的一套解读方法，其方法可以说与西方诠释学中的某些理论不谋而合。虽然牟先生自己没有察觉到这一点。他说："在了解文献时，一忌浮泛，二忌断章取义，三忌孤词比附。须克就文句往复体会，可通者通之，不可通者存疑。如是，其大端义理自现。一旦义理浮现出来，须了解此义理是何层面之义理，是何范围之义理，即是说，须了解义理之'分齐'。分者分际，义各有当。齐者会通，理归至极。此而明确，则归于自己之理性自在得之，俨若出自于自己之口。其初也，依语以明义。其终也，'依义不依语'。'不依语'者为防滞于名言而不通也。凡滞于名言者，其所得者皆是康德所谓'历史的知识'，非'理性的知识'。初学者以及从未超出其学派的人皆是如此。然必须工夫到，始可语于'依义不依语'。浅尝辄止，随意妄说者，则不得以此语自解也。"② "依语以明义"，是由部分通向整体，让文献自身说话。"依义不依语"，是由整体通向部分，通过把握作者文本之"志"，反过来解读文本之"文"，使其交互往复，义理自然愈渐明晰。这样一种理解的过程，借用诠释学的术语来说，就是一"诠释学的循环"（hermeneutic circle）。"诠释学的循环"指的是，理解者只有通过理解部分才能理解整体，也只有通过理解整体才能理解部分。理解是在对文本部分与整体的交互作用中产生的。这一理论首先由施莱尔马赫所揭示，后经狄尔泰命名、阐发，成为诠释学领域的核心范畴。③ 虽

① 参见牟宗三《圆善论》，《牟宗三先生全集》22，序第12页。
② 牟宗三：《现象与物自身》，《牟宗三先生全集》21，序第11页。
③ 参见殷鼎《理解的命运》，生活·读书·新知三联书店1988年版，第145页。

然牟宗三本人对诠释学不感兴趣，亦非有意使用诠释学方法，但其经典诠释方法实与诠释学方法有其相通之处。

在牟宗三处，要充分理解古典或古人的话，除了有必要的文献知识，借助逻辑思辨以通达文本之外，还要有与古人生命上相通的感触或感应：

> 孔、孟的心中总有个想法，有个生命上的体验。你要懂得孔、孟说这些话的意思，固然要仔细通文字，但同时亦要懂得孔、孟说这话时生命的内蕴，及其文化的背境。若果你对他们的生命没有感应，又把他们的文化背境抽离掉，而孤立地看这些话，那你便完全不能懂。现代人了解古典的困难便在于此。现代的人对古典全没有生命上的感应，不知道孔、孟的这些话是什么问题，是那方面的话，不知道他们所说这些话的社会背境、文化背境是什么，而只会用些不相干的浮薄观念去瞎比附，这便是现代人了解古典的一个很大的障碍。①

因为中国古典文献不同于西方一般的哲学著作，它可以说是"载道"之体。所以，你要充分地理解它则需要有与之相应的体验、感通方可。诠释者贵在能通古典作者之"志"，由此方能进一步理解作者之"文"，由是从整体上把握古典作品。孟子解《诗》过程中的"以意逆志"就是一个很好的体现。文本固然重要，但关键在于通过文本以及语境求得作者之"志"。而"以意逆志"的前提条件则须能知人论世，与古人站在同一高度。如果把文献作为一个层面的文本的话，那么，文献所处的时代背景以及诠释者与文献作者所共同拥有的生命本身则是另两种更大层面的文本。② 可见仅仅诉诸训诂、考据的文献解读方法则显得太单薄了。郑宗义曾以"知识、思辨与感触"概括牟宗三诠释中国哲

---

① 牟宗三：《牟宗三先生晚期文集》，《牟宗三先生全集》27，第341页。
② 参见郑宗义《知识、思辨与感触——试从中国哲学研究论牟宗三先生的方法论观点》，《儒学、哲学与现代世界》，第86页。

学的方法。我们上面的分析也是依此展开的。"知识、思辨与感触"乃牟宗三得之于乃师熊十力，他说：

> 熊先生每常劝人为学进德勿轻忽知识，勿低视思辨。知识不足，则无资以运转；思辨不足，则浮泛而笼统。空谈修养，空说立志，虚馁迂陋，终立不起，亦无所修，亦无所养。纵有颖悟，亦是浮明；纵有性情，亦浸灌不深，枯萎以死。知识与思辨而外，又谓必有感触而后可以为人。感触大者为大人，感触小者为小人。旷观千古，称感触最大者为孔子与释迦。知识、思辨、感触三者备而实智开，此正合希腊人视哲学为爱智慧爱学问之古义，亦合一切圣教之实义。①

可见，做学问须有根底、有法度，知识、思辨与感触，三者缺一不可，如此方能由文本通向义理，打破乾嘉学派只在文字上用功夫的局限。

徐复观的经典诠释走的是思想史的路子。但这并不表示他采取的是纯历史观照的态度，他的研究是力求能想古人之所想，体验古人之所体验，能与古人对话，能感受到古人思想背后的活的灵魂。上节我们已经谈到徐氏在思想史研究中的一些方法论问题，但还不够具体，此处我们当详论之，以期得到一些方法论上的启发。

对于乾嘉学派之流弊和与之相偕的以语言学解决思想史问题的论调，徐氏都力辟之：

> 几十年来，中国有些治思想史的人，主张采用"以语言学的观点，解释一个思想史的问题的方法"。其根据系来自西方少数人以为"哲学乃语言之副产品"的一偏之论，以与我国乾嘉学派末流相结托。……采用这种方法的人，常常是把思想史中的重要词汇，顺着训诂的途径，找出它的原形原音，以得出它的原始意义；再由这种原始意义去解释历史中某一思想的内容。傅斯年的《性命古训

---

① 牟宗三：《圆善论》，《牟宗三先生全集》22，序第 16 页。

辨证》，因为他当时在学术界中所占的权力性的地位，正可以作为这一派的典范著作。但夷考其实，这不仅忽略了由原义到某一思想成立时，其内容已有时间的发展演变；更忽略了同一个名词，在同一个时代，也常由不同的思想而赋予以不同的内容。尤其重要的，此一方法，忽略了语言学本身的一项重大事实，即是语原的本身，也并不能表示它当时所应包含的全部意义，乃至重要意义。①

在徐氏看来，先哲的思想是由一些重要的抽象名词表征出来的。而这些名词的内涵会随着时代的演变而演变，即便在同一时代也会因各人思想的不同而随之变化。甚至同一个人也会在不同的文本或语境对同一名词使用不同的内涵。如在《论语》中孔子答弟子问"仁"，孔子便会根据弟子的不同程度对"仁"作出不同的阐释。徐氏还尝引丹麦语言学家叶斯柏森的说法以为其立说的依据，批评那种以寻求字源为能事的训诂方法，以为其不能涵盖字词的全部意义。而这涉及了语言与哲学或说语言与思想的关系问题。在徐氏看来，语言与思想的关系乃是互相影响、互相制约的关系。单纯由语言导出思想的思路是有问题的。为了克服上述训诂或语言层面的弊端，真正深入历史层面，以期探得先哲所使用的那些抽象名词所展现的实质思想，徐氏在思想史的研究中导入了"发展"的观点。即"从动进的方面去探索此类抽象名词内涵在历史中演变之迹，及在演变中的相关条件，由此而给与了'史'的明确意义"②。总之，徐复观是用历史发展的眼光去看待观念的形成，某一观念的产生既与其所处的历史文化背景相关，也与使用该观念的思想家本人相关，而单靠文本本身是不够的。正如前文所说，历史文化背景是一个更为广阔的文本，单纯作为文献的文本只是这个大的文本的一部分。在狄尔泰所谓的"诠释学的循环"中，狄尔泰对整体与部分的关系的理解已经超越了文本（文献）本身，认为整体与部分的关系有以下三层涵义。一是指作品自身作为整体，包括意义、风格、结构等，作品的

---

① 徐复观：《中国人性论史·先秦篇》，《徐复观全集》第 4 册，第 1—2 页。
② 徐复观：《中国人性论史·先秦篇》，台北：台湾商务印书馆 1978 年版，再版序第 2 页。

各个部分，诸如章节、词句等，必须放在这个整体中才获得理解与意义。二是指作品相对于产生它的整个历史文化背景而言，是这一文化背景之部分，作品必须放在这一历史文化背景的整体关系中，才能得到理解。三是作品与作者的精神联系和作品语言与产生它的时代文化语言风格的联系。[①] 徐氏导入"发展"的观念，把抽象名词或作品放在大的历史文化背景中去理解的做法，与上述第二层涵义若合符节。在此，字词或作品是部分，而历史文化背景则是整体。通过这种部分与整体的交互作用而得到对字词或文献的整体理解。而在第一层涵义中，字词、章节是部分，作品是整体，这种部分与整体的关系，以及第三层涵义中作品与作者的精神联系，徐氏也注意到了：

> 我们所读的古人的书，积字成句，应由各字以通一句之义；积句成章，应由各句以通一章之义；积章成书，应由各章以通一书之义。这是由局部以积累到全体的工作。在这步工作中，用得上清人的所谓训诂、考据之学。但我们应知道，不通过局部，固然不能了解全体，但这种了解，只是起码的了解。要作进一步的了解，更须反转来，由全体来确定局部的意义；即是由一句而确定一字之义，由一章而确定一句之义，由一书而确定一章之义，由一家的思想而确定一书之义。这是由全体以衡定局部的工作，即赵岐所谓"深求其意以解其文"（《孟子题辞》）的工作，此系工作的第二步。此便非清人训诂、考据之学所能概括得了的工作。[②]

由字到句，由句到章，由章到书，然后再反之。这种部分与整体交互往复的理解方法正合狄尔泰所谓部分与整体的第一层涵义。"由一家的思想而确定一书之义"则显示了作品与作者的精神联系，这属于狄尔泰所谓部分与整体的第三层涵义。可见，徐氏治思想史很注重整体的理解，注重部分与整体的反复印证，即"由局部积累到全体（不可由局

---

① 参见殷鼎《理解的命运》，第145页。
② 徐复观：《中国思想史论集》，《徐复观全集》第3册，第129页。

部看全体)，由全体落实到局部，反复印证，这才是治思想史的可靠方法"①。徐氏的诠释方法正与狄尔泰的所谓的"诠释学的循环"不谋而合。

除了引入"发展"的观点，徐复观还主张以归纳方法补传统训诂之不足，并强调概念思维的重要性。在对概念思维的重视上，他与牟宗三是相通的。正如上节所示，徐氏虽然反对形而上学，但他并不反对概念思维本身，他只是反对那种建构逻辑形上学体系的做法。在徐氏眼中，中国先哲的思想是一个立体的完整生命体，它不同于西方的理论系统。中国先哲的思想是内在生命的体现，如孟子的性善论、仁义内在说等都是其真实生命的表征。而这些观念、思想常散在不同的文献中，我们现在要做的，就是用明晰的概念把先哲散在各处的语句集合在一起，用分析、比较甚至体验的方法发现其内在的关联，并顺此关联把它们构造为一个完整的生命体。如此方能把握住先哲的整体思想脉络，而不致以偏概全。在徐复观看来，古人的思想是与其鲜活的生命联系在一起的。因此，读古人的书，不但要发现其思想，更要见到思想背后那个活生生的人。所谓"读其书，想见其为人"。我们不仅是读古人的书，亦是与古人对话，感受其人格魅力。这就要能体验古人之所体验，当然并不一定是身临其境般地体验，而是用心揣摩古人之所想，即孟子所谓的"以意逆志"，也即《诗》所云"他人有心，予忖度之"，徐氏称之为"追体验"。"追体验"的方法即"体认"的方法。熊十力说："中国哲学有一特别精神，即其为学也，根本注重体认的方法。"② 可见，徐氏之"追体验"盖承袭熊氏"体认"一说而来。在解读的过程中，徐氏强调要有"敬"的态度，唯其如此，诠释者的精神才能凝敛与集中，以免把自己的主观成见涂在客观对象上面。唯其如此，诠释者才能虚壹而静，才能更好地解读作品，体验古人之所怀。达于此，方能于古人之思想、精神得其真切。至此，史学与哲学已融为一体，皆是古人精神之映射。通于哲学与史学，得史识于史外，传精义于当下，非大手笔不能

---

① 徐复观：《中国思想史论集》，《徐复观全集》第 3 册，第 132 页。

② 《熊十力全集》第四卷，第 198 页。

也。揆之史界，唯太史公当之。钱锺书说，"马迁奋笔，乃以哲人析理之真通于史家求事之实"①，可谓知人之言。徐氏研究之进路有所追随于太史公之风也。

唐君毅的经典诠释大多体现在他的几大本《中国哲学原论》中。《中国哲学原论》分别从导论、原性、原道、原教等方面大致依历史的顺序对中国哲学展开探讨。如上节所示，唐氏的诠释方法或论述方式就是其所谓的即哲学史以论哲学。而即哲学史以论哲学的态度，要在本吾人仁义礼智之心以论述昔贤之学。以仁心通古人之心志，以智心训诂、考据其遗言，以礼心尊其研究之对象，以义心安排分疏其义理。与徐复观、牟宗三一样，对清代训诂考证之学之流弊，唐君毅亦有所批评。在他看来，训诂、考据之学自有其客观价值，在此基础上以求古人之道，也本不错。然若以为道只在书中，即否认了离书以直接求宇宙人生、自然社会之道的精神。唐氏之评判清儒治学，不只从经典诠释方法上着眼，而更从民族文化精神处立论。他批评清儒不能树立民族的公共精神。唐君毅说："清代汉学家之说道在古人之书，以诋娸宋明理学，无形中斫丧了人之自动思想之精神，狭窄了学者之眼界胸襟，使学术成私人之事，而不能以树立民族之公共精神为目的。这在效果上，是非常不好的。此种空气之余毒，亦及于民国以来之一些以科学方法整理国故者。"② 可见，唐君毅的经典诠释更注重对民族文化精神的接续与阐发。

唐氏之解读经典，重在以己之心契悟古人之心，以此深入理解经典文献。训诂、考据固然重要，然此只是初步工作。要之，在于能从经典中识得古人之用心，而后把相应之义理表而诠之。在唐君毅看来，古人所论之义理皆由本心而发，其表面之冲突，皆可由吾心使其各安其位：

> 唯有人之善自旋转其心思之运用之方向，如天枢之自运于於穆者，方能实见彼一一义理之各呈于一一方向深度之运用之前，以咸得其位，如日月星辰之在天；亦方能实见得一切真实不虚之义理，

① 钱钟书：《管锥编》第 1 册，第 252 页。
② 唐君毅：《人文精神之重建》，《唐君毅全集》第十卷，第 86 页。

其宛然之冲突矛盾，皆只是宛然而暂有，无不可终归于消解，以交光互映而并存于一义理世界中。①

唐氏所言即相应于前引牟宗三所谓"义理之分齐"。通过吾人心思之运用，使古人或经典之义理"分者分际，义各有当。齐者会通，理归至极"，从而形成一丰富的义理世界。总之，唐氏之诠释经典能突破纯依赖文本的方式，以期能在更大的义理空间返求文本之义理。并且强调以己之仁义礼智之心诠释之，庶几能阐发经典之意蕴，得古人义理之真。

从以上所论可知，上述现代新儒家诸贤都承认训诂、考据方法对经典诠释之不可或缺，但亦都批评其局限，对乾嘉学派训诂明而义理明的诠释进路予以矫正。熊十力说："余于考据之学，绝不排斥，而所恶乎清代汉学家者，为其斩晚明新宋学之续，而单以考核一技，倡为风气，将率天下后世而同为无肝胆、无气力、无高深理解、无实用本领之人，此其流风遗毒不可不矫正。"② 这即是说不能以训诂、考据之学吞噬义理本身之价值。现代新儒家对儒家经典的诠释进路虽不尽相同，如熊十力、唐君毅、牟宗三偏哲学的诠释，梁漱溟、徐复观偏历史的说明，马一浮则偏经学的阐释，然在力求表现儒家经典之内在的文化与道德精神上则是一致的。除马一浮外，他们大都注重思辨之运用，亦能适当借助西方哲学的概念阐发儒家之义理，概念虽是西方的，但表现的义理精神仍是中国文化自己的。他们亦能发挥中国为己之学的特色，强调体验式的理解古人与文本。如徐复观所谓的"追体验"通于牟宗三所谓的"感触"，亦通于唐君毅的"感通"（以仁义礼智之心解读儒家经典），皆是治儒家经典不可或缺的条件，都是意在体会古人之用心，能与其相冥契。狄尔泰"诠释学的循环"中就有作品与作者的精神联系一项，通过对作品与作者之精神的交互理解，往复印证，始得作品之真意与作者精神之风尚。岂止如此，诠释者有时还要关注作者身世及创作时之处

---

① 唐君毅：《中国哲学原论·原性篇》，《唐君毅全集》第十八卷，自序第 8 页。
② 《熊十力全集》第三卷，第 854 页。

境、形势，斯可得作品之真。不知此，不足以知人论世，不足以与古人莫逆于心。中国的儒家经典多可从哲学的进路进行研究，从而体现出中国哲学的特质。郭齐勇说："中国哲学是生命的学问，体验的智慧，实践的本领，中国哲学不是文字游戏，中国哲学与哲学家的生活密切相连，从哲学家的伟大人格中流淌出来。因此，必须知人论世，理解彼时彼地的环境、背景及哲人的社会、政治、文化活动，以及他所在的文化共同体，才能理解中国哲学丰富的底蕴。"① 经典诠释除须了解必要的背景外，还需要与作者心灵遥契。徐复观的"追体验"、牟宗三的"感触"等就是试图接近作者的精神，进而通过作者的精神而探得作品所要表达的真意。这都强调了诠释者自身生命历程在诠释文本过程中的重要性，现代新儒家的经典诠释如是，宋明儒者的经典诠释亦如是。景海峰指出："宋明儒者的解经实践，重视个人的生活阅历与生命体验，将日常的道德工夫融入到对经义的理解当中，更为强调解释者本人在解经活动中的主导作用。这样一来，个体生命的情志及精神状态、独特的思维习惯和丰富的想象力，便构成了诠释活动的基础，这便冲破了文本意义的唯一性，每个读者都能够在经典中体味不一样的内蕴。所谓的'直面经典'，读经、解经就不是为了确定文本知识的有效和唯一，而是为了更好地理解和证成生命存在的价值与意义，经义的广度和深度也只有在此不同的体验及丰富的实践工夫中才能够体现出来。"②

可见，经典作品的诠释离不开诠释者的再体验或生命上的感触，离不开诠释者与作品和作者精神的"交往"。此时，诠释者是部分，而作品、作品所处的历史文化背景、作者的精神以及人之在世的生命历程就构成了一个更为庞大的整体。在这个部分与整体的交互作用中，一方面，诠释者得以不断深入理解作品、作者以及作品、作者所处的时代；另一方面，诠释者在这种理解与诠释的过程中，受古典作品及其作者的精神感召，也在不断地重新塑造自我，使自己慢慢接近那些伟大的人格

---

① 郭齐勇：《建构中国哲学的方法论反思》，《中华人文精神的重建：以中国哲学为中心的思考》，北京师范大学出版社 2011 年版，第 211 页。

② 景海峰：《经学与古典学》，《哲学研究》2021 年第 10 期。

与灵魂。而这也就是孟子对万章所说的知人论世与尚友古人："以友天下之善士为未足，又尚论古之人。颂其诗，读其书，不知其人，可乎？是以论其世也。是尚友也。"（《万章下》）知人论世是为了感受那诗书后面的活的精神，尚友古人是为了学习古人的高尚心志从而不断升华自己。是以唐君毅特别指出，孟子之精神核心乃在兴起人之心志以立人之道。在此，认识论上的诠释方法已经具有了存在论的意义。这种与作品和作者等的交往方式俨然成为一种在世的存在方式。

总之，现代新儒家诸贤的经典诠释方法与西方诠释学实有可相会通之处。不过，要指出的是，我们这里的比较会通也不是随意比附，而是取可通者通之，不可通者不通的方式。通过这种比较会通，我们可以了解现代新儒家的经典诠释所具有的现代意义。然而，这并非彼有我亦有的心态，而是即此更见中西学术之心同、理同，在此基础上更可探讨经典诠释的新方向。

第三节 诠释与重构——现代新儒家经典诠释的不同路向

通过系统梳理现代新儒家的孟子诠释，我们不单单要总结现代新儒家对儒家心性的诠释和承续方式，也是为了进一步探讨儒家经典诠释的多种路向。西学东渐以来，中国固有学术体系遭遇重大冲击。位于中国文化主体地位的儒学日渐式微，其所承载的精神价值及其权威也面临西方文明的挑战。现代新儒家一系文化共同体的崛起，正是为了应对这一挑战。他们通过对儒家经典的诠释和重构，抽绎儒学的"普世价值"和神圣理念，重新树立中国文化尤其是儒学的主体地位，焕发儒学的生命力，以化解国族所面临的文化危机与信仰危机。在这一过程中，现代新儒家内部对儒家经典的诠释大致形成了经学与哲学两种路向，在此有必要对这两种诠释路向进行比较分析。

一 经学视域下的儒学

作为经学的儒学首先是一种"教"，一种传承华夏文明之道的载体。经学的主体即是六经或六艺。六经为典，六艺为教。儒家本身即以传承六艺之道为己任。六经原典在孔子之前就已存在，孔子在六经经典化、系统化、理性化的过程中起到了关键作用。《庄子·天运》云："孔子谓老聃曰：'丘治《诗》《书》《礼》《乐》《易》《春秋》六经，自以为久矣。'"又《庄子·天下》云："其明而在数度者，旧法世传之史尚多有之。其在于《诗》《书》《礼》《乐》者，邹、鲁之士、搢绅先生多能明之。《诗》以道志，《书》以道事，《礼》以道行，《乐》以道和，《易》以道阴阳，《春秋》以道名分。其数散于天下而设于中国者，百家之学时或称而道之。"六经原典虽经百家之学所共同称引，但只有经过孔子深层次地删修创作之后才真正上升为"经"的层面，从而成为一种人文化成之"教"。儒学也由此成为能完整而系统传承六艺之道的学派。比如就《春秋》而言，其原典为鲁之旧史，经孔子再创作，则赋微言大义于其间。《史记·孔子世家》载孔子："乃因史记作《春秋》，上至隐公，下讫哀公十四年，十二公。据鲁，亲周，故殷，运之三代。约其文辞而指博。……春秋之义行，则天下乱臣贼子惧焉。"① 孟子说："王者之迹熄而《诗》亡，《诗》亡然后《春秋》作。晋之《乘》、楚之《梼杌》、鲁之《春秋》，一也。其事则齐桓、晋文，其文则史。孔子曰：'其义则丘窃取之矣。'"（《离娄下》）《春秋》以"属辞比事"而成大义之教。孔子即以《诗》《书》《礼》《乐》教弟子，并通过对六经的删修创作而遗教于后世。《论语·述而》载："子所雅言，《诗》、《书》、执《礼》，皆雅言也。"《礼记·经解》载孔子言："入其国，其教可知也。其为人也：温柔敦厚，《诗》教也；疏通知远，《书》教也；广博易良，《乐》教也；洁静精微，《易》教也；恭俭庄敬，《礼》教也；属辞比事，《春秋》教也。"儒学由是而为人文化成之教，儒家通过对六经的整理、诠释来进一步承传先王之道。孔子即以文武之道传人自勉。《论语·子罕》载："子畏于匡，曰：'文王既没，文不在兹乎？天之将丧斯文也，后死者不得与于斯文也；天之未丧斯文也，匡人其如予何？'"孔子以传承先王之道为己任，他也被后世

---

① （汉）司马迁：《史记》，第1934页。

尊为传承先王之道的集大成者。是以司马迁感叹："自天子王侯，中国言六艺者折中于夫子，可谓至圣矣!"① 所以，作为经学的儒学始终不离六艺之道，不离先王之道。

六经为典，六艺为教，教之所传者为道。现代新儒家中，通过六艺之教或六艺之道来接续儒学慧命的有马一浮和熊十力。从经学的视域看待儒学，即是把儒学作为一种常道，儒家经典诠释的目标也在阐释经典本身所体现的常道。在马一浮看来，儒学所传者即为六艺之道，六艺可统摄一切学术。六艺为经术，经术所显者为义理，义理所示者为常道。其言：

> 天下之道，常变而已矣。唯知常而后能应变，语变乃所以显常。《易·恒》之象曰："雷风，恒。君子以立不易方。"夫雷风动荡是变也，"立不易方"是恒也。事殊曰变，理一曰常。处变之时，不失其常道，斯乃酬酢万变而无为，动静以时而常定。故曰：吉凶之道，"贞胜者也"。观其所恒，而天地万物之情可见矣。……书院所讲求者在经术义理，此乃是常。……性具之德，人人所同，虽圣人不能取而与之。学而至于圣人，方为尽己之性。此乃常道，初无奇特。须知自私用智，实违性德之常；精义入神，始明本分之事。②

在马一浮看来，六艺统摄一切学术。六艺又本是吾人性分内所具之事，吾人性德本自具足，而性外无道，六艺之道即此性德中自然流出之理，因此六艺实统摄于一心。六艺之道即吾心之常道、吾心之性德。儒学之要即在穷究此常道，变化气质，复其本有之性德，并尽此本有之性德，成己成物，如是成就六艺之全体大用。

马一浮指出，六艺为经术，而经术即是义理，两者不可离析。"经术即是义理，离义理岂别有经术？若离经术而言义理，则为无根之谈；

---

① （汉）司马迁：《史记》，第 1947 页。

② 马一浮：《复性书院讲录》，《马一浮全集》第 1 册，第 84—86 页。

离义理而言经术，则为记问之学。"① 马氏强调，义理要依附六艺经术才能见诸行事、有所着落，否则难免陷于空言，沦为无根之谈；而脱离义理而言六艺经术，则沦为经师之学、记问之学。是以马一浮尤其强调经术与经学、博士之学的不同。他指出孟子足以当经术，其言：

> 六经，文也。明其道足以易天下如孟子者，方足以当经术，公孙弘、倪宽、匡衡、张禹之徒不足言也。学足以知圣守文而传义如子夏者，方足以当经学，博士之学不足言也。故濂、洛、关、闽诸贤直接孔、孟，其经学即经术也，其言即道也。道者，其所行所证者皆是也。此非执言语、泥文字所能几，安复有今古、汉宋之别哉？于此略发其义，庶学者知所兴起而勿自安于卑陋矣。②

在马一浮看来，不管是经术还是经学，关键在于能闻道践履，有所行证，而非拘泥于文字言语。"闻道则经术、经学皆是，不闻道则经术、经学皆非。"③ 经术、经学之真在其人之自得自证，不在其学之源流派别，经学今古文之争以及汉宋之别，只是显示明"道"路径之差异，要之在于能闻道而证之，此即孟子所谓"践形"。

经为常道，也是熊十力论学中反复强调的一点。在《读经示要》中，熊十力第一讲就是专门论说"经为常道不可不读"。其言："经者常道，万理之所汇通，群学之所会归也。""夫常道者，包天地，通古今，无时而不然也。无地而可易也。以其恒常，不可变改，故曰常道。"④ 熊氏更举《论语》《大易》《大戴礼记》《中庸》等互相发明，以证道之恒常义。熊十力指出，中土学术依传统可分为义理、经济、考据、词章四科。四科之学，无一不原本六经。这与马一浮"六艺统摄一切学术"的说法正好呼应。在熊十力看来，六经之常道即儒家内圣外王之

---

① 马一浮：《尔雅台答问》，《马一浮全集》第 1 册，第 413 页。
② 马一浮：《尔雅台答问续编》，《马一浮全集》第 1 册，第 485 页。
③ 马一浮：《尔雅台答问续编》，《马一浮全集》第 1 册，第 526 页。
④ 《熊十力全集》第三卷，第 628、569 页。

道。熊氏承继宋儒"天道性命相贯通"的义理规模,并以其所造《新唯识论》中的"体用不二"来诠释儒家内圣之道,指出儒家所谓"道"即本体之别称。此本体即生生之仁,儒家内圣之道即体认此仁,操存保任此仁,于人生日用常行中敦笃践履之。这与马一浮的六艺性德论也正好相呼应。此外,熊氏强调,六经之常道无往而不存,不但存于儒家内圣,同样存于其外王。六经之常道表现于外王或治化层面者,有如下诸义:一曰仁以为体;二曰格物为用;三曰诚恕均平为经;四曰随时更化为权;五曰利用厚生,本之正德;六曰道政齐刑,归于礼让;七曰始乎以人治人;八曰极于万物各得其所;九曰终之以群龙无首。① 以上九义既包含熊十力总结的传统儒家外王之道,也包含熊十力自己的政治理想。他通过经典诠释的方法来表达自己的政治理想和政治哲学。

二 哲学视域下的儒学

清末民初,伴随着西学东渐,传统儒学不但日渐式微,且承载儒学人文精神及政教礼俗的经学也在日渐消亡。这一现状既有外来因素的影响,更有自身不可回避的内部因素。就外部因素而言,西方文明及其相关联的学科范式随坚船利炮向古老的中土文明一路袭来,国力的衰落也导致国人对自家文明、文化渐次失去了信心,产生了质疑。随着科举废除,帝制崩溃,经学作为一门学科建制也逐渐退出了历史舞台。其所代表的人文教化等功能也逐渐被新式教育取代。与此同时,随着西方学科体系的引进及新学制的推行,作为经典诠释的经学本身已无处安放自己合适的位置,从而被支离分散在不同的现代学科之下。作为常道且具神圣性与权威性的经学,已不复往日的荣光,从而蜕变为一种碎片化、材料化的知识形态。就内部因素而言,乾嘉考据学派的兴起,使得原本经世致用、移风易俗的经术,逐渐演化为一般注疏、考据的经师、博士之学,其后受西学影响,则更进一步沦为一种经学史的研究。清儒只埋头考据不关义理的学风更托以所谓科学精神,使得经学所承载的人文精神荡然无存。是以熊十力痛批道:"夫有清二百余年之学术,不过

---

① 参见《熊十力全集》第三卷,第581—626页。

拘束于偏枯之考据。于六经之全体大用，毫无所窥。……清世经学已亡。"①

在内外因素的相互逼仄下，儒家经典所赖以流布的传统经学濒临瓦解，儒家经典所承载的人文精神也渐渐被忽略或抛弃，儒家思想面临生死存亡的危机。因此，如何保持儒家经典本身的活力与开放性，从而继续承续其所承载的精神内核，是一个必须面对的时代课题。正是在这一背景下，现代新儒家应运而生，尝试从不同的视角理解和诠释儒家经典，阐释儒家思想所蕴含的人文精神和恒久价值，从而延绵儒学的生命力。在现代新儒家群体中，通过哲学的视角和方法来阐释儒学、叙述儒学，由此推进儒家经典诠释向前发展的代表性人物，有熊十力、唐君毅和牟宗三。

就熊十力而言，前文已言，熊十力延续传统经学的路向阐释儒家经典，注重阐释经学之常道。不过，熊氏阐释经学常道是借助其"新唯识论"或本体论的哲学形上学体系来展开的。可以说，熊氏通过经学与哲学的互诠来展开儒家经典的诠释。首先，熊氏通过经学哲学化的路径诠释经学。其把经学定位为："是学术，不可说为宗教。是哲学，而迥超西学。非宗教，而可代替宗教。"② 熊氏认为，经学即是哲学，是一门不同于西洋哲学且超越西洋哲学的学术，而且可以代替宗教，予人一真实归宿处。其次，熊氏再以哲学经学化的路径提撕哲学，强调"儒者六经之道，方是哲学究极境地"③，经学要归于穷理、尽性、至命，方是哲学之极诣。由此把一般意义上的哲学归本于通本体、宇宙、生命而为一的中土性命之学。通过哲学经学化与经学哲学化的双向会通，熊氏赋予了经学常道以一种新的哲学形上学的理论形态。同时，借助这样一种哲学诠释的桥梁，熊十力驾轻就熟地以现代观念诠释儒家经典，又以儒家经典义理批导现代观念，赋予其经学常道性质的新内涵。"与常见的那种试图通过简单的外来文本移植来获得现代性观念的理路不同，熊十

① 《熊十力全集》第三卷，第568页。
② 《熊十力全集》第三卷，第731页。
③ 《熊十力全集》第三卷，第710页。

力的理路是'返本开新'，包括以经典的诠释来展开现代观念和在经典中发掘现代观念的根据。这两种方式都可以说是现代性与经典话语的相互诠释。结果不但拓宽了经典诠释的空间从而发展了传统哲学，而且通过给现代观念以某种边界和限定从而深化了现代观念。"① 熊十力借助哲学创作而展开的经典诠释，已经不是传统意义上的"我注六经"或"六经注我"，而是一种因应时代问题，创造性地诠释儒家经典，从而力图从儒家经典开出解决现代价值与信仰危机之良药的一种理性自觉。这样一种理性自觉，也影响到了他的两个弟子唐君毅和牟宗三。

相较于熊十力，唐君毅的西方哲学功底更为系统和坚实。他早年就有《中西哲学思想之比较论文集》问世，又有《哲学概论》系统梳理中西方各种哲学形态。唐君毅也善于会通中西哲学尤其是形而上学。在唐君毅处，中土传统学术中也有形而上学，可与西方形而上学相会通。中文语境中的形而上学即来自《易传》中的"形而上者谓之道"一语。中国哲学中的形而上学亦称天道论。"我们称形上学或天道论，为讨论全体或一切实在事物之所共由之道，或普遍表现之原理的一种哲学。"② 按唐君毅的理解，西方哲学中的"Metaphysics"原意为物理学之后，包括 Ontology（本体论）与 Cosmology（宇宙论）。"Ontology 之语根 Onto 指'实有'，Cosmology 之语根 Cosmos 指宇宙。……则西方之此诸名之义，正为研究宇宙万有或全体实在事物共由之道或普遍表现之原理之学。"③ 正是在这样一种中西会通的基础上，唐君毅系统论述了中国哲学中的宇宙论和本体论，宇宙论层面涉及中国哲学中的有无、阴阳、五行、动静、生化、感通方面的理论及宇宙之对偶性，以及心身关系与一多问题的理论。这些大都属于中国传统哲学中的所谓"气化"论者。本体论则涉及心性与天道、天理、天心本身的理论。儒家经典大都与上述本体论中的论题紧密相关。因此，唐君毅特别阐发中国哲学中的心性论一系的形上学意义，发掘其中的人伦孝友之道及尽心知性以知天等的

① 高瑞泉：《易理诠释与哲学创造：以熊十力为例》，《周易研究》2002 年第 2 期。
② 唐君毅：《哲学概论》（下），《唐君毅全集》第二十四卷，第 3 页。
③ 唐君毅：《哲学概论》（下），《唐君毅全集》第二十四卷，第 4 页。

形上学价值，并强调其与人生实践论不相分离。唐君毅晚期更创作皇皇巨著《生命存在与心灵境界》，以生命与心灵贯通世间所有存有之境界，最后归于儒家之天德流行境——尽性立命境，以实现生命与生活的理性化，以彰显儒家的道德理想主义。唐君毅不但注重阐发儒家的形而上学思想，更是从道德、宗教、人文等多领域阐释儒家思想的现代价值。

与唐君毅相似，牟宗三也熟谙西方哲学，并从西方哲学最终转入对中国哲学的研习与诠释，并通过中西哲学的会通来阐发儒家思想的现代意涵。前文已言，牟宗三通过康德哲学与儒学的会通，系统阐发儒家尤其是孟子的道德哲学。他以康德哲学诠释孟子，发掘孟子思想的哲学意蕴，复以孟子思想提撕康德哲学，使其调适而上遂，从而使其哲学义理在客观层面有所推进和发展。这既是以西释中，又是以中化西，从而拓宽了中国哲学尤其是儒家哲学义理诠释的新视域，也树立了中国哲学在中西哲学比较中的主体性地位。牟宗三不但借助康德哲学诠释儒家的道德哲学，更进一步借鉴康德哲学的逻辑架构来构建中国哲学的形上学体系。

借鉴康德哲学现象与物自身的区分，牟宗三通过"良知的坎陷"构建两层存有论，即执的存有论和无执的存有论，前者对应于现象界，后者对应于超越的价值层面的物自身界，前者为开出科学、民主奠定了形上学的基础，后者旨在开出道德的形上学。牟宗三"两层存有论"的提出，旨在推动儒学的第三期发展，从而完成中国文化的现代转型。这一转型具体表现为"内圣开出新外王"。"内圣开出新外王"即由道德主体"坎陷"为知性主体从而开出科学和民主。即通过"良知的坎陷"由道德主体开出知性主体，由知性主体进一步开出知识层面的名数之学（科学）和政治层面的国家政制（民主），这也是牟宗三所设想的儒家第三期发展中的应有之义。通过这样的哲学架构，牟宗三一方面通过中国文化和哲学尤其是儒家哲学提撕西方文化及其哲学，另一方面则借助西方文化及其哲学的理论资源补足中国文化和中国哲学之不足。

熊十力、唐君毅、牟宗三自觉通过哲学展开儒家经典诠释，既是一种延续儒学生命力的新尝试，也是推动儒学深层次发展和转型的新探索。他们对儒家经典的哲学诠释不是一种对于西方哲学的简单复制和牵强比附，而是建立在哲学义理基础上的一种比较和会通。他们对于哲学持一种开放的态度，并不排斥在哲学的视域下理解和诠释儒学。不过，对于以哲学诠释儒学，并不是所有新儒家都赞成。比如，同为新儒家阵营的梁漱溟就对熊十力援引西方哲学诠释儒学表达了不满。① 不过，梁漱溟早年在《东西文化及其哲学》一书中，也曾援引柏格森等西方哲学家的思想阐释儒学，并探讨中国哲学与西方、印度哲学的不同。马一浮极不赞成以哲学理论诠释儒家经典。他说："近世哲学，始有本体论、认识论、经验论、方法论之分，中土圣人之学，内外本末只是一贯。读《大学》便依《大学》实在用力，读《中庸》便依《中庸》实在用力，始有用处。功夫即从本体上来，本体即在功夫上见方是。若如此说去，不出哲学家理论窠臼，仍是没交涉。"② 徐复观虽然以思想史的视角解读儒学，但也并不排斥哲学。他认为西方所谓"哲学"的内容并非一成不变，而是因人、因时代有所不同。中西之间实有共同关注的哲学问题。"希腊以知识为主的哲学，到了斯图噶学派（Stoic school），即变成以人生、道德为主的哲学。而现时哲学的趋向，除了所谓科学的哲学以外，也多转向人生价值等问题方面；则在中国文化主流中，对人生道德问题的探索，及其所得的结论，当然也可以称之为'哲学'。"③ 因此他主张中西哲学思想的会通与互补，但反对以西方哲学的架构来解读中国的哲学思想。其言："我们'简易'的哲学思想，是要求从生命、生活中深透进去，作重新的发现，是否要假借西方玄学式的哲学架子以自重，我非常怀疑。我们在能与西方相通的地方，可以证人心之所同；我们与西方相异的地方，或可以补西方文化之所缺。这也和我们要吸收西方所有，而为我们所没有的，以补我们之所缺，是同样的道理。"④ 可见，徐复观对基于哲学路径的治学方法，持一种开放而审慎的态度。

---

① 参见中国文化书院学术委员会编《梁漱溟全集》第七卷，第734—786页。
② 马一浮：《尔雅台答问续编》，《马一浮全集》第1册，第469页。
③ 徐复观：《中国人性论史·先秦篇》，《徐复观全集》第4册，序第1页注释①。
④ 徐复观：《中国思想史论集》，《徐复观全集》第3册，三版代序第20页。

虽然现代新儒家内部对于儒家经典的哲学化阐释意见不一，但并不妨碍我们对于这一路向的合理化选择。我们仍然认为，儒家经典及其思想的现代诠释，离不开哲学这一重要的诠释视域和诠释路向。景海峰便系统总结了哲学路向对于儒家思想现代诠释的重要意义：

> 儒家思想现代诠释的哲学路向，并不是对西方哲学的简单移植或者粗浅模仿，也不是完全拿西方的哲学来解释中国的传统，更不是中国思想的"西方化"，而是在儒学传统的表达形式被彻底地消解之后，试图找到一种新的媒介和新的载体，把儒家思想的精义用现代人可以理解和接受的方式重新地呈现出来。这个过程本身就是创造性的，既是一种批判，也是一种诠释，正是在批判与诠释的双向互动之中，吸收包括西方哲学在内的新知识来改造传统儒学，以图重建儒家本位的文化系统。①

三 经学诠释与哲学诠释的差异与会通

除了传统的经学诠释以及现代的哲学诠释外，思想史也是儒家经典诠释过程中的一个重要路向。在现代新儒家群体中，徐复观便广泛采用了这一诠释方法来展开对于儒家经典的阐释。本章第一节已有系统论述，这里不再赘言。不过，这里需要再次强调的是，徐复观并非单纯依赖思想史的研究路数，而是兼采哲学义理来展开其相应的儒学诠释。此外，还有必要论析一下经学诠释与哲学诠释的差异与会通，澄清上述关系问题有助于我们后期更明晰地开展相应的经典诠释。

经学诠释与哲学诠释的差异与会通，实质在于经学与哲学本身的差异与会通。一般而言，经学重在通经致用，重在引向实践；哲学重在义理阐发，重在思辨解析；经学强调中土义理的至上性与权威性，而哲学则突显了不同文明或文化脉络下的义理的多元性。

---

① 景海峰：《儒家思想现代诠释的哲学化路径及其意义》，《中国社会科学》2005 年第6 期。

在现代新儒家尤其是马一浮、熊十力看来，经学的核心是义理，或者说是心性义理。两人在以心性义理作为儒家经典诠释的主要取向方面并无二致，但他们在对待经学与哲学的关系方面则持不同的立场。具体而言，马一浮强调经学义理与哲学的差异，坚持经学义理的独立性、完整性、至上性，从而采取完全拒斥哲学的态度。熊十力则在坚持经学义理本身独立性的基础上，通过经学哲学化与哲学经学化的双向互动，积极探索经学与哲学之间的会通，并进一步建构一种具有中土义理特性的中国哲学或儒家哲学。马一浮完全拒斥西方哲学，熊十力及其弟子唐君毅、牟宗三则主张借镜哲学，从而实现中土义理之学与哲学的互补与会通。

马一浮持一种狭隘的哲学观，他径直将哲学等同于西方哲学，又把西方哲学化约为一种习于分析、知解的权说式的学问，认为其与中土强调体用一源、知行合一的义理之学了不相关：

> 中土圣贤之学，道理只是一贯，故体用一源，显微无间，二之则不是。西方自希腊以来，其学无不以分析为能事，正是二体之学。然立说亦有权实，中国以权说显真教，西方则以权说为实体，是他的病痛所在。①

在马一浮看来，西方哲学是一种徒是分析、知解的学问，因其执着于外在性的知识、现象，从而割裂心与物、知与行、本体与现象，因此不能通达真谛。这种分析、知解式的学问只能算是一种权说，但西方哲学将此权说视为实体、实相，便成一种根本错误。中土义理之学则是有本有权，开权显实，一以贯之，因此与西方哲学截然不同。中土义理之学建立在本心的基础之上，而西方哲学则建立在习心的基础之上。本心即道心，是真实无妄、无所依傍、本自具足、不落生死的本源性之心。而习心则是虚妄分别、缘境而生、无有自体、有生有灭的识心、妄心。人之有妄心，在于其分别计较、迷于外境，从而见器不见道，或为唯心

---

① 马一浮：《问学私记》，《马一浮全集》第 1 册，第 730 页。

之说，或为唯物之说，而终不能与道相应。"今言唯心、唯物者，详其分齐，彼所言心皆是器摄。以唯是识心虚妄计度，又较佛氏相宗之言为粗也，故唯见器而不见道。"① 进而言之，本心即性，习心则是一种习气。因此，"性习之别"是马一浮对中土义理之学与哲学所作的根本性的区分。② 义理之学的旨趣在于明德见性、开显性德，而哲学或西方哲学因不能见性，亦复缺少复性、尽性的工夫，从而陷入一种知解与习气之中，而不能通于本源性的性德。是以马一浮对长于思辨、解析的西方哲学采取完全拒斥的态度。

与马一浮同时期的熊十力也注意到了西方哲学的问题，并从根本处把握中西之学的区别：

> 西洋哲学谈本体者，诚不免纷纷猜度，陷于戏论，不能如吾先哲之亲体当发。……凡向外穷索本体者，无论唯心、唯物诸论，总是抛却自家无尽藏，而向外去找万化根源。便是不自承当。此西学根本失处。③

> 以哲学论中国儒学与西学确有不同。西学向外求体，故偏任理智与思辨。儒学在反己而实得本体，故有特殊修养工夫，卒以超越理智，而得证量。④

熊十力并不避谈哲学，也不反对以哲学来论中西之学。他认为哲学就是本体论，西方哲学谈本体者，都是向外穷索，其唯心论或唯物论都是偏任理智与思辨而产生的戏论。在熊十力看来，理智也称量智，量智即推度，当理智或量智起作用时，如不知自反，便与所推度的对象对立为二，由此割裂人我、心物、体用等。中学虽不遗理智，但懂得理智的作用有限，因此并不偏任理智，而更重视反己修养的工夫，从而超越理智，证得本体。这是因为，真正的本体是人我以及天地万物一体之同

---

① 马一浮：《复性书院讲录》，《马一浮全集》第1册，第391页。
② 参见刘乐恒《马一浮六艺论新诠》，第213—217页。
③ 《熊十力全集》第三卷，第751页。
④ 《熊十力全集》第三卷，第752页。

源，既是吾人之真宰，也是天地万物之真宰。而中土经学或儒学即以证本体、见自性为旨归，这是其与西方哲学根本差异处。"夫经学者，旧云圣学。其为道也，以见自性为极。以会物归己为本。以反身而诚，乐无不备，为功修之实。以己立立人，己达达人，极乎裁成辅相，参赞位育，为功修之盛。圣学广大悉备，未始遗知能，而实超过知能之境。此其所以别于宗教，而为哲学之极诣。"① 由此可知，熊十力与马一浮都从心物、人我以及天地万物一体相通的本源状态理解本心或自性，也都认为见性与否是中西之学的根本差异之所在。所不同者，马一浮完全拒斥西方哲学，不承认分析、知解等理智思辨的存在价值，认为其与明德见性、心性修养无关。较之马一浮，熊十力持论则更为开放，他主张以哲学来论中西之学，通过经学哲学化和哲学经学化的双向互动，一方面为经学义理开辟新的诠释空间，另一方面用经学义理重新界定哲学、统摄西方哲学。熊十力并不排斥西方哲学中的理智思辨，只不过要划定其界限，防止其僭越，以免产生"理性的幻象"。熊氏晚年更拟作《量论》，其谓"《量论》早有端绪，原拟为二篇：曰《比量篇》，曰《证量篇》。《比量篇》复分上下。上篇论辨物正辞，实测以坚其据，推理以尽其用。若无实测可据而逞臆推演，鲜不堕于虚妄。此学者所宜谨也"②。"实测以坚其据，推理以尽其用"即类于西方哲学中的理智分析、思辨推度。熊十力肯定哲学中的理智思辨、实测推理，这都是他不同于马一浮的地方。

在对待西方哲学的态度上，熊氏的两个学生唐君毅和牟宗三与其有着同样的立场。他们也都从更宽泛的视野来理解哲学，而非将其限定在西方哲学一隅。可以说，熊十力及其弟子唐君毅、牟宗三都通过建构一种统摄性的"哲学"概念来融通中西之学，从而开辟儒家经典诠释的多重路径。③ 况且即使单就西方哲学而言，其自身也并非只是局限在知解与分析的领域，而是有着更为丰富的内涵，其中就有可与中土义理之

① 《熊十力全集》第三卷，第 710 页。
② 《熊十力全集》第六卷，第 315—316 页。
③ 参见郑宗义《论 20 世纪中国学人对于"中国哲学"的探索与定位》，《儒学、哲学与现代世界》，第 1—28 页。

学相会通者。相较而言，马一浮单纯从经学义理的角度出发诠释中学，显得过于保守，其拒斥哲学的做法，也并不顺应时代潮流。在马一浮看来，中土义理之学是体用一源、一以贯之的。既然如此，那么中土义理之学也应该与知识性、分析性的学问相融通，而这也应是马一浮自己"六艺统摄西来学术"一说所应内蕴的意涵。儒家经典的经学诠释与哲学诠释可以并行不悖，相得益彰，且可以相资为用。统摄兼容而非拒斥哲学式的诠释，才是中土义理之学合理发展的方向。是故，"中国哲学"如果可以成立的话，既应保持经学义理脉络下的作为成德之教的一面，走向生命的学问，同时也应积极吸收作为普遍性哲学的重思辨解析的一面，从而与不同文化脉络下的哲学思想展开对话、交流，同时广泛吸收不同的文明成果，进一步充实自身。

结　语

一　心学的传承与复兴——从孟子到现代新儒家

　　孟子所传者，孔子之学。孔子之教，历百世而不竭，至今仍泽被后人，影响深远。然其学深微广大，不易得其门而入。颜回者，孔门高弟，深得夫子之全体大貌，尚有仰高弥坚、瞻前忽后之慨。子贡者，入列孔门十贤，亦有宗庙之美、百官之富之叹。可见，夫子之道难言也。又，"仲尼没而微言绝，七十子丧而大义乖"①。之后，孔学之精微更难与言。后有孟子出，使其学得而传焉。孟子云："由尧舜至于汤，五百有余岁；若禹、皋陶，则见而知之；若汤，则闻而知之。由汤至于文王，五百有余岁，若伊尹、莱朱，则见而知之；若文王，则闻而知之。由文王至于孔子，五百有余岁，若太公望、散宜生，则见而知之；若孔子，则闻而知之。由孔子而来至于今，百有余岁，去圣人之世若此其未远也，近圣人之居若此其甚也，然而无有乎尔，则亦无有乎尔。"（《尽心下》）由此可见，孟子以孔子之道的传人自居。《史记·孟子荀卿列传》说孟子"受业子思之门人。……退而与万章之徒序《诗》《书》，述仲尼之意，作《孟子》七篇"②。孟子自己也尝言："乃所愿，则学孔子也。"（《公孙丑上》）孟子对孔子推崇备至："自生民以来，未有盛于孔子也。"（《公孙丑上》）孟子种种议论不出夫子之教，只是"十字打开"，使相关义理得以充分开显。与荀子不同，孟子发展出了后世称为

---

① （汉）班固：《汉书》，中华书局1962年版，第1701页。

② （汉）司马迁：《史记》，第2343页。

心学或心性学的一路学脉，现代新儒家正是承此路学脉而来。

　　韩愈在《原道》中首倡道统之说。其言："尧以是传之舜，舜以是传之禹，禹以是传之汤，汤以是传之文、武、周公，文、武、周公传之孔子，孔子传之孟轲；轲之死，不得其传焉。"① 此是以孟子为孔子之正传，由是道统之说起矣。此道统乃中华民族之慧命，修、齐、治、平之枢要，越百世而弥新。王阳明在《朱子晚年定论》序中说："洙、泗之传，至孟氏而息，千五百余年，濂溪、明道始复追寻其续；自后辨析日详，然亦日就支离决裂，旋复淹晦。吾尝深求其故，大抵皆世儒之多言有以乱之。"② 在阳明所列之统序中，宋儒只提濂溪、明道，可见阳明所择之严。阳明尝言："濂溪、明道之后，还是象山，只是粗些。"③虽是粗些，象山之学直承孟子，亦是洙、泗之正传。

　　陆象山纯是孟子学一脉，自谓"因读《孟子》而自得之"④。牟宗三谓其"孟子后唯一能懂孟子，与孟子相应者"⑤。牟氏尝举数端以明象山之学之本于孟子。如"辨志"本于孔孟义利之辨以及孟子之言"士尚志"；"先立其大"本于孟子大体小体之辨；明"本心"本于孟子之言四端之心；"心即理"本于孟子之言"仁义内在"以及"心之所同然"乃至"理义悦心"等；其他如"简易""存养"之说无不外于孟子之教。⑥ 阳明谓象山之学"粗些"，牟氏以为"象山之粗只由其以非分解的方式挥斥'议论'点示'实理'而见"⑦。象山之学归于朴实一途，然朱子曾斥其为"禅"，此有所谓"朱陆之争"，成学术史上一大公案。牟氏就此谓："象山之挥斥议论与非分解方式所示之精神与风格乃是辨端绪之得失下所表现之扭转作用而根本与禅无关。"⑧ 象山重尊德性一路，朱子重道问学一路。前者取一贯之旨，后者走顺取之路。两

① （唐）韩愈：《韩愈集》，中州古籍出版社2010年版，第191页。
② （明）王守仁：《王阳明全集》，第127页。
③ （明）王守仁：《王阳明全集》，第92页。
④ （宋）陆九渊：《陆九渊集》，第471页。
⑤ 牟宗三：《从陆象山到刘蕺山》，《牟宗三先生全集》8，第2页。
⑥ 牟宗三：《从陆象山到刘蕺山》，《牟宗三先生全集》8，第2页。
⑦ 牟宗三：《从陆象山到刘蕺山》，《牟宗三先生全集》8，第18页。
⑧ 牟宗三：《从陆象山到刘蕺山》，《牟宗三先生全集》8，第13页。

方本应相互辉映，以成学思并进之势，然终不免各取一端，渐至扞格不通，以成相争之势，甚可惜也。牟宗三更以象山为正宗，以朱子为"别子为宗"，此仍是以《孟子》心学一脉分判之。总之，象山之学皆本孟子而发，相较孟子，其学更是"十字打开"，坦然明白。

王阳明亦属孟子学一脉。牟宗三的《从陆象山到刘蕺山》第三章第一节题为"王学是孟子学"。他说王阳明，"其学之义理系统客观地说乃属于孟子学者亦无疑"①。阳明言"良知"实本于孟子"良知""良能"之说而来。所以牟氏说："孟子所说之本心、所说之良知，亦只有如阳明之所悟者始能定得住，而孟子之实义亦实如此也。"② 阳明说："良知只是一个天理，自然明觉发见处，只是一个真诚恻怛，便是他本体。故致此良知之真诚恻怛，以事亲便是孝；致此良知之真诚恻怛，以从兄便是弟；致此良知之真诚恻怛，以事君便是忠。只是一个良知，一个真诚恻怛。"③ 阳明把良知与天理相联系、贯通，实与孟子"尽心知性知天"之说相发明。其致良知之教亦是从孟子集义之说而来。阳明说："在孟子言必有事焉，则君子之学终身只是集义一事。义者宜也。心得其宜之谓义。能致良知，则心得其宜矣，故集义亦只是致良知。"④ 集义即是由仁义行，即是把此仁义之心推至事事物物，也即阳明说的致良知。而致良知即致良知之天理于事事物物，使之皆得其宜。孟子的集义之说与义袭之说相对，实已涵着良知即天理或心即理的义理内涵。因此，阳明说的"心即理"（象山已发此论）就是对孟子集义说的一种更明白、更善巧的表述。阳明阐扬"心即理"之说，就是为了防止人们认"理"为外，防止"义袭"之弊。他尝言："天下无性外之理，无性外之物。学之不明，皆由世之儒者认理为外，认物为外，而不知义外之说，孟子盖尝辟之，乃至袭陷其内而不觉，岂非亦有似是而难明者欤？不可以不察也。"⑤ 阳明又说："夫人者，天地之心。天地

---

① 牟宗三：《从陆象山到刘蕺山》，《牟宗三先生全集》8，第178页。
② 牟宗三：《从陆象山到刘蕺山》，《牟宗三先生全集》8，第182页。
③ （明）王守仁：《王阳明全集》，第84页。
④ （明）王守仁：《王阳明全集》，第73页。
⑤ （明）王守仁：《王阳明全集》，第77页。

万物，本吾一体者也。……世之君子惟务致其良知，则自能公是非，同好恶，视人犹己，视国犹家，而以天地万物为一体，求天下无治，不可得矣。"① 上面一番议论，更有孟子"万物皆备于我"之意，圣贤之心同理同、一脉相承，不亦甚彰明较著乎？

陆象山、王阳明皆属孟子心学一脉，从陆王至现代新儒家，心性之学又得一兴。有清一代，心性义理几遭淹没，至现代新儒学之兴起，始又开一端续。如果说，宋代理学的兴起，是面对佛老所形成的一场儒学的"形上学"运动，那么，现代新儒学的兴起，则是面对西学冲击而自觉发起的另一场"形上学"运动。

梁漱溟是实践型的儒者，他早年研习佛学，后因思索人生与人心问题而由佛入儒，进而专注人生问题与中国问题，以一个儒者的身份投身祖国的乡村建设等实践中去，并为传统文化的复兴而不断奔走呐喊。在学术层面，梁氏从文化与伦理层面接续儒家心性之学，以文化理性的自觉定位传统儒学。他不但以理性诠释儒家的道德心性之学，且以理性定位中国的文化特质和民族精神，并从儒家的心性论与工夫论出发，开显儒家"通乎万有而为一"的生命哲学。

马一浮以六艺论定位中国传统学术。他通过传统判教的方式，以六艺来统摄中土一切学术，并将六艺统摄于一心。他通过对性德以及六艺之道的阐释来接续儒家的心性之学。马一浮认为，吾人性德本自具足，六艺本是吾人性分内本具之事，六艺之道即此性德中自然流出之理，是一心之全体大用。其言："此理自然流出诸德，故亦名为天德。见诸行事，则为王道。六艺者，即此天德王道之所表显。故一切道术皆统摄于六艺，而六艺实统摄于一心，即是一心之全体大用也。"② 六艺之道作为一心之全体大用，开显出一个义理充盈、合理有序的生活世界。其言："今人亦知人类须求合理的生活，亦曰正常生活，须知六艺之教即是人类合理的正常生活，不是偏重考古，徒资言说而于实际生活相远的

---

① （明）王守仁：《王阳明全集》，第 79 页。
② 马一浮：《泰和宜山会语》，《马一浮全集》第 1 册，第 16 页。

事。"① 通过阐释作为一心之全体大用的六艺之道或六艺之教，马一浮把儒家性德（心性）所涵藏的无量意蕴层层开显，由此激活儒家心性之学的生命力。

熊十力更是秉承孟子心学一脉。其所造《新唯识论》之义理精神即多本于孟子。牟宗三说："熊先生此书，其理论规模大半有所资于佛家，而宗旨则为儒家。儒家义理规模与境界俱见于《易经》与《孟子》，而熊先生即融摄《孟子》、陆王与《易经》而为一。以《易经》开扩《孟子》，复以《孟子》陆王之心学收摄《易经》。直探造化之本，露无我无人之法体。法体即本心。本心亦寂静亦刚健，故为造化之源，引发生生不息。"② 熊子融摄包括孟子在内的儒家义理，与西学相对勘、切磋，把儒家义理演绎成了一套规模宏大、气象万千的本体形上学，以此激活儒学在当下的生命力。

现代新儒家中的牟宗三，其学思乃从西学而归宗于儒家，重开生命的学问。牟氏有着很强的民族文化之担当，自觉为华夏学脉续传慧命。牟宗三对儒学之种种说法，可谓承孟子来而更有进者。他说："孟子所以'十字打开'以立者容有未尽处，容有使后学难懂处，容有随时代推进牵涉新问题而须进一步厘清与比决者，凡此皆须后继者随时代需要重新分解以建立之。"③ 牟宗三之所作，就是承时代的新问题与需要而对孟子学予以哲学的理解与诠释。对于儒释道，牟宗三皆以哲学之形态予以新的诠释与发明。不过，牟宗三既然为现代新儒家的代表，其所最为阐扬者仍是儒学，尤其是心学一脉。牟氏身处时代之大变局中，以一书生之力，以学统传道统，身体力行，开创了孔孟之学的新气象。

在牟氏心中，自己庶几能接上孟子之矩镬。他说："孟子之槃槃大才确定了内圣之学之弘规，然自孟子后，除陆象山与王阳明外，很少有能接得上者。"④ 牟氏通过康德哲学对孟子义理予以现代方式的解读。

---

① 马一浮：《泰和宜山会语》，《马一浮全集》第 1 册，第 15 页。
② 牟宗三：《生命的学问》，广西师范出版社 2005 年版，第 91 页。
③ 牟宗三：《从陆象山到刘蕺山》，《牟宗三先生全集》8，第 3 页。
④ 牟宗三：《从陆象山到刘蕺山》，《牟宗三先生全集》8，第 178 页。

牟宗三对孟子的真正了解有一曲折的过程，他是通过研习康德哲学转而真正认识孟子。牟氏自言："当我由逻辑的追求而敲开康德哲学之门时，我同时也了解了孟子以及陆王一系的学问。"① 牟氏竟是通过康德哲学上接孟子心学一脉，可见康德哲学确有与儒门会通之处。

与牟宗三的学思进路相仿，唐君毅也是由泛览西学而终归宗于孔孟儒门。其思想历程乃"由西方唯心论（德国理想主义）承接至东方哲学，领悟到先秦儒家、宋明理学、佛学又有超过西方唯心论者之处，终归于超越现实一切的道德自我或者说良知、价值意识的绝大肯定"②。通过贯通中西学术之大系，唐氏试图构建自己的文化哲学，以"道德自我"或"道德理性"为纲统贯中西哲学、宗教、文化之大宗。其思想可谓中西道德理想主义的综合与再创。"他继承了孟子的性善论和宋儒'本心性以论文化'的传统，明体达用，立本持末，依性与天道立人极，即先立乎其大者，突出德性之本源，以统摄文化之大用。"③ 其创建的"生命三向与心灵九境"的庞大哲学体系亦以"道德自我"为基础，凡此皆可看出孟子心学对其产生的影响。

徐复观的心性史观对孔孟心性之学承续与发明甚多。徐氏以为中国文化最基本的特征乃在心的文化，人心乃一切道德活动、政治活动、艺术活动等的根源。徐氏极推崇孟子的性善论。他说："孟子所说的性善，实际便是心善。经过此一点醒后，每一个人皆可在自己的心上当下认取善的根苗，而无须向外凭空悬拟。中国文化发展的性格，是从上向下落，从外向内收的性格。由下落以后而再向上升起以言天命，此天命实乃道德所达到之境界，实即道德自身之无限性。由内收以后而再向外扩充以言天下国家，此天下国家实乃道德实践之对象，实即道德自身之客观性、构造性。"④ 道德自身之无限性与客观性用孟子的话说就是"万物皆备于我"，孟子性善之说即为此奠定了坚实的根基。徐氏着重阐发孟子心性之学在现代社会的奠基作用。人之心性即是各人自己安身立命

---

① 牟宗三：《牟宗三先生晚期文集》，《牟宗三先生全集》27，第43页。
② 苏子敬：《唐君毅孟学诠释之系统研究》，第13页。
③ 郭齐勇：《中国哲学智慧的探索》，第301页。
④ 徐复观：《中国人性论史·先秦篇》，《徐复观全集》第4册，第146页。

之本，亦是一切道德实践活动乃至政治、艺术活动之源。内圣外王可说都以人之心性为本。由人之本心成就君子人格，凸显人之道德主体，确立内圣之一面；把孟子性善论推扩至政治层面即是其"仁政"学说，成就外王之一面。且在人的具体生命之心性中，不但可发掘出道德的根源、人生价值的根源，亦可发掘出艺术的根源，把握精神的自由解放，成就伟大的艺术作品。

总之，孟子心学经两汉沉寂，至唐韩愈倡道统之说而一明，又至宋代而得大兴，及至元明清时期或明或暗，逮至现当代又得一兴，而现代新儒家倡导之功可谓大矣。传孔孟心性之慧命于今世，挺道德理性之生命于当下，现代新儒家功不可没。

二 现代新儒家孟子学的局限与展望

现代新儒家兴起于中华内忧外患之际，振拔于民族救亡图存之间。文化之兴衰或有其时，国运之发展亦概莫能外。然中华文明绵延五千年，至今日而犹存，端赖乎其超拔之精神与独特之文化。近现代以来，面对西方世界的文明冲击以及民族固有文化之衰颓，一批有识之士奋而起之，为中华文明之复兴与文化之崛起奔走呼号。现代新儒家正是这样的一批仁人志士。他们以重建儒学为己任，以心性之学作为儒学的根本精神。而心性之学的精髓便在孟子一系。现代新儒家更是孟子心性之学的现代传人。他们从不同视角诠释孟子的心性说，以为此是立人之本、安邦之要，儒家内圣外王之枢要盖存此焉。

现代新儒家分别从经学、哲学、思想文化等多角度阐发孟子思想，使其义理得以在当下开显，贡献不可谓不大，但也存在很大的局限。这主要体现在三个方面：一是围绕孔孟儒学作中西哲学会通时（主要指牟宗三），比较对象仅停留在德国古典哲学（即康德）上，而未能上溯至西方古典时期的哲学（即古希腊哲学），下开与西方现象学的比较，比较视野过于狭隘、单一；二是过分局限在孟子心性学一面，对孟子及儒家的外王学阐发不够充分；三是未能充分阐发孟子的经学思想。下面我们一一申说。

现代新儒家孟子学研究的第一个不足表现在中西哲学比较的狭隘性上。在现代新儒家中，较之乃师熊十力，唐、牟、徐都有很好的西学背景，他们都善于以西学会通中学，以现代的学术话语诠表先秦儒学之古义，这点牟宗三尤其做得出色。他通过对康德哲学的深入理解来重新审视中国哲学（主要是孟子学与宋明理学），重建中国哲学的现代特性，凸显中国哲学独特的风貌。但略感遗憾的是，牟氏的西学视角仅停留在康德哲学上，而未能把目光投向西方哲学的发源地——古希腊哲学，未能把握西方哲学的另一个精华之所在。要之，古希腊哲学才是康德所谓真正的哲学即实践的智慧学的发源地。康德哲学属于德国古典哲学，其哲学特色即是擅长建构思辨的哲学体系，牟宗三受此影响，亦试图构建儒学的道德形上学。然不论在西方古希腊时期抑或中国先秦时期，哲人们并不重视对哲学体系的构建，他们重视的是对于德性的追求，对于实践的智慧学的探索。牟氏即谓中国传统的哲学就是实践的智慧学。牟宗三说："照康德讲，哲学的古义，古希腊的意义，哲学就是爱智慧，什么叫智慧呢？这有确定的意义，向往最高善，这才叫做智慧。向往最高善，而且要通过实践衷心追求它，这才叫做爱智慧。所以，康德从这个意思讲，哲学的古义是实践的智慧学。"① 这种实践的智慧学，其目标在于成德本身，在于成就人之为人的理想社会。因此，不论是牟氏所谓的康德的道德底形上学，还是牟氏自己的道德的形上学，虽然旨趣都在于成就道德本身，但其方式与实践的智慧学已渐行渐远，渐渐疏离了"成德"自身。

诚然，牟氏建构儒家的道德形上学有其良苦用心，他要通过此项工作挺立人的道德主体、说明天地万物之存在，试图以这种道德形上学贯通道德与存有，为天地人确立"道德"的根基。通过这一富有现代特性的哲学架构来说明儒学的现代价值。但我们可以说，这即是牟氏的儒学诠释成功之所在，也是其缺失之所在。牟氏犯了一个和黑格尔类似的错误，即想通过构建一套道德形上学（尽管不同于西方逻辑思辨式的形

① 牟宗三:《四因说演讲录》,《牟宗三先生全集》31, 第109页。

上学）来囊括世间万有，说明一切义理之所在，然而这是徒劳的，任何对真理的终结都意味着自己理论的终结。试问，我们有几人能住进这富丽堂皇的哲学大厦呢？那些哲学大厦的建造者不也仅栖身在大厦旁的一间小屋内吗？劳思光把目前的儒学研究区分为成德之学与"描述"一套德性的道德形上学。他认为成德之学才是儒学的根本，离开了成德之学就不算是真的儒学。他就此批评牟宗三，谓其研究成果（建构道德的形上学）虽有其自身的理论价值，但终不能与成德之学混为一谈。他说："一方面吸收了西方哲学理论的方式，譬如借用康德第二批判的一些观念，加以改变用以解释儒学，构造道德形上学；而就另一方面而言，这样做同时也是将中国哲学中最有特色的一部分丢弃。因为若无实际的成德之学，即便讲理论十分细腻精巧，但实际上的意志状态却与常人无异，于是显不出自我转化的成果，便不能说是中国哲学的出路。"①劳氏并非不注意儒家的形上学或天道观，但他以为讲儒学就应将其理论效力（theoretical power）最强的一部分发挥出来，而他认为成德之学即属于这部分。

　　所以，我们围绕先秦儒学所做的会通工作一定要与西方古希腊哲学传统相对接。这不但因着两者时代的相近，都属于所谓"轴心时期"，更在于无论是先秦的孔孟还是古希腊的苏格拉底、柏拉图，他们都无意建构哲学体系，他们更在乎对德性以及真理的探求本身，他们在真正实践作为智慧学的哲学。故而，具有形上特征的性与天道在夫子那里常不可得而闻。孔子甚至说："予欲无言。"又说："天何言哉？四时行焉，百物生焉，天何言哉？"（《论语·阳货》）孔子希望弟子们能真正地学而时习之，真正地去立身实践，而不是空讲一套义理。苏格拉底更不注重宣讲什么哲学体系，他更致力于通过与人们的交谈教导人们自己去思考，并以自己的立身行事做世人的楷模。"苏格拉底自称不建立任何学派。他没有可供传授的哲学体系，也没有别人可予以发展的体系。从他

---

　　①　劳思光：《对中国哲学研究之省思——困境与出路》，《中国文哲研究通讯》第二十卷·第二期。

那里只可能学到'哲理的探讨'，那就是对于人生的意义和目的细细思量。"① 看来，苏格拉底崇尚的不是什么现成的真理，而是对于人生真理的孜孜不倦的探索。所以，施特劳斯会说："从根本上讲，哲学并不拥有真理，而是探求真理"②。在探求真理的过程中，人们不断完善自己的德性、品格，实践生活的智慧。于此，苏格拉底不但身体力行，而且影响着当时他身边的人以及后世之人。色诺芬见证了"苏格拉底如何通过他自己的为人以及他对那些和他交游的人们的谈话而使他们获得益处"③。德国的莱辛可以称为这样一位探索真理、成就高尚品格的人。他说："人的价值并非来自一个人所掌握或者妄自认为掌握的真理，而是他为探索真理所付出的真诚努力。一个人要增长自己的完美品格的力量，不能靠占有真理，只能靠探索真理。占有只会使人静止、怠惰、骄傲。假若上帝的右手握着所有真理，左手握有唯一的、不断躁动的追求真理的冲动，而且带有时时甚而总是使我陷入迷误这一附加条件，然后对我说：选吧！我会恭顺地扑向他的左手，并说：我父，给我吧！纯然的真理只属于你自己！"④ 歌德在谈到莱辛时说："我们所缺乏的是一个像莱辛似的人，莱辛之所以伟大，全凭他的人格和坚定性！那样聪明博学的人到处都是，但是哪里找得出那样的人格呢！"⑤ 莱辛不在乎占有现成的真理，他更在乎探索真理的过程本身以及在此过程中所能成就的人格。这不就是孔子所常说的"学而时习之"以及"学而不厌，诲人不倦"吗，亦不正是孟子所谓的君子的终身之忧吗！孟子说："君子有终身之忧，无一朝之患也。乃若所忧则有之：舜，人也；我，亦人也。舜为法于天下，可传于后世，我由未免为乡人也，是则可忧也。忧之如何？如舜而已矣。若夫君子所患则亡矣。非仁无为也，非礼无行也。如

---

① ［德］爱德华·策勒尔：《古希腊哲学史纲》，翁绍军译，上海人民出版社2007年版，第117页。

② ［美］列奥·施特劳斯：《什么是政治哲学》，李世祥等译，华夏出版社2011年版，第2页。

③ ［古希腊］色诺芬：《回忆苏格拉底》，吴永泉译，商务印书馆2010年版，第22页。

④ ［德］莱辛：《第二次答辩》，《历史与启示——莱辛神学文选》，朱雁冰译，华夏出版社2006年版，第79—80页。

⑤ ［德］爱克曼辑录：《歌德谈话录》，朱光潜译，人民文学出版社1982年版，第92页。

有一朝之患，则君子不患矣。"（《离娄下》）所以，我们并非仅仅学习古代圣哲的学问，更重要的是学习他们的为人，此即《周易》大畜卦《象传》所言"君子以多识前言往行，以畜其德"。关键在于成就德性本身，而不只是成就一套哲学式的论说。要之，中西哲学的会通还应回溯至古典时期，把会通放在这种实践的智慧学上，而非哲学体系的论说上，这可以成为中西哲学会通的一个新的方向。

现代新儒家孟子学研究的第二个不足，是过分强调心性一面，而未能充分阐发孟子及先秦儒家的外王思想。蒋庆说："新儒学关心生命心性，还儒学的本来之义，本无可厚非，但新儒学在关注生命与心性时，出于孤臣孽子的激愤心情，表现出了一种极端化的倾向，这种极端化的倾向使新儒学不能越出生命与心性一步，而是萎缩在生命与心性的领域内优游涵泳，潜沉玩索，最终未能开出新儒学所希望开出的新外王。"①蒋氏的说法未免过激，但现代新儒家确实过分强调心性，而未能充分发挥孟子及先秦儒家的外王思想。先秦儒家所传六经都有非常丰富的外王思想，值得我们今人努力去探索。这方面，唐、牟、徐的老师熊十力倒做了不少工作。熊十力在《论六经》《读经示要》等论著中对先秦儒家的外王思想撮其大要而论列之，阐幽发微，常发前人所未发。可惜，熊十力的弟子都未能在这一方面承继其业。徐复观虽较关注孟子及整个儒家的外王思想，然仍嫌不足，惜其未能统贯而系统展开。至于唐君毅、牟宗三，虽对儒家外王思想有所论及②，但还是更多地把重心放在了心性论上。系统阐发先秦儒家的外王思想，开显其现实意义，同时开出一条适合中国发展的新外王的路子，则是当下儒学发展不能回避的问题。

现代新儒家孟子学研究的第三个不足，是未能充分阐发孟子的经学思想。所谓孟子的经学思想，即从六经的脉络阐释孟子思想中的经术与义理，从而发掘其有助于当下的思想资源。这些经学义理经过现代学术

---

①　蒋庆：《政治儒学——当代儒学的转向、特质与发展》（修订本），福建教育出版社2014年版，第20—21页。

②　牟宗三有所谓的"新外王三书"：《历史哲学》《道德的理想主义》《政道与治道》，但多是其哲学义理的架构，且集中在"民主政治"这一"新外王"层面，而没有如乃师熊十力那样对儒家经典中的传统外王思想作系统的疏解与发明。

的演绎，可以进一步引申出丰富的理论形态。比如，从孟子的《诗》《书》学，阐发孟子诗教、书教及其中所蕴含的政治哲学；从孟子的《易》学，阐发孟子通变知几的实践哲学及关于天道、人道的道德形上学；从孟子的《公羊》学，阐释孟子所掘发的春秋大义及其中所蕴含的正义论，等等。① 马一浮虽然重视孟子经术，但也只是引而不发，未能充分展开。熊十力在论著中尝言及孟子的经学思想，但也不够系统全面。因此，系统而深入地研究孟子的经学思想，应该成为今后孟子学研究的一块重要领域。

总之，现代新儒家的孟子学对于儒学在当下的回归与复兴可谓厥功甚伟，但其相关研究还是有很多未尽之处，有待于我们今人继续努力。比如，除经学、哲学以及思想史的研究视角外，我们还可以尝试从政治学、法学、社会学、人类学等多个学科视角去重新审视孟子思想，从中探寻有益于我们当下的理论资源。此外，包括孟子学在内的整个儒学传统，如何实现自身的创造性转化，也是我们必须面对的问题。

三　批判与调适——儒学的创造性转化

中国传统文化源远流长，以儒家思想为其主脉，历经两千余年而不绝。然自清末以来，西方文化大量涌入，冲击着中华古老的文明结构，中国遭遇"数千年未有之变局"。面对此文明冲突，我们该如何应对？近代的张之洞有著名的"中学为体，西学为用"的说法，当代学者李泽厚则提出了"西学为体，中学为用"的策略，哪种方案更适合于中国未来的发展？可谓众说纷纭。面对中华文明的此种困境，现代新儒家也提出了自己的思考。牟宗三便提出了儒学第三期的构想。牟氏把儒学在历史上的发展划分为三个阶段。从先秦至东汉末年为儒学发展的第一个阶段，宋明理学为儒学发展的第二个阶段，20 世纪以后的儒学发展

---

① 关于孟子的正义论，相关研究参见郭齐勇《孟子与儒家的正义论》，载庞朴主编《儒林》第三辑，山东大学出版社 2006 年版；郭齐勇《原始儒家的正义论——以〈孟子〉为中心》，《中国哲学智慧的探索》，中华书局 2008 年版；黄玉顺《中国正义论的形成——周孔孟荀的制度伦理学传统》，东方出版社 2015 年版。

则是儒学发展的第三个阶段。① 牟氏认为，儒学第三个阶段的当前使命
即是开"新外王"，即开科学与民主。至于如何开出，牟氏取其所谓
"良知坎陷"说。"良知坎陷"说即所谓由良知转出知性，以此成就科
学与民主。

　　儒学开新外王可说是儒学现代化的一种积极的表现。不过，我们这
里更愿意采用儒学的创造性转化这一说法，以与儒学的现代化相区别。
儒学的创造性转化可以兼容儒学的现代化，并对治现代化过程中产生的
种种问题，从而进一步推进儒学在现时代的发展。在探讨儒学的创造性
转化之前，我们须先确定儒学的内涵与构成，唯有如此，讨论才能有的
放矢，以免陷入空论。牟宗三指出，儒家之"道"具有两方面的涵义：
"一、仁义并建之主动的理性，由人性通神性所定之理性；二、即此历
史文化之肯定，视历史文化为实现'道'者。"② 历史文化即表现为一
种政治社会之组织。牟氏所谓儒家之"道"的第一个涵义相应于儒家
内圣之学，第二个涵义相应于儒家外王之学。我们这里即以儒家的内圣
之学与外王之学作为儒学的两种构成，并以儒学的这两种构成为基础来
探讨儒学的创造性转化。我们在此所谓儒学的创造性转化包括两方面，
一是传统儒学对于当下社会的批判与调适，二是传统儒学的自我批判、
转化与变通，同时具备多元开放的思想胸襟，充分吸收外来思想资源，
从而不断充实自身。且上述两方面既要保持一种张力，也要维持一种适
度的平衡。

　　我们先来探讨一下现代化或现代性的问题。现代化是随着西方现代
文化的兴起而产生的一股浪潮，这股浪潮带有一种世俗化的倾向。这种
世俗化导致人不再追求德性本身，社会不再以"至善"为目标，整个
社会流于庸俗与低劣。这股浪潮在带给西方世界表面繁荣的同时，内部
却已危机四伏。斯宾格勒那本著名的书——《西方的没落》便探讨了
这种现代性的没落。斯宾格勒所理解的西方并非我们惯常所谓源于古希
腊的西方文明，而是一种公元 1000 年左右出现在北欧的文化，它所包

---

① 参见牟宗三《政道与治道》，《牟宗三先生全集》10，新版序第 6—19 页。
② 牟宗三：《道德的理想主义》，《牟宗三先生全集》9，第 7 页。

括的首先就是现代西方文化。① 施特劳斯把这种西方的没落称为现代性的危机。要深入剖析现代性的危机，还须先了解现代性的特性。"现代性"表现为两股强势的思潮：即实证主义与历史主义。"根据实证主义的观点，只有现代自然科学所定义的科学知识才是真正的知识。这里至关重要的含义就在于，一切有关价值的断言都不能认为有效，只不过是纯粹主观性的断言。另一方面，根据历史主义的观点，事实与价值的区分最终是站不住脚的，因为理论性理解的诸最高原则（即通常所说的'范畴'）与实践的诸最高原则（即一般所说的'价值'）不可分离，还因为那种由种种范畴和价值构成的'体系'是历史性的或可变的：没有唯一正确的范畴和价值体系。"② 这样一来，客观的价值体系便不复存在，由此带来的将是人的存在危机与信仰危机。因此，在施特劳斯看来，这两者势必与古典政治哲学相冲突，因为后者试图发现并制定人之为人的目的。

我们再来回顾一下中国近现代以来的现代化历程。中国近现代以来的所谓现代化其实是一种被动的、被现代化的过程，它是以西方现代文化为中心，而不知这一现代文化本身已出现诸多危机，且现代文化也并不能代表全部的西方文明。在西学东渐的过程中，我们一开始接触且大力引介的，是西方启蒙运动之后兴起的现代文化，反而忽略了西方启蒙运动之前的更有价值的思想系统。③ 在中国现代化的过程中，现代文化中的实证主义与历史主义侵蚀着中国固有的价值理念与伦理结构，吞噬着中国的传统文明。但我们似乎以为这是理所当然，以为这就是现代化，这就是进步，殊不知这正是文化没落的征兆。郭齐勇说："近现代中国文化史给我们的教训是：现代化与西方化、传统政治架构与文化价值理念、传统制度文明及社会文化习俗中的局限性与可继承性、传统精

① 参见［美］列奥·施特劳斯《现代性的三次浪潮》，《苏格拉底问题与现代性——施特劳斯讲演与论文集：卷二》，刘小枫、彭磊、丁耘等译，华夏出版社 2008 年版，第 32 页。
② ［美］列奥·施特劳斯：《政治哲学的危机》，《苏格拉底问题与现代性——施特劳斯讲演与论文集：卷二》，第 17 页。
③ 参见林毓生《中国传统的创造性转化》（增订本），生活·读书·新知三联书店 2011年版，第 61 页注［1］。

神文明中的时代限制与永恒价值、时代性与民族性，本来都是可以分析
开来的，但是我们在紧迫的环境下，与传统文化全面彻底决裂，尽弃故
我，在盲目的、单维的思想范式下，顾此失彼，几乎丧失了精神的终极
关怀与中国自身制度文明、精神文明中的瑰宝。中国的启蒙，到了应当
反思的时候了。"① 这样的启蒙、这样的现代化确实值得反思。现代文
化中的实证主义与历史主义对儒家伦理构成了极大的威胁，儒家伦理所
认为的常道、大义面临着极大的挑战。我们该如何应对？在西方世界，
施特劳斯重新唤起了古典政治哲学的生命，他以古希腊时期的古典政治
哲学为依托，揭露并批判现代性的种种危机与弊端，他还以古希腊时期
的哲人为智识上的指引，力求找寻往日人之为人的德性与尊严。再回头
看我们自己，我们的传统儒学在如何应对现代化浪潮的问题上，其实可
以试着借鉴一下施特劳斯。正因为现代化或现代性本身已经问题重重，
因此，我们更愿意强调儒学的创造性转化，而非儒学的现代化。儒学的
创造性转化不同于儒学的现代化。儒学的创造性转化，意在以传统儒学
为主导。不过，这里需要强调的是，对现代性的批判与反思，并非完全
摒弃所有现代文化，而是在充分吸收现代文化成果的基础上，充分认识
到现代文化存在的弊端及不良倾向，然后通过传统儒学对之加以批导，
从而实现对现代文化的超化。

在儒学的创造性转化过程中，传统儒学须始终居于主动而非被动的
地位。如前所述，儒学的创造性转化包括两个方面，其中一个方面就是
对于当下社会的批判与调适，尤其是对现代文化的批判与调适。施特劳
斯以古典政治哲学批判当下的西方世界，我们则以自家固有的传统儒学
批判当下。对当下社会的批判首先就包括对现代文化中存在的弊端加以
批判。现代文化中的实证主义与历史主义观念的泛滥先行导致了对价值
世界与人文世界的拒斥与背离，导致的是一种价值的相对主义与历史的
虚无主义。实证主义也即科学主义，科学主义试图以自身的科学意识、
实证原则凌驾于人类生活的各个层面，而没有意识到自身的界限与局
限。科学主义在人类生活中的肆意扩张，进一步加剧了人的物化以及人

---

① 郭齐勇：《儒学与现代化的新探讨》，商务印书馆 2015 年版，第 198 页。

类生活的物化。唐君毅即对此有极强的警觉。他说："近代文化之弊端，由于人之只根据一时之科学结论以形成其宇宙观人生观与科学技术运用之不当，乃使人不免背离整个之人文，面向自然，物化人生。"① 在唐君毅看来，科学只是人文之一种，只是人类文化意识中的一种意识，也只是人类生活的一个层面，科学不能代替全副人类的生活世界。因此，他主张以人文全体发展的理念，代替科学至上的理念。唐君毅进一步说："我们将以其他人生意识限制科学意识，以建基于其他人类文化意识，如宗教经验、道德经验、艺术经验之宇宙观，限制只建基于一时科学结论之宇宙观。我们之理想的世界，理想的人生标准，依于我们之看重整个的人生，多方面之人生要求，与人性之全体。这种看重整个人文，多方面之人生要求，与人性之全体之精神，大体上来说正是东西传统学术文化之正流之共同精神。"② 唐君毅借以批判现代文化之弊端及建构人文精神的资源，多来自中国的传统文化，尤其是传统儒学。唐氏"通过提炼中国人文精神的资源，即强调人之所以为人者应有其客观价值或意义，来对治现代文化使人物化的危机，以传统的重释批判现代"③。儒学创造性转化中的第一个层面，就是接续唐君毅所做的上述工作，即以传统的重释批判现代。

传统儒学首先是一种心性之学，心性之学所体现的仁义礼智以及"亲亲""忠恕"等即是常道，这种常道超越时空，不是实证主义与历史主义观念所能抹杀的。中国的六艺之教亦是常道。阳明先生说："唐、虞以上之治，后世不可复也，略之可也；三代以下之治，后世不可法也，削之可也；惟三代之治可行。然而世之论三代者不明其本，而徒事其末，则亦不可复矣！"④ 三代之本为何，即在循天理而行，成就德性本身。以传统儒家之常道批判当下流俗之风，使其趋于雅致，还民间社会固有之礼俗，使亲爱和平之风回归乡土、回归当下生活，当是每个国

---

① 唐君毅：《人文精神之重建》，《唐君毅全集》第十卷，第31页。
② 唐君毅：《人文精神之重建》，《唐君毅全集》第十卷，第32页。
③ 郑宗义：《论唐君毅对现代文化的省思》，台湾《"中央大学"人文学报》第六十六期，2018年12月。
④ （明）王守仁：《王阳明全集》，第10页。

人之所愿。传统儒学不但要批判现代化思潮中的相对主义与虚无主义，还要对当下社会中的种种低劣、愚昧、蛊惑大众的思潮持批判的姿态。传统儒学作为一种心性之学，目的就在使人明明德，明白自己的德性，自立而立人，己达而达人，先觉觉后觉，兴起人人之心志。如此，流俗、愚昧之风自然消弭。除了对于不良社会风气的批判，传统儒学还可以对当下政治建制的缺陷、政府政策的缺失等政治层面的建构进行批判，并以儒家之常道给予补充、指导。除了批判的层面，传统儒学还可以积极的对当下的社会发展给予指导与调节，同时回应当下社会对于自身的诘问，积极参与当下时代问题的思考。在当下社会，伦理道德日渐衰颓，尤其在当今这个职业分途、市场主导的经济社会，职业伦理更是屡遭重创。此时，传统儒学就应自觉地担负起重建人伦社会的重任。传统儒学不但包括心性层面的内圣之学，还包括政治层面的外王之道，这表现为一种历史文化，其中便内含丰富的传统伦理规范。这些传统伦理规范可以有效地指导我们当下社会的伦理重建，并为当今经济社会中的职业伦理的建立奠定坚实的理论与实践基础。传统儒学不仅可以指导当下的伦理重建，还可以指导、调节当下的法治建设，以儒家之"礼义"调节一般性的"法律"，或以儒家之"礼义"入当今之"法"。法治作为一般性的治理原则总有捉襟见肘的时候，如有时就会面临程序正义与实质正义的冲突，这时就需要儒家伦理给予补充或平衡，在实现实质正义的同时又不会伤及程序正义本身，使当下的法治建设日趋完善。

　　传统儒学不但要对当下社会有所批判与调适，使其趋于完善，同时还要进行自我批判与转化，并积极吸收现代文化中的文明成果，从而进一步适应当下社会的发展。这便是儒学创造性转化的第二个层面，这也是在传统儒学大义、大原则不变的条件下的一种自我变通与调整。同时也是儒家经典《周易》中的应有之义，所谓"《易》之为书也不可远，为道也屡迁，变动不居，周流六虚，上下无常，刚柔相易，不可为典要，唯变所适"（《易·系辞下》）。牟宗三通过"良知坎陷"解决内圣开出新外王的问题，便是一种积极的尝试。新外王即科学与民主政治。就科学而言，我们当然要积极吸收现代文化中的科学方法与科技成果，只不过需要划定科学的界限，防范科学主义对其他人文领域的侵蚀与僭越。就民主政治而言，它同样是现代文化中的一个重要组成部分，同样值得我们在自身文化主体的前提下对之加以吸收和充实。牟宗三把实现民主政治作为新外王的中心工作。他把民主分为"治权的民主"和"政权的民主"，认为中国以前只有"治权的民主"，而没有"政权的民主"，而真正的民主是在"政权的民主"。只有通过"政权的民主"，"治权的民主"才能得到保障。在牟宗三看来，"治权的民主"是理性之作用的表现，而要实现"政权的民主"，则须由理性之作用表现转而为理性之架构表现。要实现这种转换，"道德理性不能不自其作用表现之形态中自我坎陷，让开一步，而转为观解理性之架构表现"，"在架构表现中，此政体内之各成分，如权力之安排、权利义务之订定，皆是对等平列的。因此遂有独立的政治科学"。① 这便是牟宗三所谓"良知的坎陷"。牟宗三的"良知坎陷"说可以说就是对传统儒家心性义理（良知、道德理性）的一次自我转化与变通，在此基础上实现儒学第三期的发展，即由内圣开出新外王。

对牟宗三的上述说法，也有学者持质疑的态度，如蒋庆认为，牟氏的"良知坎陷"既不该也不能开出"新外王"（科学与民主）。"良知"不该开出科学、民主，是因为科学、民主是西方文化的精神特质，与儒家内圣之学所体现的中国文化的精神特质在根本上不同。"良知"不能开出科学、民主，是因为"良知"在本性上是一种"智的直觉"，它不能开出与其本性相违的知识之学与客观制度。②

蒋氏上述的质疑并不能成立。首先，在牟宗三看来，科学与民主政治虽源自西方，但同时也是儒家"良知"或"道德理性"的内在要求。"道德理性，依其本性而言之，却不能不要求代表知识的科学与表现正义公道的民主政治。"③ 与此同时，牟宗三也不是毫无保留地全盘接受科学与民主政治，而是主张以传统儒学作为一种规约性或范导性的原则

---

① 牟宗三：《政道与治道》，《牟宗三先生全集》10，第65页。
② 参见蒋庆《政治儒学——当代儒学的转向、特质与发展》，第75—76页。
③ 牟宗三：《政道与治道》，《牟宗三先生全集》10，第63页。

来善化科学与民主政治，防止它们自身可能产生的弊端。因此，他讲民主政治一定关联着道德理性来讲，主张以道德理性"曲通"民主政治，由此既能保证民主政治的独立性，又能以文化生命润泽民主政治。其次，科学与民主政治既是儒家"良知"或"道德理性"的内在要求，也同时能通过"坎陷""曲通"这一自我转换来与科学和民主政治相容。牟宗三说："吾人自人性的全部活动与文化理想上主张道德理性贯通观解理性，其贯是曲贯，非直贯，故不是泛道德主义，亦不是泛政治主义，故既能明科学与民主的独立性，又能明其与道德理性的关联性。若必停滞在观解理性的架构表现上而不能上通，则虽讲民主政治，而其为弊与蔽与科学一层论同，此为囿于实然领域而窒息文化生命、文化理想的泛政治主义。"① 牟宗三以"良知坎陷"说来沟通儒家道德理性与科学和民主，正是传统儒学自我转换、转化的一个经典范例。传统儒学的自我批判与自我转化，同时要求自身具备多元开放的思想胸襟，充分吸收外来思想资源，从而不断充实自身，而这正是儒学保持开放性的一种积极姿态。对此，郭齐勇有着精彩的开示："中、西、马，诸子百家，儒、释、道，耶教、回教、印度教等，各著精彩，各有其长，都是人类走上现代化的重要思想与文化资源，都可以作创造性转化与综合，取长补短，交流互动，以为当今中国和世界之用。而以当代开放的儒家的立场视之，以他者的视域，更能发现自我的精粹与缺弱，故儒家欢迎各种批评，并善于借镜各家的成败得失"② 。通过传统儒学对于当下社会的批判与调适，通过传统儒学的自我批判、转化与变通，儒学才能真正走上一条健康发展之路，从而进一步积极发挥自身对于现时代的价值。

儒学的创造性转化之最终能够贯彻下去，还有赖于当今儒家学者的自觉担当与弘扬，正所谓"人能弘道，非道弘人"。儒家学者也要自觉追随古典儒者的醇儒之风，崇尚德性，追求美善，身体力行，以不断接近"至善"为自己与社会的共同目标。费希特在谈到学者的使命时说：

---

① 牟宗三：《政道与治道》，《牟宗三先生全集》10，第63页。

② 郭齐勇：《综论现代新儒学思潮、人物及其问题意识与学术贡献——兼谈我的开放的儒学观（下）》，《探索》2010年第4期。

"提高整个人类道德风尚是每一个人的最终目标，不仅是整个社会的最终目标，而且也是学者在社会中全部工作的最终目标。学者的职责就是永远树立这个最终目标，当他在社会上做一切事情时都要首先想到这个目标。但是，谁不是善良的人，谁就无法顺利地致力于提高人类道德风尚的工作。我们不仅要用言教，我们也要用身教，身教的说服力大得多；任何生活在社会中的人得以有好榜样，都要归功于社会，因为榜样的力量是靠我们的社会生活产生的。学者在一切文化方面都应当比其他阶层走在前面，他要做到这一点，必须花多少倍的力量啊！如果他在关系到全部文化的首要的和最高的方面落后了，他怎么能成为他终归应当成为的那种榜样呢？他又怎么能想像别人都在追随他的学说，而他却在别人眼前以自己生活中的每个行为同他的学说背道而驰呢？所以，学者从这最后方面看，应当成为他的时代道德最好的人，他应当代表他的时代可能达到的道德发展的最高水平。"① 这与中国传统儒家对学者的要求若合符节。《中庸》说："故君子尊德性而道问学，致广大而尽精微，极高明而道中庸。温故而知新，敦厚以崇礼。"儒家教学者为学与为人是统一的。儒家学者以道德教人，若自身不能以道德律己，则不但害己，甚而会影响儒家学说本身，以致人们以儒家道德教化为政治愚民之工具而尽弃之，其害犹有过于不仁。在当下的儒学研究中，那些主张为学与为人可以分开的论调正是"现代化"的流俗对于儒学本身的侵蚀，这是当下从事儒学研究的学者所要警惕的。

　　总之，传统儒学的创造性转化是一个漫长的历程，是传统儒学自身浴火重生的必经之路，也是当今儒者守先待后的一份担当。在这一过程中，传统儒学更须积极地扎根民间社会，深入生活世界。儒学尤其是先秦时期的古典儒学更多地体现了一种生活智慧，一种安身立命之道，一种可能的生活方式，它塑造的是有德性的大写的个人和以"至善"为目标的理想的社会。

_____

　　① ［德］费希特：《论学者的使命》，梁志学、沈真译，商务印书馆1984年版，第45—46页。

参考书目

一 古籍类

（汉）班固：《汉书》，中华书局1962年版。

（汉）司马迁：《史记》，中华书局1982年版。

（汉）王符：《潜夫论笺校正》，（清）汪继培笺，彭铎校正，中华书局1985年版。

（梁）释慧皎：《高僧传》，中华书局1992年版。

（梁）真谛译、高振农校释：《大乘起信论校释》，中华书局1992年版。

（明）王守仁：《王阳明全集》，吴光、钱明、董平、姚延福编校，上海古籍出版社1992年版。

（清）陈澧：《东塾读书记》，上海古籍出版社2012年版。

（清）陈立：《白虎通疏证》，中华书局1994年版。

（清）戴震：《戴震集》，上海古籍出版社2009年版。

（清）戴震：《孟子字义疏证》，中华书局1982年版。

（清）顾炎武：《日知录校注》，陈垣校注，安徽大学出版社2007年版。

（清）焦循：《孟子正义》，中华书局1987年版。

（清）焦循：《易通释》，凤凰出版社2012年版。

（清）钱大昕：《潜研堂集》，上海古籍出版社1989年版。

（清）阮元校刻：《十三经注疏》（清嘉庆刊本），中华书局2009年版。

（清）王聘珍：《大戴礼记解诂》，中华书局1983年版。

（清）王先谦：《荀子集解》，中华书局1988年版。

（清）王先谦：《庄子集解》，中华书局1987年版。

（清）王先慎：《韩非子集解》，中华书局 1998 年版。

（宋）程颢、程颐：《二程集》，中华书局 1981 年版。

（宋）黎靖德编：《朱子语类》，中华书局 1986 年版。

（宋）陆九渊：《陆九渊集》，中华书局 1980 年版。

（宋）张载：《张载集》，中华书局 1978 年版。

（宋）朱熹：《四书章句集注》，中华书局 1983 年版 。

（宋）朱熹：《朱子全书》，上海古籍出版社、安徽教育出版社 2002 年版。

（唐）韩愈：《韩愈集》，中州古籍出版社 2010 年版。

《国语》，上海古籍出版社，2015 年版。

康有为：《孟子微》，中华书局 1987 年版。

黎翔凤：《管子校注》，中华书局 2004 年版。

苏舆：《春秋繁露义证》，中华书局 1992 年版。

吴毓江：《墨子校注》，中华书局 1993 年版。

许维遹：《吕氏春秋集释》，中华书局 2009 年版。

二　现代新儒家著作类

马一浮：《马一浮全集》，浙江古籍出版社 2013 年版。

牟宗三：《牟宗三先生全集》，台北：联经出版事业公司 2003 年版。

牟宗三：《生命的学问》，广西师范大学出版社 2005 年版。

牟宗三：《中西哲学之会通十四讲》，上海古籍出版社 2007 年版。

唐君毅：《唐君毅全集》，九州出版社 2016 年版。

萧萐父主编，郭齐勇副主编：《熊十力全集》，湖北教育出版社 2001 年版。

徐复观：《中国人性论史·先秦篇》，台北：台湾商务印书馆 1978 年版。

徐复观：《徐复观全集》，九州出版社 2014 年版。

中国文化书院学术委员会编：《梁漱溟全集》，山东人民出版社 2005 年版。

三　国外译著类

［德］爱德华·策勒尔：《古希腊哲学史纲》，翁绍军译，上海人民出版
　　社 2007 年版。

［德］爱克曼辑录：《歌德谈话录》，朱光潜译，人民文学出版社 1982 年版。

［德］费希特：《论学者的使命·人的使命》，梁志学、沈真译，商务印书馆 1984 年版。

［德］海德格尔：《尼采》，孙周兴译，商务印书馆 2002 年版。

［德］黑格尔：《法哲学原理》，范扬、张企泰译，商务印书馆 2009 年版。

［德］胡塞尔：《哲学作为严格的科学》，倪梁康译，商务印书馆 2010 年版。

［德］康德：《法的形而上学原理——权利的科学》，沈叔平译，林荣远校，商务印书馆 1991 年版。

［德］康德：《判断力批判》，邓晓芒译，杨祖陶校，人民出版社 2002 年版。

［德］康德：《实践理性批判》，邓晓芒译，杨祖陶校，人民出版社 2003 年版。

［德］康德：《单纯理性限度内的宗教》，李秋零译，邓晓芒审校，中国人民大学出版社 2003 年版。

［德］康德：《纯粹理性批判》，邓晓芒译，杨祖陶校，人民出版社 2004 年版。

［德］康德：《道德形而上学原理》，苗力田译，上海人民出版社 2005 年版。

［德］康德：《道德底形上学》，李明辉译注，台北：联经出版事业股份有限公司 2015 年版。

［德］莱辛：《历史与启示——莱辛神学文选》，朱雁冰译，华夏出版社 2006 年版。

［法］毕游塞：《通过儒家现代性而思——牟宗三道德形上学研究》，白欲晓译，江苏人民出版社 2022 年版。

［古希腊］色诺芬：《回忆苏格拉底》，吴永泉译，商务印书馆 2010 年版。

［古希腊］亚里士多德：《政治学》，吴寿彭译，商务印书馆 1965 年版。

［古希腊］亚里士多德：《尼各马可伦理学》，廖申白译注，商务印书馆

2003 年版。

［美］亨利·E·阿利森：《康德的自由理论》，陈虎平译，辽宁教育出
版社 2001 年版。

［美］列奥·施特劳斯：《自然权利与历史》，彭刚译，生活·读书·新
知三联书店 2006 年版。

［美］列奥·施特劳斯：《现代性的三次浪潮》，《苏格拉底问题与现代
性——施特劳斯讲演与论文集：卷二》，刘小枫编，彭磊、丁耘等
译，华夏出版社 2008 年版。

［美］列奥·施特劳斯：《什么是政治哲学》，李世祥等译，华夏出版社
2011 年版。

［英］哈耶克：《自由秩序原理》，邓正来译，生活·读书·新知三联书
店 1997 年版。

四　学术著作类

《中国哲学》编委会：《郭店楚简研究》（《中国哲学》第二十辑），辽
宁教育出版社 1999 年版。

陈居渊：《焦循儒学思想与易学研究》，齐鲁书社 2000 年版。

陈梦家：《殷墟卜辞综述》，中华书局 1988 年版。

陈寅恪：《金明馆丛稿二编》，上海古籍出版社 2020 年版。

程志华：《熊十力哲学研究——"新唯识论"之理论体系》，人民出版
社 2013 版。

董洪利：《孟子研究》，江苏古籍出版社 1997 年版。

费孝通：《乡土中国》，北京大学出版社 1998 年版。

封祖盛编：《当代新儒家》，生活·读书·新知三联书店 1989 年版。

冯友兰：《中国哲学史》，商务印书馆 2011 年版。

葛懋春、蒋俊编选：《梁启超哲学思想论文选》，北京大学出版社 1984
年版。

郭齐勇、郑文龙编：《杜维明文集》，武汉出版社 2002 年版。

郭齐勇：《中国哲学智慧的探索》，中华书局 2008 年版。

郭齐勇：《熊十力哲学研究》，人民出版社 2011 年版。

郭齐勇：《中华人文精神的重建：以中国哲学为中心的思考》，北京师
　　范大学出版社 2011 年版。

郭齐勇主编：《〈儒家伦理新批判〉之批判》，武汉大学出版社 2011 年版。

郭齐勇：《儒学与现代化的新探讨》，商务印书馆 2015 年版。

郭齐勇：《现当代新儒学思潮研究》，人民出版社 2017 年版。

杭辛斋：《学易笔谈・读易杂识》，辽宁教育出版社 1997 年版。

何仁富主编：《唐学论衡——唐君毅先生的生命与学问》，中国文史出
　　版社 2005 年版。

贺麟：《近代唯心论简释》，商务印书馆 2011 年版。

黄俊杰主编：《孟子思想的历史发展》，台北："中研院"中国文哲研究
　　所筹备处 1995 年版。

黄俊杰：《中国孟学诠释史论》，社会科学文献出版社 2004 年版。

黄俊杰：《东亚儒学视域中的徐复观及其思想》，台北：台湾大学出版
　　中心 2009 年版。

蒋庆：《公羊学引论》，辽宁教育出版社 1995 年版。

蒋庆：《政治儒学——当代儒学的转向、特质与发展》（修订本），福建
　　教育出版社 2014 年版。

景海峰：《熊十力哲学研究》，北京大学出版社 2010 年版。

劳思光：《新编中国哲学史》，广西师范大学出版社 2005 年版。

李华：《孟子与汉代四家诗》，中华书局 2021 年版。

李峻岫：《汉唐孟子学述论》，齐鲁书社 2010 年版。

李零：《郭店楚简校读记》，中国人民大学出版社 2007 年版。

李明辉主编：《孟子思想的哲学探讨》，台北："中研院"中国文哲研究
　　所筹备处 1995 年版。

李明辉：《儒家与康德》，广西师范大学出版社 2021 年版。

李维武编：《徐复观与中国文化》，湖北人民出版社 1997 年版。

李维武：《徐复观学术思想评传》，北京图书馆出版社 2001 年版。

李学勤：《走出疑古时代》，辽宁大学出版社 1994 年版。

李泽厚:《中国现代思想史论》,生活·读书·新知三联书店 2008 年版。

梁启超:《清代学术概论》,东方出版社 1996 年版。

梁启超:《先秦政治思想史》,东方出版社 1996 年版。

梁涛:《郭店竹简与思孟学派》,中国人民大学出版社 2008 年版。

梁治平:《法辨——中国法的过去、现在与未来》,贵州人民出版社 1992
    年版。

林徐典编:《汉学研究之回顾与前瞻》,中华书局 1995 年版。

林毓生:《中国传统的创造性转化》(增订本),生活·读书·新知三联
    书店 2011 年版。

刘乐恒:《马一浮六艺论新诠》,上海古籍出版社 2015 年版。

刘师培:《清儒得失论——刘师培论学杂稿》,中国人民大学出版社 2004
    年版。

刘述先:《儒家思想意涵之现代阐释论集》,台北:"中研院"中国文哲
    研究所筹备处 2000 年版。

刘述先:《现代新儒学之省察论集》,台北:"中研院"中国文哲研究所
    2004 年版。

陆远编:《大家国学·唐文治卷》,天津人民出版社 2008 年版。

吕思勉:《吕思勉读史札记》(增订本),上海古籍出版社 2005 年版。

蒙文通:《蒙文通全集》(第一卷),巴蜀书社 2015 年版。

欧阳哲生编:《胡适文集》,北京大学出版社 1998 年版。

钱穆:《中国近三百年学术史》,商务印书馆 1997 年版。

钱锺书:《管锥编》,中华书局 1979 年版。

瞿同祖:《中国法律与中国社会》,中华书局 2003 年版。

苏子敬:《唐君毅孟学诠释之系统研究》,台北:花木兰文化出版社 2009
    年版。

唐逸:《中国文化中的理性思维》,生活·读书·新知三联书店 1988
    年版。

王国维:《观堂集林》,河北教育出版社 2003 年版。

王汝华:《现代儒家三圣(下)——梁漱溟、熊十力、马一浮论宋明儒

学》，台北：新锐文创 2012 年版。

吴根友：《明清哲学与中国现代哲学诸问题》，中华书局 2008 年版。

吴根友：《在道义论与正义论之间——比较政治哲学诸问题初探》，武
　　汉大学出版社 2009 年版。

吴汝钧：《当代新儒学的深层反思与对话诠释》，台北：台湾学生书局
　　2009 年版。

徐梵澄：《玄理参同》，崇文书局 2017 年版。

杨儒宾主编：《中国古代思想中的气论与身体观》，台北：巨流图书公
　　司 1997 年版。

杨儒宾、祝平次编：《儒学的气论与工夫论》，台北：台湾大学出版中
　　心 2005 年版。

杨儒宾：《儒家身体观》，上海古籍出版社 2019 年版。

杨树达：《积微居小学金石论丛》，商务印书馆 2011 年版。

杨泽波：《孟子性善论研究》（修订版），中国人民大学出版社 2010 年版。

杨祖陶：《康德黑格尔哲学研究》，人民出版社 2015 年版。

殷鼎：《理解的命运》，生活·读书·新知三联书店 1988 年版。

余英时：《儒家伦理与商人精神》，广西师范大学出版社 2004 年版。

余英时：《文史传统与文化重建》，生活·读书·新知三联书店 2004 年版

余英时：《钱穆与现代中国学术》，广西师范大学出版社 2006 年版。

俞宣孟：《本体论研究》，上海人民出版社 2005 年版。

俞宣孟：《两种不同形态的哲学——中西哲学生存状态分析》，商务印
　　书馆 2022 年版。

袁保新：《孟子三辨之学的历史省察与现代诠释》，台北：文津出版社
　　1992 年版。

袁保新：《从海德格尔、老子、孟子到当代新儒学》，武汉大学出版社
　　2011 年版。

张千帆：《为了人的尊严——中国古典政治哲学批判与重构》，中国民
　　主法制出版社 2012 年版。

张汝伦：《中西哲学十五章》，上海书店出版社 2008 年版。

张祥龙：《从现象学到孔夫子》（增订版），商务印书馆 2011 年版。

张学智编：《贺麟选集》，吉林人民出版社 2005 年版。

郑宗义：《明清儒学转型探析——从刘蕺山到戴东原》（增订版），香港：香港中文大学出版社 2009 年版。

郑宗义：《儒学、哲学与现代世界》，河北人民出版社 2010 年版。

五 学术论文类：

陈居渊：《论焦循〈孟子正义〉的易学诠释》，《孔子研究》2000 年第 1 期。

陈立胜：《静坐在儒家修身学中的意义》，《广西大学学报》（哲学社会科学版）2014 年第 4 期。

陈桐生：《论孟子对西汉今文经学的特殊贡献》，《孔子研究》2001 年第 2 期。

邓晓芒：《康德自由概念的三个层次》，《复旦学报》（社会科学版）2004 年第 2 期。

丁四新：《"生"、"眚"、"性"之辨与先秦人性论研究之方法论的检讨：以阮元、傅斯年、徐复观相关论述及郭店竹简为中心》（下），《中国哲学与文化》（第七辑：明清儒学研究）。

丁四新：《论帛书〈缪和〉〈昭力〉的内在分别及其成书过程》，《周易研究》2002 年第 3 期。

高瑞泉：《易理诠释与哲学创造：以熊十力为例》，《周易研究》2002 年第 2 期。

郭齐勇：《综论现当代新儒学思潮、人物及其问题意识与学术贡献——兼谈我的开放的儒学观（下）》，《探索》2010 年第 4 期。

黄晓峰：《冯象谈公权力和职业伦理》，《东方早报》2009 年 12 月 13 日"访谈"版。

景海峰：《儒家思想现代诠释的哲学化路径及其意义》，《中国社会科学》2005 年第 6 期。

景海峰：《经学与古典学》，《哲学研究》2021 年第 10 期。

劳思光：《对中国哲学研究之省思——困境与出路》，《中国文哲研究通讯》第二十卷·第二期。

李祥俊：《〈原儒〉的裂变——熊十力晚年外王学体系新建构探析》，《孔子研究》2012 年第 1 期。

梁启超：《梁启超论孟子遗稿》，《学术研究》1983 年第 5 期。

刘笑敢：《"反向格义"与中国哲学研究的困境》，《南京大学学报》（哲学·人文科学·社会科学）2006 年第 2 期。

彭国翔：《中国哲学研究方法论的再反思——"援西入中"及其两种模式》，《南京大学学报》（哲学·人文科学·社会科学）2007 年第 4 期。

杨泽波：《"诡谲的即"与孔颜乐处》，《中山大学学报》（社会科学版）2010 年第 2 期。

俞吾金：《形而上学发展史上的三次翻转——海德格尔形而上学之思的启迪》，《中国社会科学》2009 年第 6 期。

郑宗义：《论唐君毅对现代文化的省思》，台湾《"中央"大学人文学报》第六十六期，2018 年 12 月。

六　学位论文类

徐威雄：《先秦儒学与易关系之研究》，博士学位论文，新加坡国立大学中文系 2005 年。

后 记

本书是在我博士学位论文的基础上扩充而成的。书稿完成之际，真可谓喜忧参半。喜的是自己总算完成了一份尚不成熟的学业"作业"，忧的是自己对于现代新儒家中的诸位先生是否做到了"同情之了解"。现代新儒家中的梁漱溟、马一浮、熊十力、唐君毅、牟宗三、徐复观诸先生，每一位都学养深厚，卓然成家，其道德学问自不待言，单是其中一家就难以窥其堂奥。因此，本书也只是以孟子学为线索，从整体上对他们的孟子诠释或与孟子学相关的学术作一初步的梳理与解读。这既是致敬现代新儒家诸先生，致敬他们在儒学的创造性转化层面所做的开创性工作，也是对自己以往学术工作的初步总结。

我最早接触现代新儒学是在硕士研究生阶段。一次偶然的机会，我从图书馆借来了一本熊十力先生的文言本的《新唯识论》，匆匆翻阅，很快为其天才的哲学构思所吸引。我进而搜罗到了这本书的另外两版（语体文本与删定本）来一起拜读，真有相见恨晚之感。那时我在上海社会科学院攻读外国哲学专业，满脑子都是西方哲学的概念与思维，对中国哲学甚至有些"不以为意"。直到遇见熊先生的这本奇书，才初步领略到了中国哲学的特质与魅力。虽然那时的理解是模糊的，但我隐约感到自己接触到了一片新天地。由于阅读熊十力先生的书，我又进一步读了牟宗三先生的著作，由此对现代新儒家产生了极大的兴趣。现代新儒家尤其是其中的牟宗三、唐君毅等，都有扎实的西学功底。我能更深入地研读他们的著作，也得益于硕士期间在西方哲学方面的专业学习。

硕士期间，在俞宣孟老师的指导下，我开始系统研习西方哲学。俞老师是西方本体论研究方面的专家，也是国内较早接触、研究海德格尔哲学的学者之一。硕士阶段的系统学习，是我正式研习哲学的开始。从这一方面来讲，俞老师是我哲学学习的启蒙老师。在课堂上，俞老师不仅给我们系统讲解西方的本体论或形而上学，还启发我们从"生存状态"的角度理解中西两种不同形态的哲学。在此，特别感谢俞老师指引我进入哲学学习的大门，让我在哲学思维层面有了一个系统的学习与训练。硕士阶段的学习是丰富多彩的，在正常教学外，我还参加了余治平老师组织的读书会。余老师带我们读康德的《纯粹理性批判》，方式是一字一句地精读，类似中国传统句读式的读法。这样的精读让我受益匪浅。在我考博期间，余老师还慨然为我撰写推荐信，予以鼓励。除了本专业的课，我还与文学所的同学结伴去张文江老师家里，听张老师讲授中国古典学术。张老师的课总能让我不断警醒，同时激起一股积极向上的心力。毕业前夕，我受邀与同学一起去张老师家，喜获张老师赠书并赠言。凡此种种，都是我铭感于心的。此外，在硕士期间，笔者曾发表一篇小文与南京大学的许苏民教授商榷。后来有机会与许老师相识，对我的商榷，许老师不但不以为忤，反而对我多加鼓励，彰显了前辈学者的胸怀及对后学的关爱。

为了在现代新儒学领域继续深造，硕士毕业后，我来到现代新儒学研究的重镇武汉大学攻读中国哲学专业博士学位，并很荣幸成为郭齐勇老师的学生，从游于郭师。所谓"从游"，就像小鱼跟着大鱼。在武大读书期间，我就像一条小鱼一样，跟着郭师参学、问道，优游涵泳，欲罢不能，不断从郭师的言传身教中汲取营养、启发新思、收获成长。郭师对学生的接引与培养展现了一种儒者情怀与大家风范，可谓循循然善诱人。与此同时，我在郭师的指导下，更为系统地研习现代新儒学，并最终确定以现代新儒家的孟子学为自己博士学位论文的选题。在此，要特别感谢郭师对我的栽培、教诲、鼓励、提携。当时哲学学院的胡治洪教授、丁四新教授等诸师也对我多有指导，在此一并致谢！此外，我还要感谢武大老前辈杨祖陶先生及其夫人肖静宁老师对我的关爱和鼓励。当时我奉郭老师慈命，为杨先生校对书稿，有幸亲近杨先生。杨先生虽已仙逝，但先生所秉承的老"联大人"的风范仍然激励着我等后学。

博士毕业后，我回到家乡河北，就职于河北大学哲学系。河大哲学系的哲学学科历史悠久，是全国高校较早设立的哲学学科之一，我很荣幸能够加入这个大家庭。系里的李振纲教授、宫敬才教授、卢子震教授、程志华教授、张燕京教授、黄云明教授、许春华教授、宋薇教授等诸师在我工作和生活中都给予了极大的关心和帮助，在此谨致忠心的感谢！初来河大时，我还经常参加贾占新老师的读书会，不同于传统学院派的路数，贾老师对中西经典的解读可谓别开生面，惠我良多。

一个人学业上的成长，总离不开不同阶段不同师长的关心与教诲。借拙著出版之机，感谢在我求学路上所有给予我鼓励与关爱的师长，这份温暖与感怀也时时提醒着我，要像自己的师长关爱自己一样，关爱自己的学生，让这份师长心如接力赛跑般传递下去。学问不是向壁虚造，独学而无友，则孤陋而寡闻。在此，也感谢学界诸多师友同道对我的关心、鼓励。

本书部分章节内容曾发表于《哲学与文化》、《思想与文化》、《道德与文明》、《现代哲学》、《船山学刊》、《广西师范大学学报》（哲学社会科学版）等期刊，在此对上述期刊谨致谢忱！

本书是国家社科基金青年项目的研究成果。感谢国家社科基金的资助。同时感谢五位匿名评审专家。本书出版，得到河北大学哲学"一流学科"建设项目的支持和资助，谨此致谢。

最后，感谢我的家人，谨将这本小书献给我的家人。

周浩翔 2023 年 6 月 2 日记于河北大学